U0792735

项南传

张永和　项建坤　著

中共党史出版社

图书在版编目(CIP)数据

项南传/张永和,项建坤著.—北京:中共党史出版社,2015.8
ISBN 978-7-5098-3220-2

Ⅰ.①项… Ⅱ.①张… ②项… Ⅲ.①项南(1918~1997)—传记
Ⅳ.①K827=7

中国版本图书馆 CIP 数据核字(2015)第 183616 号

出版发行:中共党史出版社
责任编辑:贾京玉
复　　审:姚建萍
终　　审:汪晓军
责任校对:龚秀华
责任印制:谷智宇
责任监制:贺冬英
社　　址:北京市海淀区芙蓉里南街6号院1号楼
邮　　编:100080
网　　址:www.dscbs.com
经　　销:新华书店
印　　刷:北京汇林印务有限公司
开　　本:170mm×240mm　1/16
字　　数:340 千字
印　　张:24
印　　数:1—10000 册
版　　次:2015 年 8 月第 1 版
印　　次:2015 年 8 月第 1 次印刷

ISBN 978-7-5098-3220-2
定　　价:42.00 元

此书如有印制质量问题,请与中共党史出版社出版业务部联系
电话:010—82517197

序 / 张克辉

20世纪80年代我在福建工作时，项南同志调任省委常务书记、第一书记。他深入基层，联系群众，思想解放，实干巧干，廉洁奉公，光明磊落，大公无私，实事求是，建树良多，殚精竭虑，遗泽八闽，晚年退而不休，献身扶贫事业，为"摆脱贫困"作出重大贡献，深为福建乡亲和各地民众所感佩，亦为台港澳同胞与海外华侨华人所敬仰。1999年时任福建省委副书记的习近平同志在《长者风范·公仆榜样》一文中指出：项南同志"给我们留下了宝贵的精神财富，也为我们留下了一位共产党人、一位人民公仆的真实榜样"。（引自中共福建省委党史研究室编：《缅怀项南》，中央文献出版社2000年版）

常言道，金碑，银碑，不如百姓的口碑。龙岩学院闽台客家研究院客座研究员、著名作家张永和、项建坤历经多年笔耕，在推出《项南的故事》后，最近又出版长篇传记《项南传》。传记作者长期积累搜集资料，根据民间流传的真实故事记述，30余万字，句句有情，字字含泪，章章感人，激动心弦，是一部很有时代意义的著作。人的品格是自然造化，经后天文化磨炼塑造而成。出生于闽西农村的项南，血液里流淌的是客家人的"硬气基因"。其父项与年是闽西最早的共产党员，当年冒着生命危险，将蒋介石"铁桶计划"绝密军事情报，妥送周恩来同志手上，为红军提前突围、胜利长征作出不朽贡献；其母是老接头户，曾被敌人抓去坐牢；叔叔早年参加红军，被敌捕后宁死不屈，壮烈牺牲。项南一家是革命之家，可谓"满门忠烈"。项南从小就接受和学习马列主义，12岁当上家乡连城县文坊列宁小学少年先锋队队长，青年时期投身抗日战争和解放战争。新中国成立后历任团中央宣传部长、团中央书记处书记、农机部常务副部长、党组副书记、福建省委书记和中国扶贫基金会会长等职。他在"反右倾"和"文化大革命"中，两次跌入低谷，仍一身正气，两袖清风，深谋远虑，坚持真理，兢兢业业为党工作，为福建改革开放和经济腾飞闯开一条新路。

习近平同志最近指出：坚持以人民为中心的创作导向，创作更多无愧于时代的优秀作品。《项南传》高屋建瓴，气壮山河，大处着眼，小处着手，星星点点，一语一行，言简意赅，淋漓尽致再现了项南这位改革开放元勋的崇高风范、纯朴人品、智圆行方、气宇轩昂的典型形象，值得我们学习与借鉴。

令人感动的是，《项南传》真实记述了项南同志主政福建之初，克服“左”的思潮干扰，推动改革之艰难。当时正是春耕备耕大忙之际，尽管中央三令五申落实农业生产责任制，不少地方领导仍然按兵不动。项南同志与省委领导同志一起，深入农村基层调研，犹如面临刀光剑影的攻坚战。在全省电话会议上，一位地委书记公开发难：“我们到底是听第一书记的，还是听常务书记的？”当场，许多省、地领导都为新来的这位书记捏一把汗。但项南同志沉着、机智地回答：“你们既不要听第一书记的，也不要听常务书记的，要听从中央的。”顿时，从各地电话传来热烈的掌声。项南同志要求各地坚决贯彻落实中央指示，抢夺“一寸春光一寸金”，把以大包干为主的农业生产责任制迅速落实下去，夺得福建连年丰收。

紧接着，项南同志与省委、省政府“一班人”，带领全省广大党员和干部群众，大刀阔斧地贯彻中央给闽粤两省的特殊政策、灵活措施，制定规划，以智取胜，筑巢引凤，“松绑”放权，大念“山海经”，建设“八大基地”，扶持“异军突起”的乡镇企业发展，使福建经济在短期内跃居全国和华东前列。同时，他大唱“团结之歌”，冲破重重阻力，落实党的干部政策、地下党政策和侨台政策，八闽大地出现了安定团结的大好局面。难能可贵的是，项南同志具有丰富灵巧的领导艺术，善于“舆论先行”，运用党报指导全局工作，事半功倍，取得令人瞩目的成绩。

《项南传》由中共党史出版社正式出版，不仅为我们提供了可读性较强的党史读物，亦为进一步深入开展党的群众路线教育实践活动奉献良好的教材，功德无量，深受好评。特应约挥笔，是为序。

2015年2月2日于北京

作者为全国政协原副主席

目录

第一章　故乡情曲

1. 项南，12岁离开故乡，走南闯北，直至53年后的1983年春天才趁下乡回到他出生的故里。此时，他才体验到唐代诗人贺知章名诗“少小离家老大回，乡音无改鬓毛衰”的意境。

1983年4月5日，正是清明时节，冠豸山换上了春天的盛装。桃红柳绿，莺飞燕舞，春风轻拂，万里晴空连一块云丝也不见。级级梯田稻苗像一片海，星罗棋布的客家古村落如同不沉的舟；纵横交错弯弯曲曲的山溪，溪畔山坡开遍映山红。中共福建省委第一书记项南与温秀山、张渝民等省领导一道，下乡闽西现场办公，坐着大客车来到连城县朋口镇文地村，从车窗放眼望去，在万山红遍的景致中，微微地笑了起来。

高耸的古松，张开手臂，热情地欢迎久别的游子回到“胞衣迹”；满地的鲁枝草，仿佛在低声耳语倾诉着绵绵情话。项南会意地点点头，情不自禁地点着指头，用客家话自言自语地说：“时光过得真快，我离开生育我的故乡，已经整整53个年头了！”

53个年头，半个世纪的日日夜夜，项南从一个稚气的孩童，成长为耳顺的京官，如今又返回八闽主政。乡亲们感到他除了长得更挺拔、俊逸，似乎什么也没有变。脸色还是跟冠豸山岩石那么红润，眼睛依然如山泉水那样清澈精灵。只是头戴灰色的鸭舌帽，加上妙语吐珠的南腔北调，好像才显现出与往时不同的成熟、干练、智慧、慈祥和不易察觉的威严。

53年，在历史长河上只是一瞬之间，而对于人生途程来说，却是漫长的岁月。1930年，12岁的小项南离乡背井，奔走在坎坷的革命路上。如今，战斗的硝烟染白了他的鬓角，斗争的风雨吹皱了他的脸庞。看来年岁不饶人哪。真是应了唐代诗人贺知章的名诗"少小离家老大回，乡音无改鬓毛衰"的意境了。但是，乡亲们感到，他那炯炯有神的目光，还像当年那样充满蓬勃的朝气和无穷的活力，特别是"阿姆话"还讲得很纯正哩！

本来，村中已开了公路，通往他的故乡也修了宽阔的乡道，但项南还是沿着父辈踏出的山路，从山坡爬上去，健步走进他呱呱坠地的砖木古屋。好像特意迎接久别的游子，天井里的茶花欢笑放红，花瓣上的露滴，如珠丸，似玉润，格外鲜活水灵。项南欣喜地说："没想到茶花还开得这么盛呢。我记得当年这里还种有香园、鸡爪兰、指甲花。"

年过半百的弟弟项发崇说："都叫白鬼子进山砍光了，但茶花却越砍越茂呢。"

说起那火和血交映的日子，项南突然想起一位亲人，问道："那年参加红军的项炳生呢？"

村委会文书项文希说："是我祖父，1933年牺牲了。白鬼子把我家的房子烧掉。真如我们客家山歌唱的那样，不怕抢来不怕偷，不怕白鬼来烧楼；旧楼烧掉不要紧，革命成功盖新楼。现在，我们又盖起新房。托三中全会的福，我们文地村的日子开始兴旺起来啦。"

项南心中一直记挂着家乡的山。他三句话不离山，指着山林对这位烈士的后代说："要加把劲把山林管好，发财的门路都在山上。后头山有大片竹山，怎么砍掉啦？金龙山有大片草坡，怎么不好好养牛？你们不能光看多打一点谷子就满足了。要想得远一点，把文地村规划好，建设成为社会主义的新农村，才对得起先烈哪。"他回过头对项发崇说："在我们文地村的党员中，你是老资格吧，人退休思想不能退休，要协助村里把工作抓起来。"

项南在这古老的低矮的屋子里走来走去，当他走到横屋的顶头间，深情地说："我和我母亲就住在这屋子里。"他的声调是那样的绵缠和低沉，对母亲、对故土充满着无限的眷恋。53年来，项南一直思念着亲爱的故乡，在淮海战役的炮声中，在太平洋上空的机舱里，在巍巍长城的八达岭下，文地溪那潺潺的流水，时常涌进他的梦境。

弟媳张美琼抹抹眼角的泪花说："家里人常说，你小时很乖，喜欢劳动，五六岁就帮母亲、婶婶做灯芯，一直做到深夜。"

项南笑了："那是闹着玩的。婶婶待我很好，有时夜里煮芋子丸点心，也给我打一碗。"

说话间，项南来到另一个弟弟项新崇的新房里。这座不占田、建在山坡的新居大门上，贴着一对引人注目的春联："春回大地家家喜，福满人间户户欢"。项南看着这苍劲的字迹，想起村里另一个民间书法家："我们村里有个项朝钦先生吧，字也写得很好，他的字画有没有保留下来？"

乡亲们说："老先生早去世了。'文化大革命'中，他的字画也被当作'四旧'焚烧了，留下的只几幅了。"

"要好好保留，这是我们的文化遗产。"项南郑重地说："我祖父是个文盲，但他挑担赚了一点钱，很喜欢买书、买字，还把蒲松龄的书法挂在正堂上。"大家听了都很感动，一个山村文盲有这么丰厚的文化底蕴，实在令人感动。其实在闽粤赣边客家山村，这样的文盲老人爱文化的故事，每家每户都有好几打。打从当年客家先民中原南迁，把黄河流域的文化也迁了下来。客家人再穷，但爱字、识字成为时尚，耕读传家更是深得人心的大事。

停了一会儿，项南又说："大家都懂得文化和知识的重要，首先，要把村里的学校办好，让小娃娃们个个成才，人人出彩。我们这些喝过一点文化墨水的人，更要下苦功去学习和钻研啊！"

突然，几只燕子吱吱唱着歌儿，穿梭般在屋檐上垒窝。项南乐呵呵地笑了："好呀，燕子！我小时候最欢喜的就是燕子来做窝啊！"乡亲们也跟着笑起来。

燕子欢歌，乡亲嘻笑，项南兴致勃勃地从村中小路走过，挨家逐户问寒问暖。他来到项上祥的老屋，自豪地说："朱老总和他带领的红军小分队在这里住过。那时，我看到他拿着芭蕉扇，站在这个门槛上扇风呢。乡亲们都说，他扇的风真神，把白鬼子一个个都扇倒了！"

说得乡亲们都笑了起来，大家都为朱老总和红军在我们村里住过，感到自豪！

乡亲们说：当年，朱老总带领红军驻扎在我们村里，那阵子打土豪，分田地，搞得真火红哩。

这时，72岁的谢珍娥走了前来，紧紧抓住项南乡亲的手："哎呀，是德崇哪（项南小名），你12岁出远门时，我还送过您，还认得我吗？"

项南兴奋地说："认得认得，你身体还很健呀。"

谢珍娥激动得眼眶湿湿的，操着纯正的客家话说："德崇呀，你步步高升做大人了（有出息的意思），我们文地人都感到很光彩！"

项南的小名叫"项德崇"，乡亲们都不知道他什么时候改名了。项南告诉大家，因为工作关系，他有好几个名字。1937年在福建做地下工作时，曾化名"王植"、"项新"；1939年离开福建，参加新四军，改名"项蓝"；当时经常在《盐阜大众》、《盐阜报》上发表文章，署名"项南"；1942年在苏北敌后工作期间，他感到"德崇"的名字太高了，与他这普通平民身份很不协调，叫在嘴上有点拗口，为了更好联系群众，正式改名为"项南"，这样的名字叫起来也顺口一些。

乡亲们听了项南的解释，感到很有趣，没想到一个名字有这么多的故事。更没料到一个普通的客家农民儿子，当上省委第一书记，还这么平易近人，一点官架子也没有。项南老家的童年朋友，孩提时常领着小项南爬山玩的项其泰，背着孙子走上前来，亲热地交谈起来。他问道："我以为你一定坐小轿车回家乡呢，为什么坐大客车？"

项南握着这个比他大五岁的童年朋友的手，风趣地说："坐大客车更舒服呢！"

中午，故乡的乡亲们招待项南吃饭，菜谱是他自己点的：雪豆夹、大菜心、酱菜茎和一盘春笋炒酸菜。没有一片肉，没有一丝鱼，但项南却感到味更浓，意更切，情更深……

浓郁的乡情充满着这个闽西小山村。当项南离开故乡时，乡亲们涌到村口送行。这时，也许老天也激动得落下目汁（眼泪）了，片云飘浮，雨丝霏霏，使人感到"沾衣欲湿杏花雨，吹面不寒杨柳风"的诗一般的意境。项南登上大客车，向乡亲们频频招手……

2. 项南告别他的“胞衣迹”，深入山乡调研。长汀县河田乡是水土流失“冠军”，成“世纪难题”，项南有什么妙法呢？

这时，正是“清明时节雨纷纷”的节气。但是，项南坐的大客车一开动，天色却立即变幻了。四周黛绿的群山，这时给春风吹去了雨水瘴雾，裸露着身子，迎来中天红日，轻松地侃笑起来了。

项南一行从文地深山山凹里奔驰在开往长汀县的水泥公路上，途经又一个小山村文坊村，这是项家的祖籍地。据说这里原是温氏家庭，原来村名叫温坊村。后来，温氏家庭迁居万安乡，这里成了从中原南迁的客家人单一项氏聚居的客家古村落。在20世纪二三十年代，这里的项氏家人揭竿而起，响应毛泽东、朱德率领的红四军入闽三打龙岩的战略部署，成了著名的中央苏区乡村。当时文坊乡苏维埃政府在项氏家庙福诚公祠办起了列宁小学。项南从9岁入学，在这里读了三年书，12岁才跟着老母亲离开老家，南征北战在神州。

◇项南的家乡福建连城县朋口镇文坊村

项南至今还记得，列宁小学老师项际申经常给大家讲红军打仗的故事，也讲上祖流传的故事……

项南正遐想往事之时，文坊村党支部书记项思发迎上来，指着当年列宁小学的遗址，那座古色古香的故宫式建筑项氏家庙福诚公祠，向大家介绍说："20世纪30年代初，我们文坊乡苏维埃政府办的列宁小学，就在这里头上课。"

项南高兴地回忆当年的峥嵘岁月，他说："是呀，那时我才十来岁（1918年11月18日出生），在列宁小学读了三年书，还当上文坊乡苏维埃的少年先锋队队长，领着一群少先队员跟赤卫队员一起站岗、放哨、查路条。"他还谈起他的老师，激动地说："当年教我们的是项际申老师，他教书很认真，是我的启蒙恩人。时间过去半个世纪，我心里至今还记挂着他，师情常在念中啊！"

项南正想到老师家看望，项际申老人听说项南回来，刚好赶到项氏家庙来。项南一眼就认出当年的老师，迎上前热情地握手问候，并向随行的龙岩地委书记林开钦和一大群乡亲介绍说："这位就是我在列宁小学读书时的老师！"

大厅里响起一阵热烈的掌声，向项际申老师表示敬意。项南似乎早有准备，从挎包里翻了一下，找出一包葡萄干作为送给老师的礼物，恭敬地说："际申老师，多保重！"

大客车继续向着闽赣边上的崇山峻岭飞驰，来到了项南从小就向往的长汀县。项南告诉大家说："童年时代，我一听汀州府，那可神啦！吵着老母亲要到汀州府，见识见识这个大地方。但家里穷，老母亲哪有闲功夫带我到汀州府旅游呀！"

说得车上同行都笑了起来。温秀山说："童年的遗憾，现在补回来啦！"

项南童年未能见识汀州，但长大后对于描绘汀州的诗文却谙熟在心。例如，柳宗元《登柳州城楼寄漳汀封连四州》一诗，项南至今还能朗朗背诵起来：

城上高楼接大荒，
海天愁思正茫茫。
惊风乱飐芙蓉水，

密雨斜侵薜荔墙。
岭树重遮千里目，
江流曲似九回肠。
共来百越文身地，
犹自音书滞一乡。

在汽车颠簸中，同行有人在打瞌睡。但一听项南在动情地哼诵柳宗元名诗，一个个又提起精神，毫无睡意了……

项南一行在长汀这个红色摇篮，参观了毛泽东、周恩来、朱德、叶剑英、邓子恢、张鼎丞、郭沫若等在这里留下的珍贵革命遗址，祭拜了瞿秋白烈士墓。人人心潮翻滚，激动万分，决心"发扬革命传统，争取更大光荣"，在改革开放中作出更大的贡献。

七七事变后，平津沦陷，淞沪激战，日军袭击厦门频繁。为避战乱，1938年1月12日，厦门大学师生经过20天800里长途跋涉，临时迁移抵达文化古城长汀。万山环抱的长汀，条件艰苦，设施简陋，但有深厚的文化底蕴和热情好客的客家人的鼎力支持，教学工作未受影响，而且有新的长足进步。项南当时在外地，从报刊上看到这则来自故乡的新闻，萨本栋校长在长汀民众帮助下，修缮校舍和师生宿舍，五天后的1月17日开始上课，2月28日学期考试照常进行，3月10日新学期开始注册，成为全国当时最接近战区但坚持办学的高校典范。当时项南得这一消息后十分感动，他深知教育工作的重大意义，厦门大学在自家故里的大山寨坚持办学，坚持培养人才，这对抗战是最大的支持，亦为抗战胜利后实现中华民族伟大复兴奠定坚实的基础。

令项南感到极为可贵的是，厦门大学师生在长汀紧张的学业中，率先成立"厦大剧团"、"九九剧社"，自编自演精彩节目，配合抗日救亡宣传，极大鼓舞前线将士和广大民众的抗日热情。

项南在参观厦门大学长汀教学遗址时，高兴地看到华侨领袖陈嘉庚于1940年代表南洋千万华侨回国慰问抗战将士，在访问重庆、西安、延安等地后，于当年11月9日折道到达长汀，视察厦门大学的珍贵照片。这位66岁高龄的侨领踏遍厦门大学长汀校园的各个角落，盛赞"厦大有进步"，"比其他大学可无逊色”，并捐赠巨款扩建校舍。项南对同行的温秀山、张渝民等省领导说：“孙中山先生说得好，‘华侨是革命之母’。我们在改革开放中，要继续做好华侨工作，落实党的华侨政策，让侨心侨力在改革开放中发挥更大作用。”大家在长汀“红色摇篮”中大受教育，劲头鼓得更足，跟着项南，深入基层，调查研究，现场办公，发现新情况，解决新问题，开拓新业绩。项南一行专找难的，专碰重的，特地来到水土流失最严重的河田乡，在了解了基本情况后，开门见山地说：“长汀在我们省算不算水土流失‘冠军’呀？把问题挑明了也好，那么我们就可以采取措施，坚决夺取全省治理水土流失的冠军！”

大家望着河田一大片黄浑浑的沙丘，心情沉重得说不上话来。项南是一个目光长远的领导者，对农业生态环境的保护和建设十分关注。他从资料中知道，长汀县的河田乡、三洲乡一带是神州最为严重的水土流失区之一，成了“世纪难题”。早在20世纪40年代的国民党统治时期，这里就与陕西西安、甘肃天水并列为全国三个重点水土保护试验区着手治理，但都无法找到解决问题的办法。长汀县委书记林大穆说，直到如今，这里水土流失依然十分严重，水土流失面积107万亩，占全县土地总面积的23%，其中河田乡40万亩山地中水土流失面积高达23万亩，占山地面积53%，到处是荒山秃岭，生态环境严重恶化。

河田乡领导说，河田镇始建于唐朝开元二十四年间。这里位于长汀县城南边。这里当时山清水秀，绿柳成荫，土地肥沃，森林茂盛，令人流连忘返。故名留镇、柳村，还有几个风景名胜，如五通松涛，铁山拥翠，帆飞北浦，绿野丰田，云雾宝塔，柳村温泉……一个个水灵活现的名景，充满了诗情画意。

但是，月圆月缺，岁月沧桑，不知从何时起，洪水泛滥，兵燹战火，乱砍滥伐，山地植被严重破坏，水土流失连年加剧，特别是清王朝镇压太平天国的战争，以及近世纪内战不断，纵火烧山，森林资源遭受毁灭性破坏，造成水土流失，大量崩沟，最终导致生态恶性循环，致使河与田连成一片，形成“河比田高，柳村无柳”。从此，充满诗情画意的柳村被人忘却，代之以“河田”这水土流失的地名，还有朱溪、赤岭、光头、露湖、黄沙等令人心酸的地名。几场暴雨，便见洪水滔滔，雨停水断，又露沙地见底。当地民谣唱道："晴三日，闹旱灾，雨三天，闹水灾，山光秃，水浊浊，田裂龟，无收成，人穷困，村荒废……"

项南一行迈开双腿，与龙岩地委、长汀县委和河田乡党委的同志们一边说，一边爬上了当地群众叫做"八十里河"的黄沙土丘。这里原先是河流，后因水土流失，冲涮沿岸，变成"河比田高"的土丘了。1941年，当时中国最早的水土保持机构福建省研究院"河田土壤保肥试验区"研究人员对这土丘作了凄惨的描述："四周山岭尽是一片红色，闪耀可怕的血光"，"这些绵亘的红山，仿佛又化作无数的猪脑髓，陈列在满案鲜红的肉砧上面。"可见山洪已经彻底把植被剥去，露出一片红土了。

就在这"八十里河"的沙丘上，项南和当地领导与群众一起，探索治理水土流失的好办法。根据福建农林大学原校长李来荣教授和其他林业科技专家的建议，项南现场办公，拍板决定在这里大面积种植一种名为"金合欢"（又名黑荆）的阔叶树，以根治水土流失。在明确提出治理河田水土流失的方针、政策和具体措施的同时，他特别强调："责任制，最重要，治理水土流失，要坚决落实责任制，搞了责任制就等于牵了牛鼻子。唯有责任制可以挽救山林，可以保持水土。长汀县的当务之急，是必须把宜林荒山和稀疏林地赶快包下去，把责任山和自留山落实到每家每户。"

项南在现场办公中，还实事求是、有的放矢地解决农民生活的实际困难。他了解当地乡亲们生活习惯，"柴米油盐酱醋茶"开门入家七件大事，上山打柴、烧火煮饭是闽粤赣边客家

◇项南考察福建长汀河田水土保持

人的第一件大事。要治理水土流失，必须植树造林，更须封山育林，一定要改掉“上山打柴”的生活习惯。当地煤炭资源丰富，把烧柴改为烧煤，既保护山林，又治理水土流失，何乐不为？于是，项南提出由省财政拨出专用基金，对河田乡7000个烧柴户给予煤炭补贴和造林种果补贴。他还具体提出三至五年使河田“由红变绿”的治理目标，确定由省农业厅、林业厅、水利厅、水土保护办公室、林业科学研究所、农林大学、龙岩地区行署、长汀县政府等八家立下“军令状”，分工承包到村，把根治水土流失这一大事抓紧、抓实、抓好，让这“世纪难题”在改革开放中迎刃而解，大见成效。

就这样，在这“八十里河”上开了一场别开生面的现场办公会议，项南与随行的各级领导以及专家、科技人员和群众，边看边聊，聊出了广为流传的《水土保持三字经》：

责任制，最重要；
严封山，要做到；
多种树，密植好；
薪森林，乔灌草。
防为主，治抓早；
讲法治，不可少；
搞工程，讲实效；
水利电，建设好。
办沼气，电饭煲；
省柴灶，推广好；
穷变富，水土保；
三字经，永记牢。

真是“项南，项项都不难”，他领着同行，在挑战了“世纪难题”后，进入长汀县与连城县交界的巍巍松毛岭。当地乡亲告诉项南，这里是闽粤赣边的大山寨，山连山，山叠山，山外有山，山上有山，山峰插进云端，松毛刺穿破了蓝天。山上什么都不长，只长马尾松树，当年客家先民从中原南迁，翻过这座山，随声叫了一句“松毛岭”，就这样叫了上千年。

3. 车过松毛岭，项南叫停了大客车，领着大家在自己故乡的这座英雄山上留连忘返，以惊人的记忆力再现英雄史诗。

项南一行的大客车，喘着气爬上了松毛岭。项南叫停，领着大家下车观光。大家看到背后壁立的山峰，人人无不惊叹，那峰岳简直高耸到天上去了，从山脚到山顶，全是红土和岩石。有的地方很突出，仿佛就要崩下去那样；有些地方，又凹了进去，如同里头有深邃的溶洞似的。在红土和岩石的缝隙里，长着密密麻麻的马尾松林，丫枝上没有树叶，长着像野人身上的粗毛针刺，在山风吹拂下，恰似大海掀动的波涛，当地人通俗地叫做"松涛"。

这里的客家人有一句谚语："看得到，走得嗬（即哭的意思）。"意即山地很大，仿佛近在眼前，但走起路来很远，走到脚痛哭了，还未走到。其实，这松毛岭就在项家的门前，项南童年从老人和父母那里，听过不少有关松毛岭的传说故事，都讲到离江西瑞金红都仅100里的松毛岭是战略要塞，兵家必争之地。项南历来对党史军史的研究兴趣很浓，早年就读过当年中央苏区五次反"围剿"战役中，周恩来、朱德、邓小平、林彪、彭德怀、聂荣臻、项英、滕代远等军政要员来往电文等文献资料，并了解到，有关朋口战役、温坊（文坊）战斗和松毛岭战役中的重要资料记录。

项南激动地说：同志们，1934年9月，红军长征前第五次反"围剿"的最后一个战役松毛岭阻击战，就在这块土地上打响。当时，红九军团、红二十四师、工人师和地方赤卫队约3万余人，面对装备精良的7万余敌人，激战了整整7个昼夜，惨烈程度不亚于湘江战役。这场"铁血脊梁铸军魂，继往开来树丰碑"的松毛岭阻击战，为中共中央首脑机关与中央红军主力的战略大转移赢得了宝贵的时间，是贯彻毛泽东军事思想，落实古田会议精神的典范战例，具有十分重要的历史地位。

项南漫步在洒满先烈热血的松毛岭上，心潮如同松涛在翻滚。他告诉同行的人，闽西是土地革命战争时期中央苏区的重要组成部分，是新中国成立前曾经坚持“20年红旗不倒”的革命老区。在革命战争年代，全区牺牲的先烈有20万人之多！在那期间，连城有近3000人加入中国共产党，10300多人参加红军，还有许多人参加了赤卫队、游击队。连城人民为中国革命付出了重大牺牲，为中华苏维埃政权的创建、为新中国的诞生作出了重要贡献。连城的2600平方公里土地，没有哪一块地方未曾涌动过革命的春潮。

同行的省委常委、省委秘书长张渝民激动地说：“项南同志，你的老父项与年同志，是我们党著名的红色特工，当年把绝密情报‘铁桶计划’历经千难万险送到周恩来同志手上，为中央红军战略大转移建立特殊功勋！”

项南点点头，掏出手帕抹抹湿润的眼眶。停了一会儿，他接着说下去，朋口战役、温坊战斗和松毛岭保卫战是保卫中央苏区核心之战，体现了“保卫中央苏区，保卫新生的中华苏维埃共和国和中央主力红军”这个共同主题。这些战役、战斗，无论是在中共党史还是中国军史中都是可圈可点的。它们的宗旨是那么崇高纯粹，它们所表现的精神永远在神州闪光！

项南把手帕塞回口袋里，领着大家又上了大客车。项南深情地望着故乡的松毛岭，心潮澎湃地对大家说：“我们的胜利，是先烈们用鲜血换来的。我们一定要拿出更大的劲头，进一步解放思想，实事求是，团结一致向前看，把我们省的改革开放大业推向前进，以实际行动回报九泉之下的先烈们……”

远处，传来悠扬婉转的客家妹子唱的山歌，在项南听来那真是回肠贯气的故乡情曲，就像是他老母亲当年唱的客家山歌：

雄鸡一唱天大光，
革命不怕路途长；
只要跟着共产党，
穷人一定有春光；
……

满载着项南一行的大客车，在松毛岭林区公路上，奔驰在崇山峻岭间，项南坐在靠窗的车座上，饶有兴味地用手拍打着大腿，发出轻轻的有节奏的拍子声。就在这优美动人的客家山歌曲调中，这位“冠豸之子”又回到生他养他的冠豸山……

第二章　满门忠烈

1. 项南返回离别53年的故乡。积蓄了半个世纪的乡情、友情和亲情，在心中喷泉似的搅动。许多乡间往事在朦胧中忘记了。但母亲讲述的冠豸传奇，却一直铭刻在心间……

1918年11月18日，项南问世在闽西冠豸山——连城县朋口镇文地村。这是一个"满门忠烈"的红色革命之家，童年离别家乡的"冠豸之子"，如今在梦乡中穿越时光隧道，回到了他日思夜想的故里。一直把冠豸山记挂在心的项南，从小就听了不少关于冠豸山的传奇故事。特别是他的母亲王村玉——一位传统的典型的客家山村农妇，人家都说她是冠豸山的美女，是村中一块最靓的璞玉，所以才叫王村玉。难得她整天劳累，从上山打柴、烧火煮饭、洗涤衣衫、养儿育女，一直到犁耙耕地、播种莳田（插秧）、春耕秋收、砻谷踏碓（把谷碾成白米），哪一样家事农务都难不住她。有幸的是，苍天给她一副强势基因、健壮身体，一副中等身材，一张圆脸，一双大脚板，在客家山区村姑中，有谁比得上她？自从卖到项家做童养媳后，丈夫项与年经常外出闯荡，里里外外全靠王村玉当家。但老天有眼，她第一胎就为项家生下项南这个男丁，不用说在家族中的地位也大大提升了。她全身心投放在项南身上，期望他快快成长。乡下人不懂得什么叫文化，也没有什么文化知识培育子女。但从上祖传下的传奇故事中，老母亲悟出那就是"文化"，就是人生最高的境界。因此，从项南开始懂事，母亲就在喂饭或夜间赏月时，讲述那永远讲不完的传奇故事。在项南的记忆中，母亲讲得最多的就是冠豸山的传奇故事，一再教导他说："长大了，要做护法神那样的好人，那样的清官，做一个为天下人做好事的冠豸的好儿子啊！"

小项南有时会幼稚地反问："阿姆，那是什么时节的好人清官呀？"

自然，这一幼稚而又复杂的问题，母亲也回答不了。她只是说："那是很久很久以前……"

"很久很久？"

"是呀。"

"那有多久？"

"记不清了，等你长大就知道了。"

那时，战火，刀光，剑影。客家先民携儿带女，如同洪水决堤，涌向南方。哭声，喊声，马蹄声，土炮声，震天动地，响遍四方。

母亲告诉项南，其实，当时这里不叫冠豸山。叫什么什么什么山，人们也忘记啦。那是很久很久以前，我们的上祖，筚路蓝缕，自中原而来，在这里开基创业，播种五谷，植树造林，栽遍兰花，穿越亘古，阴阳合壁，幻化成这片客家神山人家。

母亲越说越来劲，她记性很好，几乎可以把戏班演过的戏、人家讲过的故事，一字不漏地背诵下来。她说，那时，我们这客家神山很靓呀！大美自然的山野，泉流潺潺的石门湖，三叠潭的月色，光榔幽谷的柳荫，翠鸟观澜的鸣唱，生命之根的霞光，生命之门的朝阳……把这超凡脱俗的群山峻岭，打造成海峡西岸的神峰，八闽大地的仙景。

小项南的"胞衣迹"虽然掉落在穷苦的冠豸山客家山村，但用乡亲们的话讲，他的"八字"却是靓的，时运也不错。作为长子、长孙，他成了项家的宝贝儿，父母及祖上的掌上明珠，巴不得期望他快快成为"大人"。在家庭教育方面，他吃的都是小灶，上辈人传下的好故事、好传说，滴滴精华文化几乎都让他优先享用。除了老母亲给他讲冠豸山的故事，老祖父、老祖母也急着把他们听来的精彩话语，传到小项南的耳朵里。

说起来也算奇闻，曾祖父项定方无师学文自通，自幼悉心研读上辈人留下的《古文观止》和其他古书，居然敢到汀州府应试，考上了秀才。后回家从事农耕，面对满山木材打起主意，也是无师自通成了山村里有名的巧匠。由于他心灵眼活，开板造材，制作家具，开荒种茶，耕种水稻，收入颇丰，很快勤劳致富，深受邻里乡亲的敬重。难能可贵的是，曾祖父项定方是位忧国忧民的爱国人士，目光远大，思想活跃，关心时局，人在深山，心怀神州，同情戊戌变法，更倾心于孙中山领导的革命运动。他把希望寄托在下一代，给儿子取名"学而优则仕"加"豪情壮志在胸"，等于"项仕豪"。作为以耕读传家为己任的客家人，曾祖父项定方决心让项仕豪读书成家，将来做有用的"大人"。但无奈不久家境破落，心有余而力不足，未能供养自己的儿子上学，最后成个文盲，真是让曾祖父死不瞑目。

老祖父项仕豪成不了上辈人期望的秀才，但继承了家父拿手的木匠功艺，为乡亲们加工桌椅，雕龙刻凤，在乡间有点名气，也赚了一点钱。他目不识丁，却喜欢买书、买字，把蒲松龄的名画名字挂在正堂上，洋溢书香之家的气息。他还热心家族的公益事业，运用自己的木匠技能，积极参与建祠堂、筑家庙，投资请人重修上祖传下的《项氏族谱》。他肚里虽然没有墨水，但记忆力很强，人家读给他听的项氏源流，他却能念得滚瓜烂熟，倒背如流。他从中悟出真谛，人要有孝心，知道报恩，让祖上的功德代代相传，上苍才能保佑我们成全大事大业。

小项南问世后，老祖父常抱着他参加祭祖活动。那热闹的场面，让小项南铭记在心。当长孙懂事后，老祖父就滔滔不绝向他讲述项氏源流，通俗易懂，生动活泼，引发小项南莫大兴趣。每当老祖父打开话匣子，小项南总是端坐在板凳或石块上，右手撑着脸腮，目不转睛地聆听着……

老祖父首先考问道："乖德崇，你知道我们是什么人？"

小项南朗声回答："客家人！"

"是从哪里来的？"

"中原大地呀！"

老祖父高兴地拍起手掌，他还讲了不少客家上祖为国为民当好清官勇将的故事，无意中在项南幼小的心田里，播下廉洁奉公的种子。老祖父说，我们项氏五世祖项德辉，从小苦读，五岁就进私塾去读书了，把《三字经》读得滚瓜烂熟，特别是那几句"子不学，非所宜。幼不学，老何为？玉不琢，不成器；人不学，不知义。为人子，方少时，亲师友，习礼仪”，他一直挂在嘴上，连夜里做梦也念了出来，当时在乡间传为佳话。长大后历任广东新兴、潮州程乡和江西龙南三县的知县官。他刚上任，就在县衙门上贴出对联：“衙门八字开，有理无钱请进来；当官吏为民，不问贫富皆为友。”据说，轰动一时，很得民心。他家祠堂正厅，赫然悬挂一副楹联：

清白世传，作吏还从冰上立；

廉明性秉，讼人都在镜中行。

堂上高悬的横匾镌刻还有四字：“三邑甘棠”。

老祖父生怕小项南听不懂，还请来有墨水的乡贤讲解，直到小孙子说：“我听识了”才放心。老祖父对小项南说，我们项氏后裔自诩为“清廉家风”，办理公务，公道、公开、公平，为之自豪，并沿袭至今。

饶有风趣的是，乡间戏台离项家30多里，但只要有教育意义的好戏，老祖父都会背着小项南徒步观戏。项南至今还记得，有一次戏台演出宣扬秦末农民起义领袖、被称为西楚霸王项羽《破釜沉舟》的闽西汉戏。老祖父背着他星夜赶去观看，还详细讲解说戏的内容。

如今，项南返回故乡，想起往事，仍历历在目。他感慨万千地说：“我那老祖父呀，是个文盲，没有文化。可我感到他最懂文化，是用客家传统文化教育后代的模范祖父！”

茫茫冠豸山上，的确是个传奇而神秘的客家大山寨。老祖父别出心裁的传统文化教育，为项南的成长奠定了深厚的启蒙基础；但是，激励项南走上革命道路的，却是当年中央苏区红色文化的锻炼和熏陶，为他指明了前进的方向。

早在父亲项与年（原名项廷椿）出生的1896年，项家境况日趋清贫，出于生计，全家从文坊迁进30多里的深山老林，只有20来户人家的小小文地村。由于上祖是木匠世家，对木材情有独钟。迁进文地村后，项家祖屋兴建在一株高大、古老的杉木王旁边。这座建于清代末年典型闽西客家民居，全用粗大的杉木建成，木质结构极为牢固。

老祖父精于美化环境，自家天井种了瑞香、兰花、香园、指甲花和几样山茶花品种，如五彩茶花、金红茶花以及观音十八笑茶花，一年四季，花开不断，光彩缤纷，再加上阳光从天井倾泻而下，照在花卉身影上，在小山村里就显得格外富有色彩了。项南出生后，父亲项与年走南闯北，父子很少见面，他一直与母亲相依为命，在项家祖屋度过自己清贫的童年。

村里人都说，小项南很乖巧，不会像其他小孩那样烦躁吵闹，四五岁就会当母亲的帮手做灯芯，有时做到深夜。这是装在灯笼里点火用的灯芯，客家人家过年过节的风俗常用品，赶集（墟市）时可以在市场上卖一点钱补贴家用。其实，对于小项南来说，那是幼年最好的游戏，跟母亲一起做游戏，还能听到许多传说故事，那真是最妙的享受呀。稍大一点的年纪，他就跟着母亲上山打柴、放牛、莳田（插秧），帮着做家务农活了。

项南的童年是清贫而温馨的。小小的年纪就晓得泡茶接待客人了。他很喜欢家里有客人登门，有"等路"（礼品）好东西甜嘴巴。当时，山里的客家人都很穷，到亲戚家作客，只能带一些自己种的土特产品作为"等路"。有一回，一家亲戚来访，带来"珍珠米"（我们俗称玉米），小项南嘴馋，尝一尝很新鲜。他说："这珍珠米，真是珍珠，太好吃了。"过几天肚子饿了，他就缠着母亲要吃"珍珠米"。文地山村当时没种玉米，到哪里去找"珍珠米"呢？

母亲就拿出山里产的桂圆干（晒干的龙眼水果）哄他。但小项南不要，执意要吃"珍珠米"。几十年后，母亲想起项南童年故事，略带自豪的神采，开心地笑着说："我那德崇心大呀，不食桂圆干，要吃珍珠米呢，嘴多馋！"

小项南嘴馋，爱吃"珍珠米"，也爱读圣贤书。说起来也算奇闻，他三四岁就能背《三字经》了。这要归功于项家有"耕读传家"的好传统。老祖父是文盲，但有两句客家俚语却常挂在嘴上："地瘦栽松柏，家贫子读书"，"生子呒读书，不如养条猪"。因此，家里再穷，他也要向别人借债，把儿子项与年送到省城福州去读书。如今，他看孙子年幼很机灵，有出息，3岁时就请朋口墟上一位老先生每月进山住几天，教小项南读《三字经》。他付不起学费，就以手上木匠技能，帮老先生家做家具，相互换工，互利互惠，在乡间传为美谈。

由于《三字经》的启蒙，小项南显露出的机灵和聪颖，深得老祖父的赏识，5岁就被送进私塾念书。他记忆力很强，每天读的诗文，都要背给老祖父和母亲听一听，这几乎成为项家晚餐桌上的专题课了。

项南人小心大，身在小山村，却向往外面的大世界。他五六岁在大仙岩下放牛，常跟他的小伙伴们谈论长大后的志向。他说："我要好好念书，将来念到汀州府（长汀）去！"在这个深山沟穷孩子的心目中，汀州府是天下最大最好的地方。老祖父对他很赏识，以至临终之际，单独把6岁的项南叫到床头，缓缓地充满希望地说："德崇，我早看出来，这个家就数你有出息，你能做大人、做大事……"老祖父的厚望，成为这个早慧儿童上进的动力，促使他对上学读书产生深厚的兴趣。

山村清贫，家中穷困，项家一日三餐赖以果腹的就是地瓜饭，小项南吃得单调乏味，早就感到厌食了。但母亲无可奈何，总是一半哄着一半强制他吃下去。一天，他跟母亲赶集，在墟场街头上，看到小商贩推着木炭熊熊的火炉桶，烤熟的地瓜弥漫着香气，馋得口水也流出来了。他要母亲买烤地瓜吃。母亲说："家里有的是地瓜，还要花冤枉钱到墟场上买地瓜吃？"

"家里煮的地瓜不好吃。"

"为什么？"

"墟上烤的地瓜真香！"

"我们回家去也生木炭火烤地瓜。"

但母亲回到家里，又忙着上山下田外出干活儿去了，哪有闲空儿烤地瓜呢。好在做饭的老祖母理解小孙儿的心，帮着烧红了木炭，居然把地瓜烤熟，剥开烤焦的皮，露出金黄的肉，跟蜂蜜那么甜，味道香极了。原来，冠豸山区，山高水冷，属高寒山区，连最容易种植的水稻、香蕉、柑橘等都长不好，唯独地瓜长得特别神，青绿的藤叶一直在疯长，四处乱爬，根部结的地瓜（又叫番薯），皮与肉跟黄金似的灿灿发亮，糖度很高。一般人用水煮熟，做成地瓜饭，但吃久了会腻。如在木炭炉里烤熟，会变得像糍粑那么软，整条地瓜如同裹了一砣蜜，吮吸在嘴里，那真是成了世上难得的美食了。奇怪的是，这种红心地瓜，成了冠豸山下连城县的特产，往北的清流宁化、往南的龙岩上杭，往西的长汀瑞金，往东的永安漳平，就长不出这蜂蜜那么清甜的地瓜，只成了普通的番薯了……这些知识，项南长大后才慢慢悟出来了。

但当年，小项南亲手烤地瓜成功的实验，“成就感”已非同小可了。他提议改革家里吃厌的地瓜饭做法，把煮饭和烤地瓜分开做。但一般农家没太多的工夫上山烧木炭（把硬木头烧成炭，成本高，花工大），小项南的“改革”措施，只被老祖母接受一部分，逢墟（5天）烤一次地瓜给他甜甜嘴，其他日子还是啃地瓜饭。小孙子心里当然不高兴，也无奈接受老祖母的安排。但令小项南万万想不到的是，他学会的烤地瓜的好法子，让他在列宁小学扬名，评为“拥军小模范”，还当上少先队长哩！

那是项南七八岁的年头，冠豸山下的连城县第一个共产党组织——中共良坑支部正式成立。不久又成立了中共连城县委，中共闽西特委派官近玖任县委书记。在党的领导下，全县开展热火朝天的土地革命斗争。特别是1929年5月，毛泽东、朱德、陈毅率领红四军进驻新泉、庙前，随后率部攻打龙岩城。在这一形势下，连南十三乡农民暴动，各乡村成立了苏维埃政府，成为中央苏区重要组成部分。红军的到来，给贫穷的文地村带来希望，注入新的活力。短短几天时光，红军发动村里青年农民打土豪、分田地，查抄地主劣绅的财产，还成立了赤卫队。项南的六叔项廷纪成了赤卫队的宣传员，提着珠砂红浆水桶，在村里墙壁上刷写宣传土地革命的大字标语。项南也跟在六叔后边，提着芦苇扫，沾满朱砂红浆，给标语大字再添上几笔，显得更为鲜艳雄劲。在村里上辈们在交谈中，项南隐隐约约听到，自己的父亲项与年也是红军一员，内心感到非常兴奋。但他觉得奇怪的是，当他插嘴询问时上辈们很保密，叫他不要多讲多问。对此他心里不由打了一个大问号，这是为什么呢？

很快村里建立了苏维埃政权，在项家祠堂办起“列宁小学”。老祖父第一个把小项南送来上学，拉着村里请来教书的项际申说：“老先生，我这小孙子爱读书，拜托你好生管教！”

项际申说：“爱读书？好呀！”

这位老先生的书法很有功底，悉心教小项南描红，指导他正确使用毛笔，把字写得端正大方，成了全班同学中写字读书的佼佼者。

小项南在列宁小学不仅学业优异，还经常争做扫地、擦黑板的好事。一天，他看到驻扎在学校附近的红军小分队三餐吃的也是地瓜饭，一条妙计涌上心头。他暗地里发动同学们把家里的地瓜和青菜带来，利用星期天，在他指导下，大家动手用木炭烤地瓜，慰劳红军战士们。这件事情当时竟轰动苏区，受到乡苏维埃政府表扬，号召全乡民众向列宁小学同学们学习，做好拥军工作。小项南还被评为"拥军小模范"，受到上级的表彰。

不久，"列宁小学"成立少年先锋队组织，11岁的小项南当上队长，带领全校少先队员们，协助红军和赤卫队站岗、放哨、查路条。一天，这群少先队员们经过山溪对面项上祥家老屋门口，看见一位红军老兵站在门槛上，手摇芭蕉扇，和谐可亲地向山村娃娃打招呼。回到家里，六叔告诉小项南说："你真有眼福，那位摇芭蕉扇的红军，就是名扬天下的朱德总司令呀！"

小项南高兴地跳起来："我要赶快长大，将来也当朱总司令的红军去！"

六叔热情地鼓励说："好！好好努力吧，你的愿望一定会实现！"

1930年4月，红军主力撤离连城一带。不久，闽西红十二军一〇三团和游击队，在新泉的县苏维埃政府召开第一次工农兵代表大会后，决定攻打连城县城。负责宣传的项廷纪也随军投入这场战斗。在激战中，项廷纪和几位战士被敌军抓获。但年仅24岁的项廷纪宁死不屈，在冠豸山下壮烈牺牲。敌军残忍地把他的遗体砍成四块，悬挂在县城东西南北四个城门上。这一惨无人道的暴行，激起穷苦民众的更大仇恨，更多闽西儿女踊跃投身参加红军。

六叔项廷纪的壮烈牺牲，在小项南胸中掀起莫大波澜，也成为他心目中的英雄楷模，激励着他在人生征途上勇往直前。

2. 出身贫寒的小项南，用乡亲们的话讲，“八字”是靓的，时运也不错。项南成了项家的掌上明珠。1930年秋天，项南跟着父亲来到上海，开始全新的生活。

大约是1930年秋天，早已参加红军的父亲项与年通过地下党组织，从上海托人捎话，说要安排儿子上学读书。12岁的小项南和年仅周岁的妹妹跟着母亲，在地下交通员谢志忠的带领下，离开冠豸山中的小村庄，翻山越岭，冒险通过敌人层层封锁，从闽西深山老林，走向陌生的征途。

当时，偏僻封闭的连城通往外地只有石砌的崎岖山道，没有公路，更不见汽车。项家母子三人，跟着闽西特委派遣的地下交通员谢志忠，离开巍巍冠豸山，乔装成经营连城土纸的商家，肩挑步行，爬过紫金山，越过朝天岭，顺着九龙江的流向，乘木船来到厦门，买妥开往上海的船票，才松了一口气。

那时，闽西共产党红军与国民党的白军战事频繁，斗争激烈。闽西与连城处于白色恐怖的环境下，走一步都很小心。既要通过层层封锁线，应付白军的盘查，又要防止土匪拦路抢劫，那真是“过五关，防六贼”，让谢志忠这位地下交通员操碎了心。

小项南就这样跟着母亲和交通员叔叔走出深山老林。山外的精彩世界，如同磁石吸引着他，神秘父亲所在的那个大都市上海带给他新的梦想和动力。平日放牛打柴，爬山越岭，练就一双硬脚，他忘记了疲劳，自己背个小包，一直跑在前面，仅三天三夜就完成了平生第一次的长途奔波。

小项南跟着一大群旅客登上了“顺昌号”轮船，头一回看见蔚蓝色的大海，心里简直被迷住了。他在浪花飞溅的船甲板边上来回走着，扶栏眺望着，高兴得衣衫被海浪打湿也毫不在意。这个“冠豸之子”，平日看到的高山野岭的原始森林，哪比得上辽阔的海洋这么壮观呀。小项南的观察力，这时也得到新的锻炼。他看见大海的远处，水是那么蓝，像是一片硕大的青枫栎叶子，同时又那么清，像是冠豸山石门湖的水面。但他转念一想，感到这些比喻都不恰当，这么大的海洋，怎么可以用我们山里的树叶和湖水来比呢？眼前海天连接的大海，它的神奇与深邃，更激发了“冠豸之子”的好奇心。他又惊又喜地望着无边的大海，整个心思都陷入光怪陆离的遐想中，直到交通员叔叔抓住他的手臂，把他拉回船舱。母亲怀抱着小妹妹劝说：“德崇呀，这里是大海，可不是冠豸山，掉下去就找不回来了哪！”

小项南咬着嘴皮说：“我不怕！我会学游水！”

交通员叔叔说：“现在不能乱跑，等到了上海再慢慢去学游水吧！”

小项南只好静静坐在船舱里，拉开窗帘，痴痴地看着远处海面上海燕飞翔，海鸥俯冲，有时还能看到飞鱼在海面上跃跳。看累了睡在船舱里，睡醒了再探头从窗口观海。不知坐了几天的船，终于抵达“十里洋场”的上海，在他眼里那真是神秘而陌生的地方。但令人眼花缭乱的洋楼、商店、银行、电影院、外国租界，以及飞奔的小汽车、黄包车，五光十色的市面，拥挤街头上行人的奇装艳服，都吸引了小项南的眼球，让他感到好奇、新鲜和怪异。

在交通员叔叔的引领下，母子三人走过一条又一条街道弄巷，穿过一排又一排石库门房，步入深巷街边一座不显眼的楼房。人们再也想不到，在中共上海地下党负责人顾顺章叛变投敌后，这里成了中共上海市委联络站。房后石砌的楼房上，就是项与年的住宅。身穿西装、身材高大、挺拔俊逸的父亲，给小项南的第一感觉就是神秘、陌生，但从他慈祥的不易觉察的笑意中，又感到一丝深情的父爱，随即又转化为一种严肃和威慑，真是变幻莫测，扑朔迷离，而又令人难以捉摸。

交通员叔叔跟父亲说了几句话，就离开房间到外头去了。母亲很过意不去，按客家人的风俗要留他吃饭。但交通员叔叔只是亲了亲小项南，说还有事，就告辞走了。

跟着神秘的父亲，小项南和抱着小妹妹的母亲，一个转身走进一个装修精美的厅堂。里面铺着木材颜色的瓷砖地板，有桌子、茶几和椅凳，还有几个跟大藤椅那样软呼呼的坐垫。项南后来才知道，那是皮沙发，他开始坐时陷进去，要用力才爬得起来，坐惯了感到很舒服。桌子上有花瓶，插着纸花，窗户不像老家用木板做的，而是透明的玻璃，还挂着印有各色花样的窗帘。

母亲把行李放在地板上，让妹妹躺在沙发上，用手整梳一下散乱的头发，只听里头小门“吱”的声开了，走出一个手抱几个月婴儿、水色很好的女人（客家人把脸上的色气通常叫做“水色”）。身材窈窕匀称，手臂白嫩得像出水的莲藕，一看就知道是月子里保养得很不错的那种女人，穿着浅绿色短外套和灰色的长裤，微胖的身腰曲线凸凹有致，显得很潇洒自然。她把婴儿塞给父亲抱，泡了两杯红茶给项南母子，然后把行李提起来，放在架子上，笑着用湖南口音说：“大姐，行李放在地板上会脏的。”

母亲凭着她的视角，一见这个女人的出现，心头怦怦猛跳起来。不用问，她就知道这女人的身份以及她与自己丈夫的关系了。但一杯红茶端上手，特别是一声“大姐”叫得这么甜，猛跳的心慢慢平息下来。在客家人中，连城是最奇特的，讲的客家话十里不同音，一乡一种话。因此，普通话却推广得很好，连七老八十的老太婆都会讲几句应酬的普通话。母亲过了一会儿，还是把行李放在地板上，用掺进不少客家话的普通话说：“老妹，我这行李都是脏衣服，几天没有洗，等我洗净晒干后，再放到架子上。”

也许一句“老妹”说得这湖南女人心里甜甜的，她没再说什么，顺手打开桌上的纸包说：“肚饿了吧？这里有面包，先点心一下。”说着，父亲抱着啼哭的婴儿走进小门内间去。那女人用手按了按乳房，说：“大姐，你们坐一坐，我给宝宝喂奶去。”说着也跟着到内间去了。

小项南抓起一块面包，啃了一口，首次吃这种食物，感到味道还不错，只是比不上老家烤地瓜那么甜。他机敏地四周打量一下问道：“阿姆，这是我们的家么？”

母亲摇摆着手，示意他来到上海后，处处小心，莫要乱说乱问。说着，她不要人家吩咐，走进厨房，打开煤炉，就像在老家那样，做饭、炒菜、洗衣服、擦地板。母亲毫无怨言，平日也不跟那女人计较，把家务事做得有条不紊，里里外外一清二楚。

早在毛泽东、朱德率领红四军三打龙岩，在闽西各地包括冠豸山里的连城县建立苏维埃红色政权后，上级安排项与年前往闽西地下交通站秘密联系工作，顺便回到老家探望家人，与妻子谈了心，交了底。当时他看到妻子目不识丁，还争着到毛泽东创办的工农妇女夜校学习，认识几个字，还会写“打土豪，分田地”，心里非常高兴。就在那天夜里，妻子向丈夫问道：“你这几年在外头做么个生意呀？”

丈夫想了想，老实地告诉妻子：“比生意还重要的事情。”

“么个事情呢？”

“就是让农民有田耕，工人有工做，天下劳苦民众有好日子过。”

“那就是红军干的好事情哪！”

“对！对任何人都不能讲，讲了就人头落地呀！”

妻子紧紧抓住丈夫的手：“我晓得！”

丈夫感到自己从事的神圣工作，得到妻子的理解和支持，内心十分欣慰。

过了几天，丈夫神秘地离开老家，又不知到哪里去做他的“重要的事情”了。自从那天夜里丈夫向她交了底以后，妻子身上好像增添了新的活力。她到夜校上课更勤了，还参加识字班，在识字比赛中得了好成绩；村妇联下达的编草鞋、送军粮的任务，她总是超额完成。当小项南和小伙伴们要烤地瓜慰劳红军，她积极支持，挑选又红又光滑的地瓜，让小项南带到列宁小学去搞活动。连小项南也发现母亲眼睛更亮，精神焕发，笑着说：“阿姆，我看你心里更欢喜啦！”

母亲笑得合不拢嘴说：“莫多讲啦，快把地瓜送到学堂去……”

项与年就这样摸准了妻子这位苏区妇女的基本阶级觉悟，深信一定会全力支持自己的工作。同时，他更了解客家山区的山情，客家妇女历来是最吃苦最顺从的。自古道：“嫁乞随乞，嫁叟随叟。”意思是一个女人即使嫁给乞丐或者年龄大的人，也会随其生活一辈子。随着时代的变迁，这一俚语成了“嫁鸡随鸡，嫁狗随狗，嫁给狐狸满山走。”果然，妻子的心思被猜准了，她像许多客家妇女那样，为了家庭，为了子女，更要紧的是为了丈夫干好“重要的事情”，任劳任怨，为项家也为革命事业作出牺牲，为支持丈夫从事党的秘密情报工作作出重大贡献。

父亲每天依然早出晚归，行踪不定，有时在外头过夜，几天才回家。小项南也留心注意到，许多“表叔”经常来家里，打了一句招呼，走进父亲房间便关上门，不晓得他们搞的是什么名堂。

项南长大后才慢慢知道，父亲的确神秘，是闽西最早的共产党员之一，是我们党隐蔽战线、从事秘密情报工作的一员干将。从农民儿子、华工领袖、直到中共特科主力，他的一生，充满着神秘、惊险、传奇的色彩。

当年，项南只知道自己的父亲在老家叫项廷椿，又名项与年。到上海后，来家里的几位表叔，称父亲“老梁”或“梁明德同志”，他感到奇怪，父亲什么时候改姓“梁”了呢？有一次偶然问了一句，被父亲瞪了眼，以后再也不敢多问了。母亲告诉他：“这里不比老家，你只管埋头读书，回家张口吃饭，可不要多说多问喽！”

“我家的表叔数不清，没有大事不登门。”项南以后在观看京戏《红灯记》时，对小铁梅的这段唱词感受最深。想当年，他跟母亲来到上海新的家中，也有“数不清”的“表叔”登门。一回生，二回熟，渐渐的，项南与这几位叔叔熟悉了，他们偶尔也带项南出去玩，买檀香橄榄（青果）给他吃。他印象最深的，是一位留胡子的叔叔（即中共地下党员曾希圣），他喜欢带项南去繁华的南京路游玩。有几次，胡子叔叔还领他走进“大世界”照哈哈镜。项南在哈哈镜里看到自己的怪模样，不禁捧腹大笑。而胡子叔叔也挤过来，在镜子里变幻着表情和姿势，逗得项南十分开心。

父亲沉默寡言，平日很少带项南出去玩。在项南眼里，对父亲的陌生感稍有消退，一种敬畏感又随即产生。他始终不知道父亲是干什么的，因为有“梁”姓问的教训，他当然不敢问。有一次趁父亲心情好，刚要开口，猛然间被父亲那山鹰般犀利的目光制止，他的好奇心被死死按住了。

父亲偶尔也带他外出，比如去朋友家，当他与别人交谈时，却让项南在外边玩。有一次，离开一位朋友家，走过几条里弄，来到街道边，父亲忽然对项南说：“我的帽子忘在朋友家了，你去给我取回来。”项南沿着原路返回，大同小异的里弄使他差点迷路，而石库门的外观也基本相同，费劲辨认一阵，才算找到那个朋友家。当他拿着帽子来到父亲身边时，父亲淡淡地问了句：“他家好找吗？”父亲正是以这种方式培养项南的观察、识别和记忆能力，使他渐渐养成细心观察和思索的习惯。

其实，父亲是深爱自己的儿子的。正如鲁迅诗云："无情未必真豪杰，怜子如何不丈夫；知否兴风狂啸者，回眸时看小于菟。"但残酷的地下斗争生涯，使他内心情感很难向外袒露。经过慎重考虑，他决定将14岁的项南送到南京陶行知办的学校去念书。这样做的原因，主要是考虑到自己的地下工作生活紧张而缺乏规律，不让孩子的生活、学习受影响；另一方面，则是因为项与年很赞赏南京著名教育家陶行知先生的教育思想，希望孩子受到良好的教育。因此，项南在上海没有待多久，就离开严父慈母，坐火车来到南京上学。这样，项南与父亲的接触就少了，但内心却激发他更加怀念父亲。

3. 项南长大后才知道父亲是闽西最早的中共党员之一，为送绝密情报，毅然敲掉自己四颗门牙，装扮乞丐，闯过敌人重重关卡……

项南和他母亲没有料到的是，1934年初春父亲的又一次失踪，造成他们父子、夫妻之间长达20多年的分离。令人难以想象的是，项与年这次离家不久，就谱写了他隐蔽战线生涯中，最为壮丽而惊险的一部新的传奇。父亲是怎样为他奇特的传奇开篇的呢？

这就是轰动我们党隐蔽战线，由父亲主演的《智送"铁桶计划"》历史性巨剧。

那是1930年至1934年，蒋介石调动数十万大军集中江西，连续向中央苏区发动多次"围剿"，妄图一举消灭中央红军。

项与年的好友莫雄是国民党的老党员，原任国民革命军师长，为人正直，思想进步，曾要求加入中国共产党。1930年，他在上海赋闲，与我党人士素有交往，是中央特科联络的重要对象。上海地下党领导人李克农对他说："莫先生，您是革命老前辈，孙中山的忠实信徒，请求加入共产党，我们是欢迎的。组织上认为莫先生在国民党中资历老，社交广，为方便工作起见，以暂不参加共产党为宜。今后凡对我党有利的事，望能在力所能及的情况下给予帮助。”莫雄深表理解，曾暗中多次为地下党提供帮助并输送不少重要情报。

1933年10月，蒋介石重新起用莫雄，委任他为江西德安区专员兼保安剿共司令，并放权让其自组班子。莫雄同中央特科商讨后，由我党派人去司令部任职。当时，该司令部从副司令、参谋长到情报官，均由上海地下党派人担任。谍报组由我特科人员组成，项与年充当情报参谋，主管情报工作，如此重任在身，哪里还有时间回家呢？

1934年10月初，蒋介石在庐山牯岭召集江西、湖北、湖南、福建、山东等5省主席和军长开会，秘密部署进攻中央苏区的“铁桶计划”，妄图通过第五次“围剿”一举消灭苏区。当时，中央苏区和红军已面临巨大危险。

这次会议开了整整一个星期。蒋介石亲自为他的200名高级部下们解说了将给党国带来新局面新前途的“铁桶围剿”计划。这个计划是蒋介石从种种建议中筛选出来、由德国军事顾问塞克特设计的。

这正是“我花开后百花杀”的黑色秋日，“横看成岭侧成峰，远近高低各不同”的庐山，显得格外空旷而肃杀。横扫落叶的秋风，无阻挡地在山中呼啸着，把枯黄的叶子一片片打在行人的脚上，滚落在深深的岩沟里。一只乌鸦停在一棵孤零零枯树上，张开翅膀，在光秃秃的枝丫上摇晃一下，凄凉地叫了两声，仿佛在向登山的游客哼着挽歌，又好像与正挥着那根精致的紫檀木棒在沙盘上指点、满腹杀气的一副吴侬软语腔调“娘西匹”的蒋介石联演“二重唱”，把庐山牯岭这次重要军事会议的气氛也冲淡了。

蒋介石从窗口上望见那只站在枯枝上的乌鸦，又骂了一句“娘西匹”。站岗的警卫兵挥动手枪，朝乌鸦开了一枪，但未击中。乌鸦大声地叫了一阵，向阴霾的乌云翻滚的西天飞去了。站在沙盘边上，正在聆听蒋委员长训话的军装笔挺的将官们，不由得嘻笑一声。这一有趣的插曲，让蒋介石正强调的“铁桶计划”，几乎变成纸上谈兵的儿戏：

“我们准备用150万军队，对以连城、长汀、瑞金、于都、会昌、兴国为目标的匪区，在同一指定时间突然加以包围，形成一个以瑞金为中心，半径300华里的严密的包围圈，在包围圈尚未完成之前，先以12个师的兵力牵制红军以迷惑他们，争取包围部署时间，包围圈一旦形成，12个师立即撤出，同时切断一切交通，禁止任何人出入。”

蒋介石在讲到他的兵，他的炮，他的炸药和铁丝网时，语气斩钉截铁，仿佛所有这些都和他童年时候玩的游戏差不多。他一边讲，一边在将领们身后走来走去，用手中的紫檀木棒点一下桌上的沙盘或者墙上的地图：

“包围形成之后，各部队依照命令，每日向中心推进一至七华里左右，逐步缩小包围圈。每推进一华里，布上一重铁丝网，每推进10华里，修筑一道碉堡线，碉堡的设置使得火力能构成极为密集的交叉火力网。这样……”

蒋介石丢下紫檀木棒，清了清嗓子，声音顿时清晰有力了许多：

“计划每月向纵深推进50华里，6个月进逼瑞金。那时候，瑞金四周将有300道铁丝网，30重碉堡线，每重碉堡线之间敷设碉堡群及地雷，如遇突然情况，则立即用军用卡车调动部队。顺便告诉大家，美制军用新卡车1000辆已经于上个月底全部运到。”

蒋介石双手扶案，眼里闪着兴奋的光：

“同志们，对这样一个计划，还有什么疑问吗？”

只听座间轰的一声，200多名高级将官兴奋莫名，齐刷刷地鼓起掌来。他们满面红光，一边鼓掌一边大声地左顾右盼说着什么，而彼此在说些什么谁也听不见。人就是这样，有些时候他们并不需要真听见什么，他们只是需要兴奋，需要说罢了。有一个结论是不需要说出来大家全明白的，那就是“这下子共产党算完蛋了！”

有人大声提问：“委员长！部队什么时候开始行动？”

蒋介石抬起双手，向下压了压，又压了压，连压几次，沸腾的声流才算平息。蒋介石恢复了他亲切柔和的奉化溪口音调：

“事实上，这次军事行动的准备已经开始了。大家是否注意到，各部队整训已经相继完毕，南昌、德安、龙岩已经运去了大批新铁丝网，剿共部队的装备已经大大改善。可是这次……”蒋介石习惯性地稍做停顿，以便可以观察他的听众的神态，“我们的对手愚蠢得厉害，直到现在他们还在搞什么短促突击，搞什么阵地战，堡垒战，好啊！你搞啊！你那几个人几把大刀，搞得动我150万大军？这不是拿着鸡蛋去砸石头？”蒋介石做了一个掷鸡蛋的动作，“这样愚蠢的事，同志们，让我们想起了我们古代的一个什么成语？”

有人喊：“以卵击石！”

“嗬嗬嗬……”望着他的部下，蒋介石爽朗地笑了，像一个幽默亲切的国文老师。

在牯岭紧急军事会议上，200多名国民党军高级将官，个个兴奋异常，像发了疯似的狂笑啼叫，仿佛在江西中央苏区的8万红军官兵，不费吹灰之力，一口就被吃掉了。可只有一位高级将官坐之不安，这就是江西德安第四区保安剿共司令部司令莫雄。他好像家里出了什么祸事，心事重重。他本来不太会吸烟，这时却一支又一支地抽着会议发给的美国箭牌高级香烟，以缓解内心的焦虑不安。

那天接到紧急会议通知时，莫雄与项与年等人通宵达旦在密室里商议中央苏区的前方战事。那时，第五次“围剿”与反“围剿”战役已经打了一年之久，由于“左”的路线干扰，毛主席正确军事路线受到排挤，接连败仗，红军打得很苦，根据地却越打越小。蒋介石打得也不轻松，原计划三个月内消灭红军，可现在打了整整一年，不但红军远远没有被灭光，除了瑞金之外，鄂豫皖、陕甘、湖南和四川到处都闹起了红军，那些久已图谋不轨的军阀异己也趁机闹起兵变和自治，而自己100万军队被陷在赣东闽西这片大山里动弹不得，面对到处生起的匪患和异己只有徒叹奈何。即使面对瑞金这一块红军也是困难重重，党内国内压力甚大，舆论纷纷指责蒋介石不思抗日专事内战，拖久了也不是个办法，要摆脱这种尴尬局面只有速战速决。

如今，蒋介石好不容易得到“铁桶计划”这根救命稻草，决定立即召开紧急军事会议部署这一重大战役。莫雄是下午3点睡过午觉才从德安出发赶来的。会议的最后报到期限是这天的晚上7时，从德安到庐山不过一小时多一点路程，但是夏天的大雨把道路冲坏了，到秋天还没有修补好，走走停停用了大约4个小时赶到山下，天已擦黑。上山又用了40分钟，待赶到山上，莫雄的车已无处可停。

不用数，莫雄就知道现在山上大约有多少部车。参加会议的有江西、湖北、湖南、福建、山东五省主席、司令、军长、师长、高级参谋共计200多人，以其中100人每人两部车计算，也该停了300部车，这还不算蒋介石自己的车队和会议用车。仅仅从这片车，便可以看出这次会议的规模和重要了。

在庐山牯岭上开会，莫雄度日如年，7天后会议结束，他立即驱车回头，在掌灯时分回到德安司令部。他来不及吃饭，径自走进自己办公室，立即召集项与年等人开一个他说的“火烧眉头”的特急会议。仅3分钟，司令部的三位共产党员随即报到。

莫雄这位戎马倥偬大半生的老将官，经历过多少血与火的洗礼，都未哭过，这回却老泪纵横。他声音颤抖地说：“共产党这回算完了！”这正是庐山上那200多名高级将官在听完蒋介石的军事动员报告后得出的结论。

项与年镇静地劝道：“莫司令，慢慢讲。”

莫雄从身边取过几个沉重的牛皮纸口袋，足足有三四斤重，全部是牯岭军事会议的文件，每件文件的右上方都打上了蓝色的“绝密”字样，并有编排的序号。

大家飞快地分头翻看这几大包仿佛从天而降的绝密文件，既万分激动，又万分紧张。他们眉头紧皱，只听见纸张翻动的哗哗声响，除此之外，是莫雄一声接一声的长叹。一小时后，他们看完了全部文件。

项与年紧握莫雄的手：“莫司令，我们代表党谢谢你！”

莫雄擦着眼眶问道：“我们党这回能砸破‘铁桶计划’吗？”

项与年动情地说：“火速把这一情报送到瑞金，这‘铁桶计划’就支离破碎了！”

但是派谁去执行这一紧急任务呢？三个共产党员争论了许久，谁都想把这一任务抢到手。他们都知道，这一去几同赴死。从德安到瑞金，中间要经过多少道关卡？瑞金的封锁实际上已经开始实施，几次“围剿”中白军杀红军早已杀红了眼，只要有一点破绽露出马脚就将必死无疑。从入党那一天起，他们就视死如归，死并不是最难的问题，但这不是一份平常的情报，它关系到8万红军官兵的生死，需要的是四个字“万无一失”！

为了争取时间，他们连夜把“铁桶计划”的中心要点以特急电报发往瑞金，然后分头把密件内容用密语抄写到4本学生字典上。剩下的问题又回到原点：谁将情报送到瑞金？

他们争来争去，最后项与年把手一挥，果断地说："不要争了！你俩都争不过我！这一带的地形路线我熟悉，老表话、客家话我都能讲。你俩一个安徽，一个山东，万一出了事，个人生死事小，党和红军官兵的生死事大！"

项与年句句在理，无懈可击。争论声停了下来，三个生死与共的战友默默地望着，仿佛这是最后诀别，赶紧把对方容貌永远铭刻在心底。他们紧紧地握手，没有再说一句话，所有的话语都在手掌心上的电流浓缩和交流了。

说时迟，那时快。项与年飞快脱下军装，换上长衫，穿上布鞋，化装成教书先生，怀揣四本学生字典，赶在天亮前上路了。这时，离庐山牯岭紧急军事会议结束，还不到490分钟、即8个多小时！真是"兵贵神速"。

项与年在冠豸山练就的铁脚，这时派上用场。因为，从德安到瑞金，中间要经过永修、新建、南昌、丰城、崇仁、乐安、宁都、石城八个县市，几乎纵贯大半个江西，即使在大道通途的今天坐汽车也要走两天。一路上高山急流阻隔、狼虫虎豹出没，敌军关卡重重自不必说，单是靠一个人的两条腿在几天之内走完这将近1000里山路，在今天也是一件难以想象的事情。它需要勇气、智慧、体力、毅力，具备了所有这一切还要加上一条：运气。缺一条，这件事就可能根本不会成功。

人们难以想象，项与年的两条腿如同飞也似的翻山涉河，昼夜兼程，除了减得不能再减了的睡眠，不敢有一刻的停歇。20世纪30年代的江西福建，远不像现在人口稠密。现在的山上，连獐子和狼都很少见到了，那时的山上狼虫虎豹的家族都很兴旺。项与年走在夜晚的山岭上，野兽的嚎叫就在周围此起彼伏，猛兽眼中独有的贪婪残忍的绿色荧光在山上到处飘动。有时它们似乎就在身边，喷吐着类似人的喘息，蚊蠓缠绕的嗡嗡叫声震耳欲聋。这些对于今天人们的恐怖，对于项与年却是安全的标志，说明这里没有敌人的岗哨。每逢走在这猛兽出没人迹罕至的山岭，项与年就大步流星，仿佛他是猛兽的朋友。

相反，每通过一座城关一道哨卡都要费去他许多时间。首先，项与年不能快走。快走就会带来麻烦，白军对那些急匆匆赶路的人总要首先产生怀疑。更何况，快走也不适合他的身份，他是一个教书先生，教书先生不会有什么急事，通常都是亦步亦趋，一副手无缚鸡之力的样子，何况他这样一个羸弱文雅的教书先生呢？每当这时，他便心急如焚，总要在晚上夜幕降临之后，用在山上的一夜疾走来弥补白天耽误的时间。

越接近瑞金，项与年越感到自己的身份必须改变了。当初三个人共同决定他扮作教书先生，是因为他的气质最接近教书人。况且他无论如何不能扮成农民，一个操着浓重闽西客家腔的农民是没有理由出现在赣北德安的。但现在不同了。现在离瑞金越来越近，教书人的身份就显得越来越别扭。要知道，红军中凡有教书身份的，常常是大官，白军对知识分子身份的人因此格外注意。何况，经过几个昼夜的劳碌奔波，他的鞋已穿洞，衣服也被荆棘划破，一个衣衫破碎却拿着四本学生字典的教书人几乎等于将自己的可疑双手送给敌人。另一方面，瑞金离自己的老家已经很近，客家话在这一带山里是通用的，他没必要再保持自己的教书人身份了。

项与年白天休息，晚上利用夜幕掩护，避开大路，穿山越岭，风餐露宿，忍饥挨饿，走了4天人已十分吃力了。这时离瑞金越来越近，盘查也更严格了。可是，前面还有最后一道敌军关卡，如何才能混过关去？父亲钻进山林，苦思冥想，决定用苦肉计，把自己装扮成叫花子。他用石块砸掉了自己的四颗门牙，巨大的疼痛使他昏倒在地，但他挺住了。半夜醒来，他又继续赶路。他把自己弄得蓬头垢面，衣衫褴褛地从林子中出来，俨然成了一个十足的叫花子，从而混过了敌人的最后一道关卡。

这封系着一个国民党员三个共产党员以及8万红军生命的绝密情报，终于由父亲亲手交到红军总政委周恩来手中。10月21日，也就是庐山牯岭军事会议召开后的第6天，8万中央红军赶在敌军“铁桶围剿”包围态势完成之前，撤离了江西根据地，踏上两万五千里的漫漫征途。

项与年这位闽西最早的中国共产党党员，就这样用他的一双铁脚和敲掉自己四颗门牙果敢，为党中央及时作出重大战略决策，红军提前突围，迅速转移，胜利完成两万五千里长征，做出了历史性的不朽贡献！

◇项与年（二排右三）与周恩来、邓颖超等在三亚

第三章　辗转闽桂

1. 蒋介石精心部署的“铁桶计划”扑空无获。中央及时作出战略转移、胜利长征的决策。

项南来到上海新家，生活了一段时间，父亲安排他在附近的小学读书。母亲做家务，其他就没什么事情做了，对于整日忙惯的农村妇女，实在闲得发慌。她感到这里不比老家，山上、田里、家中，一天从早忙到晚，载星出门载星归，都有活儿干，只要出力流汗，就可赚到饭来吃，而且不要花什么钱。但城里却不同，除了空气呼吸不花钱，什么都要用钱去买。母亲最怕有人来敲门，门一打开，经常是登门来收水费、电费和其他杂费的。项与年整日东奔西走，干的是重要的机密情报工作，而且随时还有生命危险，却没有按月发工资，跟苏区农村干部一样，“苏区干部好作风，自带饭包去办公、日穿草鞋闹革命，夜走山路访贫农”，也是没有薪水领的。有时上头发下的生活津贴费也有限，等到生活过不下去，他只好伸手借钱，或请福建同乡会和其他外出乡亲接济，解决一下燃眉之急。

为了减轻父亲的经济负担，母亲待城里生活安定，环境较为熟悉后，向在上海做生意开店的乡亲找一点小工做，赚钱贴补家用。不久，地下党组织安排项家到上海法租界八仙桥维尔蒙路德润里24号的一幢法式洋楼居住（其真正主人是商人翁旭初），此处是中共地下党机关新建的联络点，母亲被安排看守机关电台。组织上每月发给生活费用，这在一定程度上解决了项与年的后顾之忧，让他可以放手开展工作。

项南在上海小学校念书一年后，父亲在乡亲帮忙下，把独生子转学到南京尧化门小学就读。这是当时按著名教育家陶行知办学思想办的学校。博览群书的项与年很崇拜陶行知，认为只有按他的教育理念培育下一代，孩子才有出息。

项南就这样从上海转学到南京尧化门小学读书，经考试，直接念五年级。他刚到学校那段时间，只会讲普通话、客家话，不会说南京话，语文、算术和常识等功课成绩不理想，落在其他同学后头，心里很自卑，每天总是沉默寡言。但他很快适应了新的环境，格外用功读书，加上天资聪颖，课本知识掌握得比较快，善于触类旁通，成绩很快赶上去了。由于他勤于读课外书和报刊，作文进步尤为显著。至于打扫校园、动手做饭、洗涤衣衫、种树种菜之类的劳动操作，对于在老家放过牛、在田里做过事的项南，更是举手之劳，比其他同学干得更起劲，经常受到老师表扬。

开学不久，学校举办普通话演讲比赛，五年级班里同学竟然没有一个人敢报名登台参赛。这个班在全校属后进班，各项活动都落在人家后头，班主任于老师感到很没面子，在班会上一再动员同学们踊跃报名。她说："我们参赛的目的不是仅仅为了争第一，而是锻炼自己的勇气、口才和智力，总之是重在参与……"

但是，于老师说了许多重要性、必要性和可操作性，由于自卑感较浓，还是没有同学站出来响应。项南本来是想报名参赛的，但考虑到自己刚入学，对学校情况不熟悉，怕出洋相，所以话到嘴边又吞了回去。当于老师在无奈中把目光投向自己的时候，项南突然想起于老师前不久把陶行知说的"人生两个宝，双手和大脑"这句话写在黑板上，感到心里来劲，立即举手说："我报名参赛！"

于老师带头鼓掌，随即全班响起参差不齐的掌声。这位谨言慎行的新同学，平日没有被人注意，如今一声"我报名参赛"，不由让人刮目相看。于老师高兴地说："大家要向项德崇同学学习，胆子大一点，勇气多一点，这也是一场没上课的上课，不考试的考试呀！"

但是，困难随即而来，演什么，讲什么，拿什么内容去比赛呢？这时，于老师拿了几份资料，同学们也提了不少建议，但演讲比赛下周举行，时间不等人，来不及准备了。这时，他在家里读的父亲买的《陶行知教育故事》在脑海中闪现，他对班主任说："于老师，我就讲陶行知教授的故事《拜人民为师》好吧？"

"你读过呀？那太好了！"于老师立即到校图书馆借来这本书，安排项南照本宣科，照书演讲。

项南说："不必照念，我按记忆的故事讲，可能更生动。"

于老师说："那更好，你有把握吗？"

项南说："试一试吧！"

由于五年级班是最后报名的，演讲比赛那天，项南被安排最后一个登台演讲，大家都担心他的情绪会受到影响。哪料到他一登台，与其他演讲同学不同的是，首先向听众行了一个90度的鞠躬，博得一阵掌声。然后他说："尊敬的老师，亲爱的同学们！"这又受到评委老师们的好评，带头鼓起掌来了。紧接着他手舞足蹈、生动活泼地演讲，把听众的心都紧紧吸引了。只听项南流利地说：

早在办晓庄师范学校的时候，陶行知教授就提出了"生活即教育"、"社会即学校"和"教学做合一"等理论，教导师生们与劳动人民相结合，"教人民进步者，拜人民为老师"……

项南就这样侃侃而谈，像拉家常那样，用自己的话语，把陶行知这篇《拜人民为师》的故事娓娓道来。大厅里鸦雀无声，连记录者翻动纸张的声音都听得见。当他提高声音说到"再学习"时，全场爆发雷鸣般的掌声。只见评委老师们兴奋地挥笔打分，一个个亮出小黑板，上面写的全是"100分"。

接着进行颁奖，校长依序向季军、亚军、冠军授予奖状。项南最后一个登台领了"冠军奖"。同学们把手掌都拍红了，以最响亮的掌声，向这位刚入学的新同学祝贺。

从演讲夺冠，到毕业作文，项南都取得优异成绩。毕业考试的作文题目是《"九一八"之我见》，他一见这个题目，不禁暗自高兴，因为当时《中央日报》等报纸上经常有文章论及"九一八"。长年坚持读报的项南有些社论的段落他都能背下来。他很轻松地写完这篇作文，其中一些句子，诸如"……

自当破釜沉舟，以必死之决心，作最后之奋斗”云云，都是读报时记住的。他根据自己的理解写成的这篇《“九一八”之我见》，被老师判出高分，最终被列为南京小学毕业作文考试第一名。这个成绩，使项南信心大增，并激发了他对写作的兴趣。

时间过得很快，日历如同枯黄的落叶，一片又一片地飞过去。不觉之中，项南在尧化门小学学习的两年一倏儿过去了，他不仅学到了语文、算术等书本知识，明白了不少做人的道理，锻炼了独立生活的能力，而且养成爱清洁、讲卫生、有条理和勤于动手动脑的好习惯。应该说，陶行知先生的办学思想和教育方法，使项南获益颇大，甚至影响终生。

项南从尧化门小学毕业后，由南京返回上海。在家里待了很短的时间，他又被送到上海俞塘的强恕园艺学校。母亲在送他去学校的路上告诉他：“这个学校不收费，半工半读，在这里吃点苦，对你有好处。”

母亲是在乡亲们帮助下送他到这里上学，固然有让他受锻炼的意思，还有一个重要原因，是家里没钱。父亲不知在哪里，即使回家，手头也是空空的。有时借到几块钱，他首先想到的是向组织交党费。何况他现在又不知“失踪”到什么地方去了。

母亲在洋楼里的生活还算安定，她带着年幼的女儿平静度日，与外界几乎没有交往。时常有几位穿长衫的人匆匆而来，又匆匆而去（项南在这里又见到过熟悉的胡子叔叔），除使用电台收发报外，他们还在室内低声商谈事情，然后一同外出。母亲已经习惯了这种生活，对他们的行踪从来不理不问。

项南这年16岁。他在强恕园艺学校上了几天学才明白，这里实际是个农场。每天，学生们必须在农场做工八个小时，只是早晨念书一个钟头，晚饭后再学习两个钟头。而学校的经费，基本上是靠学生的劳动所得来维持。学生们正值长身体的年纪，能吃，贪睡，每天天不亮就要起床，实在吃不消。刚开始的时候，许多孩子困乏得不得了，干活时呵欠不断。

最难熬的是晚上，不少同学困倦得趴在书本上大睡。懂事的项南，经常以冷水淋头来提神，坚持念完当天的功课，做完作业。他心想，自己的家跟别人家不一样，父亲来无影去无踪，可怜的母亲每天有做不完的家务，年幼的妹妹体弱多病，连看病的钱也没有，自己不刻苦学习，长点本领，实在是问心有愧。

从这时起，项南实际上已经开始独立生活。家庭不再给他提供任何费用，他靠着半工半读养活自己。这个客家人的后代，凭着坚韧顽强走上自我谋生的道路。

每天劳动量太大，休息不好，引起一些学生和家长的不满，学生向校方提出减少劳动时间的要求，经过几次斗争，校方被迫改为半天劳动、半天学习，倒成了名副其实的半工半读。

母亲已经把家由原住处搬到霞飞路宝康里。项南从学校回到家看看劳累的母亲，看看小妹妹，却很少见到父亲。父亲偶尔回家，见到项南除了问问他的功课之外，很少有时间与项南谈心。

1934年，项与年在上海的秘密活动日益困难，他居无定所，神出鬼没。同年3月底，受组织委派，项与年到莫雄担任司令的江西赣北第四区保安司令部任情报参谋。离开上海前夕，项与年找到在上海的连城县同乡好友张雪澄说："我很快就要离开上海去外地，我的儿子德崇（即项南）在强恕园艺学校读书，他的生活就请你照顾一下。"说罢，项与年双手一拱，匆匆告别。

张雪澄比项与年小10岁，两人交情颇好。他是一个有正义感的爱国民主人士，当时在上海"职业教育社"工作，参与编辑《救国通讯》（后改名《国讯旬刊》）该刊物由黄炎培创办于"九一八"之后，以揭露日军侵华暴行、呼吁团结抗战为主要内容，颇受读者欢迎。张雪澄同情革命，正如项南晚年至函张雪澄之子张展文所言："……特别是在上海白色恐怖下，你父亲对共产党是帮了大忙的。"那时张雪澄隐约感觉项与年是共产党员，但不点破，却不时给予支持。

对项与年托付的事，张雪澄认真对待。16岁的项南，勤奋好学，彬彬有礼地称他"雪澄叔"（直至后来当上福建省委书记依然如此）。张雪澄见项南对写作感兴趣，就安排他业余时间到《国讯旬刊》编辑部打杂，干些抄抄写写的事。这时，陶行知的教导"人生两个宝，双手与大脑"，鼓舞着他在工余时间坚持学习。他感到莫大安慰的是，编辑部每月发给他5块大洋。这笔钱对别人是"点心费"，对项南却非同小可，不仅解决了项南生活的困难，也使他得到劳动报酬的快乐，增强了自我谋生的能力。陶行知的教育理念这时伸出看不见的双手，支撑着他在人生征途上迈出新的一步。

正当项南在人生征途上，艰难地冲出第一步，依靠“人生两个宝，双手和大脑”，自己赚得一口饭吃，摸爬滚打在人生征途上的时候，风云变幻，波诡涛谲，父亲一走无影无踪，而在上海的家中却出了大祸，母亲连同7岁的小妹妹，被国民党敌特抓走了。

2. 满门忠烈的家庭，孤单艰苦的半工半读生活，使项南过早地体验人生的残酷和艰辛。他积极投身于抗日救亡活动。

那是我们党最困难的时候，在接到父亲迈着一双铁脚、敲掉四颗门牙，送来绝密“铁桶计划”，中央及时作出战略转移的决策，红军总部撤离瑞金，8万大军开始了伟大的长征。国民党军步步进逼，直捣瑞金，烧杀抢夺，占领中央苏区。但毫无战果，连一匹战马和一颗子弹也抓不到手。蒋介石特地赶来视察，将戴着雪白手套的右手在帽沿上轻轻一碰，向一排站着扑空无获的将官示意。笔挺的军装微微振动，贼亮的皮靴踩在沙石路上发出有节奏的响声，似乎在显示最高统帅的素质和养成。只见视野之内，树木尽被伐光，房屋完全烧毁，百里不见炊烟，旷野但闻鬼叫。自己精心指挥的“铁桶计划”无功而返，蒋委员长气得咬紧牙关，又作出新的部署，下令一边彻底查治苏区，务必根除绝患，一边调动兵力对红军围追堵截。同时，他还电令特务情报机关集中力量，迅速侦破在上海的中共地下组织，力求一网打尽。

就是在这样危急的时代背景下，国民党敌特机关猖狂出击，致使上海地下党组织连续遭到破坏，项家的这个联络点也暴露了。当时，父亲密送“铁桶计划”抵达瑞金后，潜伏在敌后活动。一天夜里，上海敌特行动队冲进项家，抄了个底朝天。来不及转移的机关电台被搜出，看守电台的母亲自然也被逮捕，她那7岁的幼女也被一同带走。

在敌特抄家搜出电台，并逮捕母亲和妹妹的时候，项南正在强恕园艺学校半工半读，同时在乡亲安排的外地抄抄写写，每月靠5块大洋过日。周末返家时，却物是人非，不见母亲和妹妹的踪迹！一股孤独感袭上心来，他默默地在街头流浪了许久才回到学校。

母亲被捕后，立即被关押至提篮桥监狱。敌人多次审讯她，希望从她这里得到中共地下党的情报，但她以言语不通、不知情为由拒绝回答问题，恼怒的审讯者将她殴打致伤，依然一无所获。由于项与年平日守口如瓶，这个没有文化的农村妇女对地下党的秘密，确实所知甚少。可贵的是，她连知道的那点情况也决不吐露，让敌特一无所获。

当时，敌特破门而入，举着手枪，大声喝道："你男人呢，到哪里去了？"

母亲冷静地答道："我正要问你们呢。"

"问我们？我们正在找他！"

"我也正在找他。"

敌特无可奈何，又问道："知道你男人是共产党吗？"

这一问，母亲突然感到心里有底了。在这之前，她只隐约感觉项与年是共产党。如今，她从敌特的审问中得到反证，自己的丈夫正是共产党。这一点项与年从未告诉她，也不可能告诉她，因为这是党的机密。在红色苏区经受过革命风雨，又在毛主席创办的妇女夜校沾了一点墨汁的母亲，当然知道共产党是天底下最光荣的，是我们穷人的大救星呀。她为自己的男人感到自豪，但在敌特面前她却装成傻气似的说："是怎样，不是又怎样？和我一个不识字的女人有哪样关系？"

母亲大义凛然、坚强不屈而又即兴应对回答，实在是太妙了，把敌特逼进被动的死胡同中。事实证明，母亲的顺口回答，在当时是最正确最稳妥也是最机智的。这种随意性的回答常常被认为是模棱两可的，反差距的，既是一种事实，又没接触到事实的本质，更不会造成麻烦。一味地否认和拒绝回答并不是明智的做法。如果母亲从一开始就坚持"不"、"不是"、"不知道"的话，只要有一个"是"的证据出现，就会立即陷入被动。如今，母亲把“被动”的球踢给敌特，自己反而主动了。

敌特束手无策，把手一挥，冷冰冰地说：“好吧，跟我们走一趟。”

母亲明白，这一定是去坐牢了。这时，她才感觉到做“共产党人的妻子”做定了，心里顿然有一点高兴起来……

母亲就这样被捕了。当被监禁的中共党员在提篮桥监狱里发起绝食斗争时，母亲也毅然参加。可怜的是她7岁的女儿，小小年纪就失去自由；监狱里恶劣的生存环境，使年幼体弱的女儿患上骨椎结核症，背部逐渐溃烂，只得自己动手用剪刀剜去她伤口溃烂的肉，每次剜肉，女儿就尖声喊叫、痛哭不止。此外就是让女儿尽可能多晒太阳……这类简单的办法，显然无法阻止病情的恶化。

半年之后，母亲和妹妹被放出来。好在乡亲们帮忙，这家住几天，那家住一段时间，孤苦无家可归，可又家家是家。这就是我们客家人的传统呀。但母亲是个倔强的客家农村妇女，她不愿靠人家帮助过日子，内心有了新的生活主意。

◇20世纪30年代初，项南和母亲、妹妹在上海。这是项南和母亲、妹妹三人唯一的合影

项南得知母亲和妹妹获释出狱，兴奋地赶到她们的栖身之地。见到母亲和妹妹，他既高兴又难过：高兴的是亲人重逢，难过的是妹妹病重，当时她已经病弱得连背都直不起来，只能倚靠在别人身上。项南与母亲和妹妹相聚几天后，不得不分手。母亲告诉他，父亲找

不到了，上海也住不下去了，她打算带着小妹回福建。项南百感交集，他抱着妹妹，与母亲一道来到照相馆，拍了一张三人合影。“相见时难别亦难，东风无力百花残”。他当时未必意识到，这是与妹妹最后的诀别。多少年后，当项南读到唐代诗人李商隐的名诗《无题》时，备感忧伤，格外思念凄惨的妹妹。

时隔不久，母亲把自家新的生活主意，向乡亲们袒露，感到在上无片瓦、下无寸地的上海，难以支撑下去，打算返回老家去。于是，乡亲们这家给几块钱，那家分一堆铜板，凑足了盘缠。母亲抱着病重体弱的妹妹，按当年北上的路途，搭上轮船，取道厦门，爬了十多天山路，终于艰辛地回到闽西连城的冠豸山老家文地山村。

老家亲人对母亲的主意，在惋惜之余也表示赞同。大家帮忙打扫祖屋，开垦荒芜的几分地，种上地瓜和大冬稻（单季稻），磨了几桶豆子做豆腐，卖了几个铜板，又买回一条小猪来养，总算过上了半温半饱的日子，比上海那担惊受怕的生活好多啦。

可让母亲最为痛心的是，返回老家大约数月后，可怜的妹妹因得不到治疗而夭折了。她的惨死，成了母亲一生的至痛。直到晚年之际，老人常常无比辛酸地向后辈讲起妹妹的凄凉故事。

“早岁哪知世事艰，中原北望气如山。”宋代著名爱国诗人陆游这首《书愤》，给予项南很大的影响。他在强恕园艺学校半工半读，同时又在老乡张雪澄安排下，业余时间到《国讯旬刊》编辑部门抄抄写写，不仅每月有生活补贴，还能博览群书，获益匪浅。这首陆游名诗，就是在编辑部读到的。他知道，“早岁”指的是1164年及1172年宋代的事。1164年时，陆游与抗金老将张浚等人在江淮一带积极作好北伐准备，吓得金人赶快撤兵，如果朝廷坚持抗战，那是大有可为的。不幸的是，当时主和派包围了皇帝赵昚，破坏了大好形势。1172年时，陆游参与了南郑王炎领导的抗金活动，然而大好的机会又被错过，陆游的满腔热血只化作“悲歌仰天泪如雨”。因此，陆游在《书愤》一诗开头就指出：年轻的时候只凭满腔的爱国热情，哪里知道世上事情的艰难与复杂呢，北望金人占领的中原，收复失地的意志就象山岳那样坚定。

项南读罢《书愤》，内心十分震撼，被陆游炽热的爱国主义精神深深感动。当然，他知道自己不是先知先觉的人物，少年时代的他不可能有多高的阶级觉悟和革命理论水平。但是，作为中央苏区重要组成部分的红色闽西故乡，那崇山峻岭的血雨腥风，那可歌可泣的英烈壮举，对少年项南产生了积极影响。特别是六叔项廷纪在连城壮烈牺牲，激励着项南，成为他在人生征程上学习的楷模。

满门忠烈的家庭，孤单艰苦的半工半读生活，使项南过早地体验人生的残酷和艰辛；九一八、一二九等重大事件，更是强烈地震撼了他的心灵，使他由一个顽童变成早熟的少年，继而开始观察和思索社会的不公平现象。这一切，又促使他的求知欲日益浓厚。

父亲神秘失踪，母亲携妹妹返回家乡后也杳无音讯。就是在这种背景下，17岁的项南从此与父母完全失去联系。他清醒地意识到，今后的路要靠自己走了。像一只离群的孤雁，他一边艰难谋生，一边刻苦读书，前面等待他的将是什么？青年项南将要以自己的毅力冲出一条什么样的路子……

从上海强恕园艺学校毕业后，学校对项南的学业和品德评价全优，于1936年夏天介绍他来到福建省长乐县政府，安排为园艺技术员，具体任务是管理县城公园、路边树木和专员公署庭院的花卉草木，后来还负责管理一个拥有10多亩规模的花圃，为美化城镇提供适时花木。

出身于农家山村的项南，从小就跟随母亲下田帮忙种植，对花花草草亦很喜爱。他经常把山坡上的山茶花，深山沟里的建兰花，移植到祖屋花盆，恰逢冬春盛开，满屋的芳香为新春佳节增添喜气。来家作客的亲友，都赞扬项南说："小德崇很巧，还有工夫把山上的香气搬回家！"

但是，有远大志向的项南，长期种花植草不是他的理想工作。他的考虑是，当时因为没有合适的就业岗位，暂时能到县政府搞园艺工作也不错，环境清静，一边工作，一边学习，积下一点薪俸，有机会再上学。业余时间，他以旺盛的求知欲读书，几乎忘掉了目下混乱、沉闷的现实，清贫、孤独的生活在书本中却别有风味。这期间，他以书为友，结识了几位爱读书的进步青年，借阅了高尔基的《母亲》《在人间》《我的大学》和巴金的《家》《春》《秋》"激流三部曲"以及一些介绍苏联和中共抗日主张的进步书刊，大有登高望远、大开眼界之感。他感到自己在逐渐走向世界，而世界也在向他慢慢开启了大门。

1937年七七事变，震撼着全国人民的心，时代的洪流激荡着年轻一代。项南毅然决定投身抗日救亡运动，最初的念头是奔向延安，但四处打听找不到门路，心里十分苦闷。

一天，项南在长乐民众教育馆认识了馆长陈似云等几位热情的年轻人，大家一拍即合，临时举办"抗日论坛"，大谈"国家兴亡，匹夫有责"，表达了年轻人拯救民族危亡的强烈愿望，引来数百位围观的民众，在社会上引发轰动效应。爱国侨领胡文虎在福州创办的《星闽日报》，立即作了报道，给这批热血青年莫大的鼓舞。项南乘势发动群众，团结当地文艺青年，在长乐县城创立"明天歌咏团"，以民众喜闻乐见的歌咏、戏剧，宣传抗日救亡。大家推举项南为团长，但他考虑自己在幕后推动更利于开展工作，力荐由福州青年诗人陈婴子出任团长。他拍拍陈婴子的肩膀说："诗人，你当团长当仁不让，不必再推啦！"

陈婴子为难地说："项大哥，我不够格呀！"

项南朗声一笑："你年轻，没有胡子，为什么要扯着胡子走路——牵须（谦虚）呢？"

说得十几位年轻人都笑了，陈婴子在笑声中只好挑起团长的重任。项南退居副团长，大家对他的谦让和风格肃然起敬，人人争着为团里献计献策，捐款献力，把抗日宣传活动搞得红红火火。项南虽是副团长，实际上为团里扛大梁。比如经费，这是办团的头等大事，都是年轻人自己认捐，大家生活都不富，长期捐款确有困难。项南在县政府工作，知道有个"长乐县抗敌救援会"的机构，是国民党控制的，由政府拨巨款，养了20多个少爷小姐，没干什么事（他们都是县官们的子女亲属，不会干事，光领薪金）。项南专程登门，汇报"明天歌咏团"创办情况，还请他们观看了《大刀进行曲》《枪口对外》《扬子江的风暴》《烙痕》等几场演出，这些演出感动了"救援会"，"救援会"每月拨下25元的补贴款。这些钱大家一个钱当两个钱用，基本上解决了团里的演出费用。

"明天歌咏团"的创办，也为项南提供了学习写作的阵地。他亲自编写剧本，还撰写团歌：

明天，明天，
是胜利的明天。
我们要救亡，
我们要抗战。
为了保卫国土，
我们奋勇战斗。
四万万同胞团结起来，
把东洋日寇歼灭在明天……

每次演出，项南都要登台演讲。他很感谢当年于老师的目光，鼓励他登台学会演讲，练就口齿伶俐的硬工夫。他介绍全国抗战形势，揭露日寇暴行，呼吁全民团结，实行全民抗战，把日本侵略者赶出中国去！声情并茂的演讲，传递精彩的前线信息，赢得全场听众热烈的掌声。项南不仅兼任导演，组织排练，除了县城演出，还深入到守军、学校、厂矿和农村演出。有时演员缺额，就自己顶上去。在宣传19路军上海抗战大捷题材的话剧中，项南扮演报童，在台上兴奋地挥着报纸叫道："晚报！晚报！19路军打了大胜仗……"

满口纯正的上海腔，使他的表演更为生动、形象逼真，深受广大观众的好评。

项南的表现，逐渐引起了中共地下党的关注，认为这是一颗好苗子，可以培养为发展对象。虽然中共福建地下党并未直接资助"明天剧咏团"，只是间接地与其负责人项南接触，让这初出茅庐的年轻人感到很有奔头。一位名叫王助的地下党员不时找项南饮茶谈话，引导、鼓励他联络更多的进步青年参加抗日救亡活动，同时也指出他们的不足，希望他们谨慎一些。

为人热情、朴实的王助，比项南稍大几岁，戴一副眼镜，举止稳重。在平时的交往中，项南意识到，王助不仅是中共地下党员，而且是个负责人。这年的春夏之交，王助与他的接触逐渐增加，像伯乐那样，慧眼识才，敏锐地发现了这匹"千里马"。项南曾经向他提出入党的要求，但王助只是温和地笑笑，不置可否岔开话题。但他依旧给项南布置一些新任务，不断在工作中考察他。

3.“千里马”幸遇“伯乐”，项南入党干劲倍增。面对国民党军警的追捕，他辗转闽桂，在坚持斗争中锻炼独立谋生的能力。

1938年秋天，正是金风送爽，菊花盛开之时，王助约项南到福州青年会面，项南以为有新的任务，便匆匆赶去。却不料，王助以严肃的口气与他作了一次单独的长谈。这时项南才知道，王助的职务是中共地下党的福建省委宣传部长。

这位地下党的宣传主管很欣赏这匹“千里马”，他一边慢条斯理地喝茶，一边对项南轻声说：“实际上我们去年就注意你了。经过一年多的考察，党组织认为你符合入党条件，同意吸收你入党。今后你要严守党的机密，不能暴露党员身份；我们单线联系，你不要让人知道我们的关系。”停了片刻，王助语重心长地说：“前一段时间，你在剧咏团的工作是不错的，但是过于突出，容易引起注意，以后要灰色一点，以便取得王伯秋的信任。”

项南郑重地点点头，他完全领会党组织的意图。王伯秋是剧团团员刘述周的姐夫，当时任福建省第一区行政督察专员兼保安司令——取得他的信任，对党的地下工作是有好处的。

项南顿感浑身来劲，增添无穷活力。王助发展项南入党，是在秘密状态下进行的。他曾经将此事向中共地下党闽浙赣省委书记曾镜冰作过汇报，省委常委王一平也知道此事。鉴于地下斗争的复杂性，尤其是“明天剧咏团”的抗日宣传活动较为引人注目，地下党组织始终由王助一人与项南单线联系。

项南事事遵循组织上的指点，加入地下党之后，他在活动中注意保持低调，多做一些幕后组织工作；有事直接向王助汇报。在他的影响下，剧团的团员们也开始注意做些实际工作，将抗日救亡宣传工作稳步推向学校和乡村。

但是，事与愿违，团里的宣传活动毕竟影响太大，令国民党当局惶惶不安。时隔不久，国民党省党部先派林葆忠率领省战地宣传服务团坐镇长乐，后又派人来长乐调查“明天剧咏团”的情况，抓不到什么把柄，他们就无中生有地造谣，称“明天剧咏团”团员有乱画乱涂、侮辱美国国旗、破坏盟帮关系；有在教堂墙外辱骂传教士，反对宗教信仰等等罪状……

于是，枪打出头鸟。当局首先解除项南“县苗圃主任”的公职，理由是“不务正业，大半年来没有做技术工作”。紧接着，国民党县党部根据省党部的通知发布命令，说“明天剧咏团”人员“成分复杂”，“有背景”，宣布“着即解散”。

脱离母亲的孩子，那心情是很难受的。这时，项南最痛苦的，是与党组织的单线联系人王助失去了联系！年轻的项南当时没有意识到：王助的失踪，意味着失去了一个能证明自己党员身份的人。

度过这一段最难熬的日子之后，经熟人推荐，项南找到一份差事：到闽北顺昌县编辑油印县报，月薪29元。在顺昌县，他一边编报纸，同时还念念不忘救亡工作。他与青年朋友创办“顺昌抗敌剧团”，并出任团长。这个剧团的成员主要是小学教员，他们很热情，答应为“明天剧咏团”的朋友们介绍工作。很快，原来四处飘散的团员们又有不少汇聚到顺昌。在项南的组织下，“顺昌抗敌剧团”又开始租地方排演节目，积极筹备演出。

◇1938年，项南（二排左三）与闽清县政府战时民教流动工作队队员合影

真是时来运转，项南和他的年轻伙伴们又活跃起来了。顺昌县下属的洋口镇，当时为福建“四大名镇”之一，商业繁盛，素有“小福州”之称。“顺昌

抗敌剧团”就以洋口镇为中心，进行抗日救亡宣传。他们表演的节目，很受群众欢迎，经常要增加演出场次，渐渐的在闽北山区也小有名气。

自古道：“春夏秋冬行好运，天南地北遇贵人。”万未料到，项南在闽北又遇上了他的乡亲“大贵人”。当年项南在长乐时，就结识了连城冠豸山乡亲、主持长乐县教育行政事务的罗心如，罗比他大十多岁，思想进步，拥护抗日救亡，因为有共同语言，所以两人私交不错。项南到顺昌后，又见到罗心如，原来他随县长罗树生转到顺昌任县政府秘书。罗心如很关心“抗敌剧团”，询问：“有什么问题和困难？”这句话真如“三月的雨，三伏的风”，项南如实反映剧团缺乏经费的情况，热心的罗心如立即到洋口镇利用社会关系为他们筹集经费。在各界的支持下，剧团演出频繁，群众抗日情绪空前高涨……

当时震惊中外的西安事变，振奋了全国广大人民群众的抗日爱国热情，促成了第二次国共合作和抗日民族统一战线的形成。但蒋介石仍坚持“根绝赤祸”，不到两年时间，国共合作的关系日趋紧张，国民党内亲日派和投降派大肆活动，他们不顾中华民族危亡，将反共凌驾于抗日之上，公然磨刀霍霍准备“彻底肃清”共产党人和参加抗日救亡的爱国青年。

在这复杂的形势下，“顺昌抗敌剧团”被当局暗中注意，已非一日。国民党省党部命令县党部，密切关注项南及剧团的活动。在一次毕业典礼上，罗心如听到国民党顺昌县党部书记陈宝瑾训话称：“目前有异党分子在顺昌县活动，你们要警惕啊！”这是罗心如首次在公开场合听到的“异党”字眼，感到其中隐含着一股杀机！

心地善良的罗心如并不明确知道项南是否共产党人，但觉得他的所作所为像个共产党，从内心赞赏他们的抗日活动。种种迹象表明，项南和他周围的进步青年处境危在旦夕，罗心如对他们的安全十分担忧。

1939年初春，天气迟迟不见转暖，几阵寒潮突袭闽北山区，竟下了一场大雪，气温骤降至零摄氏度。罗心如冒着风雪，照样来到顺昌县政府上班，只见国民党保安第七团团长（兼清剿指挥）许国钧，走进县长罗树生办公室。罗心如知道来者心辣手狠，佯装无意靠近门口，隐约听到许团长说：“……经查，项德崇（项南原名）确系异党，那十几个青年也不可靠。

我们……”

罗心如一听，感到事态严重。待许国钧走后，罗心如立即走进县长办公室，县长罗树生与他是莫逆之交，也了解项南这小青年，印象还不错。他将刚才许团长谈话要点，大致告知罗心如，用眼神闪了一闪，示意情况危急。

罗心如听罢如火烧眉毛，颔首而出，迈开双腿，急奔北部山坡。当时，剧团青年们住在顺昌县城北山的一座独立小楼，紧靠竹林，东南西距城区人家较远，地形有利。罗心如冒着生命危险找到项南，急匆匆用连城客家话说：“驻军准备逮捕你，赶快离开，走为上计！”说罢匆匆离去。项南当机立断，指点青年们随即转移。

当晚，国民党军警冒着纷飞的雪花，悄然包围北山，冲进小楼，破门而入，这才发现人去楼空，地上只剩一堆纸张燃烧的灰烬。军警大感惊诧，急令部属：“内奸泄密，查！”

但查了半天，县城人心惶惶，军警一无所获。许国钧团长把焦点集中在罗心如身上，即向国民党省党部报告：“罗诚纯（罗心如又名）系异党嫌疑分子，建议逮捕。”但查来查去，未见证据。只见“报告”上有国民党福建省主席陈仪的指示手迹：“查无实据，存。”

爱国乡亲罗心如的崇高德性，冒死相救，使青年项南和他的年轻伙伴们得以安全脱险。当晚，县城街上寥寥几个行人，匆忙地走着，留下一些脚印在雪地上，就默默地消失了。项南迎着刺骨的寒风，踩着密集的碎雪，搭上轮船，离开顺昌，顺着闽江，秘密来到洋口镇一位朋友家里。在友人的协助下，项南化名“项新”，被介绍到闽清县政府教育部门工作。他念念不忘抗日救亡宣传，通过自己的工作关系，与福州师范、简师和英华中学统一分配来闽清作民教（类似民办老师）工作的进步青年联系，又组成“战时民众教育流动工作队”（即“战工队”）。

正在这时，项南意外得知：罗心如出差到南平，住在南平旅行社。当天深夜，项南出现在罗心如面前，让罗心如大吃一惊，说：“南平为绥靖公署驻地，特务密布，你在这里很危险呀！”

项南却处之泰然地说：“很危险的地方，其实是很安全的。就像台风中心的海面最平静，一点风浪也不见呀！”

罗心如泡了一壶武夷山大红袍茶招待项南，对他的勇气十分赞赏。他问道："你现在有什么打算？"

项南呷了一口大红袍茶，精神更足了。他说："现在，汪精卫已公然出走河内成为汉奸，蒋介石仍顽固坚持反共，攘外必先安内。我看形势很明朗，要抗日救国，只有到延安去找共产党和八路军！"

罗心如点点头说："你是有志气的好青年！"

项南热情地说："我们一同投奔延安吧？"

罗心如想了想，稳重地说："我目标比较大，不能与你同行，否则连你也走不成。那你果断成行吧，自古道：三十六计，走为上计呀！"说着，他掏出28块光洋递给项南说："这点钱，你拿去作盘缠，一路上要当心！"

项南接过光洋，内心十分感动，向罗心如诚挚地致谢！

项南就这样义无反顾，辗转来到桂林，已经是1939年秋冬时节。听说湘黔铁路被日军截断，无法通行，他只得停下来想办法。由于一路奔波，得不到休息，他忽然头晕出虚汗，当晚就患急病，不得不在简陋的旅店里停下治病。更要命的是，随身带的那点旅费又快用光了！

天无绝人之路。项南在进退维谷之际，给在重庆办刊物的张雪澄写信求助，信中说："因为生病和旅费用尽，加之交通中断，我被迫滞留桂林，不知你在桂林有无熟悉的朋友，如有，请予介绍……"

古道热肠的张雪澄很快就从重庆给项南复信，他写道："我们中华职业教育社在桂林设有办事处，该办事处设立的职业指导所负责人阮南田是我旧日同窗，你有何困难可去找阮南田先生。"随信还附了一封给阮南田的介绍信。

客家人祖传的基因，是经得起考验的。项南经过数天的休息，身体渐渐复原。他拿着张雪澄的介绍信找到"职教社"办事处，阮南田恰好在那里。阮看了信，点点头，对同事说："他是我的亲戚，因家乡沦陷，来此谋生。"他安排项南先在自己家里住下，然后帮他找工作。

整整50年之后，项南在一封信中回忆道："……回忆1939年，南田同志任职教社桂林办事处负责人之际，正值敌机大轰炸桂林之后。国家遭受极大困难，我亦走投无路。当时，南田同志住在桂林东江一破竹楼里。生活十分清苦，他坚持要我住在他家，吃宿全由他安排。其实，我同他素昧平生，可是他却到处奔波，为我找到了工作和安身之所，渡过了难关。他那种对国家热爱，对工作热心，对同志热情的品德，使我终身难忘。在他身上确实闪烁着黄老培育的职教社同仁多年形成的那种为人民真诚服务的光辉。”

客家上祖有句经典俚语：“男人百技好随身。”项南想不到，园艺技术大有用场，危难时又得救。经阮南田一番奔走，项南很快被安排到桂林县苗圃当主任。月薪是37块光洋，每月在饭店包伙，所费不多，因此月薪就显得很值钱。无论如何，总算是找到一个比较稳定的“饭碗”，生活有了基本的保障。

对当时的情形，项南作了冷静的分析：去延安的路关山重重，在桂林几经打探，始终无法找到熟悉去延安途径的人。他想，在桂林同样也可以从事抗日救亡工作。“千流归大海”，总有一天，我会找到组织，回到党的怀抱！

“江作青罗带，山如碧玉簪”。如梦似画的漓江山水，接纳了包括项南在内的许多流亡青年，他们来自全国各地。1939年的桂林，是个较为宽松、开明的地方。一年前，武汉沦陷，日寇侵华的战线越拉越长，战争进入相持阶段，国内形势也发生了急剧变化。蒋介石标榜的“联合抗日”，已经变为消极抗日、积极反共，到处可以嗅到反共的气味——惟有桂林是个例外。其中原因在于，广西的李宗仁、白崇禧同蒋介石之间存在矛盾，李、白欲藉抗日之名壮大“桂系”的力量，因而营造出宽松开明的气氛，使

◇1980年，项南在桂林。项南十分难忘漂泊在桂林的那些日子

桂林一时成为大后方青年向往的文化城。许多进步青年、文化界知名人士纷纷从北平、上海、南京等沦陷区辗转奔赴桂林。

项南在苗圃工作，自己作主任，时间比较机动，可以挤出更多的时间读书和写作。由于投稿的关系，他认识了《青年生活》月刊的负责人蒋宗鲁。这位比他大几岁的老大哥举止沉稳，思路清晰，对时局的分析精辟到位。同时，项南还与《新华日报》记者孟秋江有较多的接触，得到不少当前抗日救亡的最新信息。项南隐约觉察到，他们很可能是中共地下党员，但考虑到复杂的环境，不便贸然开口询问。对于他们交办的事情，如写什么稿件，送材料给什么人，发动群众参加抗日宣传会议，项南总是优先安排时间，毫不犹豫地完成任务。

值得一提的是蒋宗鲁老大哥，他很欣赏项南干练、快捷的工作作风。在他安排下，项南业余主编《农村生活》专刊，编辑《广西日报》的《科学与技术》副刊。在朋友们的支持下，项南把这些专刊和副刊办得图文并茂，编得有声有色，深受读者欢迎。

正当项南充分发挥“双手和大脑”功能，沉迷于办报业务时，他又面临一次新的角色转换。经蒋宗鲁联系介绍，桂林第十八集团军办事处主任李克农作出决定，安排项南到从北平内迁的“北平成达师范学院”担任生物教授，辞去桂林苗圃主任职务。

项南毫无思想准备，当他接到任教通知时，大吃一惊地说：“老蒋大哥，你开什么玩笑？我自己都没有学过生物，怎么能当教授给学生上课？”

老蒋大哥诚恳地说：“项小弟，这不是开玩笑，是工作需要。其实，教授教员教工都一样。你没学过生物，我教你一课，你就去上一课。现买现卖，现教现学，怎么样？”

既然是工作需要，项南只好硬着头皮服从。他虽然没学过生物，但平日接触的都是“生物”，加上他自己对科学有深厚的兴趣，又有老蒋大哥指点，就壮着胆子，抱着生物课本去当“教授”了。谢天谢地，凭着陶行知的教育理念，凭着演讲比赛冠军练就的三寸不烂之舌，稚气未脱的项南站在学院生物课讲台上，面对比他小不了几岁的大学生，绘声绘色地讲课，手舞足蹈地表演，居然大受欢迎，佳评如潮。大学生们兴奋地说：“小项教授讲得很生动，比老教授讲得还出色！”

有一天，项南在学院走廊上哼着电影《风云儿女》的主题歌，被学生们听见了，大家嚷着要小项教授教唱歌。这当然比教生物容易。项南就在课堂上教学生唱起了新上映的《风云儿女》主题歌。在课堂上教唱歌曲的事很快被校方知道了，校方认为项南十有八九是“异党分子”，立即解除了他的教职。项南无奈，又去向张雪澄写信求助，在友人帮忙下，重又回到桂林苗圃当主任。

“此处不留爷，自有留爷处。”多才多艺的项南，在动荡的年代，在走投无路之时，竟然得到一批又一批贵人的帮助，当主任，当编辑，当教授，又当主任，每月领的薪金光洋，也逐渐多出几块来了。在漂泊不定的生涯中，这位“冠豸之子”，锻炼出了令人惊叹的独立谋生能力。

第四章　“找到家啦！”

1. 皖南事变促使爱国进步青年投奔革命圣地延安。大家取道来到香港，受到地下党组织热情接待。项南高兴地说：“我们找到家啦！”

在地下党组织的秘密策划下，从各地来到桂林的穷困朋友们，初步拓开了一条“救亡图存与发展生产”的崭新门路。项南作为党员，与蒋宗鲁等地下党组织心照不宣，保守机密，各自扬长避短。项南利用他的“苗圃主任”头衔，上下左右联系，扩大经营门路，解决了七八十位穷朋友的就业问题，受到老蒋大哥的赞扬。

项南虽然“嘴上无毛”，但做事很牢，经过这两三年的磨炼，基本上成了一个内行的领导人了。他注意到大家干得很起劲，想给点“劳逸结合”，让大家歇一歇。1941年初春，在春节前的星期天，他把在苗圃打工的穷朋友们召集在一起说：“我带大家游一游‘甲天下’去！”

大家当然很高兴。来到“桂林山水甲天下”半年多了，还没去游“甲天下”，今日能见见桂林山水的真面目，可是人生一大乐趣呀。

项南来桂林后，其实也没时间游过“甲天下”，只从书刊上“知其然不知其所以然”，如今居然像当“生物教授”那样，当起“甲天下”的导游来了。他领着大家登上独秀峰，朗朗背诵不知从哪儿读到的古诗：“拔地生奇秀，无凭脉自延；万山齐俯首，一岫独擎天；螺黛青如画，月明镜自仙；小楼相对处，苍翠自年年。”他说，作为桂林标志的独秀峰，虽然我没有去攀登过，但却晨眺夕窥，华妆神采早已深印心间。晴天朗日，王城犹如碧玉之盘。孤峰着实像盘上盛着的蟠桃；烟云杳霭升起，又似情深意稠的仙妹；旭日遥临，或晚霞舒锦，它却巍峨庄严，像那披上紫带金袍的勇士。但无论它如何变幻，总能勾起我们无限遐思……

项南的导游词，就像演说那样精彩，引起大家一片喝彩声。在项南引领下，大家来到碧水环湖，看月桂花开满树；走进桃花江畔，赏水色花香；登上七星岩里，仿佛身入“玉为墙壁雪为城”的晶莹长廊……

返回苗圃，已是星光满天，大家还迷恋在奇山秀水之间。突然，老蒋大哥托人捎来“急信”：“即来住所。”项南心里一惊，知道又有大事了，但什么大事呢？他连晚饭也来不及吃，骑上自行车，就往桂东路老蒋大哥的住所冲去。凭着他的政治敏感，估计是他预料中的皖南事变恶化了……

当时，正是震惊中外的皖南事变爆发，由此而形成的反共浪潮在国内迅速蔓延，其势头一浪高过一浪。很快，桂林的局势也发生显著变化。前几天，项南就听说：生活书店被关闭，国际新闻社被取缔；新安旅行团、孩子剧团也被迫停止活动。许多共产党人和进步文化人士难以立足，纷纷逃往他乡。一时人心惶惶，空气骤然紧张起来。

项南赶到桂东路时，他猜测的“同志”、几位年轻的共产党员不约而同已来到老蒋大哥的住所，一些进步青年也纷纷赶来，他们在这里频繁交换各种信息和传闻。

老蒋大哥神色严峻，不像往日那么客气。他招呼大家坐下，开门见山地说，大家都听到皖南事变的消息了吧？这是蒋介石蓄意制造的破坏抗战的重大反共事件。去年（1940年）10月国民党军事当局强令黄河以南坚持抗日的新四军、八路军在一个月内全部开赴黄河以北。我党中央一面驳斥这一无理要求，一面从维护抗战大局出发，答应将皖南的新四军调到江北。今年开春（1941年）1月4日新四军军部及其所属皖南部队9000余人由云岭出发北移，6日部队在皖南泾县茂林地区，突遭国民党军7个师8万余人包围袭击。

老蒋大哥抹了抹眼眶，接着说：我们新四军血战七昼夜，除2000余人突围外，大部壮烈牺牲和被俘。军长叶挺与国民党军谈判时被扣，副军长项英、副参谋长周子昆在突围中被叛徒杀害，政治部主任袁国平牺牲。

老蒋大哥突然挥起拳头，愤慨地说，1月17日，蒋介石反诬新四军“叛变”，宣布取消新四军番号，声称将把叶挺交付“军法审判”。这一事变是国民党顽固派发动的第二次反共高潮的顶点。1941年1月20日、22日，中共中央军委为皖南事变发表命令和谈话，揭露亲日派的阴谋，并任命陈毅为代军长，刘少奇为政委，重整新四军，坚持抗战到底。这就是当前简要的政治形势。

大家随即展开讨论，交流有关情况和看法，商讨对策。“下一步怎么办？是留在桂林，还是离开？”蒋宗鲁冷静地分析了形势，他说：“我们再在桂林待下去，已经没有什么意思，事实上大家也无法待下去。我看，面前只有一条路，那就是到解放区去！”

“到解放区去！”几个年轻人激动得差点叫起来。“是的，去解放区！”蒋宗鲁重复道。略停一下，他沉稳地说，“现在，国民党反动派严密封锁，去延安这条路，要多想几个办法打通。”他指点着桌上的地图说，“我们可以这么走，先从沦陷区经广东到香港，然后乘船去上海，再从上海或进入苏北解放区，或到延安，听从组织安排吧？”

“这样好，”项南表示同意，他说：“老蒋大哥，你就带领我们一起走吧。”蒋宗鲁微笑着说：“我还走不了，还要在这里做点工作，这是党组织的安排。我们还会见面的。”

项南第一次从老蒋大哥口中听到“党组织”这三个金色的字眼，高兴地说：“好！”

蒋宗鲁显然是有所准备的。他根据中共地下党组织的部署，安排这批年轻人去香港，他将八路军驻香港办事处的地址交给项南：“你们去找办事处负责人廖承志同志，他会为你们作安排的。”

就这样，项南与老蒋大哥分手——第二年，他们果然在苏北根据地重逢。由于大敌当前，他们只是匆匆见过几面，无暇长谈。解放后，各自忙于工作，见面的机会也极少。20世纪90年代，古稀之年的项南得知蒋宗鲁去世的消息，充满感情地在《桂林往事——怀念蒋宗鲁同志》的回忆文章中写道：“……老蒋这位受人尊敬的兄长，他对真理的执着追求，对同志的真诚相助，对阿谀奉承者的深恶痛绝，没有丝毫的媚骨，是我们永远忘记不了的。”

离开桂林的前夕，项南匆匆赶到阮南田家向他道别。他感谢阮南田的热心关照，并坦诚相告：“我要绕道去解放区，怕你们以为我失踪了，所以特来面告。”说罢，项南与阮南田握别，消失在茫茫夜色里。

凄风惨雨中，项南与樊康、朱茵、陈秉佳等青年一路向广东行进。经过艰难的跋涉，他们先抵达粤北的乐昌，在这里作了越过敌占区封锁线的充分准备。朱茵的哥哥朱仁民，当时在国民党军队中工作。他们利用这个关系，设法绕过日军占领的广州到达斗门，然后经中山到澳门，再从澳门乘船抵达香港。

3月的香港，应该是春暖花开之时。但展现在初来乍到的项南眼里的，却是个萧条寂寞的死城。他早年在报刊读到的香港，是自由与繁荣的象征，是冒险家与暴富者的乐园。那光怪陆离的霓虹灯，鳞次栉比的大厦，万紫千红的花园，令人多么向往。但如今，节气已是百花盛开的仲春，这里的花草却还未甦醒，人们嗅不到一丝花香的气味。街上行人三三两两，稀稀落落，几辆马车提不起精神，“嘀嗒嘀嗒”慢慢地走着。偶尔冲来几部汽车，可能是执行任务的军车，尾巴喷着黑烟在匆忙奔跑。

当时，日军占领了大陆沿海城市，海路被封锁，香港情势危急。驻港英军在港九构筑工事，在街头垒沙包，信誓旦旦地声称要保卫香港，阻止日军进犯。但是这种举措，却平添了城市的紧张气氛，市民处于惶恐不安的状态中。

按地下党组织给的地址，项南等青年找到八路军驻香港办事处，出面接待他们的，是个开朗健谈、略微发福的年轻人，他便是八路军驻香港办事处主任廖承志。这位成天乐呵呵的“胖子”，一面之交就赢得大家的喜爱。

“哈，欢迎你们！你们一路辛苦了。”而立之年的廖承志洒脱地笑着，像见到熟人似的与他们紧紧握手，有时甚至伸出左手，拍拍对方的肩膀。如此一见如故的举动，使得投奔革命的青年们有一种到了家的感觉。

项南高兴地说：“我们终于找到家啦！”

廖承志紧握项南的手说：“是的，我们是一家人！”但谈起住的地方，廖承志以广东腔的普通话坦诚相告："可别以为香港是享乐的地方，这里条件很艰苦，你们要有思想准备。"青年们立即快乐地回答："怕什么艰苦！只要能去抗日前线，我们什么困难都不怕。"

当时中共在香港开展地下工作，都是"党员养党"，即活动经费自己解决，比如我党著名情报专家潘汉年就经常靠夫人的娘家"接济"；廖承志除了在母亲何香凝那里"揩油"，还通过一切亲属关系和社会关系募集活动经费。他们的主要任务是联系、组织海外华侨参加抗日活动，募集捐款，同时也担负一些内地同志的接待工作，或为一些去抗日根据地的青年起"中转站"的作用。

廖承志将项南等青年安排住到九龙的一座小楼里。这个狭窄院落的门口挂了一块牌子："纳尔逊广告公司。"走进去才发现，这里已经接纳了100多人，楼上楼下相当拥挤，就连几位文化界名人也不得不打地铺。安排这批年轻人勉强住下后，廖承志看看他们的衣衫褴褛，脱口道："广告公司的伙计，怎么能这么土里土气！"于是设法给他们每人做了一套西服。大家开玩笑地说："我们都成'假洋鬼子'了！"

在香港虽然生活艰苦，这些年轻人的精神却很乐观。廖承志这个"乐天派"领导有方，不仅给他们分析时局，还嘻嘻哈哈地带领他们做体操、打功夫、叠罗汉。"廖公性格活跃，没有后来那么胖，叠罗汉时，他总是身手敏捷地爬到最顶层……"事隔多年，项南还津津乐道地回忆着第一次找到家时的好家长。

廖承志日常工作极忙，但是几乎每天坚持来看望项南他们，还不时带来书籍、报刊。在给这些青年分析时局时，廖承志说：香港虽然是个"弹丸之地"，却是亚洲海上和空中的交通中心和金融中心，它在政治、经济和军事上，都占有极其重要的地位。而且它还是英美在远东的重要据点，日军肯定会对香港采取军事行动，我们已作好最坏的打算，向最好的方向去争取。

5月中旬的一天，廖承志又一次乐呵呵地出现在项南等青年面前。这一次他带来了好消息："买票的钱凑齐了。你们快要动身了。"原来，他争取到一笔经费可以给滞留在香港的青年们买船票了。

地下党组织决定，为了不被敌特发现，这批青年分批乘船取道香港去上海，然后进入苏北根据地。项南等六名青年第一批动身。廖承志安排他们与新安旅行团成员一同乘船抵达上海。为使他们顺利启程，廖承志动了不少脑筋。临行的前夜，他再次叮嘱他们记牢接头地点、暗号，并且很动感情地说："苏北抗日民主根据地已经打开了局面。我真羡慕你们！祝你们早日找到四老板（即新四军）。"

天刚蒙蒙亮，南海的清风，送来了千吨轮船启航的壮笛。廖承志迎着朝霞，将项南等六个青年送上轮船，一直送进船舱。见没什么问题，廖承志向他们挤挤眼、挥手道："再见！祝你们一路顺风，我们后会有期！"六个男女青年走上甲板，目送廖承志的身影在码头混乱的人流中穿行，直至消失。

2. 在地下党组织安排下，项南等越过敌人封锁线，到达北新桥新四军驻地，受到陈毅代军长热情接待。幸运的项南，在战火纷飞年代，找到了"大家"，也建立了"小家"。

从香港开往上海的千吨轮船，在大海中平稳地向前驶去。这是项南第二次乘坐海轮。记得12岁那年从厦门乘海轮去上海，交通员叔叔为了安全，不让他站在甲板上看海。一晃过去12年，如今乘坐海轮又是去上海，心情是很激动的。其他5位年轻朋友家在沿海，平日看惯了海，他们一上船看到海，就躺在船舱里睡懒觉了。而在冠豸山出身的项南，自然对海更加向往。他站在甲板上，望着变化无穷的大海，有时平静得如一面镜子，有时惊涛骇浪，气势磅礴，有时皎洁无比，温秀可喜，就像自己的人生途程那样变幻莫测，心潮也随之翻滚起来……

当轮船缓缓驶进吴淞港码头，上海这"十里洋场"，在晨曦中渐渐展露出异国情调的建筑物轮廓。沿岸架设了铁丝网，像一只巨大的蜈蚣，一条带刺的长蛇，匍匐在那里，青光闪闪十分刺眼，仿佛上海的春光就在铁丝网上。他突然发现上海从原先繁华的东方大都会，似乎变成与世隔绝的"孤岛”了。远处工厂烟囱喷着浓黑的烟雾，把上海的天空熏染得像一块发黑的擦桌布，内心也像铅块那样沉重起来。“神秘父亲在何方？母亲和小妹妹又在哪里？”这是项南心中一直解不开的死结啊……

容不得项南浮想联翩，上海地下党组织已派人前来接头，对上暗号，妥善安排食宿。他们在上海只停留两天，就乘车前往苏北，顺利渡过长江，越过敌人封锁线，到达北新桥新四军驻地。然后，步行10多天，抵达重建的新四军军部所在地江苏盐城，见到了“四老板”。在项南心中又一次涌起“找到家啦”的呼唤，大有“宾至如归”之感！

◇1946年，项南在苏北

新四军代军长陈毅与项南一行一一握手，操着四川口音说：“你们好年轻呀，我特别喜欢年轻人！”

项南谦和地说：“我们年轻没经验，请陈军长多多斧正！”

陈毅哈哈笑了起来说：“看来，你这小项同志，肚里喝了一点墨汁喽。我们常说‘指正’，你却要用斧头多多‘斧正’。请你解释一下这‘斧正’的意思。”

项南从报刊上知道，军长是诗人，喝的墨汁更多。他这一用词，是在桂林老蒋大哥那里做跟班编辑时学到的。好在当时老蒋大哥还帮他找了古文的出处，不然，他今天就被军长考住了。他想了一想说：“陈军长，‘斧正’亦作‘斧政’、‘削正’和‘郢正’，是请教长者的谦词。古文出处，还是你的本家上祖陈衍在《与邓彰甫书》说的：‘小赋不知堪人巨目否？万祈斧正，方可就梓。’这样的解释对吗，请陈军长加诗人斧正！”

陈毅拍拍项南的肩膀，笑得更欢了：“谢谢你对我的上祖这么有研究。看来，我们新四军还是有人才的！”

陈毅对新来的同志很关心，经常抽空跟他们摆“龙门阵”。他态度随和，语言诙谐，平易近人，没有八股调，特别是作报告，更是大受欢迎，很快就拉近了与项南他们的距离。让新来的同志感受到，从军长到每个战士，都是那么亲切，革命大家庭多么温暖啊！

经过一段时间的培训学习，大约是1941年夏秋之交，上级安排项南到地方工作。当时，中共中央华中局组织部部长曾山在项南报到后，详细询问了项南的出身和经历，充满信任地分配他到盐阜区党委工作，不久调任建阳县政府财经科科长。

那是中秋时节，伴随着一阵阵凉爽的秋风吹到苏北根据地。淡淡的云，红红的霞，高高的天空。梨儿有多么香，枣儿有多么脆。到处是绿的树黄的花。人们都说这是盐阜地区一年中最好的节气。真是“得道多助”，盐阜区党委民运部部长曹荻秋从陈毅那里听说过项南，经过一段时间的考察，感到项南是一棵好苗子，特地找他作了长时间的谈话。项南向组织汇报了自己1937年以来在福建、桂林和香港的经历，着重谈到1939年中共地下党福建省委宣传部部长王助介绍入党，以及入党后在党组织领导下的工作情况。他特地请示组织：“现在，我已到达根据地，我的党员身份是不是可以公开？”

曹荻秋沉思一会儿，慎重地问道：“王助同志现在什么地方？”

项南答不上来了。

曹荻秋部长考虑片刻，热情地对项南说：“我们在敌后，现在很难找到福建地下党的证明，但是我们相信你在1937年后为党做了许多出色的工作。组织上作了研究，你在这里可以重新入党，由马宾、周维平同志作介绍人，不要候补期了，现在就可以正式过组织生活。等以后找到福建地下党的证明，再恢复你那段党龄。”

项南听罢内心很激动，十分感谢党组织的关心，现在他感到真正“找到家啦”！1941年秋，项南重新入党。此后他填写“干部履历表”时，参加工作和入党时间都填为1941年。他深信一定有机会找到自己最初入党介绍人王助同志，恢复这段党龄。但他没有想到，后来得到的确实消息是，王助同志已于1939年牺牲，自己那段党龄，阴错阳差，一拖就是一生……

这时，穷兵黩武的日本帝国主义者，在爆发太平洋战争后，加紧了对新四军和华中根据地的“扫荡”、“清乡”和“清剿”，企图进一步控制占领区，并最大限度地攫取华中的战略物资。因此，华中敌后抗战出现了更加艰苦、困难的形势。那年头，项南担任阜东县（今江苏省滨海县）政府秘书。这块根据地，也是日、伪、顽、匪几股势力图谋侵占的要地，“扫荡”与反“扫荡”，伪化与反伪化，磨擦与反磨擦，暴乱与反暴乱，斗争异常激烈。项南肩负的担子很重，他紧紧依靠群众的掩护，机动灵活地坚持在敌后开展斗争。

1942年春，迎春花盛开时节，日伪军在苏北平原的“扫荡”日益猖獗。为了便于开展工作，盐城新四军总部决定，将“抗大”学员疏散到后方去。这天，几位从新四军“抗大”五分校分配来的男女青年前来报到。项南热情地接待他们，问寒问暖，端茶送水，迭不连声地介绍情况。其中那位眉清目秀、操上海口音的女青年，就是后来成为项南终身伴侣的汪志馨。

汪志馨当时与几位女青年赶到阜东县政府报到时，天已经黑了。她们住下后，睡了一个安稳觉。第二天清晨，雾气弥漫，汪志馨被院里一阵集合哨音惊醒。她在抗大养成了听见哨声即起床的习惯。走到门外，看见一位穿着黑布棉袍的年轻干部正在吹集合哨。有意思的是，这位英俊帅气的年轻干部和那些军人干部不同，他的装束半土不洋，腰上没扎武装带，居然扎着一根麻绳。不知为什么，汪志馨对他不修边幅的样子留下了很深的印象。

报到的几名学员，由汪志馨负责带队，进了县政府办公室。而负责报到的县政府秘书，正是她早上看到的那个年轻干部——项南。项南查阅了这些学员的简历后，打量着汪志馨那隽秀的字体，再看看眼前这位说话办事十分稳重大方的姑娘，有种一见倾心的感觉。

别的学员很快都分配出去了，唯独汪志馨被留了下来。

项南告诉汪志馨，她被分配到新设的九区去工作，担任区委宣传委员。项南向她详细介绍了九区的情况，也向汪志馨了解了一些在抗大学习的情况。

汪志馨当时并没有多想，只是觉得这位项秘书年轻帅气，为人热情、诚恳，心里对他挺有好感。

汪志馨没有想到，几天以后，她在九区见到帮忙扛行李的项南，才知道项南是九区新任的区委书记。他们开始恋爱以后，项南向汪志馨“坦白”，他已经知道自己要到九区来工作，才把汪志馨也分配到了九区。

汪志馨出生于1916年，比项南大两岁。她与项南一起搭档工作，项南却处处像大哥哥一样关心呵护她。

项南虽然年轻，但见多识广，经历丰富，各地的风土人情、奇闻逸事，经他说出来就变得特别有趣。汪志馨也对项南谈了她的身世。

汪志馨出生在浙江奉化，从小跟随做小本生意的父亲在上海打工学习。以后又进纱厂做工，挣钱帮助家用，她靠自学和上夜校完成了中学教育，后来还当上了小学教员。在这期间，她接受共产主义思想，认为只有跟着共产党，中国才有希望。抗战爆发后，汪志馨毅然从上海奔赴新四军，进入抗大五分校女生队学习。

项南与汪志馨的爱情，很快就经受了严酷的战争考验。

盐阜地区是苏北抗日根据地的心脏。新四军军部和主力之一的三师师部都驻扎在这里。1943年2月上旬，日军两个师团及伪军2万人，由徐州、淮阴等地出动，对盐阜地区进行大“扫荡”。由于新四军早有准备，日伪军在“扫荡”扑空后，分多路对根据地进行梳篦式“清剿”，对抗日根据地实行野蛮破坏。调任九区区委书记的项南带领区委干部和群众，一方面坚壁清野，避开敌人“清剿”的锋芒；另一方面伺机打击那些小股行动的敌人，顽强抗击日伪军的“扫荡”。

在反“扫荡”的艰险日子里，项南与汪志馨朝夕相处，爱情也开始迅速升温。反“扫荡”结束，盐阜根据地的形势渐渐缓和下来。1944年初，项南与汪志馨结婚了。他们在一座农家的草房里举办了简朴的婚礼，一些战友和汪志馨的抗大同学闻讯前来祝贺，小小的院落里挤满了前来祝贺的乡亲。血与火的洗礼中绽放的并蒂莲，就在“大家”中建立了“小家”。1944年，项南夫妇迎来了第一个孩子的出生。

3. 项南走群众路线，与群众同甘共苦，日夜奔波在基层，带领群众坚持斗争，狠狠挫败日伪军嚣张气焰，大大鼓舞了苏北军民的斗志。

日伪军的侵袭，是人祸；加上遭遇天灾，对阜东老百姓来说，真是祸不单行，雪上加霜。项南作为区委书记，走的是群众路线，他与区里其他干部一样，全部住在老乡家里，就像鱼儿离不开水一样。他们深入在群众之中，广泛联系群众，熟悉每家每户的情况。项南从实际工作中意识到，做群众工作必须解决实际困难，让群众得到实惠。群众生活得清苦，尤其是缺粮、缺衣的温饱问题，都被他们看到眼里，列入工作的重中之重。

项南每到一个地方，很注意了解地方史。在与群众交谈中，他了解了许多活的档案。早在1929年，阜东沿海一带曾经发生过大海啸，内陆变成一片盐碱地，有的地方寸草不长，有的地方只长盐蒿野草，能长粮食的地方，产量也很低，亩产只有几十斤。加上这几年频遭涝灾影响，还要保证军粮，其中困难可想而知。

项南虽是当地主要领导人，生活上与群众并无两样，同甘共苦，吃苦在前，日夜奔波在基层。大家都看到，区委书记身体消瘦，脸色苍白，但依然精力旺盛，热情丝毫不减。为了鼓舞士气，他还乐呵呵地指挥教唱歌曲，扭秧歌，让大家树立战胜天灾人祸的信心。

项南在工作中早就认识到统战工作的重要性，善于同当地各界人士以及国民党参议员、开明绅士等，建立良好的私人关系。在严重缺粮的饥荒年月，他利用这一关系，向他们借到一批粮食，首先分给病残、产妇和老少；而自己则带领党员、干部用盐蒿子充饥。老百姓看在眼里，记在心上，对共产党人的廉洁奉公精神深为感动。

当时，阜东地区不仅缺粮，布匹也很短缺。项南身体力行，实践毛主席“自己动手，丰衣足食”的号召，发起“家家纺纱，户户织布”活动。他自己还设法弄到一台土纺机和土织机，组织大家学会纺纱织布，确保人人有冬衣御寒，把党的温暖送到老百姓心坎上。

项南走南闯北的经历，使他成为一个天才的语言大师。普通话、客家话、上海话、南京话、广东话、广西话以及阜东方言土话，朗朗上口，惟妙惟肖。他经常在大会之前表演几句上海“阿拉”、广东“压饭”、客家“食胖”，逗得大家前仰后合，好不快活。

在战时地方工作，会讲当地方言，不仅有助于联系群众，有时还有“救命”的功能。项南口操地道的阜东土话，完全是一副土里土气、土生土长的当地农民的腔调和打扮，很多人都不知他是千里之外的闽西人。有一次伪军入侵，搜捕中共党政干部，指着项南说：“你是共产党干部！”

一位当地老大爷忙上前说：“老总，你认错人了，他哪里是共党干部，而是村东头臧老二家的大小伙嘛。不信，你问问他！”

伪军“老总”一问，项南不忙不慌，操一口当地土话，张家长李家短讲了一通，有惊无险顺利过关。老总走后，大家喜笑颜开，老大爷竖着大拇指说：“小项书记，你是名副其实的阜东人啦！”

项南毫不惧怕，沉着应付，高兴地说：“老大爷，你封我为阜东人，我感到真光荣哪！”

1943年初春，日伪军展开的“大扫荡”更加频繁。他们公然宣称，“要将新四军三师（即黄克诚师）消灭在东海之滨”。

在亿东县周围，敌军修筑了六七个据点，而且频频出动。项南他们所处的东坎、八滩一带系交通要道，是日伪军“扫荡”的必经之路。敌军每次出动，都是伪军在前，日军打着太阳旗居中，冲进村庄就烧杀抢掠。

项南召开区委专题会议研究对策，为抵御敌人的侵扰，动员发动抗日军民集思广益，多想办法抗争。他们首先将全区分为几个联防区，干部们分头负责。紧接着，他们发动民兵和老乡，在平原上挖出首道深沟，名叫“抗日沟”，以便将村庄连接起来，既可增加老百姓的安全感，又便于转移和展开游击战。这种壕沟既深又宽，能骑着高头大马在其中活动，而在地平线以上却看不见。

“大扫荡”之初，面对来势汹汹的敌人，分散在老百姓中的区里干部们不得不随着人流转移，他们几乎每天居无定所，与敌人在田野、村庄和漂流之间周旋。饿了，就喝点溪水，到傍晚才能吃上饭；夜里就睡在老乡家里，门板一搭就是床。当时的环境异常险恶，有的战友被汉奸告密，被敌人杀害于睡梦中。血的教训使党员干部们更加警觉，项南他们有时竟然一夜要换三四个地方睡觉。

如此被动地转移并非长久之计，要改变这种局面，就必须主动出击。为此上级发出号召："看看谁打响第一枪？"

大敌当前，力量悬殊，变转移为出击，会给老百姓带来什么后果？怎样避免大的损失？这是不能不慎重考虑的。为了掌握敌人的情况，区委书记项南派一位当地老党员去敌占区侦察。

对敌人的情况深入了解之后，项南明确表示："应该主动出击！总是转移，只会愈来愈被动；敌人的气焰会更加嚣张。"他冷静地分析了自身的实力：我方动员和组织的民兵队伍，一共从四个乡集中了96条枪，其中相当一部分是地主、富农防土匪的土枪，就连陆集乡开明地主朱济华，也把自己家的四支枪都拿出来，他还和弟弟朱泽华拖了一条枪跟民兵一起战斗。这96条枪，如果组织得巧妙，采取灵活机动的战术，是能够打击敌人嚣张气焰的。

为慎重起见，项南与区长姜伟、区大队长张荣文商议后，又与冯动、蒋云、李方和汪志馨等区委干部及民兵骨干开了碰头会。鉴于事情重大，他们决定连夜召开群众会议，讨论如何响应上级号召，打响这第一枪。那天晚上的会议，气氛相当凝重。参加者不仅有贫苦农民，而且有地主、富农，心事重重的老乡们坐了满满一屋子，十几杆烟枪熏得屋里烟气腾腾。

"打，还是不打？"午夜过后，还是没能取得一致意见。这的确是个困难的抉择。有人说，我们的武器多数是土枪，看家护院还可以，如果与敌军交上火，抵挡不住怎么办？有人担心，没有打的时候，敌军已经抢得这样厉害了，一旦打起来，惹恼了敌军，会招来更大的报复；可是不打，总是这么没完没了地跑，终究不是办法……

项南在会上对形势作了冷静的分析，对一些疑虑作了解释。他说："我们手里的武器确实很差，可我们的优势是熟悉地形，可以利用河岸作掩护，机动灵活，敌人这些天没有遇到抵抗，他就松懈了，以为谁也不敢摸他的老虎屁股，我们就是利用这一点，出其不意，攻其不备，一定能打他个措手不及！”汪志馨等党员干部也表示赞同，纷纷补充了自己的看法。他们讲完后，大家又展开激烈的争论。经过整整一夜的讨论，终于得出结论：“打！”

天刚蒙蒙亮，项南安排干部们组织老人、妇女和孩子先转移，他们将家里的大包小裹放到独轮车上，转移到安全地带。青壮年则留下来，配合民兵作战。这个早晨格外宁静。淡淡的晨雾渐渐退去，太阳冉冉升起，照在辽阔的苏北平原上。

当天上午，打着膏药旗的日伪军像往常一样出动，他们大摇大摆，毫无戒备。河岸边，项南等区委领导神色镇定地观察着，等待着时机。当日伪军走进射程，项南向区大队长张荣文点点头，只听一声“打！”民兵手中的各种枪支一齐开火，土制的手雷也纷纷扔向敌群。毫无精神准备的日伪军被打得鬼哭狼嚎，他们不知道这愤怒的枪弹从何而来，也闹不清是否遭遇新四军的主力，慌乱中撇下几具尸体，拖着血淋淋的伤兵狼狈地逃回据点。

在项南指挥下，东坎区这第一枪，狠狠挫败了日伪军的嚣张气焰，大大鼓舞了苏北抗日军民的斗志。充满胜利喜悦的区干部、民兵和老乡们相聚在东坎镇，举起土枪，对天鸣放，以示庆贺。《阜东日报》立即作了报道，上级也对他们的勇敢之举予以表扬。

项南并没有陶醉于胜利之中，他和区委干部们清醒地意识到，敌人决不会善罢甘休，还会疯狂报复，因此必须做好充分准备。他们还与新四军二十一团保持密切联系，当敌人进犯时，子弟兵迅速赶来支援，军民联合行动，利用地形优势予以痛击。由于他们在战术上机动灵活，日伪军的几次进犯都被打退。

恼羞成怒的日伪军，将他们视为心腹之患，必欲除之而后快。果然，在沉默数天之后，区委得到情报：明天敌人将增加兵力，并在飞机掩护下前来“扫荡”。项南与干部们研究分析后认为，不能因为打了几次胜仗就轻敌，这次敌人是来者不善，硬拼只会造成重大损失。他们决定，避开其锋芒，保存实力。主意一定，干部们连夜动员老乡撤退转移。

第二天大清早，涂着膏药旗的日军飞机果然到村庄上空盘旋，紧接着，大批日伪军分几路气势汹汹地扑来。他们找不到抗日军民，就疯狂地烧毁民房、抢掠财物。半天时间，有143间房屋化为废墟。

敌军退去后，民兵和老百姓回到村里，看到家园被毁，房屋变成一堆瓦砾，焦黑的房梁还冒着缕缕青烟，一些老乡失声痛哭。

东坎区（九区）艰苦卓绝的战斗，在抗战期间就有文字记载。据当时出版的《江淮文艺》杂志刊登署名“常工”的文章《战斗在淮河滩上》报道：陆集乡是阜东九区的一个乡，它有一支很出色的民兵队伍，“在战斗的时候，没有一个后退怕死的，战斗就是生活……左庄有九个民兵的房子被敌人烧得精光，但他们不但毫不动摇悲观，反而是更加炽烈了复仇的心。他们都说：‘烧光了就算了，反正还有人在，独身子打起来还爽利些。’”

在敌后的艰苦条件下，项南领导东坎区委，依靠人民群众的支持，采取灵活机动的战术，与日伪军周旋在苏北平原上，一直坚持到1943年秋天。

艰苦的战争环境中，紧张的工作，加上营养缺乏，在战火中刚生完孩子的汪志馨身体十分瘦弱，体重只有70多斤，奶水也不足，身体几乎垮掉。为了给她增加营养，项南在繁忙的工作中，费了不少心血，甚至冒着冰雪严寒，等在捕鱼的老乡旁边，用仅有的一点津贴费，买几条指头般大的小猫鱼，兴冲冲地拿回来给妻子熬汤喝。

1945年8月15日这一天，令项南终生难忘。那天，他与汪志馨下乡到东坎，动员老百姓做好秋收的准备工作。入夜后，他们乘一条小船，从东坎赶往阜宁。夜色朦胧中，一弯新月高高地挂在天空，在水面上投下淡淡的银光。突然，岸上爆竹、鞭炮声大作，他们不知何故，叫划船的老乡把小船划向岸，一打听，原来是日本当天宣告无条件投降！

抗战胜利后，地处华中的淮南、淮北、苏中、苏北四个解放区已经连成一片，成为拥有3000多万人口的大解放区。

中共中央确立了“向北发展、向南防御”的方针，原先驻守盐淮地区的新四军三师3万人调往东北，新四军其他8万余人奉调北上山东。项南此时也离开阜东，先后担任苏北第五、第十一分区专员公署建设处长、财经处处长等职。汪志馨亦被提拔，调任海河区区委书记。

没过多久，解放战争又开始了。国共和谈破裂之后，紧靠国民党统治中心南京的两淮根据地局势变得空前严峻。国民党军队向苏北解放区大举进攻，中共中央华中分局决定撤出两淮。

让中共中央华中分局书记邓子恢最放心不下的就是后勤工作。大军云集北线，而后勤工作一片混乱。邓子恢指派刘瑞龙负责，下决心不惜一切代价改变北线后勤工作的被动局面。项南也在这时临危受命，被调往苏北后勤司令部担任供应部长。

项南刚一走马上任，就遇上了涟水战役。这是华中野战军与国民党王牌74师交手最惨烈的战役。担任民力动员指挥部主任的项南负责在一条河上架桥。这座桥刚架起不久，就被敌机炸毁了。北撤的机关人员和干部家属们拥堵在河边，南下的部队则在对岸干着急。项南立即指挥民工重新开始架桥，这时一匹快马飞奔而来，递给他一封急信。项南打开一看，是华中军区副政委谭震林亲笔手书的命令，只有一行大字：“天黑前不把桥架好就枪毙你！”

项南知道，“军无戏言”，“慈不带兵”。此事非同小可，这座桥能否按时架好，事关战场全局。可辛辛苦苦架起的桥刚投入使用就被炸毁了，眼前又是这样一种混乱局面。战事火急，不容申辩，他指挥手下的队伍实干、苦干加巧干，终于在天黑前把这座便桥架设完毕。夜色中，谭震林率领军区司令部一行人来到河边，看见机关和部队已经在项南的指挥下井然有序地过河，他当众对项南大加表扬。项南出色的组织动员能力也给谭震林留下了深刻印象。

项南刚刚舒了一口气，可是谭震林忽然脸色又变，原来他看到河边队伍很乱，人马、辎重、伤员、民伕，拥挤不堪。谭震林脸色铁青地吼道：“这哪是在打仗，简直像搬家！”他转身对旁边的参谋和警卫员大声命令：“快，把担架上的夜壶一类的瓶瓶罐罐，统统给我打掉！”

转眼到了1948年秋，项南调任东南县委副书记兼东南支队政委。这里离南京很近，是淮南津浦铁路东部的天长、六合、仪征、杨州四县（市）之间纵横百余公里的结合部，其范围包括长江以上六合城到汊涧公路以东，天南城以南，杨州以西和仪征县全境。

项南到东南县走马上任，立即感到这里斗争形势严峻，敌人活动频繁。有的同志不慎在夜里就被摸进村里的敌特杀掉。当时县委几位领导和支队负责人一起活动，几乎每晚都要转移宿营地；有时为了迷惑敌人，就演起捉迷藏的游戏，从这个村庄转出去，走了一大圈又返回这个村庄，让敌特连连扑空，有时反被我们干掉。这样教训了几次敌特，他们也恐惧地缩回头去了。

在这样艰苦复杂的条件下，项南不顾黑夜白天奔波，找区、乡干部了解情况，布置任务。身为东南支队政委的项南与支队司令部薛磊配合默契，互相关心体贴，传为佳话。当时，上级配给支队一匹马，项南总是让司令员骑。夜里行车时，司令员见政委走累了，要轮换给项南骑马。项南推辞说："我是山里人，练出了一双铁脚。你腿受过伤，还是你骑吧……"

当解放战争进入全面反攻之际，东南支队在薛磊和项南带领下，也展开主动的猛烈进攻，频频出击，在连接四县的公路沿线设立埋伏，痛击敌军。项南还指挥支队机关通讯排，化装成国民党军，机动灵活打进敌占区抓舌头、探情报、刺哨兵，搞得敌军防不胜防。经过几个月的灵活出击，敌军消耗大量力量，东南支队却迅速壮大起来，政权建设得到巩固扩大，党的基层组织有了很大发展，同时打下良好的群众基础，为解放四个县城，支持大军南下渡江，创造了有利条件。

"钟山风雨起苍黄，百万雄师过大江"。当解放大军胜利渡江后，东南支队和天高支队合并整编为滁县警备团。根据江淮军区的命令，薛磊团长带领全团人马开赴淮南煤矿区，担负矿区警备任务。在项南"找到家啦"的革命大家庭里，党组织对他又有怎样的重用和安排呢？

第五章　迎来初春

1. 在战火和硝烟中迎来的初春，谭震林点将，指派项南前往北平参加青年团首次代表大会。随后很快被任命为省团委书记、华东团第二书记。

残冬未尽，春天已争露头角。明媚的阳光，和煦的微风，在榆树桠头和粼粼水面上跳跃、闪动，使万物开始了新的生机，拉开了1949年初春的序幕。这时，中共中央发出《中国共产党中央委员会关于建立中国新民主主义青年团的决议》，经过紧张筹备，将于同年4月在刚和平解放的北平召开中国新民主主义青年团第一次代表大会。中央各大分局和各级党组织接到通知后，把建团工作列入要务，迅速选调德才兼备的优秀青年干部出席此次会议。

◇1949年4月24日，中共中央主席毛泽东，中共中央书记处书记、中国人民解放军总司令朱德在北平双清别墅接见出席中国新民主主义青年团第一次全国代表大会的部分代表。项南用随身携带的相机拍摄了毛泽东主席和朱德总司令的照片，并将这两张照片珍藏了一生

曾在闽西参与领导艰苦卓绝

的三年游击战争、时任第三野战军第一副政委的谭震林，立即想到那位印象深刻、出色完成架桥任务的项南。

◇1949年4月24日，中共中央主席毛泽东，中共中央书记处书记、中国人民解放军总司令朱德在北平双清别墅接见出席中国新民主主义青年团第一次全国代表大会的部分代表

当时，项南刚调任中共江淮地委宣传部长，他接到命令后星夜赶往合肥，向皖北区党委书记曾希圣报到。曾希圣对项南说："叫你去北平参加青年团第一次全国代表大会，是谭震林点的将。年轻人，好好干吧！"

"我一定完成党交下的工作任务！"项南像那次胜利完成架桥任务一样，兴奋地说："这是新的架桥重任啊！"

项南与中共皖北区委选派的黄辛白、王化东、刘星3名代表一起，从蚌埠搭上津浦线北上的列车，走走停停，差不多快一个星期才到北平。

中国新民主主义青年团第一次全国代表大会开了8天。1949年4月24日，在北平香山的双清别墅，毛泽东主席和朱德总司令接见了参会的青年代表。项南用随身携带的相机拍摄了毛泽东主席和朱德总司令的照片，并将这两张照片珍藏了一生。

项南第一次来到北平，度过了富有历史意义的时光，浑身充满活力，洋溢着年轻人的一股冲劲。项南一行从北平回到皖北，向曾希圣汇报了情况。曾希圣要他们4人立即着手筹备召开中国新民主主义青年团皖北区代表大会，他们都留在了皖北青年团工作。

从进行抗日救亡宣传开始，项南一直保持着年轻人朝气蓬勃的精神状态，不论走到哪里，都会成为青年干部和战士的中心，歌咏活动、演剧活动和其他文娱活动都少不了他。项南还会吹口琴，行军打仗的间隙，悠扬的旋律总是伴随着他的身影，给大家带来许多快乐。

在项南的领导下，皖北青年团第一次代表大会和皖北学生第一次代表大会很快就如期召开，并同时开办了皖北团校，为青年团培养了大量骨干。

在紧张的建团工作中，迎来了新中国的诞生。早在1949年6月15日政协筹备会上，毛泽东主席充满信心地预言："中国的命运一经操在人民自己手里，中国就将如太阳升起在东方那样，以自己的辉煌的光焰普照大地，迅速地荡涤反动政府留下来的污泥浊水，治好战争的创伤，建设起一个崭新的强盛的名副其实的人民共和国。"10月1日，迎着东升的太阳，当毛泽东主席在天安门上宣告："中国人民站起来了！"项南备感自己工作责任重大，他全身心投入工作，这是皖北地区青年工作最为活跃的时期。他紧紧依靠党的领导，当好党的助手，发挥团员的模范带头作用，为完成党的工作任务而勇往直前。

项南是个爱美的人。从小学习园艺，他喜欢用植物美化环境，走到哪儿就绿化到哪儿。因为缺少住房，团省委机关的一些青年人只能住到郊外几栋条件简陋的茅草屋里。项南看他们情绪有些低落，就带他们一起动手，很快在那里建成了小桥流水、花草丛生、春天里桃红柳绿的"青年之家"。青年人安心了，开心了，原先住在城里的青年团干部也争着要到这里安家。

1949年冬天的一个晚上，项南正在办公室里加班赶写材料，这时省妇联主任吴光打电话告诉项南，黄辛白的未婚妻钱正英来了，要项南马上帮着找到黄辛白。项南衷心替老战友高兴，他立刻写了张纸条准备让通讯员给黄辛白送去。

项南走进通讯员的房间，见通讯员正在呼呼大睡，他不忍心叫醒这个贪睡的年轻人，蹚着积雪走了几里路找到黄辛白，让黄辛白马上到妇联去找吴光。黄辛白不知何事，还在发愣，项南把一张纸条塞到了黄辛白手里说："还不快去。"

纸条上写着："茫茫大雪中，钱来了，你快去吧！"

重视宣传工作的项南，为推动团的工作开展，主动与《皖北日报》商议，在该报上开办定期专刊《皖北青年》，四位到北平参加首次团代会的代表，带头撰稿，宣传团代会精神，结合实际，对开展皖北团的工作提出了具体意见。项南马不停蹄，抓紧创办皖北团校，带头授课，培训了一批青年工作骨干。在他提议下，还组建了皖北青年文工团，创办《青运通讯》刊物，朝气蓬勃而又生动活泼地推进了团的宣传工作。

项南在开展团的工作中，紧紧围绕当时党的中心工作，打好土地改革、镇压反革命和抗美援朝三大战役，加强团的组织建设，不断拓展团的工作领域。他充分发挥口才好的长处，经常登台开展宣传鼓动工作。当时，干部奇缺，革命和建设都需要大批有道德、有文化的人才。为动员学生参干，项南在安徽大学作演讲，就以生动风趣大受欢迎，台下掌声不断，笑声迭起。当年，合肥市开展“三大”（手工业、工商业、小生产者）改造，项南被任命为省委派驻合肥市的工作组长，他作动员报告时，近2000人的会场，鸦雀无声，许多工商业者、资本家都被他深入浅出的讲话打动了，纷纷点头称赞，决心积极投身于这场改造运动中去，做一个全新的劳动者。

项南提倡每个干部要有工作主见，在原则问题上，不要人云亦云，随声附和。他在与《皖北青年》专刊编辑交谈工作时，强调指出：“这个专刊要有青年的特点，不要有八股调；要反映青年人的要求，报纸要替他们说话，要多刊登他们的稿件。”

1952年初，经中央批准，皖南、皖北地区合并，组成中共安徽省委，省委第一书记是曾希圣。青年团安徽省委随后也宣告成立，项南出任团省委书记，这一年，他还不到34岁。不久他还兼任国立安徽大学党委书记（当时的校长是地质学家许杰），汪志馨担任团省委组织部长。

项南与同时期参加革命工作的人相比，进步较快。他时时提醒自己注意保持谦虚谨慎的作风，在工作中平易近人，对摆“官架子”十分反感。在团省委工作的同事，都是对他直呼其名，至多称他“项南同志”，从来没人喊他“书记”。他和汪志馨参加土改和春耕时，与大家一样背着背包跋涉在去农村的路上。有时上级安排车、马，他都谦让给身体较差的同志，他总感到走路也是最好的工作。

项南抗日战争时期老战友韩培信十分感佩项南对他的启迪和警示。20世纪50年代初，项南从安徽出差上海，路经苏州时，看望了时任苏州地委第一书记的韩培信，两位战友久别重逢，谈了很多。项南说：“我们在战争年代随时准备丢脑袋，做梦也没有想到，胜利之后我们会担任现在这样的职务。我们不能辜负党和人民的期望啊。毛主席在七届二中全会上给我们打了防疫针。”当时，项南一口气背诵了毛主席七届二中全会上讲话第十段的全文，激动地说：“毛主席说得多好呵：‘可能有这样一些共产党员，他们是不会被拿枪的敌人征服过，他们在这些敌人面前不愧英雄的称号，但是经不起人们用糖衣炮弹的攻击，他们在糖弹面前要吃败仗。我们必须预防这种情况。’我们要永远牢记，警钟长鸣！”

在项南启发下，韩培信心潮澎湃地说：“项南同志，让我们把毛主席说的两个‘务必’刻在心上，我们就能永远立于不败之地！”

项南紧握韩培信的手说：“好，让我们互相监督！”

项南在团省委书记岗位上显示出很强的组织能力和创新能力，同时他很强调以身作则，注意工作方法。在一次布置下基层检查工作的会议上，他提醒在座干部：“下去以后不要指手画脚批评，要首先善于发现基层工作中的成绩，总结他们的经验，对发现的问题要与他们商讨解决，不要动不动就以领导机关的口气讲话。”

搞青年工作，必须适应青年活泼好动的特点，讲究方式和方法，这样才能收到较好的效果——项南对此深有感触。他根据青年的特点，组织青年开展琴棋书画等丰富多彩的文化娱乐活动。他还向周围的青年干部推荐了不少苏联进步小说，鼓励他们养成热爱读书的好习惯。无论工作多么繁忙，项南始终保持动笔写文章的习惯。当时他常以笔名“皖青”在《皖北日报》发表“思想杂谈”之类文章，并为《安徽日报》写社论。对周围的青年干部，项南也经常鼓励他们写文章，他说：“自己动手写文章，能锻炼逻辑思维能力，对工作也大有好处。”

“用人不疑，疑人不用”，真正做到这点谈何容易——尤其是在解放之初。项南却有这种气度和胆识。团省委的几个主要笔杆子，多是出身不好、在旧社会上大学、当过记者的年轻人，当时被认为历史有问题、社会关系复杂。项南却勇于知人善任，他常以“出身不能由自己决定，重在政治表现”鼓励这几位青年，让他们放下包袱，大胆工作。

当时项南的秘书就是这样一位青年干部，有人对重用他有看法，项南则说：“不能因为一个年轻人有点历史污点就打入十八层地狱，永世不得翻身；共产党人就是要把他们改造、培养成对人民有用的人。”项南这种实事求是、珍惜人才、慎重对待同志的做法，确实调动了一批“头上有辫子，屁股上有尾巴”的青年干部的积极性。

在安徽做青年团工作的经历，成了项南脑海中美好的回忆。多年之后，他在为老团干俞乃蕴的著作《迎客松下录》作序写道：“建国初期，我们这伙年轻人在反霸、土改、建团中建立起来的友谊，真可以说是历久不衰。不管遇到什么风浪，不管调到什么地方，总有办法打听到各人的下落，总要互相问长问短。回忆当时那种从来不计个人得失，一心为人民的革命热情，那种相互信赖，无拘无束，无话不谈的情景，十分感人，令人怀念不已。”

2.“项南终于找到了项南”，也寻到了昔日在腥风血雨中冲杀的父亲和孤苦伶仃的母亲。

项南没有想到的是，当他在团省委书记岗位上干得正起劲的时候，忽然在1953年2月接到新的任命，出任青年团华东工委第二书记。上级要求他近期即由安徽迁到上海去工作。这个调令使项南有点缺乏思想准备。从省级团委一下子提到大区团委的领导岗位上，应该说是越级提拔，当时是比较少见的。显然，这与项南的德才兼备、工作业绩突出有关。

作为项南的老领导，安徽省委书记曾希圣对项南这个年轻干部很有好感，尤其欣赏他在工作中显露的才干。上级部门调项南到华东团委工作，曾希圣多少有些舍不得，但是也只好同意。

曾希圣对项南的欣赏，几年后仍然“耿耿于怀”。1956年，项南已到团中央工作。此时安徽省委决定重建安徽大学，在物色校长人选时，省委第一书记曾希圣明确表示：“就叫项南回来干，他最合适。”当时省委文教部副部长丁明志赶到北京，向主管文教的国务院副总理陆定一汇报学校筹建工作，并讲他与团中央第一书记胡耀邦商量调回项南。陆定一说：“这事我做不了主，等我与他们联系之后再告诉你们。”两天之后，陆定一答复：项南同志在团中央分管的工作很多，他离不开。陆定一随后推荐了另外两位同志担任安徽大学校长和书记。

1953年春天，项南和汪志馨一同到上海华东团工委报到（汪志馨被任命为华东团工委青工部副部长）。数日之后，他们全家人由合肥迁居上海，住在汾阳路一处洋房里。附近有一个三角花园，其中矗立着一座普希金铜像。

青年团华东工委设在东平路9号，这是解放前蒋介石在上海的宅邸。那座三层小洋楼带有欧洲城堡式建筑风格，后面还有一个附属小楼。建筑物前面，是漂亮的花园和大草坪。

环境变了，但项南始终保持艰苦朴素的本色。他不声不响地来到这里上班，和气地与每位同志打招呼。依当时的风尚，地委以上干部冬天都穿呢制服，而项南却穿棉大衣，显得有些土气；有事出差，他夹一件衣服就出发，流露出几分“游击作风”。

周围的同志很快发现，项南抓工作有板有眼，既抓重点，又照顾一般。他先后主持召开了华东团工委委员会议和一些专业工作会议，对青年团的全面工作和部门工作及时作出部署，使各项工作都有条不紊地开展起来。他还组织力量到基层调查，帮助基层解决工作中的实际困难。项南还请来当时的华东局书记陈毅，给青年团干部和积极分子作报告。他对陈毅说：“我又要请你多多斧正啦！”

陈毅乐呵呵地说：“我们相互斧正吧。你们年轻人，挥起大板斧，力气可能更大呢！”

哪想到陈毅在大会上作报告时，就这样以“斧正”开篇，把年轻人的劲头随即调动起来了，引来阵阵热烈掌声。

在极为繁忙的工作中，项南挤出时间通读从房东老乡家借来的线装《水浒》、《红楼梦》和《三国演义》，还阅读了外国文学作品，其中包括巴尔扎克、托尔斯泰的巨著，肖霍洛夫的《静静的顿河》、奥斯特洛夫斯基的《钢铁是怎样炼成的》等。不久，苏联团中央一位负责人米哈伊洛夫到上海访问，由项南陪同。米哈伊洛夫与团干部见面时谈道：“作为一个团的书记，连《莎士比亚全集》都没读过，怎么能够当好书记？”坐在一旁的项南差点惊出一头冷汗：自己没有读过。后来他从图书馆借来厚重的《莎士比亚全集》，一部部老老实实地“啃”……项南认为多读一点世界文学作品，受益匪浅，因为这些文学作品丰富了自己的精神世界，能使人脱离低级趣味，他特别强调：“读世界文学名著，能使人明白生活的意义，做一个有良知的人。”

项南抓工作，历来十分重视宣传工作。他认为，宣传工作是打开人们心扉的工作，是重中之重的工作。在华东团工委，项南还主管团的宣传工作。他重视报纸宣传，对团委机关报《青年报》的工作抓得很具体，他亲笔撰写一些重要的社论和文章，并帮助审阅、修改稿件。有时候工作太紧张，他便显出“一心二用”的硬功夫：一边主持会议，听汇报，插话、提问；一边审阅、修改《青年报》送审的稿件。很快，稿件审改完，交来人带回报社，会议讨论并未受影响。最后项南将会议讨论的内容简明扼要地归纳成几条，对应做的事情交代得十分具体。

“方今之急，在于人才而已。”项南认为，北宋政治家王安石这一名言，今日仍大有用处。项南爱才，尤其鼓励周围的同事们发挥长处，创造性的工作，而不要墨守成规，人云亦云，照搬照套上级指示和别人的经验。当时的老团干赵杰说：“我有幸在他的直接授意下为他起草过几次文稿，一次是关于鼓励中小学毕业生回乡参加农业生产问题的电台广播讲话稿，一次是在欢迎谢列平率领的苏联共青团代表团来沪访问的群众性大会上的讲话稿。两次起草讲稿都很匆促，我怕起草不好误了事，他都鼓励我放手大胆地去起草。由于知道他喜欢生动活泼、言之有物、思想新颖的文风而讨厌枯燥刻板、陈词滥调的八股腔，我努力把文稿写得符合他的要求。两次稿件送给他以后，他未作多少修改就用了。这两次经历给了我莫大的鼓励和安慰。”

毛主席在1952年曾经向青年团工作者出了两个题目：党委如何领导青年团？青年团如何工作？项南认为这是极有针对性的问题，他对此颇下了一番功夫去研究。在调查研究的基础上，经过深思熟虑，他写出探讨这两个问题的文章。文章完成后，他送给机关的同事们征求意见，根据意见认真修改后，他才将文章寄给团中央。不久之后，北京的《中国青年报》发表了项南这篇文章。在当时颇有轰动效应，不少同志认为这是在同类文章中写得很好的一篇。项南的才干和名气由此推向全国，引起广泛关注。

1953年初春，带给项南的又是一个特好的喜讯。映山红花开遍祖国大地，而闽西冠豸山的映山红花开得格外鲜艳，长寿峰、灵芝峰、竹安古寨和凌霄玉柱以及隐湖宝穴的映山红如同一片红色的海洋。谢觉哉率中央慰问团赴当年中央苏区重要组成部分的闽西革命根据地慰问老区群众。他们此行的任务之一，便是帮助寻找红军和革命烈士在战争年代失散的亲人。有一天，中央慰问团慰问小组来到闽西冠豸山中，他们从乡亲口中得知：有个外乡妇女流落到这里，她一直念叨要找失散的儿子。

慰问组爬山越岭，来到连城县朋口乡文地村，终于找到这位孤独的王村玉，听她讲述自己亲人的名字。由于口音难以辨别，她讲的儿子“项德崇”和丈夫“项与年”的名字，使记录者始终不得要领，只得记下谐音字，所幸的是，她自己的名字“王村玉”三字，被准确记录下来，从而给亲人重逢架设了一座新的桥梁。

项南突然从报上读到从闽西慰问团向华东各组织系统提供的“亲人失散名单”，当他猛然看到“王村玉”三字，并看到她要寻找的丈夫、儿子姓名谐音字时，他惊喜得差点跳起来：“妈妈！妈妈！我找到你啦！”

项南呼喊着“妈妈”，突然想起前年在安徽合肥市传为佳话的“项南终于找到了项南”的感人故事。

那是1951年，青年团皖北工委与皖南工委合并，成立了新民主主义青年团安徽省工作委员会，项南任书记。同时，项南又担任了安徽大学党委书记。

那天，项南到省委开会，省委书记曾希圣交给他一个任务，让他帮着找一个老战友失散的儿子。他说，老战友姓梁，在东北工作，听说自己的儿子在安徽做青年团工作，发来电报请求曾希圣帮忙寻找。

过了一段时间，曾希圣开会又遇到项南，问有没有帮他找到老战友的儿子。项南说找不到，皖北青年团不下10万人，姓梁的多了，查访了好多，都对不上号。

曾希圣怅然若失地对项南说：“如果见了老战友的孩子，我或许还能认出来。因为那孩子小时候在上海，我们一同住在上海的八仙侨维尔蒙路。”

项南说：“我也在上海八仙桥维尔蒙路住过。”

曾希圣感到有些吃惊：“你住上海维尔蒙路几号？”

项南说：“德润里24号。”

曾希圣问道：“是一幢法国式样的洋楼？”

项南说：“对呀！”

曾希圣仔细打量项南，问：“那你有没有见过一个大胡子叔叔？”

项南：“当然见过，他还带我去看过电影。”

曾希圣：“那你看看我是谁？”

项南仔细打量着曾希圣，不由得愣住了：“你跟大胡子叔叔一个模样呀！”

天下竟有这么巧的事情。原来，曾希圣就是当年的“大胡子叔叔”，而项南就是那个他曾带着看电影的男孩。

曾希圣的老战友正是项南的父亲项与年。项与年离开上海后，改名梁明德。姓名都改了，上哪去找“梁明德”的儿子呢？

项南终于找到了父亲。

但为了工作，项南不得不暂时隐忍对亲人的思念，默默期待和父亲团圆的那一天。他赶紧从省委书记曾希圣手中接过电报，按电报上的地址和姓名，与远在辽宁的父亲联系。原来，父亲因工作关系于1936年改名为“梁明德”，他根据组织派遣，由南方奔赴西安，去做西北军和东北军上层人物的统战工作。西安事变后，项与年担任中央与华北局之间的秘密联络工作。1938年初，经由八路军西安办事处处长伍云甫安排，他抵达延安，在抗日军政大学学习。20世纪70年代，他有段时间在家乡生活，与乡亲们经常谈的是他在延安响应毛主席“自己动手，丰衣足食”的号召，搞大生产的故事。他说，那真是一个艰苦而雄伟的时代呀！我们为了战胜饥饿，把火与血的斗争进行下去，开春时节，挥动锄镐，拓垦荒地，播种育苗。恰在这时，一场瑞雪突然从空中飞飘下来，喜得我们用炽热的两颊，迎接冰冷的雪花。真是瑞雪兆丰年，一点一滴渗入土地，滋润着种子，早日发芽。他至今还记得那年的春潮，曙光微放，延安山岭上，一行行蜿蜒蠕动的人群，飞扬的锄头，挥洒的汗水，终于换来丰收的粮食。这位老红军还把自己节约下来的1万多元工资捐献给家乡生产队发展生产，兴建水电站，鼓励乡亲们弘扬延安精神，把农业生产搞上去……

在延安“抗大”学习后，项与年奉调任关中分区党委常委兼统战部长，当时的区委书记习仲勋在为《山路漫漫》（人民出版社1997年版）一书作序时写道：“我与项与年是很有缘份的。项与年在结束了长期的白区工作之后，于1938年进抗大和中央党校学习，然后被先后任命为中共陕甘宁边区三边分区党委常委、关中分区党委和绥德地委书记。两次共事，使我们之间的革命友谊和互相了解得以不断加深。他是一个见多识广、襟怀坦白、善于团结人的同志。由他来协助地委做好西北地区的民族团结工作和国民党中上层军官的争取工作，是很合适、很得力的。”习仲勋称赞项与年“是一个机智勇敢、沉着坚定、不事张扬、不怕任何困难的共产主义战士”。

由于与妻子和儿子完全失去联系，项与年1943年与绥德地委机关干部吴健结婚，后从延安保育院领养一名烈士后代，取名梁西。新中国成立后，他曾担任东北人民政府监察委员会高级专员、辽宁省监察厅副厅长等职。在东北工作期间，他又领养了一个矿工的女儿，取名梁晓东。

历史的起伏跌宕总是令人感慨。经过一番周折，项南与父亲终于取得联系。远在东北的项与年，接到儿子的信后十分欣慰。他很快复信项南，简单谈了这些年的经历。他向项南询问：你母亲和妹妹近况好吗？项南不无伤感地回复道：我与她们也失去了联系，至今没有找到，我还在寻找……

由于相距遥远，父子二人又都忙于工作，他们并未马上见面。

繁忙工作之余，项南总有一桩心事：父亲找到了，母亲和妹妹在哪里呢？解放初期，他曾经给家乡连城写信寻找母亲，从亲友的信函中他得知：母亲在家乡住了一段时间后，就离家外出找儿子去了，从此杳无音讯。项南为此颇感惆怅。

项南并不知道，他受尽苦难的母亲此时正在寻找他，而且多年来一直在寻找他。

一段时间之后，王村玉依然感觉孤苦伶仃：丈夫失踪，女儿病死，这个世界上还有一个儿子，儿子是她唯一的希望和依靠！经过许多个不眠之夜的盘算，她终于下了决心，要去上海，去强恕园艺学校打听儿子的下落。无论有多困难，要吃多少苦，要走多远的路，她都铁了心要找到自己的独子。

怀着一线希望，坚强的母亲踏上寻找儿子的漫漫长途。风一程，雨一程，泥泞、坎坷和种种艰难，都挡不住她的脚步。不知过了多久，她终于迷失在闽西重峦叠嶂的大山深处。没有文化，加上语言不通（闽西山区语言复杂），使她无法与人沟通。这个苦命的母亲从此开始流浪，有时帮人家干点农活，换取一口饭……就这样艰难度日。

抗战胜利了。解放战争结束了。人民共和国成立了。母亲依然孤苦伶仃。她有时候在某个山村待的时间短一点，有时长一点，但她寻找儿子的念头从未断绝！她坚信儿子德崇活在世上，而且也在找她……

初春，初春，初春带给项南的是一次又一次的幸运。1953年初春，项南终于有了失散近20年母亲的信息。他立即与闽西老区办联系，很快把母亲从冠豸山接到上海家中。

母亲万万没有想到，她与上海有这么深厚的情缘。如今，母亲又来到上海，看到儿子、儿媳和孙子孙女一大家子人，当年的梦境终于成为现实，一种幸福感油然而生。她最想说的话就是："我不是孤人了！"儿子英俊的容貌，使王村玉老人恍惚看到昔日丈夫的风采；热情真诚的儿媳，还有五个活蹦乱跳的孙儿孙女，使孤寂多年的她找到家的感觉。项南此刻却是悲喜交加：喜的是母亲找到了，悲的是得知妹妹病饿而死，要是她活到解放该有多好！

"有了这个家，我什么都不想了。"母亲很快融入这个人丁兴旺的大家庭，并且执掌家政；她终日做家务、带孙子孙女，经常讲冠豸山的传奇故事，忙得不亦乐乎。一年之后，儿媳汪志馨又给她生了一个大胖孙子。

初冬的一天，项南兴致勃勃地提议拍一张"全家福"。他请母亲坐在门前的凳子上，让几个孩子一字排开：小红、小青、小白、小蓝、小米顺序坐在台阶上，汪志馨抱着最小的儿子小绿，她和自己坐在母亲两边，九个人欢欢喜喜地留下一张无比温馨的合影。

都说婆媳关系难处，然而王村玉老人和儿媳汪志馨却情同母女。汪志馨待人真诚、豁达开朗，她不仅深深理解项南这个大孝子的感情，更对大半生承受苦难和委屈的婆婆怀有真挚的同情。

汪志馨借到北京开会的机会，专程前往沈阳，看望公公项与年和他后来的妻子吴健，并介绍了家里的情况。对初次登门的儿媳，项与年送了衣料、钢笔，还送给儿子项南一架苏联照相机。短暂的见面即将结束时，他们才开始一番无法回避的对话。就是项与年如何处理与发妻的关系呢？

毕竟是从延安锻炼出来的女同志，吴健很识大体。她表示：现在解放了，项与年应该与结发妻子团圆，自己退出这个家庭，她有工作，能够自己养活自己。

汪志馨与吴健年纪相仿，经历相似，虽素未谋面，却一见如故。她的解决方案是两全其美皆大欢喜。她认为不必如此，吴健应继续留在这个家庭。她以项南和自己的名义，郑重地对项与年说道："妈妈等了你好多年，现在她知道你有家了。这是历史形成的事实，我们表示尊重。妈妈很高兴和我们住在一起，她肯定不会来找你们。但是也希望你不要与她办离婚手续，别让她在离婚书上按手印，以免她心里难过。历史的问题，就让历史去解决吧。"项与年和吴健对此表示理解和同意。

1955年早春时节，项南和汪志馨从上海一同到北京开会，他们借此机会坐火车到沈阳看望父亲，他们此行还带着女儿小青和儿子小白。项与年见到两个孙儿，高兴得不得了。他笨拙地抱起他们，始终严肃的脸上，也增添了一丝笑意。

看到儿子项南，项与年自然是很欣慰的，但他们父子交谈起来都比较客气，甚至带几分拘谨。当年在上海分手时，儿子还不过是一个16岁的清瘦青年，经过这些年在动荡生活中的磨炼，现在已经是成熟的团干部了。父子二人屈指一算，从1934年分手到重逢，已经是二十一年光阴！

或许是少年时印象的使然，项南对父亲依然保持着一种敬畏之感。他大致知道，父亲匆匆消失之后，执行了地下党布置的重大任务。但他现在也不便开口询问。本来就沉默寡言的父亲，对早已不成机密的往事，依然习惯性地守口如瓶。历史在眼前匆匆而去，往日隐蔽战线上，在腥风血雨中拼搏过来的父亲，如今才有机会体会到家庭的幸福和温暖。经项南提议，大家一起去逛沈阳北陵公园，在高高的白桦树下，这位从惨烈人生征程上冲杀过来的老红军，亲昵地拥着两个孙儿，在儿子和儿媳的陪同下，照了一张历史性合影。在寒气料峭的早春，父亲手捧这张珍贵的照片，心坎却被亲情温暖着，期待什么时候能与结发之妻见面，照一张大团圆的“全家福”呢？

3. 项南到莫斯科参观访问，莫斯科红场给他留下深刻的印象。1955年初春，项南奉调进京，成为胡耀邦得力助手。

1954年初春，“列宁共产主义青年团第十二次代表大会”在莫斯科召开。以刘导生为团长的“中国青年代表团”列席了这次大会，项南亦是代表团成员之一。

在会议活动之外，他们还参加了丰富多彩的访问和观摩。对于首次出国的项南，这里是普希金、高尔基的故乡，也是他久已向往的保尔·柯察金、卓娅和舒拉的故乡，所见所闻，一切都感到很新鲜。

3月14日，代表团飞抵莫斯科。汽车载着他们驶过红色的克里姆林宫城墙，驶过高尔基大街上的普希金塑像。项南当晚在日记中写道：“这一切景象，对我这个初到莫斯科的客人说来，是感到多么亲切啊！十几年前，当我听到、谈到苏联的情况时，曾经引起过许多幻想，比方说，能到莫斯科去一趟就好了。但那时只能是想想。现在，幻想已经成了现实……”

3月19日，苏联的共青团代表大会在克里姆林宫举行。项南看到，马林科夫、莫洛托夫、赫鲁晓夫、布尔加宁和德罗希洛夫走上主席台，会议在掌声和“乌拉”的欢呼声中开幕。苏斯洛夫代表苏共中央致祝词后，谢列平作团中央工作报告。报告中的批评与自我批评精神，令项南印象深刻。当天下午各地代表进行讨论，项南又一次感受到了他们的批评精神。项南在《访苏日记》中写道：“他们批评了自己工作中的缺点和错误，同时还严格地批评了团中央书记处。在这样的大会上，如此尖锐地揭露错误，特别是对领导人提名指姓，毫不躲躲闪闪，可以看出代表们的原则性和成熟程度。”

在接下来的讨论中，代表们继续对政府各部门展开尖锐的批评。项南说："他们真正把代表大会变成揭露错误和缺点的广阔舞台，而且把它看作是忠于自己祖国的表现，看作是高度自觉的表现。""批评尽管严厉，却没有任何意气用事和非原则问题的争论，主要是批评团在提高劳动生产率的做法上还存在官僚主义，在培养先进人物、支持青年首创精神上注意不够，以及思想工作和组织工作上的缺点。这种原则性的批评，真正成了推动工作的动力。"

勤于动笔的项南，还"客串"记者，向国内发来"莫斯科航讯"《克里姆林宫青年共产主义者的聚会》，介绍大会的盛况。

会议之余，项南他们还进行了一系列活动：谒列宁墓、参观列宁纪念馆、克里姆林宫教堂和武器博物馆、斯大林汽车工厂、天文科学教育馆、看立体电影，他们还登上了"阿芙乐尔"巡洋舰。此外还参观俄罗斯油画馆、观赏乌兰诺娃主演的芭蕾舞剧《罗密欧与朱丽叶》、普希金的歌剧《叶甫盖尔·奥涅金》、柴可夫斯基的芭蕾舞剧《天鹅湖》和歌剧《阿依达》、话剧《春水》等。这些活动，使年轻的项南感到这个世界是如此神奇、美好。

中国青年代表团于4月7日返回北京。项南回到上海后，根据苏联之行的见闻，写出《学习苏联青年团对缺点不调和的精神》。稍后，他还将在苏联期间写的日记稍加整理，冠以《访苏日记》的题目，交给《青年报》连载多日。

这是项南第一次走出国门。对苏联的访问，给项南留下了很深的印象。对这个世界上第一个社会主义国家，项南充满了敬仰之情。他的文章、日记和演讲发言在报刊发表后，作了修改补充，由中国青年出版社出版了单行本《访苏日记》，发行了2万册。十分难得的是，项南在赞赏苏联的社会主义建设成就的同时，也敏锐地发现了他们在经济建设方面存在的问题。他在文中举例说："百货商店里一般人民的日用必需品很便宜，棉布、药品、书籍特别便宜，但一件较好的衬衫，却要200多卢布。如果以物换物，那么30多件衬衫，就可以换一辆小汽车了。这种折算不大恰当，但也可以看出苏联的某些轻工业品较贵，而有些重工业产品却如此地便宜。"

1957年上半年，上级指定项南以团长身份率领中国青年代表团赴日本访问。出发前，项南突然想起当年廖公在香港码头轮船上“再见”的遐想，专程来到廖承志家，高兴地说：“廖公，真没想到我们在北京的‘廖公馆’再见！”

他们兴奋地回忆当年的趣闻后，项南特地向这位“日本通”请教注意事项。廖承志像在香港时那样为他“面授机宜”，就连生活上应该注意的细节都考虑到了。他对项南说，我国现在同日本还没有建立外交关系，你们到日本要热情友好，为两国关系正常化多做工作。

日本战争狂人当年侵略中国与东南亚各国，罪恶滔天。但战争也给日本人民留下惨不忍睹的灾难。中国青年代表团来到广岛，参观了陈列馆和医院，慰问原子弹受害者。在国际和平医院里，项南亲眼看到许多小孩，生下来就是畸形的，这种与生俱来的苦难，将伴随他们一生！对这些战争受害者的悲惨命运，项南充满悲悯与同情。当时日本正处于战后困难时期，但是日本人民为恢复经济所作的努力使项南印象深刻。

作为一个有心人，项南20世纪50年代的国外访问给他的最大收获，就是开阔了视野。这对他的思想解放，能够以开阔的思路分析、研究问题不无裨益，亦是难得的学习机会。

1954年9月，第一届全国人大一次会议在北京举行。作为安徽省选出的全国人大代表，项南出席了这次会议。会议前后，项南结识了其他一些代表，从他们那里获益良多，意外收获令人欣喜异常。

说来有趣，项南虽是党务工作者，但他与文化人却很有缘分。此次会议期间，他结识了同为安徽代表赵朴初先生。赵朴初是著名社会活动家，又是佛教居士，在书法、诗词方面造诣深厚，他对项南这个年轻干部留下了良好的印象：“意态惊英发，言辞喜真挚”，两人从此开始了漫长的“君子之交”。

人大会议闭幕后，项南在南返的列车上，又结识了著名报人徐铸成先生。30多年后，徐铸成还写诗回忆此次相识。事实上，与其说项南与文化人有某种缘分，有亲和力，不如说他尊重文化，为人坦率真诚、谦逊好学，这自然会使他与文化人在思想上产生共鸣，找到共同语言。

这是新中国的纯真年代，项南感觉一切都像清晨的露珠一般清新。著

◇1955年，项南夫妇与父母在北京

名爱国侨领陈嘉庚先生经历的一件事，使他更相信自己的感觉。在此次全国人大会议期间，项南见到了仰慕已久的陈嘉庚先生，并与其秘书李铁民结识。

李铁民与项南交谈时说，陈嘉庚先生感叹中共办事效率真高。他谈了这样一件事：新中国成立后，陈嘉庚由海外回到故乡福建，他是从南平码头上船去福州的。在南平码头所见的情形使他很失望：满地甘蔗渣、花生壳和烟头等垃圾，讲究卫生的陈嘉庚对此很不满。抵达福州之后，陈嘉庚直接给毛泽东主席发了一封电报，说南平码头环境脏乱，臭气冲天，希望中共当局能够注意。发完电报，他也并不抱太大期望，因为新中国成立之初，百废待兴，毛泽东主席公务繁忙，未必会顾及如此细微小事。

陈老先生没有想到，日理万机的毛泽东，看完这份爱国老人发来的电报，立即批转给福建省主席张鼎丞。张鼎丞不敢迟疑，马上指示南平市迅速解决问题。数日之后，陈嘉庚由福州乘船再到南平码头，亲眼看见环境变得十分整洁。这件事使陈嘉庚老人激动得彻夜难眠。他逢人便说：“从一滴水可以看到太阳，共产党办事效率高，新中国有希望啊！”

一件细微小事，却使陈嘉庚先生有如此重要的发现。项南从中颇受启发。近30年后，项南受命主政福建之际，曾数次讲到这件事情。他以此为例，提醒自己和各级官员不要忽视细微小事，应该讲效率，办实事。

“春风得意马蹄疾，一日看尽长安花”。1955年2月，又是初春，项南奉调进京，担任青年团中央宣传部部长，这一年，项南37岁。而担任团中央第一书记的胡耀邦，也只有40岁。这是项南人生途程上的一个里程碑。

胡耀邦走马上任后，立即主持召开了青年团一届三中全会。毛泽东亲自到会讲话，向青年团提出了两个问题。一是党委如何领导青年团，二是青年团如何工作。这两个问题，引起耀邦和青年团各级领导干部的思考。项南认真学习，交了一份满分的答卷，在团内评价颇高。

那时的团中央领导层年轻而又充满活力。一向重视宣传工作的胡耀邦，对于团中央宣传部长的人选十分看重。项南也确实不负胡耀邦的期望，到任之后，很快就胜任了这项工作。

胡耀邦作风民主，平易近人，项南的心情十分舒畅。他参与了那一时期团中央所有重要文件的起草与各项方针政策的讨论与制定。胡耀邦到全国各地考察，身边总有项南的身影。

项南平时话不多，但一开口就风趣幽默，让同志们感觉十分亲切。他常常到机关、厂矿作报告，也经常亲手撰写文章。他鼓励青年在生产建设上应发挥突击作用，同官僚主义和歪风邪气作斗争，同时又十分关心青年的健康成长，引导青年树立远大理想和正确的人生观。针对当时男女老少穿一样的蓝色服装而被外国人讥讽为“蓝蚂蚁”的现象，他提议成立服装改进委员会，提倡青年团员带头穿“花衣服”。

在胡耀邦的支持下，项南把发动青年“向科学进军”运动开展得有声有色。由团中央参与创办、周恩来总理题写刊名的《知识就是力量》，成为全国青少年最喜爱的科普杂志。团中央还组织团员青年走访华罗庚、李四光、竺可桢等一批科学家，号召青年向科学家学习。为了鼓励青年进行文学创作，在项南主导下，团中央与中国作家协会共同召开了全国青年文学创作者会议，为培养青年作家，作出可贵的贡献。

具有超前意识的项南，早就关注知识产权。在他力促下，并经文化部党组肯定，中国青年出版社在出版瑞士作家伏尼契的长篇小说《牛虻》后，通过国际书店向作者一次性付给稿酬5000美元，在国际文坛传为佳话。

在轰轰烈烈的扫除文盲运动中，团中央作出决定，要求依靠3000多万识字青年，扫除农村7000万青年文盲。项南认真贯彻团中央的决定，每年采用青年扫盲队、记工学习班、冬学等形式，发动团员和青年积极分子当小先生，由各地编写扫盲课本，使团中央所抓的扫盲运动实实在在有较大的进展。毛泽东在《中国农村的社会主义高潮》一书的按语中，肯定了山东省莒南县高家柳沟村团支部扫盲工作的经验。这个典型就是由项南落实树立的，胡耀邦向毛泽东报告后，得到毛泽东的高度评价，并推向全国。

第六章　金风送爽

1. 项南当选党的八大代表，聆听毛泽东主席的开幕词。团的三大项南出任团中央书记处书记。

时值初秋，神州大地金风送爽，天高云淡，蝉声四起，蝈蝈儿也爬上高枝，纵声欢唱。空气中飘拂着一股淡淡的草香和泥土的香味。太阳晒在身上还有点热，但带给人们暖烘烘舒服的感觉。在首都北京，红旗飘飘，菊花盛开，彩色的气球腾空飞旋，迎来又一个值得庆贺的日子。1956年9月15日，中国共产党第八次全国代表大会在全国政协礼堂隆重开幕。年轻有为、意气风发的项南，当选为八大代表，出席了这次具有重要历史意义的会议。

在热烈的掌声中，毛泽东操着浓重的湖南腔调，宣布八大开幕，并致开幕词。毛主席开宗明义指出："我们这次大会的任务是：总结从七次大会以来的经验，团结全党，团结国内外一切可能团结的力量，为建设一个伟大的社会主义的中国而奋斗。"为了迎接即将到来的全面经济建设的高潮，毛泽东向全党发出了"必须善于学习"的号召。

项南注意到，毛主席的开幕词，总共不到3000字，他数了一下，掌声高达32次之多。整个会场充满了热烈、激动的气氛。人们普遍感受到，中国历史上一个新的和平建设时期已经到来。在这次大会上，党中央对当时国内的主要矛盾作出了正确的分析，确定了比较符合中国实际的思想路线。

八大宣告："我国无产阶级同资产阶级之间的矛盾基本解决，几千年的剥削制度已基本结束；现在我国国内的主要矛盾，已经是人民对于先进的工业国的要求同落后的农业国的现实之间的矛盾，已经是人民对于经济文化迅速发展的需要同当前经济文化不能满足人民需要状况之间的矛盾。”邓小平代表中央所作的报告，有很大一部分强调发扬民主，提出了许多富有创造精神的方针和设想。胡耀邦在大会上作了题为《把我国青年引向最伟大的目标》的发言，给全国青年莫大鼓舞。

作为团中央宣传部部长的项南，在代表分组讨论会上积极建言，他觉得八大把党内外各方面工作思路拓宽了，对青年团的工作具有积极的指导意义。我们各级团组织要迅速贯彻宣传八大精神，为把一个落后的农业国建设成为先进的工业国作出贡献。

八大结束之后，胡耀邦和青年团中央书记处立即动员广大团员青年学习八大报告，并联系青年团的工作实际，讨论如何更有成效地开展工作。胡耀邦同时提出，青年团的“三大”也将在明年春天召开，目前就要开始积极筹备。为了开好“三大”，希望大家根据党的八大精神，联系青年团的工作实际，提出一些具体的改进意见，使我们的团组织更好地发挥作用。

在八大精神鼓舞下，青年团内迅速掀起一股改革之风，各地团干部们也纷纷议论改革，探讨如何使工作更有活力，更好地促进发展社会生产力。胡耀邦要求团中央办公厅负责人梁步庭和项南负责搜集这方面的议论，总结出一些思路来。因为工作关系，项南和梁步庭接触较多，也很谈得来，两人思想都很活跃，都感到确实有必要以创新精神，使青年团工作更加积极主动。

“青年团不能躺在党的怀抱里”，“青年团应该有自己的独立活动”，毛泽东主席的这些话语，总是萦绕在胡耀邦和团中央书记处书记们脑海里。他们觉得，这是党的领导人对青年团工作委婉的批评，不发现自身问题、找出差距，团的工作就有可能落后于形势，也就不可能更好地贯彻党的八大路线。

富有创新精神的项南，绝不满足于“当一天和尚撞一天钟”。从安徽到华东团委，直至到团中央工作，他都有意识地研究问题。他这些年在工作中，也确实发现了若干需要改进的问题。他深深意识到，青年团倘若不具有先进性、不能独立自强，就不可能更好地发挥作用。在与书记处书记交换意见时，他坦率地表达了自己的主张：青年团要管好全国12万团的干部；团员缴纳的团费，要留一部分给团委开展活动；青年团要照顾青年的特点开展独立的活动；要办好青年报刊，让青年有发表意见的地方。

在青年团“三大”筹备期间，尽管工作极为繁忙，项南仍然有意识地调查研究、做笔记，并着手撰写团的工作改进意见。经过几次修改，并按照耀邦等同志的意见作修改后，他终于完成了《十点建议》。几乎与此同时，团中央书记处的书记们也先后提出了若干改进工作的建议和意见。

同年10月下旬，根据胡耀邦的提议，青年团中央书记处召开了一次扩大会议，讨论“三大”的任务和方针。代表们围绕着开好团的“三大”，改进团的工作发表了不少好的意见和建议。

在风云变幻中，经过紧张而艰辛的筹备，1957年5月5日至25日，在北京召开了中国新民主主义青年团第三次全国代表大会。参加大会的有1493名代表。这时，中国新民主主义青年团已经成为一个拥有2300万团员的全国性的组织，有基层组织92万个。就是在这次大会上，胡耀邦当选为团中央第一书记，项南当选为团中央书记处书记。

正当团的工作顺利开展，项南颇具真知灼见的，当年在筹备团的“三大”的书记处会议上深受好评的《十点建议》，两年后居然引起轩然大波，给我们的“冠豸之子”带来灭顶之灾。

当时，党中央书记处一位书记向团中央布置了抓“右倾分子”的任务后，团中央无奈把“查右倾”作为“中心任务”，于1958年6月2日召开了团的三届三中全会。分为两个阶段：第一阶段交流“大跃进”以来团的工作经验，讨论当前的工作，指出今后的主要任务；第二阶段，突然转向讨论党对团的工作的绝对领导问题，实际上是转向了对项南的批判。

如同晴天霹雳，震得人们昏头转向。项南起草发往全国各级青年团组织的《十点建议》，时隔两年后，被批判成“反党反社会主义右倾机会主义的青年运动纲领”，是向党要“人权、财权、活动权和发言权”，是“提倡群众化、民主化和自由化”的大毒草。人们都为项南“捏把汗”！

也许是主持者无心主持，开会者无心开会，出了一个怪事：本来只需7天就能开完的全会，竟然整整开了73天。会议最后作出了《关于项南错误的决议》。宣布了处分决定：撤销项南党内外一切职务，留党察看两年。与他一起受批判的还有团中央书记处书记梁步庭，也受到了警告处分并被撤销团中央书记处书记职务。

那段日子是项南一生中最艰难的时刻。他出身红色家庭，青年时代入了党，对党忠心耿耿，从来没有想到自己会成为“右倾分子”，怎么会走上“反党反社会主义”的路上去呢？

2. 两年前颇受赞扬的《十点建议》，两年后竟成了“反党反社会主义右倾分子”的罪证。

项南离开了团中央，被下放到北京市东郊农场参加劳动。那年的秋天，灰暗的云块，缓缓地在天上移行。阳光暗淡，天气阴冷，给人一种荒凉寥落的感觉。那天，上头通知项南去东郊农场劳动，时值1958年国庆前夕，家家户户都在准备过节。汪志馨强忍心中的悲痛，为项南打点行装，送他去东郊农场报到。她鼓励他说：“坚强起来，家里的事不用挂心，我们会做好！”

◇项南能够娴熟地操作各种农业机械。图为项南驾驶国产拖拉机参加劳动

这是一对甘苦与共、患难同当的夫妻。汪志馨与项南从战争年代一路走来，经历日伪军残酷的大“扫荡”，也经历过苏北整风那种人人过关的政治运动，不管外部环境多么艰苦，也不管受过多少委屈，项南总是乐观地安慰她，告诉她，一切都会过去的。这时，他说：“严冬很快会过去，春天转眼就到来啦！”

农场场长郑琮喝的墨汁不多，但心地善良。有一天，他从报上读到战国时期的思想家孟子的一句话："故天将降大任于斯人也，必先苦其心志，劳其筋骨，饿其体肤，空乏其身，行拂乱其所为，所以动心忍性，增益其所不能。"他特地抄下送给项南说："看来，是党在考验你，将来有'大任'给你做！"

项南笑了一笑，内心很感激场长的关心和鼓励。他本来就是冠豸山农民的儿子，很快和农工们打成一片，并成为农场领导的主心骨。在时任农场领导的郑琮和李众仆的心里，项南虽然不是上级任命的场领导，却是他们大家公认的"领导"，农场大事小事都和他商量，许多事情党委讨论时都让他参加，最后也都是照他说的办。所以大家都亲切地称他"铁项头"。

东郊农场是北京最早组建的国营农场之一。1958年又将来广营人民公社合并进东郊农场，改称和平人民公社，后来又改为中阿友好人民公社。项南刚来的时候，农场方面曾接到通知，要注意"右倾分子"项南的言行。项南来了一段时间后，大伙觉得这是一个难得的好人，这样的人怎么会是坏人呢？

1961年，又是金风送爽时节。首都北京在历经两三年"大跃进"的狂热后，好不容易迎来秋高气爽、分外宜人的凉秋天气。金水桥畔，到处飘浮着桂花的沁人心肺的芬芳。这正是："芙蓉秋水菊花黄，满目秋光桂枝香。"

这天，项南扛着锄头，正与农工们一道下田干活，望着伴随白云飞翔的一群丹顶鹤，和秋色连波的丰收田野，情不自禁地哼起唐代诗人刘禹锡名诗《秋词》：

自古逢秋悲寂寥，
我言秋日胜春朝。
晴空一鹤排云上，
便引诗情到碧霄。

项南正起劲地挥锄干活，团中央办公厅派车把项南载回机关。胡耀邦在自己办公室，泡了一壶龙井茶，同项南一边饮茶，一边亲切交谈。胡耀邦表明了自己对项南"右倾机会主义分子"一案的看法，告诉他不必去东郊农场劳动了，将调第八机械工业部工作，静候中央组织部的通知。

项南感激地说，谢谢组织的关照。

胡耀邦内疚地说，对你的批判，我明知不对，却终究没能顶住压力。这是我做的亏心事！的确，项南与梁步庭被打成“右倾分子”这件事，一直让胡耀邦内心难以平静。这两人恰恰都是他最亲近的干部，团中央起草文件主要依靠他们。梁步庭算是“软着陆”，后来撤销了处分，还留在团中央。而项南本来只是撤销职务，下放东郊农场劳动。1959年庐山会议之后，按上边的指示，对项南这些“右倾分子”加重了处分，行政降两级。这意味着工资要减少几十元，项南家庭人口多，经济负担重，降级真是雪上加霜，项南也“难”上加“难”了。

难能可贵的是，在批判《十点建议》的时候，项南承担了全部责任，没有任何推诿，其实也是为团中央书记处承担了责任。在以后很长的一段时间里，胡耀邦都努力想办法为项南平反。但这些努力随着八届十中全会重提阶级斗争和批判彭德怀，“翻案”事件因而化为泡影。

但是，胡耀邦还是抓住了一个机会。1961年7月19日，中共中央发出《关于自然科学工作中若干政策问题的指示报告》，要求对几年来批判错了的知识分子进行甄别平反。这一批示和同年9月中央统战部、组织部、宣传部共同召开的第一次全国改造右派分子工作会议传达出的信息，使胡耀邦觉得有可能解决项南的工作问题。

胡耀邦知道，让项南再回团中央工作是不可能了，项南自己也一定不愿意再回团中央工作。但是哪个部委能接收项南呢？他想到了八机部部长陈正人，这是一位实事求是、爱护干部的老领导。陈正人当年参与创建井冈山革命根据地，连毛泽东都亲切地称他为“老战友”。一次在中南海开会，胡耀邦找到陈正人，向他介绍了项南以及他父亲项与年的情况。陈正人十分感动，满口答应。他对胡耀邦说，让项南到农机学院去当院长。

胡耀邦摇摇头。他对陈正人说，把项南放在农机学院有点可惜，项南是个难得的人才，是个笔杆子，你把他放在自己身边会更好。

陈正人一锤定音：那好，就让他到部办公厅当副主任，发挥他的笔杆子特长吧！

不久，项南接到中央组织部打来的电话，要他到第八机械工业部找陈正人部长报到。项南急忙找到场长郑琮，请郑琮开摩托车送他去八机部。

场长驾车到八机部后，在外头静静地等候，他知道谈的时间越长，对项南的事情越有利。结果，项南和陈正人部长足足谈了两个多小时才出来。一看项南满脸喜色，郑琮知道一定是好事。没等郑琮开口，项南对他说，走，我请你下馆子！那年头，下馆子吃饭是一件很奢侈的事情，此时正是困难时期，大街上行走的人们大都面有土色。两人交往几年了，一向节俭的项南第一次，请郑琮到大街上饭馆吃饭。

两人一落座，项南就对郑琮说，组织上给我重新安排工作了，到八机部办公厅工作，陈部长跟我谈了很多。你知道吗？陈正人部长可不简单呢，他是老资格，井冈山时期的老革命，当过江西省苏维埃主席。

郑琮高兴地说："看来，孟子说得很准，老天要'降大任'给你啦！"

项南笑笑说："反正是为人民服务。"

让项南这么"著名"的"右倾分子"去八机部工作，而且一去就在部机关担任办公厅副主任，不能不佩服陈正人的胆识。从那个时代过来的人都知道，这样做在政治上有很大风险。那时候人们对"右倾分子"唯恐避之不及，哪有几个像陈正人这样的部长，敢要一个"右倾分子"到身边工作呢？

只有项南心知肚明，向陈正人推荐项南的正是胡耀邦这"大手笔"！

项南在中南海早听说过，八机部是毛泽东"钦定"的一个非常部，原称农业机械工业部，成立于1959年。国务院序列里原来并没有农机工业部。1959年4月29日，毛泽东以《党内通信》的形式，发表了一封致省、地、县、社、队，直至生产小队一级的信，毛泽东在信中提出了"农业的根本出路在于机械化"，称"要有十年时间。四年以内小解决，七年以内中解决，十年以内大解决"。同年8月，在庐山召开的中共八届八中全会上，确定以农轻重为序安排国民经济计划。毛泽东主席再次提出要成立农业机械工业部。毛泽东甚至说，如果找不到部长，那就由他来当这个部的部长。当时，这在中南海成为重要新闻。时任中共中央农村工作部副部长的陈正人，主动请缨去组建农机工业部。1965年，该部又改称为第八机械工业部。

来自闽西农村的项南，深知农民肩挑腰弯的艰辛，对农业机械化早就心领神会。项南在团中央工作期间，与胡耀邦先后参观考察过长春中国第一汽车制造厂、鞍山钢铁厂、富拉尔基机械制造厂、洛阳拖拉机制造厂、洛阳矿山机器厂、克拉玛依油田、兰州炼油厂等大型国营企业，对新中国工业建设的成就感到由衷自豪。他不止一次萌生过投身于祖国工业建设的想法。

到八机部之后，项南带着理想的激情与甘当小学生的谦虚态度，认真刻苦学习和钻研农业机械问题。他还利用工作之便，向所接触的许多农业机械专家请教，很快就由外行变成了内行。

陈正人部长是一位工作经验丰富、作风踏实、善于调查研究的领导，每年总会有4个月左右的时间下基层调查研究。项南一到八机部，就跟随陈正人部长下基层调研考察，熟悉中国农机工业的状况，掌握了大量的第一手材料，很快成为陈正人部长的得力助手。

在陈正人部长的鼓励下，项南到任不到一年，就于1962年9月在党的八届十中全会上，根据会议精神，联系实际，撰写了一篇很有分量的文章《农机科研工作要走在农业机械化的前面》。这篇文章受到多方关注和好评，受到中央领导同志的重视。项南也从此开始了在中国农机政策方面孜孜不倦的研究与探索。

几个月之后，他又在《人民日报》上发表了更有分量的长文《农业机械化的若干问题》。这篇文章从“农业集体化和农业机械化”“道路和方法”“要求和步骤”“经济资源和技术政策”“科学研究和技术队伍”等12个方面，对中国实现农业机械化所面临的问题以及应有的对策等做了详细阐述。

项南在文章中谈道：“要注意引进外国农机产品，收集最新的科学情报，利用各国有用的经验。”在这篇长文的最后部分，项南描绘了一幅中国实现农业机械化的理想蓝图：

“农业机械化所需要的是一种新人，他不但要能熟练地掌握现代技术，而且要具有新的道德品质，全身浸透集体主义精神。需要多少这样的人呢？我们如果从设计、科学研究、制造、使用管理，以及为它服务的供销、运输、基本建设一直到培养这些人才的学校通通设想一下，就大致可以知道需要多少科学家、工程师、技术员、制造工人、拖拉机手、管理人员和学校教师了。这个数目何止几十万、几百万。可以说，机械化，就是要把我国几亿农民都变成有社会主义觉悟的有文化的劳动者。这是世界上一支最大的现代化的农业大军，也是技术改革所引起的又一次深刻的革命。”

毛泽东十分关注农业机械化问题。这篇文章引起了他的关注，也给党内许多关心农业和农业机械化问题的领导人留下了深刻印象。许多年以后，华国锋、胡耀邦在与项南谈话时都提到过这篇文章。

项南到八机部工作一年多之后，爱才重才的陈正人部长就任命项南为八机部农机局局长，直接负责农机工业的生产与管理。

在八机部工作的四年多时间里，项南对农机事业倾注了满腔热情，他与八机部的领导们一起，每年花三分之一的时间下基层调研，孜孜不倦地探索我国农业机械化的前进方向与应该遵循的科学规律。

项南虚心向专家、学者和农机技术工人学习，对农业机械问题产生了深厚的兴趣。他在借鉴国外农机化经验和深入调查研究的基础上，对我国农业机械化问题作了系统的论述。

1963年到1964年间，项南用五个月时间，深入中南、华北和东北农村，对九个省市区的农业机械化问题进行实地考察。他还下功夫，对广东省南海县、湖北省新洲县、辽宁省阜新县的农业机械化先进典型经验进行总结。返回北京后，项南将调研中掌握的第一手材料加以整理和提炼，写成上万字的考察报告。周恩来总理读完这篇报告曾对项南提出的观点表示赞许。

项南在报告中，对于中国农业机械化道路作了探讨，提出可行性的建议。他认为，中国不像苏联、美国有大片荒地可以开发，也不能实行粗放经营。中国没有英国、西德那样高的工业水平，很难使用大量的化肥和机械。他感到日本的经验，看来与我国比较接近的只有长江、珠江三角洲等滨湖地区。就整体而言，世界上没有一个国家的经验适用于我国。因此，项南建议，我们在吸取国外有用经验的同时，必须走出一条自己的农业机械化的路子。项南这一系列意见和主张，显示他的钻研精神和洞察力，经实践证明很有创造性，为中国农业机械化决策提供可行性的参考作用。

项南在深入各地考察农业机械的生产与使用情况后，撰写了《谈稳产高产和农业机械化》《再谈稳产高产和农业机械化》《农业机械化问题考察报告》，分别发表在《人民日报》和《中国农业机械》杂志上，对指导中国农机事业的发展，起到了积极作用。

饶有兴趣的是，项南的思维变幻莫测，他从实际出发，小处着手，又从微观角度突破，闯开一条发展新路。1962年9月，他撰写了一份调查报告《农村手推车见闻》。在当时的农村，一辆小小的手推车就能解决很大的生产问题，推动着中国农业机械滚滚向前。

项南在陈正人部长的支持下，对“小”字进行全面解剖。根据项南的调查，在当时的农村生产中，差不多劳动力的40%都用在运输上。可是，相当广泛的区域却还在使用已经沿用了2000多年的木轮推车，有的依然靠肩挑搬运。即使有了少量的胶轮推车，却又因为没有了解农民的生产习惯，不能适销对路。为此，项南的调研文章从“农村迫切需要运输工具”“农民喜爱手推胶轮车”“农民喜爱什么样的胶轮车”“农民对手推胶轮车的意见”四个方面提出了对手推胶轮车的生产销售各个环节进行改进的意见，受到了生产厂家和广大农民的欢迎。

陈正人和项南这一代中国农机事业的开拓者，他们主导的中国农业机械化事业，正是从这样小小的手推胶轮车开始起步，推向大有希望的广阔前景。

时间在不知不觉中，又过去了三个年头。项南在八机部的工作，搞得有声有色，颇受领导和同志们的赞扬。1964年，项南跟陈正人到中国拖拉机第一制造厂“蹲点”，参加社会主义教育（简称“社教”）运动。毛泽东指示，蹲点，解剖麻雀，是一种很重要的领导方法。领导干部必须有选择、有计划地继续蹲点，深入基层，深入群众，在运动和斗争中，取得比较系统的经验。

这次“蹲点”时间长达一年，不是一般的调查研究，而是一次真正深入工人群众的劳动实践。他们拜工人、技术人员为师，边劳动边学技术，既学手艺又学管理。

这次“蹲点”非同寻常，下的是真功夫。项南与陈正人部长等将办公场所从北京转到洛阳。他们住在工厂简陋的宿舍里，一日三餐与工人一起排队吃大食堂，每天和工人一样按时上下班，从不搞特殊化，受到了洛阳拖拉机制造厂工人的高度评价。

1964年12月4日，陈正人嘱咐项南起草给中央的报告，汇报了“蹲点”的收获和体会。1965年1月29日，毛泽东肯定了陈正人这种深入工人群众参加生产劳动实践的做法，并在这个报告上作了指示：“如果管理人员不到车间小组搞‘三同’，拜老师学一门至几门手艺，那就一辈子会同工人阶级处于尖锐的斗争状态中，最后也必然要被工人阶级把他们当作资产阶级打倒。不学会技术，长期当外行，管理也搞不好，以其昏昏，使人昭昭，是不行的。”（引自《项南画传》，人民出版社2014年版，第118页）

毛主席的批示，是很令人鼓舞的。“蹲点”一年，使项南对大型农业机械装备制造业的生产管理有了进一步的认识。1965年1月4日，第三届全国人大第一次会议通过决议，将农业机械工业部改名为第八机械工业部。无论部委的名称怎么改变，在项南的心里，农业机械化的前景都充满了希望和光明。

项南知道，中国是个农业大国，农业、农村、农民的情况如何，一直牵动着中央领导的心。新中国成立之后，如何解决这个拥有世界上最多农业人口的国家几亿民众的吃饭穿衣，是毛泽东和中国共产党人苦苦思索与探求的问题。

当时，凡是有关农业的活动，中央领导都很关心。1950年5月，为了尽快恢复被战争破坏的农村生产力，中共中央和政务院在中南海举行了一个为期50天的新式农具展览会，党政军领导都去参观。

其实，举国上下都十分关注我们农机化进程。人们记忆犹新，那一年《人民画报》8月号上的封面人物，是两位女拖拉机手的照片。其中一位女拖拉机手梁军，后来成为家喻户晓的人物。她英姿飒爽地驾驶拖拉机行进在田野中的形象被印成日历和年画，成为那个年代的标志性人物。这些足以说明新中国领导人和亿万民众对于改良农机具、逐步实行农业机械化是多么关注和重视。

年富力强的项南，思绪极为活跃。他少年时接受陶行知的教育思想，青年时有实业报国的理想，参加革命后项南又对列宁的共产主义就是“苏维埃政权加电气化”的论述深信不疑。两次去苏联访问归来，项南都热情洋溢地向中国青年介绍莫斯科红场以及苏联的工业建设和集体农庄农业机械化的情况，鼓励青年投身于农村建设的伟大事业。

博览群书的项南对苏联农机文学很感兴趣。1955年，青年翻译家草婴将苏联女作家尼古拉耶娃的小说《拖拉机站站长和总农艺师》翻译成中文。在胡耀邦和项南的支持下，这部小说首先在发行量达300万份的《中国青年》杂志上连载，后来又由中国青年出版社出版，第一版就发行了124万册，打破了中国当代翻译小说印数的纪录。小说的主人公娜斯佳也成为一代青年们学习的榜样。项南刚到八机部时，开口不离“娜斯佳”。他说，这个文学形象在他脑海里留下了深刻的印象。

难得的机遇，增进了项南的农机情感。到八机部工作的5年时间里，项南深入大江南北十几个省区进行调研，阅读了大量关于农业机械化方面的理论书籍和国际农机工业的情报资料。在陈正人部长的支持下，项南对中国农机工业走什么样的道路进行了积极的探索，而且取得初步的丰硕成果。

1963年，项南到湖北进行调研，从省委领导同志那里知道了新洲县大力发展农业机械化获得棉花大丰收的消息。于是专程赶往新洲，在那里进行了一段时间的调查研究，发现了新洲刘集公社这个农业机械化的典型，总结出了著名的“新洲经验”，并亲自撰写总结文章，刊登在《人民日报》上。

才华横溢而又机敏灵感的项南，为新洲大搞农业机械化总结了两条经验：一是他们摸索出一条在人多地少的地方如何实现机械化的具体道路。具体说，就是坚持机械化和半机械化并举的方针，以动力为纲，从排灌入手，实行综合利用，发展农副产品加工，脱粒机械化和植物保护机械化，同时逐步发展耕作、运输机械化。这和我们一些人少地多的地方要从耕作、运输机械化入手，是一个很大的不同。二是他们实现机械化，不是依赖国家，而是主要依靠自力更生，依靠集体经济力量，充分发掘人民公社、生产队内部的潜力，也就是毛泽东阐述的“内因”论。

通过项南的妙笔生花，他总结的“新洲经验”，使湖北新洲县刘集公社成为像大寨一样的先进典型，极大地鼓舞了湖北省发展农业机械化的积极性，他们开始在全省推广“新洲经验”，刘集公社也成为全国农业机械化的一面红旗，在神州大地上飘扬。

3. 项南调农机部门工作后，接连推出农业机械化问题的报告。项南40岁蒙冤，花甲平反。

这年新春，从中南海传来令项南异常兴奋的消息。1966年2月5日，正是立春后的第一天，湖北省委向中央报告了关于逐步实现农业机械化的设想，引起毛泽东的高度重视，并在这份报告上作了批示：

任重同志：

此件看了，觉得很好。请送少奇同志，请他酌定，是否可以发给各省、市、区党委研究。农业机械化的问题，各省、市、区应当在自力更生的基础上做出一个五年、七年、十年的计划，从少数试点，逐步扩大，用二十五年时间，基本上实现农业机械化。至于二十五年以后，那是无止境的，那时提法也不同了，大概是：在过去二十五年的基础上再作一个二十五年的计划吧。目前是抓紧从今年起的十五年。已经过去十年了，这十年我们抓得不大好。

毛泽东

一九六六年二月十九日

（引自《项南画传》，人民出版社2014年版，第121页。）

毛泽东在批示中，展示了他的农机宏图。按照毛泽东的这个时间表，中国要在1980年基本实现农业机械化。

这年新春，为了贯彻毛泽东的这一批示，八机部召开了全国农业机械管理计划会议，讨论《农业机械化“三五”规划要点》，项南在会上作了《用毛泽东思想作指针，破除洋框框，走自己的路》的专题发言，全面论述了实现农业机械化的设想。项南在报告中指出："对于如何实现我国农业机械化问题，毛主席有很完整很系统的论述。最近我们把主席对这方面的直接指示和间接批示汇集起来就有40条之多。"

根据毛泽东的讲话和指示精神，项南在这个发言中大胆而审慎地提出了关于实现农业机械化的速度与程度的设想。他说，从全国各省区来看，前5年，是否可以这样设想，一方面抓紧农机工业建设，一方面在长江、珠江三角洲和京沪地区基本实现机械化；7年内在湖北、广东、江苏、东北三省、新疆等省区实现机械化；10年内在大多数省区争取基本实现机械化；一部分省区在15年内基本实现机械化。

那时候，无论是项南还是其他党内高级干部，都对毛泽东提出的1980年实现农业机械化的目标深信不疑。在当时看来，这并非一个遥不可及的乌托邦式的空想，它有10年的农机工业建设与积累为坚实基础，是一定可以实现的。

迎着明媚的春光，项南心中十分自信，他憧憬的农机化前景，似乎很快就会在脚下踩着的大地上实现了。"吹面不寒杨柳风"，不错的，春风就像年幼时母亲的手抚摸着自己的脸颊。他仿佛看到了一长串的康拜因拖拉机在前进，风里带来新翻的泥土的气息，混合着青草味，还有各种花卉的芬芳。鸟儿将巢安在繁花嫩叶当中，呼朋引伴地卖弄清脆的喉咙，唱出婉转的曲子，跟春风流水应和着。大草山上骑在牛背上牧人的短笛，这时也在嘹亮地吹奏着客家山歌调儿。但他们成群放牧的已不是以往犁田的耕牛，而是专供冠豸山美食家们烹调"全牛宴"和"涮九门头"盛餐的菜牛，这是我们闽西老家最美的农家菜啊！

那天上班，项南还沉浸在"耕牛更名为菜牛"美丽的遐想中，他走进部长办公室，把一份新的调研报告递给陈正人审阅，突然说："正人同志，待到耕牛更名为菜牛，我们的农业机械化，该化到什么程度啦？"

陈正人一怔："你这个铁项头，又在做什么美梦，说什么梦话呀！"

"噢！"项南这才清醒过来，笑了一笑，把一份新的农机工作调研报告递给部长审阅，推开窗户，自言自语地说："自古道，春色撩人，爱花风如扇，柳烟成阵……”说着，他回到自己办公桌上，又埋头在一堆公文中。

但是，项南农机化的美梦，在“文化大革命”的狂潮中，被打进了十八层地狱。“五一六通知”发出了“横扫一切牛鬼蛇神”的号令，神州大地陷入灾难的濒临崩溃的边沿。似于韩愈诗云：“犹疑在波涛，怵惕梦成魇。”

在“炮打司令部”的隆隆炮声中，八机部大院贴出许多大字报，重点是批判部长陈正人，同时扯出分管农业的副总理谭震林。项南身为农业局局长，并不是八机部的重要“当权派”，但是名字也在其中，这点他并不奇怪，因为还有另几位厅局级干部被点名。有点出乎他意料的是，离开数年的团中央机关大院，居然也贴出了他的大字报。

这是怎么回事呢？按说，项南调出团中央已经八年多，早已是个“死老虎”了，难道还逃不出厄运？原来事出有因：团中央的造反派本来集中批斗当权派“三胡一王”（即胡耀邦、胡克实、胡启立、王伟），岂料一位老资格的团中央书记在批斗会上检讨时，说了一句“聪明话”：“如果说我工作中有错的话，最大的错误就是对项南问题的严重性认识不足，批判不力。”

一石激起千层浪，这话果然激起造反派的愤怒，他们立即行动起来。团中央大院铺天盖地的大字报中，很快出现了“打倒项南！”“把走资派项南揪回来批斗！”等标语和大字报。项南的几个孩子小白、小蓝、小绿经常和小伙伴在团中央大院玩，也常常在人群中看热闹，现在却忽然看到要将父亲揪回来批斗的大字报，不禁惊慌失措跑回家：“爸爸要挨批斗了……”

项南在“文化大革命”中遭受残酷的批斗和迫害后，被下放黑龙江和河南“五七干校”劳动。1970年年底的一天，严冬似乎到达“尾声”了，“五七干校”一位军代表突然通知他回北京，说是要给他重新安排工作。即使是在“文化大革命”中，毛泽东也没有放弃尽快在中国实现农业机械化的念头。在这种情况下，总得有懂专业的领导干部来负责实施。

1971年开春，首都还看不到绽开的迎春花，但气候稍为暖和了一些。项南一到北京，就有人找到他谈了工作安排问题。最初得到的消息是，到大西北出任宝成铁路建设指挥部副总指挥。项南对铁路建设一无所知，但组织的安排他只能服从。正当他打点行装准备赴任时，情况又有变化。他被留在北京，仍然回到农机战线，被任命为一机部农机化领导小组组长。敏感的

"铁项头"这时仿佛看到了农机化露头的新春曙光，内心浮动着谨慎的乐观，似乎又有了一丝的希望。

从1966年到1978年，中共中央和国务院，先后三次召开了全国农业机械化会议。项南参加了这三次会议，也是会议文件的主要起草人之一。

早在"文化大革命"前，项南就与当时分管农业的湖南省委书记处书记华国锋有过接触。项南的工作能力和对农机事业的见识，给华国锋留下了深刻印象。1970年秋，华国锋调任国务院业务组副组长，协助周恩来主管农业工作，他在解放领导干部的名单上看到项南的名字和拟任职务时，觉得让项南去搞铁路显然不妥。向周恩来总理汇报工作时，提出让项南重回农机口。总理立即表示同意。

转眼间又是"金风送爽"时，祖国大地都沉浸在粉碎"四人帮"的一片欢腾之中，随之而来的是紧张而忙碌的揭批"四人帮"运动。从北京的金水桥，到闽西的冠豸山，神州大地都沸腾了。欢庆的游行队伍，川流不息，老少男女，倾城而出。从礼花的纷飞中，从爆竹的脆响中，从举国上下的一片欢腾中，宣告了中国革命的一个新纪元！

"一年一度秋风劲，不似春光，胜似春光，寥廓江天万里霜。"项南这时突然又哼起毛泽东在闽西写下的《采桑子·重阳》的名诗。他想，经受锻炼的中国人民摧枯拉朽，要扫尽一切妖魔鬼怪。随之而来的将是一个社会主义的灿烂春天。从此感到春意盎然，有如置身于姹紫嫣红的百花园里。而那些祸国殃民的"四人帮"，历史无情，人民将把他们扫进时代的垃圾堆。项南越想，劲头越大，在百忙中完成的《美国农业机械化考察报告》，直到第二年初才通过一机部和农林部送呈中央有关领导。时任中共中央主席兼国务院总理华国锋、副总理李先念等领导人十分重视项南的这个考察报告，专门在中南海听取了项南的汇报。

十年"文化大革命"，积案如山。许多受迫害的老干部纷纷来北京，找中央组织部反映情况，请求解决，却受到冷漠的待遇，"门难进，脸难看，话难说"，使老干部们反映强烈。稍后，中央改组了中组部，调胡耀邦担任中央组织部部长。胡耀邦知道项南父亲远在闽西的情况。一天开会时遇到项南，便问道："为什么不把你的老父亲接到北京来照顾？"项南有口难言，只好将前组织部领导“为难”的话复述一遍。胡耀邦听罢，气愤地说：“乱弹琴！”他要项南再打一份报告，并很快在上面批示：“同意将革命老人项与年接来北京治病。”

但为时已晚，项与年病体此时已经过于虚弱。龙岩地委将他送进地区第一医院检查时发现，老人患有严重肺炎，不宜远行。项南同意龙岩地委的意见，先安排老人住院治疗，待好转之后再护送到北京。奈何项与年病情日重，终因肺部衰竭于1978年10月2日在龙岩去世，享年82岁。

噩耗传到北京时，项南正要率团出国访问，他只得委托汪志馨代他回家乡料理丧事。获悉项与年病逝的消息，曾任项与年老领导的习仲勋亲自去邮局，发出饱含深情的千余字唁电，悼念这位坚贞不屈的老战友：

“在白色恐怖弥漫全国的险恶环境中，他穿梭于上海、南京、南昌、香港、天津、西安、北平之间，长期的地下斗争，把项与年塑造成一个机智勇敢、沉着坚定、不事张扬、不怕任何困难的共产主义战士……”

为悼念和缅怀项与年（梁明德）对革命的贡献。中共辽宁省委于1978年11月7日举行了追悼会。项南与汪志馨乘火车抵达沈阳，参加了这个追悼会。追悼会场摆放了项与年的老战友习仲勋、黄火青以及罗青长等人送的花圈。辽宁省委第一书记任仲夷出席了追悼会。他在会场上见到项南和汪志馨，有些好奇地问：“你们怎么来了？你们是怎么认识梁明德同志的？”项南说明梁明德是自己的父亲，任仲夷才恍然大悟。

具有历史意义的中共十一届三中全会召开前后，邓小平、陈云等老一辈革命家陆续回到领导岗位。经过胡耀邦等人具体落实的拨乱反正、平反冤假错案和真理标准讨论，人们的注意力开始聚焦于如何更快地发展国民经济，实现周总理在四届人大提出“四个现代化”目标。

一个历史机遇朝项南扑面而来。像他那样经受住“文化大革命”考验，年富力强而又懂业务、肯钻研的干部，此刻备受国家青睐。1979年2月，原任一机部副部长的项南，担任重新组建的农机部常务副部长、党组副书记，并当选为第五届全国人大代表。

党的十一届三中全会刚召开不久，改革、开放、搞活的重大战略方针刚刚付诸实施，项南以只争朝夕的精神，将全部精力投入到推进农机工业调整、改革、整顿、提高的艰苦工作中。当时，在计划经济的体制下，农业机械化为重要的农用生产资料，必须是公有制，农民个人是不能拥有的。当内蒙古的一些地方开始将拖拉机卖给农民时，农机部领导曾对农民个人能否购买农业机械认识也不一致。项南认为，农民拥有自用的生产资料，只有利于农业生产，而无损于公有制，因而他对农民个人购买农业机械给予坚决支持。后来国务院于1984年2月27日正式发文规定私人可买农业机械，但无论是在认识上，还是在行动上，农机行业都超前了一步，这与项南思想解放、不怕责难、敢于改革创新是分不开的。

尽管受到重用，项南仍然背着“右倾机会主义”的罪名。他相信随着历史的进步，冤案一定会获得平反。因此他并未急于要求组织为自己平反和落实政策，而是集中精力抓工作。

胡耀邦调任中央组织部部长之后，对平反历史上的冤假错案倾注心血。无论是对“薄一波等六十一人叛徒集团案”，还是“大右派”葛佩琦的冤案，他都顶着重重阻力，以“我不下油锅，谁下油锅”的大无畏气概着手平反。在中共十一届三中全会上，胡耀邦当选为中央政治局委员、中央秘书长和中纪委第三书记。对于平反冤假错案的问题，他牵肠挂肚，决心搞个彻底。

为了尽快平反项南的冤案，胡耀邦经过慎重考虑，于1978年12月25日写信给中央组织部副部长陈野苹及中组部干审局、经济局，信中写道：

> 我认为1958—1959年团中央对项南同志的处分是过大的，不恰当的，是应该撤销的。对他的处分决定，因为发给了全国，撤销时，也应相应地发下去。至于责任问题，我当时是团中央第一书记，理应负不可推卸的主要责任。应如何甄别撤销，因为时间已久，我对许多情节记不清楚了。你们办起来也一定感到棘手。我的意见是：先找到当时的决议起草人，经手人，同项南同志一起，先写出一个甄别撤销草稿，由当时团中央书记处成员和常委（我、刘西元、胡克实、王伟等人）共同写个意见，然后作出决定。此事，请你们一定抽出二、三位同志办一下（也可说是帮帮我的忙，因为这一案件办不好，我心中是很不安的）。

胡耀邦这封信显然是带着感情写的，他甚至对项南问题的甄别、平反步骤提出具体建议。接到胡耀邦的这封信，陈野苹等中央组织部负责人立即会同团中央着手处理此事。他们找到团中央当年的老同志，大家本着实事求是的精神，对项南一案进行仔细的调查、甄别，然后郑重作出平反的结论。

团中央为此特向中共中央呈上《关于为项南同志平反的报告》，党中央于1979年3月30日批复，全文如下：

共青团中央：

中央同意你们《关于为项南同志平反的报告》。一九五八年团的三届三中全会对项南同志的批判和处理都是错误的，应予平反。撤销一九五八年《关于项南错误的决议》及原处分决定，恢复其原工资级别。你们可将为项南同志平反的报告通报各省、市、自治区团委，消除影响，恢复名誉。对因项南同志问题受株连者，亦按此精神，妥善处理。

中共中央

一九七九年三月三十日

经中共中央批准，共青团中央于1979年5月14日向全国发出《共青团中央关于为项南同志平反的通报》。

颠倒的历史，终于颠倒过来了。40岁蒙冤受屈，花甲之年获得平反：长达21年的冤屈之后，历史总算给了一个公道。项南在获得平反之后，表现出难得的冷静，并无欣喜若狂之态。他对胡耀邦勇于承担责任、平反冤案的举动当然是感激的，然而作为一个成熟的革命者，他深思道：一个革命政党，能改正自身的错误固然好，但是能够有效地避免产生冤假错案岂不更好？究竟有什么办法、有什么样的机制能够避免失误，避免历史悲剧的产生呢？这显然是个需要认真对待的事情。他从心底希望，这类冤案今后再也不要发生了。

项南是典型的思想者。尽管每日工作繁忙，但他对个人命运与历史、时代关系的思索始终没有停止。1979年11月18日，项南与汪志馨看了话剧《报春花》，很有感慨，在当天日记中，他充满感情地写道：

晚上，同志馨到怀仁堂看了辽宁省话剧团李默然同志主演的《报春花》。我含着热泪看完了这出激动人心的戏。我也是戏中人之一啊！

这几十年，出现的悲剧还少吗？别人害了我，我也害了人，内心感到了沉重的谴责。我因为直言，戴了二十多年的帽子；我因为不坚决，又犯了许多错误，这是真正的时代悲剧……

严于责己，宽以待人。这就是项南风格。痛定思痛的时候，项南像鲁迅提倡的那样严格地解剖自己，不宽恕自己的“不坚决”，不为自己在“文化大革命”的围攻中说过违心的话而开脱，不因自己是时代悲剧的受难者而逍遥。尽管自己从灵魂到躯体吃了很多苦头，但他清醒地意识到：自己在这一幕时代悲剧之中，是应该负有一份责任的。

自身的遭遇，给项南两点重要启示：一是被人整实在是一种痛苦，自己在任何时候都绝对不能整人；二是对别人的冤案，一定要予以关心与同情，调查清楚之后，一定要积极促进平反昭雪。

“冠豸之子”就有冠豸山的心胸。项南对于当年曾经错误地批他、整他的人毫不计较，还与他们时有来往，对过去的事情一笑了之。项南发现，经过一场浩劫，那几位当年充当打手的同事，明显地变老了，见面时神态也不免有些尴尬。其实他们又何尝不是政治的牺牲品？在项南的日记中，项南对他们并没有仇恨和怨言，偶尔提及见到当年落井下石者，他写的无非是“某某也老了”，流露出一种对生命的悲悯和对人生的彻悟。

其实，项南这时也没有时间去计较当年冤案的恩恩怨怨。在改革开放的春风吹绿神州大地、春潮激荡的日子里，他思考更多的是中国经济体制的改革，特别是农村经济体制的变迁。在20世纪60年代初的三年困难时期，他还在东郊农场劳动，时有老乡前来谈及邓子恢回乡调研，倡导支持农民“大包干”的故事，尽管随即又受到批判，但对农村情况了如指掌的项南，对邓老的宏大气魄和故乡农民创新体制的尝试，内心是很激动和支持的。他知道实践出真知，预测农民欢迎邓老倡导的“大包干”，将来一定会在希望的田野上推广实施的。

这期间，项南还到江苏、湖北等地考察。他发现这样一个现象：农村基层干部思想开始活跃起来，都在考虑如何使农民尽快致富，但是一接触到实质问题，一些干部就顾虑重重。比如，农民拍手欢迎的“联产承包责任制”，不少干部就不敢理直气壮地推行；有人听到“包产到组”，就不寒而栗。

项南感到有必要站出来支持农村经济体制改革。他有针对性地在《人民日报》上发表文章《丰收背后还有问题》，呼吁“要解开极左这根绳索”。他写道：“超产有奖，减产受罚，奖罚分明，简便易行。把产量和责任，把责任和社员个人利益结合起来，体现了按劳分配，多劳多得的原则，有什么不好呢？有些同志明知责任制能调动社员的积极性，还是怕担风险，要‘等等看’，实际上是怕人说‘右倾’，被‘四人帮’那条极左绳索捆怕了。”

项南在这篇文章中，以实地调查获取的事例，点明极左的东西还在农村阻碍改革的进行：“有些极左的东西，至今还没有肃清……不敢推行责任制，所以有些政策总是落实不了。还有是不尊重生产队的自主权，习惯于行政命令，搞瞎指挥和‘一刀切’。对社员分配搞平均主义，吃‘大锅饭’，不承认差异，多劳不能多得，怕富，怕冒尖……”项南明确指出：“极左流毒不肃清，思想不解放，农村既‘活’不了，更‘富’不起来。”

作为农机部副部长、党组成员的项南，惜才爱才，在用人方面很有创新，在干部选拔等问题上坚持选贤用能的原则。对于那种歧视知识分子的做法，项南尽力予以纠正。由于复杂的原因，项南的诸多设想在农机部提出来的时候，并不能马上被接受，因为部里的主要负责人还有些顾虑；或是限于客观条件无法实施。这使项南多少感到遗憾，不免有壮志难酬的慨叹。

但是，项南这时没有料到，随着党的工作重心转到实现四个现代化上来的大好形势，自己的命运又将出现新的转折。一个改革开放的伟大时代正在召唤着他，党和人民将在他的肩膀上，赋予什么样的重担呢？

第七章　南下福建

1. 党的十一届三中全会后，项南肩上的担子更重了。

1980年立冬，北京瑞雪纷飞。街道、楼房、树林，全都笼罩上了一层白茫茫的厚雪。项南披上风衣，骑着自行车上班，极目远眺，整个京城，变成了一个粉妆玉砌的世界。一阵风吹来，街道旁的绿化树轻轻地摇晃着，毛茸茸亮晶晶的银条儿，簌簌落落地抖落下来，在清晨的阳光下，幻映出一道道五光十色的彩虹……

项南突然想起，小时候在冠豸山私塾里读过《幼学琼林》上有这样一句话："雪花飞六出，先兆丰年；日上已三竿，乃云时晏。"

项南没有注意昨夜下的这场雪，雪花儿是不是六个瓣儿，但他却肯定地相信，这一场十分及时的大雪，一定会促进明年春季农作物，尤其是小麦和早稻的丰收。这位富有农村生活经验的"冠豸之子"知道，"瑞雪兆丰年"是一个有着充分科学根据的论断。因为寒冬大雪，可以冻死那潜伏在土层里的越冬害虫；而那溶化了的雪水，滋润进土层深处之后，又是促进农作物生长的好养料。

可喜的是，今年的瑞雪不仅"兆丰年"，也兆来"冠豸之子"的"好运气"。

可不，这天早上，项南刚到农机部，就接到通知，奉召赶到中南海，中央政治局委员、中央书记处书记万里与他单独谈话。万里工作风格明快，只寒暄一句："这场大雪下得好呵"，就开门见山地说道："我们南下福建的干部很多，做了大量的工作。但是福建是侨乡……根据目前的实际情况，中央考虑派你去福建，不知你的意见如何？”

项南事先一点也不知情，思想上毫无准备，一时不晓得如何回答。但长期的党性锻炼，容不得他思考，脱口而出说道：“我没有意见，服从中央的安排。”但他也谈到，自己虽然是福建人，但对福建情况不太熟悉。

随后几天，中央书记处书记彭冲和其他几位领导同志，也与项南谈了福建工作问题。项南对华侨问题十分重视，专程拜访国务院侨办主任林一心、全国侨联主席庄炎林，请教了侨务方面的工作意见。

12月11日，中央政治局委员、中央组织部部长宋任穷正式找项南谈话，告知中央作出的正式决定，并对福建工作谈了几点意见。同日（1980年12月11日），中央组织部的通知送达农机部：任命项南同志为中共福建省委委员、常委、常务书记；免去其农机部副部长、党组副书记职务。

就这样，项南离开了他工作20多年的农业机械工作和农机部，内心自然有一种依依不舍的惜别之情。

其实，中央对项南的工作问题，已经考虑一段时间了。党的十一届三中全会以来，福建和广东是中央确定的改革开放的先行省份，可以实行“特殊政策、灵活措施”。可是两年过去了，“左”的思想在福建依然根深蒂固，“真理标准问题大讨论”没有很好地开展，农村生产责任制没有真正推开，省委主要领导坚决不同意搞包产到户，全省许多工作徘徊不前，与中央的设想差距甚大，更别论什么“先行一步”了。

1980年，中央书记处在讨论福建人事问题时达成一个共识：福建是侨乡，又处于改革开放的前沿，希望找一位籍贯是福建，又熟悉福建情况的同志到福建去任职。胡耀邦虽然认为项南是一个合适的人选，但项南曾在团中央工作多年，胡耀邦总书记最初对推荐项南去福建还是有点顾虑。

后来，小平同志一锤定音：我看项南就可以。

胡耀邦与书记处的几位书记找项南谈话，出乎他们的意料，项南对这项任命并没有表现出特别的热心，他知道责任重于山，只是表示服从中央的安排。

中央书记处书记万里对项南说，中央考虑派一位熟悉福建情况的福建人回去主持工作，找你来就是想听听你的意见。

项南坦率地说，我是福建人倒是真的，可是我几十年没有在福建工作过，对福建的情况也不了解。

听项南这么回答，书记处的几位领导同志一时语塞，感到意外，有点冷场。

还是胡耀邦打破了沉默，他一拍大腿从沙发上站了起来，大声笑着说："是福建人，又没有在福建工作过，这样也好，这样更超脱！"气氛立即活跃起来了，在长达四个小时的谈话中，胡耀邦明确表示，希望项南注意这三个问题：一是"农业生产责任制"怎么落实，可能会遇到什么阻力，要采取什么措施；二是福建干部的团结问题；三是福建经济如何起飞，要勇于开拓新局面。

这位在战火硝烟中经受考验，在和平日子里备受折磨的"冠豸之子"，向中央领导恳切地表示：一定尽力把福建的工作做好，决不辜负党和人民的期望！当天返回后，他立即整理了一份胡耀邦总书记与他谈话的记录。第二天，他立即将谈话内容通报给来京开会的福州军区司令员杨成武、福建省长马兴元。

这期间，中央工作会议在京举行，项南列席，并参加对台工作小组会议。中央书记处也召开专题会议，讨论广东、福建两省特区工作，项南应邀列席。

在中央工作会议上，邓小平、李先念分别发表讲话。邓小平在题为《贯彻调整方针，保证安定团结》的谈话中指出：经济调整是件大事，如果不调整，"四化"建设就不可能顺利进行。为保证这次调整的顺利进行，必须坚定不移地继续执行党的十一届三中全会以来的一切行之有效的方针、政策、措施，继续把经济搞活，执行对外开放政策……

列席会议的项南留意到，邓小平强调："三中全会关于农业的决定和今年中央印发的关于进一步加强和完善农业生产责任制的几个问题的文件，已经充分证明行之有效，要继续贯彻执行，大力落实，并注意随时解决执行过程中出现的问题。""在广东、福建两省设置几个特区的决定，要继续实行下去。但步骤和办法要服从调整，步子可以走慢一点……"

在即将来福建上任之前，项南特地到国务院副总理谷牧办公室，向他请教如何抓厦门特区工作。谷牧谈了一些很好的意见，项南觉得很受启发。

转眼迎来1981年新春，1月上旬，项南应邀出席中央对台工作会议。时任中央对台工作领导小组组长的邓颖超，在会议上特意提示项南：福建与台湾隔海相望，具有地理位置的独特优势，加上血缘相亲，语言相同，习俗相近，在发展两岸关系中具有不可替代的优越性。她说：中央对台工作的方针已经很明确，具体工作主要靠大家去做。福建能发挥很好的作用，福建应该成为统一祖国的基地。

早年在香港结识的廖公，时任全国人大副委员长廖承志，也对项南寄予厚望。说来有趣，这位智慧风趣的兄长般的领导，多年来总是与项南有缘，是项南眼里的"智多星"。历经"文化大革命"磨难的廖承志，头发花白，心宽体胖，手上多了一根手杖。他对项南说道："福建有两大特点，一是华侨多，要做好侨务工作；二是面对台湾，要做好对台工作。"他就这两件事谈了若干想法。与项南分手时，廖承志笑眯眯地点点头，双手一拱道："这两件事，拜托，拜托！"

动身南下前夕，项南抽时间看望一些同志和朋友，包括看望"美国老乡"阳早、寒春，与他们道别。临行前一天，项南登门拜访了抗日战争时期的老首长谭震林，并向他请教。这位老首长多年来一直关心项南的工作，对中央调项南去福建担任省委常务书记很高兴，他鼓励项南到福建后大胆工作。当晚，项南和汪志馨召集子女们谈话，希望他们努力学习，严于律己，好自为之。

1月12日，项南乘45次特快列车离开北京。由于不愿惊动大家，到车站送别的只有汪志馨和他们的幼子小绿，还有一两位同事。汪志馨因为还有事情，加上北京的工作暂时离不开，未能一同动身。与项南一同奔赴福建的，有秘书何椿霖、鲁恩琦。

漫长的旅途中，项南言谈不多，长时间望着窗外沉思。"苟利国家生死以，岂因祸福避趋之"，福建同乡林则徐这两句诗早已烂熟于心，但是项南此刻吟咏起来，却感到沉甸甸的。他是一个有信念、追慕先贤的人，有幸被时代所选择，能为国家和人民效力，他义无反顾，而决不考虑个人的得失。

迎着新春，项南走马上任，第一天刚好碰上福建省委召开地、市、县委书记会议。他下了火车，风尘仆仆直奔会场。

在会上，项南了解到：受省委主要领导的影响，福建各地对包产到户进行强纠硬扭，认为包产到户就是“分田单干”，就是“倒退”、“右倾”，就会不可避免地滑到资本主义道路上去。

没有思想上的大解放，就不可能有生产力的大发展。项南深知，福建当务之急是要解放思想，否则其他问题无从谈起。

项南来福建的第7天，1981年1月20日，福建省召开党代会。项南第一次在全省党代表面前亮相。他作了《谈思想解放》的即兴讲话。

这一天，时年62岁的项南，年富力强，精神抖擞。虽然过早谢顶，但身材魁梧，目光炯炯有神，脸露慈善温和，显得胸有成竹，睿智沉着从容。故乡的党代表们，一见新来的书记这么朴实、干练、平易近人，报以热烈的掌声。

项南向大家挥手致意，即兴讲话，如同拉家常一样说，在这次省党代会和地、县委书记会议上，关于中央工作会议精神，关于经济调整和安定团结的问题，关于加强政治思想工作的问题，马兴元同志已经代表省委讲了话，讲得很好，我就不重复了。我来福建工作，今天是第七天，只能说点感想，感想不能代表政策，所以只能作参考。

项南的话匣子一打开，把大家的思绪拉回唐朝。他说唐代诗人王维说过：“君自故乡来，应知故乡事。”我虽然出生在福建，但对福建情况基本不了解。因为我12岁就离开了闽西，除了1937年和1977年先后两次回来之外，已经有50多年不在福建了，可以说我是一个不了解福建情况的福建人。这次中央调我来福建工作，对于我来说，一不了解情况，二又缺乏经验，所以特别需要谦虚谨慎，向同志们、特别是向老同志学习，多做调查研究，多听点不同意见。我已得到省委常委和志高同志的批准，给我两三个月时间，摆脱一下日常事务，到各县、市跑跑。

项南从唐代诗人，又讲回20世纪80年代。他指出，我们今天的任务，就是要把祖国的东南前哨这个基地建设好。福建省的面积比我工作过多年的江苏省大，人口却少一半。事情也许好办一点。福建地处祖国东南方，紧靠台、澎、金、马，面海背山，属温带和亚热带气候。耕地虽然少一点，但有广大的山区，可以发展林业；有很多草坡地，可以发展草食动物；有宽阔的海域，可以发展渔业；有500万爱国华侨经常关心自己的故乡；福建科技人才比较多，文化水平比较高；还有坚强的人民解放军，积极支持地方建设，警惕地守卫着东南前哨。所以，中央领导同志认为，福建有非常好的条件，完全有可能把福建建成我国重要的林业基地、牧业基地、渔业基地、经济作物基地、轻工基地、外贸基地、科教基地和统一祖国的基地。把这些事情办好，是福建人民极其光荣的任务。

项南不愧是个天才的演说家，他话锋一转，点明当前的关键是解放思想，不断清除“左”的思想影响。他指出，福建有了30多年建设的基础，特别是粉碎“四人帮”以来，正如中央负责同志指出的，省委是执行了三中全会路线的，广大干部很努力，工作是有成绩的，成绩是主要的。但是，福建也同其它地方一样，开国以来经济建设方面犯了“左”的错误。从总的方面来说，发展是不快的，人民的生活也仅仅是温饱而已。我们要抓住学习今年中央一号、二号和四号文件的机会，进一步解放思想，不断清除“左”的思想影响。中央决定给福建更多一点自主权，可以执行特殊政策，灵活措施，可以更多地利用外资，发展外贸，使福建的经济能比邻省发展得活一点、快一点。如果我们不纠正“左”的错误，思想还不如邻省解放，放宽政策还不如邻省坚决，各种措施还不如邻省灵活，甚至中央文件规定了的东西，还在那里评头品足，不敢执行，那我们能把经济搞活、把福建省建设好吗？为此，我建议经常问一问自己：

特殊政策，特殊在哪里？

灵活措施，灵活在哪里？

各地区、各部门、各单位都应当好好想一想这个问题。

项南强调指出，我们说的解放思想，不是胡思乱想，不是资产阶级那种自由化。是在四项基本原则指导下的解放思想，是为了实事求是，使自己的思想符合客观实际。我们搞特区，是要利用外国的好东西，又要抵制外国的坏东西，抵制资产阶级思想的侵蚀，抵制资产阶级的生活方式，批判无政府主义和极端个人主义。这样的解放思想，这样的特殊政策和灵活措施，是偏离不了方向的，是犯不了错误的。如果思想僵化，死抱着老框框不放，思想落后于新形势的发展，倒要犯大错误。

项南深情地说，清除“左”的思想影响，主要在省、地两级党委，包括省属部、委、厅、局在内，而关键又在省委常委。这次会上，许多同志提出，省委有“左”倾错误没有？如果有，表现在哪里？这些问题，我们省委应该带头进行批评和自我批评。按中央规定，在最近一两个月内做出回答。同时也希望各地按中央规定，对过去的工作认真进行总结，做到无条件地同中央保持在政治上的一致。但不要搞运动，不要上挂下联，不要追究个人责任，不要层层检讨、人人过关。

接着，项南还谈到自觉地维护安定团结、坚持民主集中制、坚持集体领导下的分工负责制、不要随便乱许愿、不要搞一刀切等问题。随后，他紧密联系当前实际，指出把今年农业生产搞上去是牵动全局大事。他的讲话，没有秘书代劳，一字一句，都是从他内心讲出来的。他说，我想来想去，福建经济中最薄弱的环节还是农业。虽然连续四年增了产，但是每人平均占有粮食还只有613斤，口粮只有454斤，分别只占全国的第12位和第14位。粮食上不去，必然影响经济作物的发展，影响以农产品为主要原料的轻工生产的发展，直到影响外贸，影响财政收入，影响政治上的安定，这是牵动全局的大事。志高同志对此非常关心，病中还一再叮嘱，要大家十分重视农业问题，不可粗心大意。各个部门都要为农业开绿灯，特别是地、县两级一、二把手，要用百分之七八十的力量来抓农业。办法还是解放思想，放宽政策，清除“左”倾思想，落实责任制，讲究科学种田。当前，要狠抓备耕工作，保证今年粮食的稳步增长。同时，还要因地制宜发展多种经营。要坚持两句话：决不放松粮食生产，必须狠抓多种经营。两者是互相促进的，放松了粮食，人民生活没有保证；不搞多种经营，人民富不起来，粮食也上不去。

最后，项南热情洋溢地说，当结束我的讲话时，我想抒发一下自己对福建的感情和期望：“闽之水何泱泱，闽之山何苍苍，若要福建起飞快，就看思想解放不解放。”

项南讲话，实质上是“就职演说”，是思想解放的宣言，也是八闽起飞的号角，在与会代表们心里涌动着澎湃的春潮。

在会议随后的讨论中，许多代表都反映：项南的讲话针对性强，讲到了福建的要害问题，是福建多年来没有听到过的一个好报告。

代表们提出了三点要求和希望：一是希望省委常委带头落实项南的讲话精神，做出样子；二是要求将项南讲话记录稿全文下发：三是要求把项南从国外带回的纪录片放一放。

2. 项南上任后，落实“大包干”，展开犹如刀光剑影的攻坚战。项南坚决地说：“我们听中央的。”

中央领导对项南讲话评价很高，1981年5月14日，中共中央办公厅将项南的这个讲话转发至省、军级，特意加了这样一段按语：“项南同志1月20日在福建省党代会上作的题为《谈思想解放》的讲话，是一篇领导干部亲自动手准备、不要秘书代劳的好讲话。这篇讲话联系实际，提出问题，解决问题，简明、生动、活泼，绝少套话、空论，现推荐你们一阅。”

于是，海峡西岸迎来明媚的春光，八闽大地掀起思想解放的浪潮，长期处于前线的福建搭上祖国改革开放的快车，开始腾飞了……

急于掌握第一手材料的项南，在省党代会后，为进一步了解福建省情，专门抽出一段时间，轻车简从，深入全省各地进行调查研究。在莆田，项南看到，由于省委没有落实生产责任制，广大社员心里不踏实，快要春耕了，一些应翻土的田却仍然稻茬遍地，不少龙眼树根须外露，也无人培土

◇1981年，项南在基层调研家庭联产承包责任制

施肥。

大家在交谈中，很自然就说到省地一些负责人不许搞包产到户并强行“纠正”的话题。项南说：“多年来，我们的干部别的不怕，一说他右，说他走资本主义道路，就立刻紧张起来，简直是胆战心惊，谈虎色变。他们就怕自己出问题最终影响了乌纱帽，哪顾老百姓有没有饭吃。包产到户有什么不好？包干到户有什么不好？只要能发展生产，能夺得丰收，群众拥护的就可以干！”

陪同的地县领导一片肃然，没一个人敢搭腔，生怕又犯了大错。

同志们记忆犹新，早在1962年的北戴河会议，围绕责任田的包产到户，中央高层就展开过激烈争论。结果是，主管农村工作的中央农村工作部部长、副总理邓子恢黯然去职，陈云因在小范围支持此事被称为“老右”闲置不用。包产到户和责任田，在很长时期内成为政治禁区。1978年，中国的改革从农村开始，农村的改革又是从责任田和土地的承包开始，项南对联产承包责任制给农村带来深刻的变化坚信不疑。到福建来，他首先要做的第一件大事，就是在农村推行家庭联产承包责任制。

当时中央对于家庭联产承包责任制的推行并没有具体明确的时间表，中央75号文件只说可以在边远山区和落后贫困地区搞包产到户或包干到户，也就是流传农村的“可以，可以，也可以”。项南一到福建，就决心在全省农村迅速推广家庭联产承包责任制，这确实需要巨大的政治勇气。至关紧要的，是福建省领导层思想不解放，还没有走出“左”的思维模式，有位主要领导公开在大会上讲：谁再讲包产到户，我就开除谁的党籍。

针对这种“左”的思维模式，项南讲起“原始共产社会”的故事来了。他问道：“包产到户有什么可怕的？”项南面容温和，语气十分严肃坚定。“我告诉你们，这个包产到户，包干到户，不是单干。我们现在实行各种不同形式的生产责任制，并没有改变所有制。照我说，即使是单干，又怎么就是资本主义呢？我们过去那种吃大锅饭、大呼隆，说得好听叫‘集体化’，说得不好听那是远古时代的生活。那种搞法不是共产主义，也不是社会主义。它还没有资格当资本主义，封建主义也不是，连奴隶主义也不是。那是原始共产社会，几百个人围一只鹿，一同追赶，一同吆喝，这个鹿被抓住了，今天中午就饱餐一顿，围不住，就只好饿肚子。原始共产社会才搞这个大呼隆呀，干吗要把我们今天的经济拉回到远古时代？这不是前进，这是后退。”

南国的早春，气候温和。“一年之计在于春。”现在正是春耕大忙的时候，不能再等了。一路上的见闻，使项南决心把落实生产责任制作为福建改革开放的突破口。项南从闽南回福州不久，就抽出时间来到福建日报社，他郑重地提出：今后省委常委开会，除了讨论组织人事外，你们正副总编都可以列席，这样能更快更好地了解中央精神和省委的意图，及时迅速做好宣传报道工作。

项南把“大造舆论”的担子，压在报社老总们的肩上，话语坚定地说：“你们要把落实农业生产责任制作为最近一段时间的宣传重点，大造社会舆论，使落实农业生产责任制家喻户晓，形成强大的推动力。”在与报社领导座谈中，项南明确指出，这里讲的农业生产，不是“以粮为纲”的农业，而是包括农、林、牧、副、渔在内的那种大农业。他还要报社组织写出对落实生产责任制方面有分量的社论，题目就叫《落实农业生产责任制刻不容缓》，并要求在大年初一的报上发表。

社论写出后，项南认真审阅，并拿起笔改动了不少地方。经项南亲自修改后的社论观点更加鲜明，更具感染力。正月初一这天，《落实农业生产责任制刻不容缓》在醒目的位置见报了。

项南仿佛兼任起总编辑来了，对版面也作了具体安排。根据项南指示，这天《福建日报》的第二版，也在醒目位置转载了《人民日报》几天前刊登的文章。这是一篇介绍皖豫鲁农村落实生产责任制后产生巨大变化的长篇通讯《巨大的吸引力》。项南还亲自动手写了观点鲜明、既有指导性又富感召力的编者按。人们透过散发着油墨香的报纸，看到了省委对落实农业生产责任制的鲜明态度和决心。

与此同时，项南指示办公厅起草文件，于1981年2月6日，由中共福建省委发出了《关于抓紧落实生产责任制的通知》，要求各地领导集中精力，因地制宜，尽快全面落实农业生产责任制。

项南马不停蹄，于2月10日晚，由省委、省政府联合召开关于落实农业生产责任制的全省电话会议，各地、市、县都在关注省里的态度和将要采取的动作。

主政福建的项南，十分注意宣传贯彻中央指示精神，在思想上、政治上、工作上与中央保持高度一致。

他在调研中，认识到贯彻落实中央“农业生产责任制”政策已迫在眉睫——春耕在即，召集各地干部到省城福州开会已经来不及。项南提议运用现代化的通讯工具——召开电话会议。让各地、市、县负责人都在当地参加会议。

就在全省电话会议上，一位地委书记向项南发难：“过去第一书记说不能搞包产到户，现在常务书记又说要大力推广包产到户，我们到底是听第一书记的，还是听常务书记的？”

这个问题一说出，与会的省委领导都被难住了，大家都为新到任的常务书记捏了一把汗。当时，第一书记因病没到会，这不明火执仗“将”了常务书记的“军”吗？只见这位“冠豸之子”，如同冠豸山那么沉着，不动声色地回答：“你们既不要听第一书记的，也不要听常务书记的，要听从中央的。”

顿时，从各地的电话筒里传来热烈的掌声，与会的几位省委领导这才放下心来，脸上露出不易觉察的笑容，仿佛在赞道：“回答得太妙了！”接着，项南继续说下去，要求各地抓紧时机，抢夺“一寸春光一寸金”，迅速把农业生产责任制“包”下去。

电话会议结束后，农民积压已久的生产积极性被调动起来，劳动工效大大提高，春耕进度飞速上升。

当时，邓小平明确表态肯定安徽小岗村大包干经验，中央关于实施农业生产责任制的文件指出，“可以，可以……”“也可以”大包干，即“可以按定额记分，可以按时记分加评议，也可以在生产队统一核算和分配前提下，包工到作业组，联系产量计算劳动报酬，实行超产奖励。”

春耕火烧眉睫，全省农民都在翘首企盼，希望能赶快落实责任制，实行大包干，像小岗村那样，一包到底。项南快刀斩乱麻，坚决执行中央的决定，把大包干迅速在全省推开，当年就夺得粮食生产大丰收。

不久，在全省农业局长会议上，项南一针见血地指出，多少年来，老是你整我，我整你。你说“阶级斗争一抓就灵”，我说不一定。在农业问题上，倒是责任制一抓就灵。大家放开手干吧，没有问题。

当时，干部中“左”的倾向根深蒂固，一时真难清除。当着项南的面，会场上不知谁又突然提问：“错了怎么办？不是说包产到户是资本主义吗，怎么现在又变调了？”会场上开始议论起来，有人带着疑问的神情盯着项南，希望得到明确的回答。

项南耐着性子，不厌其烦，做好过细的思想工作。他镇定自若地大声说：“错了不要你负责，我负责，中央负责嘛。你说那叫资本主义，你见过资本主义吗？资本主义什么样子？吃大锅饭，大呼隆，平均主义，那叫共产主义吗？你看过社会发展史没有？那不是共产主义，不是社会主义，也不是资本主义，连封建主义都不是！那是原始共产社会的生产方式。你们倒说说看，有哪项工作能没有责任制呢？办报纸的、搞编辑的、站柜台的，没有责任制行吗？一个工人固定开一台机器，一个司机固定开一辆汽车，这难道不是责任制？为什么一个司机开一辆汽车不叫单干，而农民种田却变成了单干？马克思从来没说过这种话。这个问题如果再拖下去，就会把农民拖穷，把国家拖垮。”

项南反复强调指出，语气坚定地表态：“落实农业生产责任制势在必行，刻不容缓！”

真是“一朝被蛇咬，十年怕井绳”。尽管这样，许多干部群众思想上仍然有顾虑，认为政策会变，能包一年是一年，什么时候叫收就收回去。针对这种思想状况，项南要求省委、省政府作出明文规定，白纸黑字写下来。提交省人大常委会讨论通过后公布实行。

项南大无畏的气魄，大刀阔斧的工作作风，大得人心。广大干部群众看到省委常务书记态度如此鲜明，十分感动，很受鼓舞。他们纷纷行动起来，放心大胆地落实以“大包干”为主的生产责任制。由于工作及时，福建农民的包产到户，终于赶上当年的春耕。到1981年3月下旬，全省就有94.5%的生产队，落实了各种形式的生产责任制，其中包产到户、包干到户的占了大部分。

在项南的大力推动下，“左”的影响逐渐被清除。全省农村干部群众从此迈出较大的步伐，以家庭联产承包责任制（“大包干”）为主要形式的农业生产责任制得以普遍推行。它首先从大田生产责任制突破，然后逐步向林、牧、渔、副各个生产部门延伸。在水产业方面，1981年后普遍实行以船分配的大包干方法；沿海地带还积极落实开发滩涂“责任制”，促进了水产养殖的发展。

与此同时，全省农村改革稳步向前，农业方面的体制改革也由此全面启动。以“大包干”为主体的农业生产责任制，经历了不断发展、演变和完善的过程，从不联产到联产，从联产到组到联产到劳、户，从间接联产到直接联产，即从包产到包干的发展过程。水产养殖业经营体制经历了从分包到投包、到承包，向经营能手集中的过程；经营方式从个人承包到集体承包，进而到股份承包的过程。仅一年多时间，全省90%以上的农村都建立了不同形式的生产责任制。到1983年春，实行家庭联产承包的生产单位已占全省生产队总数的96.4%，其他联产形式占3%，实行不联产形式的只占0.6%。

农民是最讲现实的，真是一“包”就灵，一通百通，全省通过农业生产责任制的落实，农村生产关系的变革，彻底改变了长期束缚福建农村干部群众的极左观念，广大农民逐步从封闭、僵化的“一大二公”体制中解脱出来，成为独立的生产经营者，因而生产积极性空前高涨。专家学者们深入调研后评论道，“这种长期压抑的潜能犹如火山爆发一样迸发出来，极大推动着农村商品经济的发展。”

项南以思想解放统揽全局，他主政福建之后，由于坚定地推动落实农业生产责任制，福建的农业生产取得显著进展。统计资料显示，1985年，全省农业总产值达99.05亿元，比1980年增长47.8%；出售农产品价值48.71亿元，比1980年的20.66亿元增长1.36倍，商品率达52%；农民人均纯收入从1980年的171.15元提高到396.45元；口粮也从1980年的253公斤增加到293公斤，人均生活消费从1980年的157.7元增加到351元。

令人意想不到的是，随着农业生产责任制的落实，还发挥了全省农村家庭经营的农副业结合的特点，使农民得以统筹安排家庭劳动力，农忙务农、农闲搞工副业，或通过家庭内部分工，逐步把一部分劳动力转移到林、牧、副、渔和工、商、运、建、服等经济领域，扩大农村的社会分工。随着家庭联产承包责任制的建立和发展，一批以商品生产者面貌出现的专业户应运而生，促进了农村自然经济向专业化、社会化的商品经济转化。1985年，全省农村各业承包专业户和自营专业户共36万户，占全省总农户的8.2%。与此同时，主要由专业户发展起来的从事各项专业生产经营的新的经济联合体达4.9万个，参加农户达23万多户，占全省总农户的5%。由于它们发挥小而专的特点，把传统的农民家庭小型经营的优点与商品经济的社会化专业生产巧妙地结合起来，产生了巨大的经济活力，成为福建农村商品生产的生力军。

这位“冠豸之子”主政福建的一大特点，是决不死抱“本本”和“经典”，而是注重实践，以是否有利于发展生产力为判断经济政策正确与否的标准。在1981年11月15日福建省经济特区理论研讨会议上，他以《谈实事求是》为题清晰地表述道：“虽然马列主义经典著作中，没有明确讲过包产到户，包干到户等多种形式的生产责任制是一种什么性质的经济，但是衡量一项经济政策、一种经营管理制度的正确与否，标准不在于哪个‘本本’上有没有讲过，而在于是否适应生产水平，有利于生产发展，能够富国利民，即使‘本本’上没有讲过，即使有人反对非议，我们也应理直气壮地推广。这样做，才是坚持实事求是原则，才是真正按照马列主义、毛泽东思想办事。”

博览群书的项南，很重视在实践中研究理论问题。1981年秋末冬初，新华社记者戴煌到福建采访。项南轻车简从，来到戴煌简陋的下榻处，与这位抗战时期的老战友促膝长谈。谈到有关农业生产责任制问题时，项南说：“好主意不是从口中念出来的，而是亿万农民实践出来的。耀邦同志讲：十年内搞好生态平衡，从恶性循环到良性循环，这当中，农村的全面变革与农业生产责任制的全面改革是关键。”

“可是有些人头脑很顽固，他们似乎执意反对农村与农业的一切改革，反对农民富。”项南对戴煌说，“他们老以为农民不要社会主义，实际上农民不要的只是社会官僚主义和绝对平均主义。他们要农民订的生产责任制合同，只有农民应向国家交售多少粮、多少水果、多少鸡鸭鱼肉蛋；而不写国家应回报给农民什么好处，比如交售万斤粮可以得到一辆自行车的票证行不行？没有，只要农民一方面负有这义务那义务，而国家对农民却什么义务也没有，这怎么行呢？”“农民们愤愤地说，今年秋收后‘暴动’就是完全彻底地包产到户，这是谁也挡不住的。所以说，好主意不是从口中念出来的，而是农民连接地气干出来的。”

农业的商品化和市场化，当时还是个理论“禁区”。但项南从实践中接触到这一问题，他没有“绕道走”，而是单刀直入，深入剖析农业生产与产品流通等问题。他指出：“如果农产品流通跟不上形势，也会摔大跤的。山东今年1000多万斤核桃卖不出去；去年山东水果大年，却烂掉水果5亿多斤，今年小年，少收3亿斤水果，农民自己外销，反而多收入一亿多元。山东年产花椒1000多万斤，商业部门只收几十万斤；干部们动员农民砍花椒树，每砍一棵奖励三块钱，而北京人过年过节每户才配售一角钱一小包的花椒，想多买点也不行，你说这荒唐不荒唐？因此，山东许多农民就是收了那三块钱，却一棵花椒树也不砍，这就做对了！”

实践经验丰富、理论功底扎实，而又视野开阔的项南还谈道：“河南新乡吃‘卡特玉米’，几角钱一斤，而30里外的农村才一角钱一斤，却卖不掉。”“新疆也从太平洋彼岸运粮，而在新疆本区边缘的伊犁粮食有的是，却运不到乌鲁木齐去。四川的柑橘也大批地烂，黑龙江的土豆也大批地烂。商业部门不让农民外销，自己又收购不过来，这叫什么事？过去我们常说，美国农场主为保持不掉价，宁可往大海里倾倒卖不出去的牛奶，也不肯免费送给买不起牛奶的穷苦人喝，是资本主义制度不可克服的痼疾，因此资本主义制度必然会走向崩溃灭亡。那么，我们这里出现的这些现象又算什么？我常常向我们这里的干部讲这些道理，希望福建不要再出现这种给社会主义拆台的怪事……”

项南说起话来，锋芒毕露，但心地还是善良而冷静的。若干年后，他回忆起福建落实农业生产责任制的经历，谈及省委领导中的不同认识以及由此导致的思想交锋，公允地说道：“斗争虽然很尖锐，但我始终认为这是个认识问题，对问题的认识有先有后是允许的。我不主张随便上纲上线，说成什么路线问题。过了一两年，责任制极大地调动了农民的积极性，这个问题也就自然解决了。”

想当初，老“左”原先给“大包干”算的命是：“一年增，二年平，三年就不行。”经实践检验后，老“左”给“大包干”算的“命”也转变了：“一年增，二年富，年年迈大步！”初战告捷，项南仍不敢懈怠。他意识到，“左”的思维的影响不可低估，仍会有反复，改革的艰难复杂，决定了自己在福建的工作绝非一帆风顺，前面还有许多艰难险阻呢。

3. 工作千头万绪，问题错综复杂，在快刀斩乱麻、抓紧在春耕前落实“大包干”后，项南谋划着今后大发展的战略决策。

这时，一个宏伟的战略蓝图在项南的心中初露端倪。但如何把握大局，制定符合福建实际的整体经济发展战略？这是项南考虑的首要问题。经过几个月的实际工作和调查了解，他意识到，福建面临的情况确实错综复杂：经济结构不合理，基础设施建设方面欠账太多，历史遗留问题盘根错节，积重难返……矛盾的复杂性超出原来的想象。但他紧紧抓住这个战略不放，一切困难将迎刃而解。

项南知道，战略就是一定历史时期具有全局性的谋划。那么，这种谋划从哪里着手呢？如今工作千头万绪，他认定中心工作是发展经济。制定战略蓝图，就要从发展经济这一中心着手。倘若经济搞不上去，福建继续落在全国后面，就无法向党和人民交代！他坚信一点：中央的改革开放政策不可逆转，只要把中央的政策用足、用活，注重发挥广大干部群众的积极性，就能在探索中前进。这一点，已经在落实以“大包干”为主的农业生产责任制的过程中体现出来，尝到甜头了。

考虑到时代发展的大背景，项南奉命主政福建赶上了改革开放的好时机，但是就具体政策环境而论，却不容乐观。当时国家正提出要搞经济调整，目前的调整意味着某些方面的后退，而且要退够。问题在于，长期作为前线的福建，经济建设刚刚起步，基础设施薄弱，在建项目数量少且规模小，从哪里退呢？

项南考虑再三，福建制定战略蓝图，一定要实事求是，一切从实际出发。当然，中央的决策，省委当然要执行。然而一个问题摆在项南面前：从福建实际情况看，经济建设速度谈不上快、基建规模也很小，低于全国平均水平，有没有必要“一刀切”？更何况，福建省还被中央授权实行“特殊政策，灵活措施”，在这个问题上，福建是否也应该具有一定灵活性？项南是个聪明人，他想到这里，高兴地笑了起来。他想，抓住了“中央授权”，福建的事情就好办了。

当然，在当时的情况下，制定战略决策是很费心思的。1981年2月底，项南主持福建省委制定全年工作计划。为了贯彻中央工作会议精神，省委提出：要认真做好经济调整。主要要求是：“基建要退够，支出要压缩，企业要调整，物价要稳定，农业要发展，轻工要增加，科教要增强，特区要加快，政策要放宽，外贸要搞活，人民生活要有所提高。”

项南和省委一班人制定的这个方针，应该说是绞尽脑汁的。中央的精神必须贯彻，但福建的实际又必须考虑。他们提出，在压缩基建方面，新建项目要严格控制，企业的调整主要是指盲目、重复建设的小厂，以及经济效益差的小铁厂、小化肥厂等。省委考虑得更多的，则是如何促进经济发展。他们提出的具体任务包括：农业产值要增长5%，要把粮食生产放在第一位，糖、茶、油料、畜牧等多种经营要有更多增长，要放宽农、林、牧、副、渔的政策；工业总产值力争增长4%；交通运输、港口和能源等已定的重点建设项目要抓紧完成。省委同时提出，要敢于利用侨资、引进外资，采取灵活措施、利用多种形式扩大对外经济活动。3月上旬，福建省委将这个思路形成文件，既上报中央，也下发到各县。

在项南看来，福建经济基础薄弱，发展实在谈不上快，基建规模也不大，从哪里退？他认为福建总的问题，不是经济发展过快，基建规模过大的问题，而是需要调整经济结构的问题，是需要发展的问题。另一方面，要解决经济建设资金不足的问题，不能一味依靠国家投入，主要还在于优化政策，广开财路，大胆吸收和利用外资。

大有大的难处，当家人自有当家人的困境。基于这个判断，项南在决策过程中是留有余地的。当然，他也不认为自己的看法肯定就正确，他自我告诫：要勇于独立思考，但不急于下结论，再观察、思考一段时间，同时多做调查研究，多听取其他同志的意见。

善于集思广益的项南，在同年4月上旬召开的福建省五届人大三次会议上，有些人大代表发言引起他的共鸣：福建实行特殊政策、灵活措施，建设经济特区，跟经济调整是没有矛盾的，而且它对经济调整是一个支援、一个补充。代表们在讨论马兴元省长作的《政府工作报告》时，表示希望福建经济保持持续发展的势头。因此，大多数代表都投票表示赞同省政府提出的第二个方案，即1981年基建投资6.7亿元。与1980年基建设投资10.3亿元的水平比，这个方案已经降低了30%，大家希望不要再降低了。

“群众是真正的英雄。”项南这时对毛泽东这一论断又有新的认识上的飞跃。他对人大代表的发言表示赞同。他在发言中说：“作为一个代表，我觉得这个意见是比较可行的。6.7亿元，比去年10.3亿元少了30%，也还是退了的。这样，我们就可以从实际出发，把经济调整同实行特殊政策，搞好特区建设紧密地结合起来。”他说：“中央给我们的特殊政策、灵活措施这个武器，我们不能不用。过去步子迈得慢，已耽误了一段时间，如果今年再不干，岂不是又要耽误一年！厦门要搞特区，没有飞机场、码头、通讯设备怎么行？谁敢来投资？”

这时，项南的思路更开阔了。他在省人代会上发言时，还谈了在改革、开放方面福建应该做的事情：一、要允许多种经济成分同时存在（即允许个体经济存在，允许中外合资的经济存在）；二、要放宽政策，要对侨资、外资有更大的吸引力；三、灵活开展对外贸易；四、把引入先进技术同改造老企业结合起来；五、充分调动各级组织和企业的积极性；六、同外商、侨商进行多种形式的合作。

在与人大代表思想上交流时，项南壮起胆子表示：建议国务院给福建多一点自主权和一定的调整权，主要是银行、信贷、税收、价格、物资这方面能活一点。他同时建议：国务院对福建省在同外资合营、搞补偿贸易、来料加工、来样加工等方面扩大再生产的投资，不要限制在全国基建的盘子之内……

实践出真知，调研有成果。经过大半年时间，项南对处于国防前线的福建实际情况有了更深入的了解，他主张福建经济还是要“上”的思路更趋明晰。1981年1月至8月，广东经济增长10.8%，浙江增长14%，江苏增长8%，而福建仅增长3.5%，项南对此是无法满意的。他叹了一口气："我们大大落后了！"

项南把拳头一捏，感到必须奋起直追迎头赶上。1981年9月18日，项南在全省工交工作会议上提出：把气鼓起来，大干一百天，力争全年经济增长6%。在他看来，福建不同于辽宁、四川、湖北这些重工业占主要部分的省份，福建是轻型经济结构的省份。"怎么能说人家下，我们也非下不可？人家退，我们也非退不可呢"？经过项南的努力，福建省委基本形成共识：在经济调整时期，福建不是下，而是上；不是退，而是进。按理说，福建与广东一样，被中央赋予"特殊政策，灵活措施"，其经济增长幅度完全应该更大些，也应该发展得更快些。

又是金风送爽时，项南向往春华秋实，对金秋总是寄以希望。这年秋天，中央领导一行先后到福建视察工作。项南代表省委作汇报时谈道：福建同全国一样，也有调整的任务，但福建调整的时间不宜拖得太长。福建有什么重工业呢？解放32年来，福建搞了那几个像样的骨干项目？没有，让我们调整什么？福建的轻工业已经占整个工业产值的63%，可见没有多少重工业嘛。不存在什么农轻重比例失调的问题。

项南汇报说："我觉得，福建不应当照搬'关停并转'的方针，福建还没有这个资格，因为确实没有什么大厂子可关。我们的考虑是，从福建的实际情况看，经济调整时间不宜拖得太长，明年应该起步，全面开展'八大基地'的建设。"

中央领导听罢，点点头说："我同意这个意见，同意你们的分析。我在漳州就说了，是不是全国每个省都要那么调整？每个省情况不一样嘛。"

在项南的汇报中，中央领导还插话表示："项南同志，你新来不久，中央把你派来，你就要胆子大一些……"他们幽默形象地比喻说，现在一个沙发上坐一个菩萨，你要把沙发去掉，他菩萨不干，怎么办？项南同志，你要大胆，既然给了你们特殊政策、灵活措施，那就要打破一点。一切还是照样限制，那还"特"个什么？

项南接着汇报道，我们还打算搞一批对国民经济发展有决定作用的骨干项目，包括一些重工业。福建只有点轻工业和农业，就是这么一点东西。福建经济要发展，要起飞，要富起来，没有重工业不行。没有重工业，它的翅膀就不硬。

中央领导问道："你们打算上什么？"

项南答："我们打算搞个500万吨的炼油厂，125万吨的水泥厂，还有中密度纤维板厂、工程塑料厂、玻璃厂、汽车厂，还想搞个140万千瓦的水电站。"他继续汇报说，我们考虑，在1990年以前，整个福建的经济，主要是一种轻型结构的经济。也就是用十年时间来解决福建的就业问题。这十年之内，把工作重点放在大农业和劳动密集工业上面，使全省工农业在量的方面有一个较大的发展。1990年以后，我们就要转变到以技术密集型为主的经济。那时有可能使农业内部结构有个较大的改变，有可能发展必不可少的重工业，使福建经济在质的方面有一个飞跃。

中央领导表示赞同地说，不只是福建要考虑重工业的问题，全国都有这个问题。说的那些项目，也都是必须搞的，这些搞起来就可以把工业带动起来。

福建省委后来给中央写了一个《关于福建省经济工作的报告》，报告说："福建面对台澎金马，地处东南前哨，战备任务繁重，30年来，没有建设几个像样的骨干企业，加上我们长期受'左'的思想影响，思想不解放，以致全省经济发展缓慢，人口递增率比全国高四分之一，人均收入比全国低四分之一，成了一个人口增长快、工农业基础差，财政底子薄、商品经济不发达的省份，特别是许多革命老根据地还处于贫穷落后的状况。"报告写道："……就福建的实际情况来看，进一步调整的时间似不宜拖得太长。整个经济的发展，应该继续解放思想，清除'左'的思想影响，从现在起达到一定的速度。"

项南主政福建，一再宣传"实事求是"，这是毛泽东思想活的灵魂。如今，"实事求是"已经成为许多干部的"口头禅"，不少人甚至将它当成"护身符"，但真正坚持"实事求是"精神则何其难！打从内心说，项南对头上的"乌纱帽"似乎不太在意，却很在意自己的决策是否有利于经济发展，有利于百姓利益。1981年11月，项南在福建省财贸工作会议上指出，我们不能把中央那个方针原封不动地搬到福建来。照抄照搬比较容易，似乎也不犯错误，但是不解决问题。中央提什么口号，我们就搬什么口号，还有什么特殊政策、灵活措施？在调整经济的主要内容上，福建跟全国是不完全一样的，有相同的地方，也有不相同的地方，不相同的地方是占主要的。

项南坦诚地呼唤说，让我们都来学会实事求是吧！无论如何不要再搞一刀切、一言堂、一阵风、一边倒了。我们搞特殊政策、灵活措施，也得一边实践，一边研究。不怕有不同意见，就怕思想不解放。

作为中央委派到福建的“封疆大吏”，项南有一个清晰的思想，那就是坚定执行中央的改革开放方针，为福建的经济发展和造福人民而努力。他深信“为官一任，造福一方”，才算不辱使命。正是基于这点，项南在实践中勇于开拓，不倦探索，从而逐渐形成其以“发展”为基调的、具有鲜明特色的改革开放思路……

项南在战略思考和制订规划中，不仅说在口头上，写在文件上，更是干在行动上。他紧紧抓住中央授权实行的“特殊政策、灵活措施”，在经济调整中，从实际出发，没有照搬“关停并转”，依然大干快上对国民经济发展有决定作用的骨干企业项目。他集中精力，总是冲破难关，瞄准最大的干。位于闽江流域的华东最大水电站、装机容量突破140万千瓦的水口水电站，就是项南在主政福建提出的战略决策。

早在童年就读列宁小学时，项南就能背诵列宁语录：“苏维埃政权加电气化，等于共产主义。”参加革命特别是担任农机化领导工作，他更了解电力的重要性。他到一个地方调研，只要询问用电量，就可掌握全面经济情况。因此，电力是国民经济的重中之重，是“四化”的核心动力。

调任福建工作后，项南发扬他勤于调查研究的工作作风，跑遍八闽山山水水，在听取专家学者意见和广大基层干部群众的呼声中，掌握第一手材料，提出了十项福建发展起步规划，其中就包括勇夺华东之首的水口水电站。

当时，装机容量30万千瓦的沙溪桥水电站正在艰难的动工兴建，水电行业部门已经感到压力很大了。项南又提出要建比沙溪水电站大5倍的水口水电站，许多人都感到接受不了。

项南深入闽江局水电部门调研，算的是缺电的苦和账。他说，我们的农业生产没有摆脱靠天吃饭的困境，而福建的工业却也得看老天爷的脸色行事。一到枯水期，全省大面积压电、厂长愁眉苦脸，市长遭人斥骂。没有电，工厂停产，居民点蜡烛，所有的家用电器“休息”，几乎成了一堆废铁。项南说，我算了一笔简单的账：全省一年缺电6.7亿度，每度电按3元产值计算，直接和间接影响工业产值20亿元，缺少财政收入4亿元。而我们有闽江丰富的水力资源，不赶快开发，还打算点多少年的蜡烛呢？

这笔账一算，大家思想一通百通，鼓干劲，抢工期，保质量，提前拿下沙溪口电站，立即转战水口电站工地，仅一年多就拿下了这个“华东之首”的骨干项目。用“老闽江局”人的话说：“能干上水口，死也瞑目了！”项南的这项战略决策，成了“老闽江局”人乃至八闽千万乡亲的巍巍丰碑！

第八章　筑巢引凤

1. 项南始终保持着沉着冷静。他召开的“吹风会”，深受好评。他在中央特区工作会议上的发言，引发轰动效应。

项南冒着经济调整和“关停并转”的风险，带领省委、省政府“一班人”，制定了福建发展的战略决策，打响“勇夺华东之首”的漂亮仗，士气大振，把全省各项工作都带动起来了。特别是“筑巢引凤”，成为举全省之力，“背水一战”的重大战略任务。

这时，项南发热的脑子却冷静下来了，召集部分领导同志开个“吹风会”。与会发言的有金昭典、魏金水、伍洪祥、贾久民、贺敏学、郭超、许亚、蔡黎等同志。大家敞开思想，热烈论争，对打开福建新局面以及全省往后的工作，起到了关键作用。项南前不久在省党代会上作了《谈解放思想》的精彩讲话，如今，他跟部分省委领导同志“吹”起《谈转变观念》的风。

项南说，来福建两个多星期，先后同20几位同志交换了意见。初来乍到，还是情况不明。今天，请省委几个同志“吹吹风”，不是什么正式会议。我先讲点意见，为的是抛砖引玉。

项南首先跟大家商量，我们福建“前线”能不能搞建设？多少年来，海峡这边，总说是前线，既是前线，就得随时准备打仗。一打仗，什么坛坛罐罐都得打烂。厦门对金门“单日打炮双日停”，这是1958年后形成的格局。所以20世纪50年代全国156项重点建设项目，福建没有一项。60年代的三线建设，重点在云贵川，也没有福建的份。福建总是把备战放在首位。至今，福建还没有一个产值超亿元的企业，真是穷得够可以的了。

项南说，1965年，海峡两边的中国人，人均年收入都是150美元左右，经过近20年，拉大了几十倍，这是为什么？如果说福建是前线，那么台湾是不是前线，为何台湾可以搞十大建设，福建就不能搞？军事上是福建怕台湾还是台湾怕福建？是厦门怕金门还是金门怕厦门？这个基本情况搞不清，观念不改变，坐等台湾解放，福建只能永远落后。极左思想不清除，哪里还谈得上改革开放。

项南接着摊开家底，提出当前要着手的大事，就是对外开放从哪里起步。广东、福建的对外开放，中央赋予实行特殊政策、灵活措施的特权，这是千载难逢的机会……福建通讯设备十分落后。我建议省委要坚决支持邮电局意见，在全国率先引进日本富士通的程控电话。看来改革开放，解放思想，就得老老实实搞基础设施，而不是一上来就招商引资。这点，福建同广东是很不相同的。广州、深圳毗邻港澳，条件比福建优越得多，他们对外开放，一上来就可以招商引资，立竿见影。福建不能这么做，做也做不通。试想，一个能源、交通、电讯十分落后的省份，外商怎么会有兴趣投资设厂？我们必须老老实实，埋头苦干，节省每一分钱来搞基础设施。如果厦门没有机场，厦门特区是存在不了的，问题就是这么尖锐地摆在我们面前。

项南还谈到推行"大包干"和农村工作，谈到落实政策和平反冤假错案以及做好侨台工作等问题，引起大家极大的兴趣，发言争先恐后，提出了很多很好的意见，"吹"来了一股股强劲的春风，有力促进思想解放和观念转变。大家说，这样的"吹风会"开得很及时，很有成效，把春风都"吹"向八闽大地上去了。

"吹风会"上，大家说得最多的，是福建有一首民谣，叫做"春风难度武夷山"，说的是由于福建长期被定位于"前线"，祖国大建设的春风难以吹到八闽大地，以至于国家对福建的投入很少，本省财力也薄弱，基础设施很落后。这种落后状况，在福建改革开放的起步阶段显得尤其明显，真是拖住了全省前进的后腿。

交通是福建最大的难题。福州机场设施陈旧，只能起降中小型飞机，而且很受气象条件影响，厦门只有一个小型军用机场；公路交通也很不方便，由福州乘车到厦门，甚至要走一整天；由于路况差，车速低，华侨经香港从深圳到福建家乡，要坐一二十个小时的长途汽车，有的华侨开玩笑说：当我们从睡梦中被震醒的时候，就知道家乡到了！至于铁路，从上海到福州要20多个小时，从广州来要30多个小时，当时美国芝加哥银行代表从上海到福州，下火车后的第一句话就是："太累了！"有的外商要谈生意，干脆把福建人约到广州去谈。福建的海岸线虽有3000多公里长，但由于与台湾对峙的缘故，海运基本上处于半封闭状态。

除此之外，在八闽大地，令人大为头痛的是落后的通讯。当时，程控电话鲜为人知，所有长途电话接转都要通过接线员。作为省委书记，项南想与中央通话，接通一个电话也很费劲，往往要等上20分钟。1980年，一位法国商人从福州向巴黎挂长途电话，等了两天两夜还无法接通，第三天一气之下离开，走之前甩下一句话："你们没有时间观念！"外商在福州的住宿也很成问题，当时接待外宾的只有华侨大厦，外商拥挤时，就只好安排两人合住一间，他们抱怨地说："到你们这里，我们都成了同性恋了！"

地处前沿阵地的厦门前线，基础设施更差。作为经济特区，没有好的基础设施，吸引外商投资设厂、开发旅游资源等都是空话，经济腾飞自然也无从谈起。

主政福建两个月，项南会见了四批外商，这些外商深知在厦门有赚钱的机会，愿意到厦门投资，但是对厦门的基础设施大呼头疼。他们时间紧迫，不愿坐火车，可是厦门的机场条件落后，一到阴天下雨，飞机就无法起降，只得等待老天开恩。他们对项南坦言："到你们福建来，时间没有保证，来没有保证，走更没有保证。可是我们护照上的时间是卡死的，怎么办？"项南明白：外商说得有理，凭这一条，搞特区就不够格。

项南和主管经贸工作的郭超到厦门考察后，痛感飞机场、码头和电讯设施建设一天也耽误不得！郭超说：我们是不是先拿出5000万元干起来？项南表示同意，他同时考虑：还应该得到中央的支持，能给钱更好，至少也要给予政策扶持。

就在开完"吹风会"的1981年春天，谷牧、万里两位国务院副总理先后考察厦门特区。项南分别陪同他们到厦门视察。他们看到的情况确实令人感慨：只有一个军用机场，无法起降大型民航客机；只有一个太古码头，码头周围打着椿子，这与现代化的港口差距何其大！火车运力不足，厦门通往外界的公路等级差；电力不够，电话通讯落后；至于外商下榻的宾馆，不仅数量极为缺乏，而且设施陈旧不堪……两位副总理了解情况后，鼓励项南胆子大一点，想办法尽快改变这种状态。

谷牧视察了厦门特区后很是感慨，以幽默的口吻说道："深表同情。"

此时所谓的"厦门特区"，实际上仅是湖里工业区，面积为2.5平方公里，难怪有的外商来考察后失望地说："难道这就是特区？还不够人家一间大工厂的场地。"视察厦门湖里工业区时，项南对谷牧说："湖里工业区只有2.5平方公里，全国人大常委会只批准我们在这点地方搞特区，我听了凉了半截！2.5平方公里有什么意思啊？"

项南表示：厦门特区可不能仅仅是2.5平方公里，而应该是厦门全岛，指124平方公里。我们打算首先把厦门的现有企业利用起来，跟外国资本结合起来，搞国家资本主义，以此来改造老企业，也就是把引进的新技术同改造老厂结合起来，这个办法快。他要求道："减税、免税，湖里地区享受到的，整个厦门同外资合营的企业也都应该能享受到。"

在研究厦门特区工作时，项南向谷牧等提出："为了使厦门与外界的交往更便利，我们考虑尽快修建二级机场，能起降波音737飞机。"他说，这些基础设施都是大项目，国家目前拿不出多少钱，恐怕要考虑利用外资。谷牧对此表示赞同。

紧接着万里副总理到福建视察，项南陪他驱车赶往厦门。万里看了厦门现有的机场和码头，听了项南的汇报后表示："机场看来非修不可！"万里还谈道，同意项南日前在省人代会上的发言，福建应该建立"八大基地"。

万里在视察中即兴说：特区、特区，特别加快；福建、福建，建起来才有福。福建这个地方，山好、水好、人好，可是旧社会只能下南洋。党的十一届三中全会以后，全省经济是可以搞好的。福建现在有了好的条件，一定不能错过机会。要把发展经济当作头等重要的任务。

万里坦率指出，八大基地要搞成，关键是政策对不对头，能不能调动一切积极因素。比如海外华侨，文化水平高，会经商，福建有华侨的优势，应该先富起来。现在的问题是你们不善于利用，千方百计想办法不够，内部团结不够，外部运用不够。实际上还是受“左”的影响，思想上固步自封，实事求是不够。关于责任制，省委的检讨是好的，但是不要以为事情那么简单，还有个组织调整、疏导的问题。

谷牧、万里两位副总理先后亲临督阵，项南信心更足。他在稍后举行的省直机关干部会议上说：“现在中央给福建特殊政策、灵活措施，等于给我们身上安了两个翅膀，长了翅膀还不起飞，这就说不过去了。”

经过一番调查研究包括请教一些专家之后，针对福建的实际情况，项南代表省委提出：要下决心节衣缩食，放手利用外资，把十大建设项目搞上去。这十大项目是：

两套程控电话（福州、厦门各一万门）；

两个飞机场（福州、厦门，其中厦门搞成国际机场）；

两个万吨级码头（福州、厦门各一，其中厦门要建35000吨级的）；

两个电站（水口水电站140万千瓦，马尾火电站140万千瓦）；

改造两条铁路（指鹰厦线、来福线实现电气化）。

项南并非心血来潮，随意作出的决策，而是经过深思熟虑，下定决心要干。项南知道，搞基础设施，要有大量投入。福建可以说力不从心，但又不得不搞。广东的深圳、珠海靠近港澳，得天独厚，他们一开始就具备引凤筑巢的条件，把力量用在三来一补、房地产开发上面，发展是很快的。福建只能硬着头皮，从最基础的地方做起，叫做筑巢引凤，不夺全胜，决不收兵。

广东“引凤筑巢”而扬其长，福建“筑巢引凤”而补其短，两个开放省份可谓各行其是，各得其所。后来的事实证明，福建因条件所限而“背水一战”，其基础工程建设如程控电话、机场、码头等反倒比广东起步早。这个“筑巢引凤”的决策，弥补了福建自身条件的不足，为海内外客商创造了较好的投资环境。然而这一系列基础设施的建设过程却并非易事，项南为之殚精竭虑。1983年7月，项南在省里的一次会议上，挤集他耳顺之年的力气，坚定地说，把这些建设搞好了，死了才能瞑目！

紧接着项南参加了中央召开的广东、福建两省和经济特区工作会议，作了《认真实行特殊政策与灵活措施》的发言，在会议上引发轰动效应。

项南首先肯定这次会议开得好。他说，我赞成谷牧同志在会议开始时的讲话。会议第一阶段，中央有关部门对广东与福建两省提出的问题，大都作了回答，经济理论界也从理论上搞清了一些问题。会议开得是好的。但是，项南话锋一转，作为客家人却毫不客气地指出，要害的问题是：会上对一些战略性的问题议论不深，矛盾揭得不够，清理“左”的思想影响也做得不够。会议需要继续深入，解放思想，转变观念。

◇项南在中央召开的广东、福建两省座谈会议上发言

项南开门见山地建议，我认为，这次会议，应当以经济建设为中心，在中央50号文件的基础上，继续前进，加以突破，而不是原地踏步。这次会议应该旗帜鲜明，采取一种积极的、进攻的姿态，把这场攻坚战打上去。

项南善于抓住重点，进行剖析。他说，特殊政策特到什么程度。在目前条件下福建对华侨华人和外国资本的吸引力不如广东，更不如香港、澳门。因此，福建应该采取比广东、港澳更加优惠、更具有吸引力的政策。毫无疑问，引进高新技术产业，是我们长期追求的目标。根据目前的条件，不应当排斥劳动密集型产业，好处是可以解决就业问题。具体说来，第一，外商和我们双方都有利的，我们要干；第二，外商有利，我方无利也无害的我们要干；第三，外商有利，我方暂时吃点小亏，但从长期来看对我有利，目前又能增加就业机会的，我们也要干。这三点，要求国务院在原则上予以认可。

项南认识到自主权的重要性。他向中央建言，应该扩大地方自主权。目前甚至在相当一段时间内，中央不可能在财力上给两省更多的支援。在这种情况下，要使两省经济发展加快步伐，关键在于真正实行特殊政策，下放一点权力。可不可以考虑，在中央“六统一”的前提下给地方以“三权”。“六统一”是指坚持社会主义道路、坚持共产党领导、军事、外交、党纪国法和完成上缴中央财政任务等六个方面，不能“特殊”，不能“灵活”，应当完全统一于中央。“三权”是指人权、财权和地方立法权交给地方。人权：省委、省政府的领导班子由中央任命；省以下机构设置多少和人员配备由省委、省政府根据需要自行决定，并允许两省在国内外招聘人才。财权：允许两省在财政、税收、银行、信贷、贸易、物价和劳动工资等方面有自主权，包括省里有权自己设立银行。用这些经济杠杆、经济办法把流通领域搞活，把经济工作搞活。地方立法权：全党要遵守一个党章，全国要遵守一个宪法，包括国家重要的政策法令，其他方面应该给省里一定的自主权，两省可以自己制定单行法规，报中央备案。以上集中起来是两个字：一个是权，一个是钱，关键又是权。只要中央给了权，两省就可以通过特殊政策和灵活措施搞到钱，解决资金短缺这个长期困扰我们的大问题。

项南讲到这里，会场上响起热烈的掌声。

项南这时拉大了声音继续说，中国自秦汉以来，吃了几千年过分集权的苦头，解放后，我们还是很不清醒。现在，是到了扩大社会主义民主、扩大地方自主权、扩大企业自主权的时候了。只要把经济加快发展起来，许多问题就可以迎刃而解。

项南接着说，很可惜，在两省还没有迈开步子以前，有的人就开始担心两省“太特殊”、“太灵活”。有的人甚至把特区当成“租界”，说什么上海租界的出现，是由于上海道台的昏庸无能。闭口不谈人所共知的原因，是清政府的懦弱腐败，才被迫签订了丧权辱国的不平等条约。我们是在强大的人民政权领导下办特区，主权在我，主动权在我，怎么可以把特区同租界等同起来呢？

项南不愧是“知所进退”的战略家，在说了一段锋芒毕露的话语后，随即口气缓和下来。他恳切地说，我们要互相支持，互相体谅。谷牧同志在会上提出，福建、广东两省对外经济活动实行特殊政策和灵活措施，遇到的都是新问题。他说，这“在我们党和国家的历史上，是从来没有过的”。因此，现在的问题，是要鼓励我们的干部敢闯敢干，敢担风险，尽快打开局面。这就难免要犯这样那样的错误。还没有迈开步子，就怕乱，怕犯错误，不敢迈步，是出不来经济的。福建在改革开放工作中犯点错误，出点纰漏，恐怕是难免的。特殊政策，灵活措施，主要靠闽粤两省挑起担子，但是没有中央各部委的支持、指导，也是打不开局面的。在这种情况下，互相支持，互相体谅，比什么都重要……

项南的发言，很有新意，很有创意，在会上又一次产生轰动效应，响起热烈的掌声。

这次会议结束后，项南连夜赶回福州，召开省委常委（扩大）会议，迅速贯彻落实中央会议精神，把“筑巢引凤”的攻坚战打上去。

2. 项南说得好，干得更好，妙棋就是“筑巢引凤”。国际媒体盛赞，福建在改革开放中，创造了一个又一个新的“神话”。

当年，福建经济十分薄弱，基础设施十分落后，实在是腹中无货，两手空空。这可真难为这位“封疆大吏”，“筑巢引凤”的攻坚战怎么才能打上去呢？

项南形象地说，没有巢，凤怎么会飞来？飞来到哪儿安居呢？因此，必须建好基础设施，巢筑好了，凤就飞来了，招商引资也就水到渠成了。基础设施建设，花钱多，困难大，却往往在一个甚至几个任期内都看不到经济成效，所以许多干部并不热衷于抓基础建设，然而基础建设事关整体经济发展大局。对于这一点项南非常清醒，他说：交通、通讯和能源等基础设施建设，纵有天大的困难也要优先安排，否则就会成为经济发展的“瓶颈”。

1981年3月11日，在福建省直机关干部会议上，项南特意作了《厦门特区非搞不可》的讲话，呼吁全省上下同心协力，拧成一股绳，支持厦门特区的工作。

在项南的奔走下，1981年10月15日，厦门经济特区湖里工业区正式动工兴建。

在为特区命名时，湖里加工区定名是“厦门经济特区湖里加工区”，而没有使用“厦门湖里经济特区”。虽是几字之差，意味十分深长：在项南和特区创办者的心中，早已不把特区理解为湖里的2.5平方公里，而是着眼于厦门全岛。

厦门要建经济特区，没有机场是不可想象的。

在厦门特区管委会召开的第一次办公会议上，项南明确提出：“没有机场，就没有特区。要下决心在厦门建飞机场，既然搞特区，又是对外开放，就一定要飞出去。”

1981年，福建省垫钱扩建福州机场，已极为鲜见。而厦门机场的问题，还不是垫钱的问题，而是能不能列入计划的问题。厦门机场立项，首先碰到的一大难题就是军方坚决不同意。厦门离台湾太近，与大小金门隔海相望，怎么能建民用机场？

空军司令张廷发是福建人，项南找到他，要先得到他的同意。张司令说，反对在厦门建机场的人不是空军的一两个人，还涉及军委和总参，我也拍不了板，你们来一些人，努力说服他们吧。项南只好带着省委和省政府的一队人马，一道去北京做工作。军方的态度还是那么强硬：“厦门搞这个机场，在金门的炮火射程之内，你们花那么多钱，几炮就给轰掉了，那哪成。”

“炮火射程之内”，这句话把项南堵住了。看来，说服军方很难，“难于上青天”。但这位“冠豸之子”灵机一动，想出一个好点子，可以把“炮火射程之内”挡回去。项南拍拍张廷发老乡的肩膀说：“等我拿到机场准建证，再跟你们理论！”

项南主政福建，全力以赴加强全省基础设施建设，他睡觉也在梦里考虑，把厦门国际机场建设列为要务之一。这时，有人笑项公“异想天开”。因为新加坡机场建设花去20亿美元，而当时福建全省每年财政收入才16亿元（折合当时美元才2亿元），到哪里找钱建机场？

但项南就是这样的犟脾气，他认准的事一定要办到底。于是，他多次带着省委副书记、省长、副省长等一批人马到北京游说，多方寻求支持，申请机场项目立项。经多方讨论，听取各方意见，终于取得修建机场的准建证。

比较“钱”的问题，实际上当时更困难的是不可能在厦门建机场，也就是说，在当时政治大环境下，在别的地方修机场可以，在厦门修机场，则是“禁区”，是不允许的，尤其军方那时通不过。这才是真正的天方夜谭。项南已经多次领教过军方的“炮火射程之内”，现在，手中有了准建证，他成竹在胸，有把握说服军方的同志们了。

项南知道，军方的理由也很有道理：厦门是前线，天天和金门对着打炮，修机场，被金门打掉了怎么办？谁负责？但谁也想不到，项南真个是铁嘴、能人，说得有理、有情也充分体现了他的智慧。他说：“不错，厦门对面是金门，但厦门是前线，金门也是前线，为什么人家就不怕炮打？人家一直在建设，我们却因为怕挨打不敢建设？哪有金门不怕厦门，厦门却怕金门的道理？”一席话，说得对方哑口无言。终于，军方也不得不松了口。厦门高崎国际机场就是在改革开放最初的艰难情境下，硬是撕开一条口子，这样启动的。

有了准建证，又赢得军方的支持，机场还是建不起来，到哪里去要钱呢？项南又来个“异想天开”，利用外资，向国外借钱。当时，这在我国又是“少见多怪”的奇事。嘲笑声、谩骂声更大了，上纲上线批成“向资本主义乞讨”、“用资本主义的钱，建资本主义的机场”。

向外国借钱，福建已有先例。由省政府下属的华福公司出面，向美国银行借钱，购买轮船，组成了船队，还开通了福建至香港的海上航线。向科威特贷款搞建设的谈判，由福建省副省长张遗负责，也在进行中。但是，利用外国贷款进行基础设施建设，在全国却是第一次。令项南欣慰的是，借外资搞基础设施建设的提议，在常委会上没有过多的争论就通过了。

当时，海湾国家每年都向外国提供贷款。国家进出口委员会把厦门机场建设列入科威特在中国援建的几个项目中。

几经周折，项南又赢了。经过一番努力，由张遗副省长率团赴科威特的出国报告，始获批准。终于争取到2200万美元贷款，而且是在当时中国六个项目中第一个得到的“引进外资”贷款。

项南为了节省用钱，一分钱掰成两半花。他赴京找到民航总局局长沈图，将机场设计任务交民航总局设计研究所完成。尽管困难重重，在省委、省政府全力支持下，厦门国际机场建设进度神速，“异想”果然“天开”。一流国际机场，仅一年就屹立在海峡西岸的厦门高崎。

其实，内行人都知道，按照中国的修建能力，厦门机场要建成，至少也要三四年。当时，项南一听国家民航局长沈图的介绍，叫了起来：“那怎么行？特区还能等个三四年呀！再说，恐怕我那时都不在福建了。你看能不能争取在一年时间内建成？”

“那不可能！”沈图以自己的经验令人不容置疑地回答。

项南的犟脾气，一定要让“不可能”变成“可能”。他做通了承包机场主跑道的闽江工程局的思想工作。1981年10月，闽江工程局向项南立下了“军令状”：以破釜沉舟的精神，背水一战，一年建成主跑道，确保1983年通航。

领导的重视使改革措施收到了效果，机场的建设速度非常之快。1982年1月10日，厦门机场破土动工，年底机场主跑道提前建成，创造了国内混凝土机场跑道当年开工当年建成的高速施工范例。

1983年7月29日上午10时03分，一架担负试飞任务的三叉戟客机，平稳地降落在厦门机场的主跑道上。带领机组试飞的上海民航局局长袁桃园健步走下飞机，抑制不住内心的激动：“试飞很成功，机场修得又快又好，完全符合国际机场的标准！”

从正式开工到建成，厦门机场只用了8个半月的时间（不算前期工程），实现了令人难以想象的高速度。

1983年10月，厦门机场预定通航之前，项南打电报邀请科威特费萨尔亲王参加机场通航典礼。亲王还不相信，他回了饶有趣味的电文：“项先生，你是一个很幽默的人，我希望能够确切知道哪一天机场能建成？”

10月21日，1000多名中外贵宾来到厦门参加机场的通航典礼。一架波音737平稳地降落在厦门国际机场，舱门打开，项南陪同全国人大常委会副委员长叶飞、科威特费萨尔亲王健步走下扶梯，彩旗飘扬，锣鼓喧天，一个崭新的机场出现在他们面前。

厦门经济特区，终于插上了腾飞的翅膀。

厦门国际机场奇迹般起飞，为福建飞向世界打开了通道。接下来项南就要解决通讯设备落后的问题。项南积极支持省邮电局引进一套先进的万门程控电话，最终决定采用日本富士通公司FETEX-150型程控电话交换机。

这一大胆的举措，意味着连跨四代，即从第一代跨越到第四代。说怪话的又跳出来了：

“吹牛，天下哪有这样跨越的！”

“一代跳到四代，不跳死才见怪！”

项南深入到省邮电局调研，引导他们解放思想，不要按部就班，从实际出发，从一代跨越到四代，来个飞跃。项南提出“以智取胜”的战略。他指出，当今世界，人才是关键，有了人才，就有了一切，不可能的就有可能。于是，省邮电局派出一批工程技术人员到日本富士通公司学习，从技术上先引进。考虑到当时引进这套万门程控价格较低，经项南提议，省委、省政府研究，拍板成交。

3. 项南并不满足这一个又一个“神话”。他雄心勃勃，誓把特区扩展到比香港本岛还大一倍。

1982年11月，继厦门国际机场起飞，又一“异想天开”的大事在神州传诵，福州在全国首家开通了万门程控电话系统，在国际间传为佳话，直拨国际电话时间仅需20秒。项南给国务院总理赵紫阳打电话，声音清晰明亮，以至赵紫阳以为项南到了北京，问：“项南同志，你到北京了？”

项南说：“我在福州。”

赵紫阳惊奇不已。国际媒体盛赞，福建在改革开放中，创造了一个又一个新的“神话”。

别小看“冠豸之子”，他的心比天还大，他的志比冠豸山还高。当“筑巢引凤”的攻坚战，响起节节胜利的号角声时，项南突然感到2.5平方公里的厦门特区太小了；而“巢”越筑越大，不久侨商、台商蜂拥而进，到哪里去扩展特区的地盘呢？得想出新的点子，把特区做大做强，让“凤”有安居之地，不然我们现在筑的“巢”也放不下啦。

听说邓小平要来厦门视察，项南灵机一动准备把这一心中琢磨许久的大事端出来。事先，他拜访了王震，向他汇报了自己的想法：我们最大的愿望，就是把厦门的特区扩大到全岛。厦门岛有131平方公里，比香港本岛大了近一倍，四面环海，办经济特区，海就是天然屏障。有人说，这种设想是“空中楼阁”。我说，在厦门能建这样的“空中楼阁”，那就更有吸引力啦！对吧？再说，厦门与台湾地缘相近，血缘相亲，语言相同，习俗相近，与金门隔海相望，最近处只1000多米。开放厦门全岛，有利于与台湾“三通”；就对台工作而言，任何一个经济特区都没有这样的优势。王震听后很高兴。示意项南向邓小平汇报。

1984年2月7日，邓小平视察了深圳、珠海之后，来到厦门。陪同的有当时的中共中央政治局委员王震。邓小平先跟项南打了招呼，说主要是来休息的。

◇在鼓浪屿航行的游艇上，项南向邓小平提出将厦门特区扩大到全岛的设想

那天晚上，王震邀着项南一起吃厦门线面，席间问项南：“你跟小平同志汇报过没有？”

项南说：“他是来休息的呀！我不好打扰。”

王震用了激将法：“你怎这么死脑筋？他脑子里天天想的都是国家大事，世界大事，什么时候休息过？你抓紧主动跟他说一说嘛，大概是你没有什么问题要向他汇报吧？”

“要汇报的问题太多了，”项南说，“最主要的是，厦门特区太小，只有2.5平方公里，即使搞成功，意义也不大。”

王震问：“你有什么意见？”

项南重复地又说了一遍：“我们省委所有同志都认为厦门全岛都应开放。”

王震听了非常兴奋，说：“这个意见很重要，你得赶快跟老爷子汇报呀！”还帮着出主意：“明天，小平同志乘游艇环游鼓浪屿，你可在游艇上向他汇报！”

1984年2月8日，霞光万里，朝阳灿灿，海峡风平浪静，白鹭在海天交接处飞翔，这是厦门难得的早春节气。邓小平、王震、项南以及福州军区、福建省、厦门的其他领导同志，在厦门码头上了“鹭江号”游艇。船舱较窄，一排只能摆下两张沙发。刚落座，邓小平和随行的女儿邓楠坐一排，对面是王震、项南和福州军区司令员江拥辉。游艇离开海面，环绕着鼓浪屿岛航行。

王震怂恿项南：“小平同志耳朵背，你应该坐过去。”

项南不好意思地推辞：“应该你坐过去。”

王震的声音大了一点，有点火气地说：“是我向他汇报，还是你向他汇报？”

声音惊动了邓小平。他回头问邓楠：“他俩吵什么呀？”

邓楠说：“王胡子伯伯要项南同志坐你身边，向你汇报。”

邓小平朝项南招招手：“那就请坐过来吧。”

项南这才坐到邓小平身边，摊开了早已准备好的厦门市区图，汇报了把厦门特区扩大到全岛、对厦门特区和对台工作的一些设想。

听后，邓小平问王震：“王胡子，你说行不行？”

王震点点头说：“我完全同意。”

邓小平说：“我看好，没啥子危险。福建应该多做点台湾工作。”

邓小平一锤定音，项南内心十分振奋。他没想到，在厦门建“空中楼阁”，竟不费什么力气。随着邓小平静静点着手指，“巴掌大”的特区，倏地扩展了，竟然比香港大了近一倍。这真是海峡西岸的又一个新的“神话”呀！

接着，邓小平又问项南，特区扩大后怎么个搞法？项南回答：“福建过去是海防前线，经济基础差，希望中央给的权再大一些。”

邓小平问：“你要什么权？”

项南说：“最好是把厦门特区建成自由港。可以参考香港的作法。”

邓小平问：“香港是怎么做的？”

项南说：“我对香港也没很好研究过。不过，我想，香港的主要做法大体是三句话：一是货物自由进出，二是人员自由来往，三是货币自由兑换。”

邓小平听了说：“前两条还可以，可后一条你拿什么跟人兑换？”

项南回答说：“可印发‘特区货币’。”

邓小平说：“这不容易，但没有关系。特区货币问题没解决前，可以实行自由港的某些政策。”

项南进而提出另一条意见：单有厦门特区的发展，还解决不了福建由穷变富的问题。最好是闽南厦漳泉三角地区也能对外开放。

邓小平说：“这个问题，等回到北京后，跟北京的同志一起研究。”

第二天，邓小平在厦门湖里工业区管委会二楼厅堂里，挥毫写下：“把厦门经济特区办得更快些更好些。”

邓小平视察特区后回到北京，建设特区的思路更加成熟。1984年2月24日，他与中央几位负责同志谈话时说：“我们建立特区，实行开放政策，有个指导思想要明确，就是不是收，而是放。”

接着，邓小平专门就厦门特区讲了一段话：“厦门特区地方划得太小，要把整个厦门岛搞成特区。这样就能吸收大批华侨资金、港台资金，许多外国人也会来投资，而且可以把周围地区带动起来，使整个福建省的经济活跃起来。厦门特区不叫自由港，但可以实行自由港的某些政策。”

小平同志还说：“除现在的特区之外，可以考虑再开放几个港口城市，如大连、青岛。这些地方不叫特区，但可以实行特区的某些政策。”

（上述资料引自胡少安：《面向海洋——邓小平在厦门》，上海《文汇

报》1986年7月28日）

1984年3月18日，中央宣布：厦门经济特区扩大到全岛。

随即，中国对外开放的步伐加速了——

1984年4月，福州等14个沿海港口城市对外开放；

随后长江三角洲、珠江三角洲和闽南厦漳泉三角地区辟为沿海经济特区；

海南省辟为经济特区；

紧接着，中央决定开发开放上海浦东……

这是邓小平当年南方谈话后的连锁反应：一个由特区扩大到沿海，由沿海扩大到内地的多层次开放的经济新格局，在全国逐步形成。

不久，在“加快厦门特区改革开放研讨会”上，项南作了《厦门应该打出自由港的旗号》的发言，在会议内外引发很大反响。

项南精辟地指出，关于自由港问题，我理解邓小平同志的想法，不只是为了发展经济，而是以祖国统一这一国家最高利益作为出发点，把厦门作为突破口的。以下三个发展过程，前后是一致的：

1980年，邓小平同志提出了20世纪80年代的三大任务：发展经济，统一祖国，反对霸权。核心是发展经济。

1984年，邓小平在厦门听取了福建省委把厦门建成自由港的设想。小平同志回京以后，国务院决定厦门可实行自由港的某些政策。这是五个特区中赋予厦门最重要也是独一无二的政策。

项南分析说，从福建经济发展和统一祖国大业来考虑，把厦门岛（是指便于从海上控制的岛内131平方公里的厦门岛，而不是整个厦门市）建成自由港，必将牵动整个福建的经济发展和国家的根本利益。把厦门建成海峡两岸资金、货物的集散基地，实行经贸、金融、旅游、交通、文化各个领域全方位的开放和开发，实行人员自由来往、货物自由进出、货币自由兑换的政策，将把厦门特区的工作推向一个新台阶，有利于促进祖国的和平统一大业。

项南接着说，目前，台湾局势正在发生急剧变化，两岸关系正处在一个关键时刻。台湾政局的发展，更加需要我们加快和平统一的进程，不断提高两岸经济的依存度，为两岸接触提供更宽松、更有利的条件。

项南强调指出，厦门与台湾隔海相望，方言、风俗、血缘相通，与海外华人经济有着密切的联系。这种独特的地缘经济优势，加上厦门十多年来，在能源、交通、机场、码头、通讯等方面条件日臻完善。以及厦门有八所高等院校，有素质较高的人力资源，厦门岛已基本具备建立自由港的条件。厦门不失时机地打自由港的旗号，此其时矣！

项南提出，应该采取有效措施，在自由港建立之前，应当支持厦门把以下工作做好：

一、对进入岛内人员实行落地签证，对特区内人员出境出国依法自行审批。

二、开通厦门与金门的海上直航，允许两岸民航绕道第三地区在厦门起降。为了打破僵局，开头可利用新加坡的华人华侨作媒介，由他们出面办理。

三、海关后移至集美，整个厦门岛均为保税区。因为是岛，极易封闭。

四、先允许人民币、台币、美元在岛内自由兑换，条件成熟后发行特区货币。

五、允许厦门向金门供水、供电，加速厦门与金门“两门对开”的进程，造成“两门对开”的祥和气氛。

项南最后深情地说，自由港关系到对台工作，对台工作关系到祖国统一的大局。我们应加大力度，狠抓落实，我们再也不应当辜负小平同志的期望了。

项南认为，厦门打出自由港的旗号，必将力促“筑巢引凤”更上一层楼，把这场攻坚战打得更漂亮。在这方面，陈嘉庚精神对我们的改革开放大业，有着很大的激励作用。

项南高瞻远瞩，远见卓识。他对陈嘉庚先生非常崇敬。他第一次来集美学村视察的时候，就对随行的人员说：“陈嘉庚先生是一个伟大人物，他生在福建，是福建人民的光荣和骄傲。他在集美奠定的办学基础，一定要把它发扬光大。”1983年春，在项南推动下，由省、市政府出面，在集美学村隆重举行纪念陈嘉庚先生创办集美学校70周年大庆。事先，项南极力主张筹委会要编写一本《集美学校70年》的校史，并亲自与福建人民出版社联系，指名一位老编辑作责任编辑。他还亲自题词、写文章。他的题词是：“在陈嘉庚的身上，永远闪烁着爱国主义和智力开发的光辉。”他在《纪念陈嘉庚》这篇文章中说：“陈嘉庚是个重要的历史人物。他的影响远远越出了国界。福建人敬仰他，中国人敬仰他，华侨和外籍华裔也敬仰他。”“陈嘉庚是爱国华侨的光辉旗帜，是革命事业的忠诚朋友。他受到全国人民和千百万海外华人的尊敬和爱戴，决不是偶然的。”这些话都讲得非常精辟。当时，许多人读了都觉得耳目一新。北京集美校友会为了纪念陈嘉庚先生，由理事长陈乃昌先生主编了一本《回忆陈嘉庚》。项南应邀作序，写了一篇《陈嘉庚的精神力量》。他在这篇文章中写道：“去年仲夏，我到印度尼西亚、新加坡和马来西亚访问。在我所接触到的华族、马来族和其他民族的朋友中了解到，尽管陈嘉庚离开我们已达30多年，但他的影响仍然深深地留在我国和南洋各族人民的心中。陈嘉庚一生对中华民族和南洋各族作出的贡献，是巨大的，是跨越国界和跨越世纪的。”

为了大力宣传陈嘉庚精神，加快特区建设步伐，推进“筑巢引凤”工程，1983年5月《厦门日报》发表了项南写的《纪念陈嘉庚》。他满怀深情地写道，时间流逝是很快的。如果陈嘉庚先生还活着的话，他今年该是109岁了。就是他亲手所创建的集美学校，也已70周年了。

我们怀念陈嘉庚，当然不只是因为他早年经历过旧中国半封建半殖民地那段屈辱的历史，不得不飘零海外，却又成了一个出色的实业家；也不只是因为他对辛亥革命、抗日战争、人民解放运动、社会主义革命和建设都作出过重大的贡献。主要是指他整个一生，总是站在人民一边，站在正义事业一边。在中国历史转折的关头，他的这一品质表现得尤其突出。陈嘉庚亲自撰写的《重庆与延安》《所闻与所见》，就是最好的见证。

……

在厦门大学和集美学村举办的纪念大会上，项南大声疾呼，要弘扬陈嘉庚精神，把我们厦门经济特区办得又快又好，把“筑巢引凤”这场攻坚战打上去，引来更多凤凰，让招商引资之花遍地开放，以实际行动和丰硕的成果来纪念陈嘉庚先生。

在厦门机场通航后，项南又在谋划与机场相关的另一项方案：与外国公司组建合营的厦门特区航空公司，要把这个“巢”筑大筑优筑好。在项南看来，厦门要建设成自由港，对航空业必然有更新更高的需求，也必将极大地促进航空业的发展；与外国合作经营航空公司的最大好处，是厦门特区避免了自身的种种不足，利用外方的飞机、技术和管理经验，在不长的时间内开辟国际航线，实现厦门展翅高飞的梦想，进而全面带动特区外向型经济的起飞。

1983年10月下旬，国家主席李先念、总理赵紫阳和副总理方毅先后抵达福建视察，他们参观厦门机场时，对这座中国第一个由地方自筹资金修建的国际机场倍加赞赏，尤其对福建向国外贷款搞大工程的做法予以首肯。

中央领导抵达福建后，立即视察了厦门机场。项南汇报说，耀邦同志去年来视察机场工程进展时，我们提出想与外国合作，建立厦门特区航空公司。现在机场通航了。这个问题应该提上议事日程了。中央领导听罢，果断地表示了与胡耀邦同志相同的意见：厦门机场应该对外开放，可以吸收外国资金技术同外国合作建立厦门特区航空公司，发展与东南亚各国的航空交通。

中央领导的首肯，鼓舞着项南“筑巢引凤”的决心，他捏紧组建合营航空公司一事，再次提议委派张遗副省长主抓。张遗经过一番考察和比较，决定选择与夏威夷阿罗哈航空公司合作。1983年11月，阿罗哈航空公司董事长程广和博士飞抵厦门，张遗与他多次会谈，双方对合营厦门航空公司均有极大兴趣。经过双方谈判和研究，提出了项目建议报告，随即又作了可行性研究报告。双方确认，厦门航空公司是中外合营的受中国法律保护的区域性航空公司，公司遵守中国民航的建制，是独立自主经营的经济实体，具有法人地位。公司借鉴吸收国际上航空管理的先进经验，建立自己的管理体系。

一通百通，步步顺利。厦门特区航空公司的合作方式，对中外双方都有利，也符合国际惯例，项南认为应该迅速决断。他立即将这个合作方案报到中国民航总局，得到沈图局长的支持，民航总局计划司也表示同意；国务院副总理谷牧对此方案也很赞同。

1984年4月，张遗率领由福建省和中国民航总局组成的代表团（团员包括厦门市副市长向真、民航总局计划司副司长王道和民航上海管理局一位副局长）飞赴夏威夷，与阿罗哈航空公司董事长程广和博士进行实质性谈判，代表团一行人路过香港，张遗拜会了新华社香港分社社长许家屯。张遗兴奋地谈了此行的目的，许家屯听罢表示怀疑："怎么没看到报道？你们暗中干，中国民航会同意中外合营航空公司吗？"张遗的答复是肯定的，显得很有信心。他说，我们多干实事，少做宣传，扎扎实实把"筑巢引凤"推向前进。

在夏威夷，张遗一行与对方经过一个星期的磋商后，终于达成协议。该协议规定，由夏威夷阿罗哈航空公司出十架飞机组建厦门（中外合营）航空公司，最初阶段主要飞厦门至广州、桂林、上海、杭州等城市，大陆以外航线首飞香港，然后是飞往新加坡、马尼拉和夏威夷等地。

合作协议签订后，新闻界发消息予以披露。张遗一行返回时又路过香港，许家屯设宴为他们接风，祝贺"中外合营航空公司"达成协议。他与张遗都认为，这是新中国民航史上的突破性改革，打破了独家经营的局面。同年4月19日，张遗返回福州后，向项南汇报了夏威夷之行的成果以及许家屯的祝贺。

但是，许家屯先前的怀疑，不是空穴来风。社会主义市场经济在"摸着石头过河"时，一定会遭遇计划经济和"左"的思潮的惊涛骇浪。果然，谁也没有料到，这个呼之欲出的中外合营厦门航空公司的方案，最后却卡在民航总局计划司，他们推出如下理由予以否决：航空公司不同于一般企业，它涉及国家领空主权问题，地方政府不能随便与外国签订协议，而应该由中国民航统一对外谈判。

消息传来，张遗大失所望。项南也难以平静，他痛彻地感到，福建在改革开放的探索上，又一次遇到计划经济体制的障碍！按说，国际航线都是采取平等互利、对等交换原则确定航线而通航的，你让人家飞进来，人家也让你飞进去。更何况厦门航空公司是中外合营的，并不是外国航空公司；这个中外合作方案，事先也是经过国务院有关领导以及主管部门同意的。

有人不理解“冠豸之子”的性格，只要铁定主意，就难以动摇。项南紧紧抓住邓小平关于“自由港”的论述，抓住中央授权的“特”“灵”，打了一场紧张的不动声色的官司。项南认为，创办经济特区，航空没有自主权，就谈不上真正的对外开放，厦门也就难以建成“自由港”。他鼓励张遗：我们要沉住气，想方设法突破这个体制禁区！

当谷牧副总理又一次来厦门特区视察时，项南和张遗向他汇报了厦门航空公司遇到的困境。项南说：我们这是利用中央赋予的“特殊政策，灵活措施”做的一点探索，不能就此完结。张遗说：我们与夏威夷阿罗哈航空公司签订了协议，不能随便毁约啊。谷牧表示，支持他们与中国民航总局交涉。

福建省为此做了最后的努力。打了一场旷日持久的“官司”。

但拖了一段时间之后，厦门特区与夏威夷合营航空公司的方案终于“胎死腹中”。中国民航总局作了自我批评，说是当初对此事考虑不够周到、不够慎重，似乎承担了不履行协议的责任。至此，一切努力都告结束。在强大的计划经济体制面前，厦门中外合营航空公司的计划终告流产。

项南认真总结经验教训，没有怨天尤人。他退而求其次，鼓励厦门特区政府筹集资金组建厦门航空公司。福建省政府和中国民航总局对此也给予支持。民航同意调两架波音737客机给厦航。这个方案与中外合营的方案相比，在资金、技术、人才和设备上都有更大的难度，但是特区有自己的航空公司总比没有强。

经福建省政府和中国民航总局于1984年3月2日批准，厦门航空有限公司宣告成立（民航总局出资50%，厦门市两家企业各出资25%）。这是新中国第一家地方航空公司的问世，可谓迈开了民航管理体制改革的第一步，让社会主义市场经济的萌芽，在“摸着石头过河”后，终于长成参天巨树。

张遗副省长此时却遭人暗算，因莫须有的“以权谋私”嫌疑被中纪委调查，但始终查无实据。项南信任张遗这个“苦官”，他始终认为：干事的人，永远比不干事而捣乱的人强。他明确表示，既然查无实据，就应该允许别人工作。在他的坚持下，张遗兼任厦门航空有限公司首任董事长。

对于厦门航空公司，项南倾注了颇多心血，他以六字相赠：“安全，服务，灵活。”1985年6月2日，项南到厦门视察时，与张遗一同接见了厦门航空公司及航站公司及航站有关负责人。他说，厦航一成立，就要给国内外树立一个新形象，否则就不要搞厦航了。你们是船小好调头，改革要先行一步。

◇项南（左二）与国务院副总理谷牧（左四）、福建省副省长张遗（左三）视察厦华电子公司

项南对厦门航空公司提出，你们的目标是在近两三年内要飞出去，首先是飞香港、菲律宾、日本、新加坡、马来西亚、曼谷，再深入一步到夏威夷、印尼等地。项南强调说，厦航要搞飞机修理、旅店、食品等，可以让外资来独自经营，不行就合资经营，再不行才贷款。要找一条多快好省的路子。对外商要让点利，有吸引力。光靠国内贷款是我们一家冒风险，独资是他一家冒风险，合资是两家共担风险。他充满信心地预言：从长远来说，厦门航空公司像经济特区一样，经过努力，一定会有很大的发展前景。

历经时间老人的考验，厦门经济特区越做越大，越做越强，成为全省的楷模，推动着“筑巢引凤”这场攻坚战，越打越漂亮，越打越引来更多的“凤”，引领着八闽大地冲出亚洲，飞向世界。项南这时刚毅而凝重的脸颊上，才露出一丝人们不易觉察的笑容。

第九章 “松绑”放权

1. 面对中国经济体制改革步履蹒跚，项南以高超的领导艺术，策动一场在神州大地产生轰动的“松绑”放权大变革。

项南来不及欢乐，也没时间骄傲和歇息，又忙着谋划让神州瞩目的“松绑放权”举措了。说来令人深思，项南主政福建，伸出两手，一手向中央要“三权”：人权、财权，和地方立法权；一手也向下“放三权”，人权、财权和经营管理权，并为地方和企业“松绑放权”。在全国上下，又引发一阵阵的掌声和欢呼声。在当时不啻是石破惊天之举！

项南心知肚明，当年，中国的经济体制改革正艰难地进入第5个年头。以家庭联产承包责任制为中心的农村经济体制改革，极大地调动了亿万农民的生产积极性，使全国农业生产连续四年获得丰收。然而城市经济体制改革此时刚刚起步，进展缓慢。作为国民经济重要支柱的国有企业，由于长期受计划经济的束缚，生产经营没有自主权，既无活力，也无动力，只有压力，被人们形容为“五花大绑”，步履蹒跚。

项南深入调研，了解了当时的企业毫无经营管理自主权，国有企业等于是政府部门的附庸。计划统一下达，物资统一分配，产品统一调拨，财政统一收支，价格统一规定，认识统一安排，工资统一标准……僵化的经济体制，对企业的经营和发展形成很大阻力。那时，厂长等于车间主任，企业经理都是假经理。在1980年和1981年两年的广交会上，福州的厂长、经理和外商签了合同并不算数，因为项目必须等“上面”批准；企业无权决定用人和奖金分配，按指令生产的产品与市场需要不相符，大量积压，在当时更是家常便饭。

项南早年在农机部任职，与下属厂矿企业往来密切，对这种现象了如指掌。如今，他主政福建，当然不能容忍旧体制继续约束生产力的发展，他一直在寻找突破的契机。1983年底，“福日”公司总经理游廷严曾给省委写报告，要求给企业以自主权。项南读罢，提笔批示道：“游廷严的意见值得重视，我完全赞同，如果不给企业自主权，不给企业以动力和活力，我们的经济是无法搞活的。”

1984年3月19日，在福建省六届人大二次会议闭幕会上，项南郑重强调了权力下放的问题。他说，放权是一个重大的改革。要改革就会有阻力，有时候还要担风险。这就要有勇气，敢于打破不适应生产力发展的旧观念、旧框框、旧规章，还没有改革就怕犯错误，这不是改革者的精神状态。改革无非是两种可能，要么成功，要么失败。改革者即使失败了，我们也应该体谅他。因为即使是常胜将军，有时也是会打败仗的。

项南大声呼吁省里要放权，包括省委、省政府要把一部分权力下放给部、委、厅、局。什么事都包下来，既办不好事情，又忙得团团转。各地、县和厅、局对自己管辖的企事业单位同样也要放权。不要把省里的权争到手了，对工厂、企业、商店的权又抓得牢牢的，如果不继续逐级向下放权，给企业以活力和动力，我们还是特殊不了，灵活不了……改革开放的潮流，如同大江大河滚滚向前。

一石激起万重浪，省委第一书记兼省人大常委会主任项南的此番讲话，明白无误地发出鼓励“放权”的信息，它在人大代表和全省百姓心中引起强烈共鸣，对改革起了激励作用。

三天之后，福建省55位厂长经理齐聚福州，参加“福建厂长（经理）研究会成立大会”。会议的一个重要议题是交流搞活企业经验。

不料，交流会变成了诉苦会，企业家纷纷诉说企业无权之苦：被高度集中的旧体制捆住了手脚，生产计划、原材料、产品、工资奖金、干部人事等全得由政府主管部门说了算，只有压力，没有动力，更谈不上活力，甚至于“企业建个厕所都要层层报批”。

时年50岁的黄文麟是福建省经济委员会副主任兼省企业管理协会副会长，他当时尽管代表着政府部门，但也没考虑那么多。他被厂长、经理们当时的困境所感动，从心里理解他们。他觉得自己有责任帮助他们。

厂长、经理的讨论热烈而诚挚，黄文麟在一旁静坐仔细地思索着。经慎重考虑后，他提出建议：“55位厂长、经理联名上书。”

话音刚落，现场一片沸腾。大家商议后认为，这是涉及体制改革的大问题。如果打个报告，按一般渠道、一般方式逐级上报，可能解决不了问题。要改革，就先从报告的方式上改起，采取的超常规的举措，直书省委领导。当即，黄文麟牵头，原省企管理协会秘书长滕能香参与，迅速草拟出一封《“松绑”放权呼吁信》，经征求几位骨干企业家意见，很快在会议上获得55位企业家的一致通过。

3月23日下午，黄文麟和滕能香来不及向上汇报，就将呼吁信直送到时任福建省委第一书记项南办公室。半个多小时后，接到项南秘书电话，说项南就呼吁信做出了批示，《福建日报》明天就发表。

3月24日，《福建日报》以《五十五名厂长、经理呼吁——给我们“松绑”》为题，在头版头条全文公布呼吁信，并配发了导语——在福州参加省厂长（经理）研究会成立大会的55名厂长、经理，3月22日写信给省委领导同志，题目是“请给我们‘松绑’”。情词恳切，使人读后有一种再不改革、再不放权，就真是不能前进了的感觉。

“这段导语，是由项南亲自撰写的。”时任《福建日报》副主编徐明新后来告诉企业家们说，“呼吁信在《福建日报》上的刊发时间、版面、位置，项南也都在批示中亲自作了指点。”

一场集聚了企业紧迫需要、领导强力支持、媒体全面配合三大要素的“松绑放权”大变革，就此拉开帷幕。

呼吁信坦言，企业目前处于只有压力，没有动力，也没有活力的境遇。为此，企业家们“不揣冒昧，大胆伸手要权”。他们认为，目前企业的潜力还是很大的，只要给企业创造一些必要条件，我们的步子就可以迈得大一些。

呼吁信具体要求“松绑”的权力有五条：一、企业干部管理除工厂正职由上级任命外，副职应由厂长提名，然后由上级主管部门考核任命；其余干部通通由企业自行任免，上面不要干预。二、干部制度要破除“终身制”和“铁交椅”，实行职务浮动，真正做到能上能下，能“干”能“工”。三、企业提取的奖励基金，企业应有权支配使用，有关部门不要干涉。奖金随着税利增减而浮动，不封顶，不保底。企业内部可根据自己的实际情况，实行诸如浮动工资、浮动升级、职务补贴、岗位补贴等多种形式的工资制度和奖惩办法。四、在完成国家计划指标的情况下，企业自己组织原材料所增产的产品，允许企业自销和开展协作，价格允许“高进高出”，“低来低付出”。五、改革企业领导制，试行厂长（经理）负责制，扩大厂长权力等。在信上签字的55名厂长、经理郑重承诺：“我们要这些权力，绝不是为了以权谋私。如果有人滥用职权，谋取私利，搞违法乱纪，当受党纪、政纪直至国法惩处。”

一直为企业改革操心的项南读完这封信，深感企业家们的要求言之成理。他敏锐地意识到，企业家们反映的问题，并非孤立现象，而是在全国带有普遍性的体制问题。这是推动城市经济改革、使企业突破旧体制束缚的契机！项南稍加思索，立即对来信作了批复：“此信言辞恳切，使人读后有一种再不改革、再不放权，就真是不能前进了的感觉。本人认为有必要将这封信公之于众。”

这天，项南给《福建日报》值班总编打电话，要求将这封呼吁信刊登在次日的一版头条。当报社派人到省委办公厅拿到这封信时，发现项南已经亲笔写好导语，并拟好标题——《55位厂长经理发出呼吁：请给我们“松绑”》。3月24日，《福建日报》在头版头条全文刊登这封呼吁信。

当天上午，项南让秘书给报社总编室打电话：迅速派记者采访省委组织部等单位的领导同志，请他们谈谈对55位厂长经理要求改革的看法。报社迅速派出记者，分头访问了六七个跟国有企业关系密切的部门。省委组织部表示：要改革干部制度，扩大厂长的用人权力；省人事局领导谈了要给企业下放5个方面的权力；经委表示要给企业“松绑”放权，搞活企业；财政厅同意奖金随税利增强而浮动，企业内部可实行浮动工资。

从3月25日开始，《福建日报》在一版挂起刊头《勇于改革支持“松绑”

搞活企业——对五十五名厂长经理呼吁的回声》，连续报道有关部门及福州市委、市政府等支持改革的措施及行动，工人劳模等对"松绑"要求也在报上发表。

当时，举国上下企业改革风起云涌，来势喜人。福建"松绑"放权的报道所激起的波澜，很快超出八闽大地，在全国引起反响。新华社对此作了连续报道。3月30日，《人民日报》全文转载了呼吁信，摘登了福建省委组织部、省经委领导支持改革的谈话，并配发"编者按"。

《请给我们"松绑"》在《福建日报》、《人民日报》、《经济日报》等主流媒体发表后，短短的时间内，许多省市区的厂长、经理们也纷纷提出"松绑"，要求明确企业生产经营的责、权、利。当时有经济学家对这封呼吁信作了这样的评价：这是我国企业改革史上企业经营者第一次吃"螃蟹"，第一次向政府要权，是我国解放思想的一大成果，它为中国国有企业改革吹响了进军的号角。

中央有关部门对于《福建日报》刊发《请给我们"松绑"》的呼吁信，高度评价。国家体改委一马当先，发出热情邀请，黄文麟与游廷严、刘维灿等5人专程赴京汇报，中央党校也约他们一起座谈，探讨企业改革的理论问题。国家体改委副主任童大林对他们说："你们提出的问题，正是我们要研究解决的问题。"国家经委副主任袁宝华也赞扬道："你们干了一件好事，对我们的工作有很大促进作用。"

项南称这55名厂长、经理是"企业改革的先驱者"，他和省委坚决给予支持。在4月10日的省工贸工作会议上，项南说，改革的核心就是放权。必须使我们的厂长、经理有人权、财权、经营管理权。没有这三种权，可以断言这个厂是办不好的。

项南多次接受海内外媒体新闻记者的采访，一再提起这一企业改革大事。他指出，身为厂长、经理，却既无人权、财权，又无管理权，像一个人在许多绳子上五花大绑下过日子，手脚被捆得死死的，动弹不得，他们怎能发挥主动性、创造性？省委、政府决定给他们"松绑"放权，把企业内部的人权、财权、管理权交给他们，充分调动企业家的积极性，让我们企业在深化改革、扩大开放中迅速发展。

项南深知旧的体制的“顽症”，担心刮“一阵风”后，企业的“绑”松不了，权也放不下。他强调指出，对企业“松绑”放权的问题，不能报纸登一下就了事，要抓落实，抓出成效。同年4月，福建省政府颁发《关于改革国营企业人事管理制度的决定》等七个涉及落实企业自主权的文件，给企业放“三权”（人权、财权、经营管理权），增“三力”（动力、活力、压力）。

在项南的督促下，福建省企业改革的重大突破自此开始：省经委提出十项措施，包括鼓励直接出口产品、下放技术改造项目审批权等；省财政厅提出：同意企业奖金由其自行支配，不封顶、不保底，内部实行浮动工资；省委组织部和省人事局提出措施，同意企业中层干部由企业自行任免，并打破干部终身制；省劳动局提出，企业可根据劳动计划公开考核招工，企业有权选定工资形式……1984年5月10日，国务院颁发《关于进一步扩大国营工业企业自主权的暂行规定》，在十个方面明确规定给企业扩大自主权。这些措施的出台，在很大程度上激发了企业的积极性。

项南对“松绑放权”一抓到底，层层落到实处。在厂长经理们的呼吁信发表一个月之后，经项南提议，省委、省政府决定请55位厂长经理开会，检查“松绑”放权的落实情况。《福建日报》为此发了消息，并在一版设“呼吁‘松绑’的厂长回去以后”专栏，报道55位厂长、经理回去之后的改革行动，也反映一些厂长在改革中遇到的困难，呼吁“有关部门高抬贵手”；同时报道有关部门继续采取措施放权。《福建日报》还选择有实际行动的单位及改革初见成效的单位，在报上连续进行报道：同时也批评不肯放权的单位领导。省政府后来还多次召开55位厂长、经理会议，检查落实情况。

为了进一步推动“松绑”放权，项南亲自写了一条短报道《省委决定下月中旬召集55个厂长进行检查：还有哪些权没有拿到手，还有哪条绳索没有解开》的新闻在1984年4月24日《福建日报》刊出：

> 昨日省委常委和省府党组在整党会议上作出决定，下月中旬再一次召开55个厂长、经理会议，对“松绑”放权进行检查：有哪些权没有拿到手，还有哪条绳索没有解开，是谁对放权“松绑”搞得好，是谁把着权不放，是谁不给“松绑”。检查将指名道姓，找出促进改革的单位和个人，找出阻碍经济改革的单位和负责人，进一步扩大企

业的自主权，逐步摆脱企业对行政的附属地位。

项南亲自写的短稿，字字值千金，给改革者以鼓舞，给观望者以督促。

在改革开放、解放思想的初期，福建率先提出“松绑放权”，扩大企业自主权，开了全国国企改革、政企分开之先河。

到1985年，项南依然对简政放权的工作紧抓不放，坚持给企业在产供销、人财物等方面以更大的自主权。针对一些具体情况，他严肃强调，放权不能留一手，不能明放暗不放，更不能放了又以种种理由收回来。

“没有项南的支持，是不可能有这种结果的”，后来担任省人大常委会副主任的黄文麟如是说。现在可以清楚地看到：项南1984年春亲自引导和主持的福建国有企业“松绑”放权的举措，堪称全国国企改革、政企分开之先河。尽管此后还有高官对“松绑放权”不以为然，然而历史证明，由福建发端，继而在全国推而广之的为企业家“松绑放权”，是中国企业改革的第一步，它在全面推进城市体制改革方面，具有重大意义和推动作用。

在支持向企业家“松绑”放权的同时，项南还意识到，农村改革的实践经验可以运用到城市改革中来，以便更进一步激发企业的活力。项南在福州调研时，提出“让‘包’字进城”的主张，他说：“包”字下了乡，农村大变样。现在应该让“包”字进城了。

项南在调研中发现，工业、商业、建筑业、服务行业之所以普遍存在经济效益不高、服务质量不好的问题，一个重要原因，就是没有把职工收入的高低同企业经营好坏和个人贡献大小结合起来，就是没有打破分配上的平均主义。企业在吃国家的“大锅饭”，职工在吃企业的“大锅饭”。项南强调，为了改革城市经济中普遍存在的吃“大锅饭”的弊端，必须让“包”字进城。

项南善于在实践中总结经验，他大力倡导“包”字进城，既可保证国家财政收入的稳定增长，又可使企业保证有一定的财力和经营管理上的自主权，何乐而不为！城市中可以搞承包的天地是很广阔的……抓住一个“包”字，就抓住了体制改革的关键，抓住了要害，效益就能提高，工期就能缩短，浪费就能减少，技术就能进步，服务质量就能改善，工人、干部、技术人员的积极性就能大大地调动起来。他断言，“包”字下乡，已经收到意想不到的效果；“包”字进城，将会迅速改变整个城市的面貌。

一个“松绑”放权，一个“包”字进城，这两次改革都是触及了城市改革中的较深层次问题。现在看来似乎很平常，但在当时的情况下，项南敢于支持，敢于实践，在全国产生了一石激起千层浪的影响，确实需要很大的勇气和胆略。

1994年2月，为纪念具有历史意义的“松绑放权”、扩大企业自主权大讨论10周年，中国企业管理协会、中国企业家协会作出决定：将每年的3月24日定为“全国企业家日”。

2.“松绑”放权极大地解放了生产力，“包”字进城成为推动城市改革和企业改革的“金点子”。成效显著，神州盛赞。

项南对“包”字情有独钟，颇感兴趣。他认为，这个“包”字是改革的动力，开放的活力，也是治疗“左”的思维的一剂“良药”，更是力促经济发展的一项重大举措。

项南为什么对“包”字寄予希望呢？因为当时企业存在严重的吃“大锅饭”现象，他提出要打破分配上的平均主义，努力改革企业吃国家“大锅饭”，职工吃企业“大锅饭”的弊端，让“包”字进城，企业也要搞承包责任制，要包到班组，责任到个人，这样才能充分调动企业和职工的积极性。

1984年5月，在全国人大六届二次会议上，项南作为全国人大代表，盛赞“包”字下了乡，农村大变样；“包”字进了城，市情有大成。在会议上受到代表们的喝彩，认为是推进城市改革的一大“金点子”。项南很受鼓舞，根据自己发言的思路，连夜为《福建日报》撰写了一篇社论《让“包”字进城》，刊登在5月18日《福建日报》一版显著版面。

福建省许多企业在“松绑”放权后，让“包”字进厂当家，实行多种的承包制，经济增长速度大大加快，企业经济效益也明显增加。55位厂长、经理之一的厦门卷烟厂党委书记兼厂长刘维灿，在参与发出《请给我们“松绑”》呼吁信后，心里惴惴不安，万未料到省委、省政府领导给予大力支持。项南赞誉55位厂长、经理是“企业改革的先驱者”，成为敢为天下先、敢当“出头鸟”的企业家。

正是在项南批示的鼓励下，厦门卷烟厂请“包”字进厂，大刀阔斧进行企业机制改革。精简机构，优化劳动组织，分配与经济效益挂钩，工资与贡献挂钩，促进生产力发展。回首过去的岁月，虽然顶着阻力改革国有企业，让刘维灿吃尽苦头，但她无怨无悔，事实已经作了最好的回答，在改革时代，为振兴民族工业，她走了一条“与众不同”的路，使厦门卷烟厂发展了自己，占领了市场，靠技术和实力与国内同行分享效益。

该厂在党的十一届三中全会之后，就思索着如何加快改革开放步伐，引进先进技术和管理，振兴我国的烟草行业。1980年，厦门卷烟厂作为中国烟草行业第一家和美国雷诺士烟草公司合作加工“骆驼”牌香烟的外资合作企业。这在改革之初的海防前线城市厦门，燃起了一把大火，“烧着了”许多人的眉毛。随后，围绕着合作加工美国香烟，在社会上引起一场争论。有人说“骆驼”牌是黑样板，打击了民族工业；有人说这是“卖国主义”，比李鸿章还有过之无不及。当时，作为该厂带头人，刘维灿觉得，真是乌云压顶难抬头。

也就在前一天，1982年4月6日夜，刘维灿和身患重病的原厦门市进出口办副主任谢崇永被迫写检查直到深夜。然而，刘维灿百思不得其解，自己想做点事又错在哪里呢？

1982年4月7日，省委领导来厂调研，刘维灿做梦也想不到项南握着她的手说：“明知山有虎，偏向虎山行。为党创企业不要怕担风险，顶着就是好汉。你们干，比不干的人好几十倍、几千倍！我会为你口头和书面平反。”他的话语像一股暖流，沁入心田。此刻，不知怎地，这位厂长热泪盈眶。

不久，6月份省召开工业交通会议，省政府特邀刘维灿参加大会，指名要她在会上发言。她发言之后，项南在会上说：“坚持执行党的十一届三中全会路线，坚持发展对外经济合作的干部，要比那些光说不干的人好几千倍，几万倍。”随后刘维灿详细向他汇报与雷诺士合作的过程，并向他倾诉了心中所受的委屈。

阳光终会穿透阴霾。在厦门卷烟厂最困难，刘维灿这位厂长压力最大的时刻，省委书记给她支持和力量，使她对企业改革充满了信心。项南不但口头给她平反，而且在省委刊物《经济动态》发表的“一场争论”一文中，为这位厂长撑腰、鼓气，并派新华社福建分社的记者到厦门卷烟厂实地调查，编写情况材料向中央反映，使厦门卷烟厂与美商合作的项目顺利进行，这是刘维灿永志不忘的。

历史已经证明，这个合作项目是成功的，利远大于弊。从加工生产“骆驼”牌香烟起步到合资开办华美卷烟有限公司，十多年来，该厂与雷诺士公司的合作不但引进世界先进技术、管理经验，并作为一个对外经贸合作的样板，向全国烟草行业辐射，为国家创税利20多亿元。

“松绑”放权，请“包”字进城，也促进了招商引资，1984年6月，项南在会见日立工机株式会社社长高桥丰吉时，态度明确地说：“福建与日立的合作是成功的，希望今后能长久合作下去。”

项南把福建与日立合作开办福日公司作为第一个“里程碑”，把闽日在电动工具方面的合作，当作第二个“里程碑”。他希望并建议福建与日立可以进行更全面、更广泛的合作，树立第三个“里程碑”。日方非常赞同项南的想法，表示一定要跟福建进行更加全面、广泛的合作。

福建省的这家中外合资公司，是在风雨中茁壮成长的。事情的发展让人想起20世纪80年代初，福建作为前线，30年没有大建设。中央给福建的投资只占全国总额的0.8%，国家建设规划的大中型项目没有一个在福建落户。从经济基础和发展速度来看，福建大大落后于兄弟省份，和广东更无法相比。

1979年7月1日，《中华人民共和国中外合资经营企业法》订立通过。从当年7月到年底，合资项目全国总共才批准了6个，协议外商投资金额才810万美元。可见处于刚刚起步阶段的合资经营还有很大的风险和潜力。为了达到改变福建面貌先行一步的目的，项南领导全省上下积极用好中央给予的“特殊政策，灵活措施”，独辟蹊径，大搞基础设施建设、筑巢引凤，夺得一场又一场攻坚战的节节胜利。

任何新生事物的成长，都是要经过艰难曲折的。福日公司也不例外。1981年6月，福建同日本日立公司合资兴办的福建日立电视机有限公司（简称福日公司）正式开始生产。这是在中国落户的第一家中外合资企业。虽然国家订立了中外合资法，但订立法规是一回事，实际做起来又是一回事。“左”的思想迷雾重重，外界对这个新鲜事物毁誉参半。从中央到地方对此都有不同意见，一场围绕福日公司的争论引起举国关注。

项南的高明之处令人肃然起敬，他在巨大压力和重重困难面前，想到了邓小平。邓小平关于“办特区，我有个发明，不作争论”的论断，成为他排除千难万阻的精神动力。项南用“不争论”的方式，毫不犹豫地给予福日公司最有力的支持。

福日公司还是有福气的，在困难的时候，得到中央领导一行的支持。1982年11月2日，中共中央总书记胡耀邦来福建视察工作，随行的有胡启立、谷牧、郝建秀、杨德中、李鹏、江泽民等。胡耀邦沿途对福建省的各项工作都作了重要指示，提出福建要走在经济建设的前列。还说，福建在对外开放上是积极的，但前段时间进展不快，不能完全怪福建，中央有关部门认识不一致，支持不够，也是个原因。胡耀邦专门就福日公司问题发表讲话，指出：福日公司是中日经济合作的一个项目，即使吃亏，也要坚持办好。胡耀邦的话增强了大家搞好合资企业的信心，但争论并未因此平息下来。

倔强的项南更是挺起腰杆支持福日公司。但反对者也变本加厉，极尽打击、陷害之能事。可恨的是，上自某些中央有关领导，下至省内省外，都有人批评福日公司在搞“卖国主义”，是“殖民地经济”。见项南和分管外经贸工作的副省长张遗不肯低头认错，有人干脆指示国家计委不承认福日公司的生产计划，商业、工商管理部门通知福日公司，电视机向省外出售，须报经批准发准运证，否则按走私论处。

为了保住福日电视机生产线引进这个改革开放成果，项南不惜乌纱，以泰山压顶不弯腰的精神顶住压力，坚决不让福日停产，生产更多更优的产品，保证市场需要。

这时，好在“松绑”放权的春风吹来，企业家有了人权、财权、经营管理权，再加上“包”字进城，企业家心胆也更壮了，争着为项南分忧。现状是福日公司被“卡死”，不被列入生产计划，就没有外汇购买必需的配套原器件，造成生产没保证，生产出的产品又大量积压。项南积极支持给予变通的办法。从现有库存中，先安排数万台彩电以人民币在省内出售，然后按外汇平均成本计算，由计委安排平衡外汇450万美元。这样，减轻了福日公司的库存积压，加快了货币回笼，稳定了市场和帮助工厂保持了正常生产，同时也满足了人民群众的需要。

项南知道，不只是福日公司，几乎每一个大的合资项目都遇到这类问题。厦门卷烟厂和美国雷诺士合作生产“骆驼”牌香烟，引进了一些先进机械和技术，各种议论也纷然而至。有人认为这个引进搞得很糟，甚至添油加醋地说，都像厦门这么搞，我们的国家就完蛋了，把大门打开了，连关税也没有了，生产的香烟不是运销国外，而是在国内销售，净赚本国人的钱。

在火烧眉头的关键时刻，项南站出来说话：大搞“三来一补”，没有什么风险。他重又提及厦门烟厂与外资合作，我们没花什么钱，把技术引进来，把设备引进来，原材料也拿到了，工人得到了培训，国家收了税，解决了就业问题，又增加了市场商品。这有什么不好？我们丢掉了什么？有什么风险呢？厦门烟厂不到一年就达到设计要求，就能掌握技术，就能赚到钱。坏处在哪里？

项南举一反三，从这件事引申开去，把那些人的无理攻击挡了回去。他说，世界上哪有十全十美的事情，过分苛求，什么事情都办不成。我们确定一个项目要慎重，但出了点问题，大家要互相体谅，不要把责任推给别人。我们要十分爱护有首创精神的同志，他们冒风险来干，即使犯了一点错误，也应该体谅他们。对外经济活动，我们缺乏经验，难免会犯错误，但只要不是为了个人，而是为了国家，为了党的事业，为了发展经济，犯一点错误，要体谅他，支持他，当然也要帮助他改正错误。

项南还说，过去有支战歌，叫《开路先锋》，“轰轰轰，我们是开路先锋！轰轰轰，我们是开路先锋！不怕关山万千重”，大家都要有开路先锋的精神，做改革开放的先锋、闯将。

我们的“封疆大吏”此时此刻高唱起《开路先锋》战歌，寓意无穷。他还有一种想法，是当时人们想不到的。随着“松绑”放权，“包”字进城，极大调动了企业家的积极性，创业办厂热潮高涨，连一大批侨商、台商以及海外客商，都争先恐后要来海峡西岸的八闽大地投资建厂。项南考虑，原先“筑巢引凤”，那是在福建基础设施薄弱的“初级阶段”的应急措施，一般筑的是小“巢”，引的大多也是小“凤”。如今，福建经济开始腾飞，1984年上半年累计全省经济增长率是14.9%，2月份则达到20%，名列全国第二。项南评价说，你说今年生产条件有什么改变？没有。就是“松绑放权”，“包”字进城。事实证明，省委的前瞻性主张，与1984年秋党的十三届三中全会通过的《中共中央关于经济体制改革的决定》精神是完全吻合的。1985年11月，项南在会见首批访闽的37国驻华使节、外交官及其夫人时，自豪地宣布：“前几年，福建经济增长率一直都是在全国的29个省市里排名第21位，去年前进到第3位。我们的电子工业，原来占全国的第18位，去年前进到第6位……”他表示：“我们对外开放的政策是坚定不移的，福建的大门将会越开越大。”

项南心里一直在谋划，随着“松绑”放权和“包”字进城，全省开放的大门“越开越大”，就意味着“巢”也要越筑越大，“凤”也将越引越大。于是，一个又一个“胆大包天”的决策，在“封疆大吏”胸中“成竹”：“建立福州马尾保税区！”

这一新的名词，当时没有多少人知道。周游列国，见多识广的项南在省委和省政府“一班人”会上解释说，保税区的英文译为“自由贸易区”，它起源于1547年的意大利热那亚自由港。当时的意大利，经济上正面临着极大困难。一方面，英国和西班牙为了本国毛纺织业的利益，停止输出羊毛，影响了意大利毛纺织业的货源；另一方面，与土耳其的战争又使东方商路受阻。热那亚自由港便在这样的关头诞生，从而拯救了意大利濒危的经济。此后，北美、西欧一些城市也纷纷开辟“自由贸易区”，促进了经济繁荣。而亚洲“四小龙”的崛起，在很大程度上也得益于类似保税区的各类出口加工区的建立。

省委、省政府“一班人”经过热烈讨论，联系福建的历史和当前的实际情况，决定尽快建立保税区。大家乐得都微微笑起来：这保税区可是个大“巢”，那大“凤”就会一批又一批地飞来八闽大地登陆啦！

那么，这个保税区建在哪里呢？项南经过调研，早已谙熟省情，他建议在福州马尾建立保税区。省“一班人”大多对马尾并不陌生。许多省领导都瞻仰过昭忠祠、攀登过罗星塔，也曾在福州船政局和船政学堂遗址前徘徊深思，自然，还读过近代史中关于它的沉重一页。在近代中国，几乎每座沿海港口都有一段屈辱的让国人扼腕泣血的历史，马尾也不例外。1884年，中法海战爆发，由于清廷的腐败无能，致使福建海军大小11艘战舰在30分钟内即被击毁击沉，1500多名官兵殉难。海战的结果是残酷的，它不仅仅葬送了福建海军的全部，而且，这块中国海军摇篮地从此一蹶不振。

项南在省领导“马尾现场办公会”上，谈了他对学习马尾历史的体会。他说，但马尾在中国近代史的地位绝不会因这次毁舰丧师的失败而辱没。一个洋务派的革新人物使马尾的名字在史册中熠熠生辉。左宗棠，这是近代史上一位十分复杂的人物，时任闽浙总督。他痛感中国科技和军事落后，认为中国要“自强”，就要“师夷长技”。他决心造船，造出中国自己的坚船利炮，与列强抗衡。他跑遍海疆，最后将造船厂址选在马尾，便是采纳了外国专家的建议：“福建罗星塔一带，开槽浚渠，水深土实，为粤、浙、江苏所无。”在此之前马尾在世界地图上还寂寂无闻，只有一座罗星塔为航海者所知。当年，柳七娘在一片江水漫漶的岸礁上造塔，当然不会想到它会成为世界航海图中的一个重要标志；更不会想到，800多年后，马尾的振兴，便是由这座石塔发端。左宗棠亲自到马尾实地踏勘后，下了最后决心。1866年6月25日，左宗棠向清廷奏陈造船计划，不到一个月，7月14日即获朝廷批准。福州船政局正式成立，左宗棠当上第一任船政大臣。他拟订了一个雄心勃勃的五年计划：“比及五年，成船稍多，可以布置沿海各省，遥卫津沽。”在左宗棠的督理下，地方上下总动员，马尾这片沉寂的土地第一次扬起了改革的尘埃。但五年计划才刚刚实施，左宗棠即被调任陕甘总督。为了不使雄图落空，他推荐了另一个改革派人士、林则徐的女婿沈葆桢继续任船政大臣。此后，左宗棠虽然身处西北边陲，但始终心系造船大业，每次船政奏疏均由他领衔会奏。他还从经费上对造船加以支持。当朝中有大臣以为造船靡费甚巨，奏请停办时，正在新疆平定阿古柏叛乱的左宗棠飞奏力排异议，申述造船是“国家断不可少之事”。由于他和其他洋务派大臣的坚持，船政局始免半途而废。左宗棠虽未能再回闽浙主持朝政，但马尾造船业却因此得到长足发展，先后造出了大小军舰15艘，同时还创办了船政学堂。马尾，成为中国走向世界的一扇舷窗，成为中国走向世界的一道阶梯。一群踔厉风发的中华英才：严复、詹天佑、魏瀚、萨镇冰、邓世昌……怀着报国的壮志来到马尾，又从马尾踏上他们报国的征途。

项南说，马尾，书写了中国近代史上辉煌而又辛酸的一章，自兹沉寂了。在马江海战的硝烟飘散了100年之后，历史再次垂顾了它。它的每一次振兴都跟改革开放的命运紧密相连……

从马尾现场办公回到省委办公厅，项南深夜还在忙着。这是让人感怀的一幕。在地图前久久伫立的省委书记项南将他的目光停留在闽江口的这片土地。一个富有风险的大胆决策，伴随着他度过几个不眠之夜后断然作出。此时，曙色已然叩窗，他拨响了省长胡平家的电话，商议这一重大决策。

项南的决策，与中央的部署不谋而合。1984年3月26日至4月6日，中共中央书记处和国务院联合召开“沿海部分城市座谈会”。会上决定全面开放沿海14个城市，并在这些城市中有条件的地区设立经济技术开发区。

这一消息刚刚播发，福州市委、市政府的领导在新任市委书记袁启彤的带领下，立即组织一班人将决定精神付诸实施。他们对时机的把握真可以说是分秒必争！市委主要领导摒弃日常公务的打搅，以两块面包一杯茶权当午餐，跑遍全城，分头征询专家，又到实地踏勘，分析利弊，而后集中意见，决定开发区和保税区一并选址马尾。意见被交到了省委。开发区和保税区选址马尾，绝不是一个水到渠成的主张。100年的沉寂，马尾早失去了当年咄咄逼人的雄风。这是一只搁浅日久早已锈迹斑驳的“海船”，它能以新的姿态迎接大洋的风涛吗？把巨额资金投放到这样一个基础设施还十分落后的小镇，划得来吗？赞成的和反对的意见针锋相对。决策的最后一记铜锣必须由省委书记敲下。

“在马尾吹沙造地，一定要把开发区和保税区搞上去！”项南一巴掌拍在桌子上，马尾获得了一个新生的机会。

其实，内情人都知道，虽说马尾是港口，公路、铁路还算齐备，但同改革开放的要求，又过于不般配，马尾虽是一个镇，但不成规模，大片的滩涂侵蚀了它的土地。如果人们要把它建成现代化的都市，基础设施还很不配套，如水电供应，民用尚显不够，何谈办大型企业？连接市区的公路狭窄弯曲，与铁路多处交叉，高峰期，一路上都是车的长蛇阵。于是，项南一迭连声地催促："修路！修路！修路！""吹沙造地！吹沙造地！"一支步兵被拉到鼓山脚下，以铁锹、三角耙、拖拉机、竹筐等原始工具修建现代化工程。年轻的指战员们以强烈的责任感和艰苦奋斗的精神，以攻占一个高地或桥头堡的坚韧意志，拿下了全世界著名桥梁专家首肯和称赞的工程。长江航道局的15艘吹沙船在江面上摆开，那雄赳赳的气势令观者心旌摇荡。

在项南一迭连声的催促声中，在开发区和保税区创业者们忘我的辛劳下，鼓山隧道工程上马。竣工后的福马一级公路将马尾和市区的距离一下拉近四公里。开发区有了新生的土地。这个全国最大的吹沙工程，投资4000多万人民币，造出了两平方公里的新地，同时形成两公里海岸线，可供建造九个万吨级码头，为开发区和保税区提供了坚实的基础条件。

这就是我们的"封疆大吏"，突然高唱《开路先锋》的无穷寓意。项南早看上了马尾，这是福建也是福州的一个重要门户。600多年前，郑和与我们闽西乡亲王景弘八下西洋，浩浩荡荡的船队从这里的闽江口扬帆出海。如今，这里几乎荒芜了，但项南的火眼金睛却看中了马尾的历史底蕴和当代价值，他要在这里建设一个1547年的意大利热那亚自由港的保税区。但是，通向马尾的福马公路，当时被鼓山挡住了。多少年来，从福州城内南门到马尾，原来的盘山公路长达23公里，乘坐公共汽车要半个多小时。从鼓山脚下的下院到魁岐上坂这段路上，公路与铁路有四处相互交叉。每天10多列火车从这里经过，有的还停在这里挂钩、装卸、掉头。当红白色的铁道标杆拦下来后，公路两头各种类型的大小汽车、拖拉机往往积压200多部，得等上一个钟头才能通过。城市动脉硬化了。福马公路这条大血管梗塞了。正在鼓山调研的省委书记项南，一看这种情况，很少发脾气的他发火了："时间就是生命！效率就是金钱！这样的地方还能建开发区、保税区？必须下决心把鼓山打通隧道！"

我们的"封疆大吏"就是高唱《开路先锋》这支战歌，指挥一个工程营，仅420天就打通了鼓山隧道，让纸上的规划成为现实。福州和马尾之间的福马公路畅通无阻，建起了一马平川的开发区和保税区，筑起了大“巢”，引来了五洲四海一群又一群大“凤”。如今，马尾又成了当年郑和与王景弘率领船队八下西洋的热闹市区，新的海上丝绸之路的启航站之一。来自世界各地的万吨货轮驶入港内停泊，进出口的集装箱堆满了现代化码头。马尾，成为中央决定的沿海开放城市福州的“经济特区”的开发区、未来的保税区和旅游胜地，吸引着越来越多的侨商、台商和海内外企业家以及世界各地的游客们。这也是“松绑”放权感人的续篇，海峡西岸改革开放又一道风景线。

3. 在纪念“松绑”放权呼吁信发出30年的日子里，习近平总书记复信福建企业家。

“松绑”放权，“包”字进城，这一战略决策，随着时间的推移，其重大的现实价值和深远的历史意义，更加鲜活地显现出来。2014年5月18日，福建省30位企业家隆重在福州集会，纪念福建55位厂长、经理呼吁为企业“松绑”放权30周年，经过热烈讨论，八易其稿，以《敢于担当，勇于作为》为题，就贯彻党的十八届三中全会决定，加快企业改革发展建言倡议，向习近平总书记热情致信：抚今追昔，我们30位各种所有制、各种类型的企业领头人，就贯彻十八届三中全会决定，加快企业改革发展问题向您说说心里话。

信中写道，总书记十分重视、关心和支持企业家。您在福建工作期间经常深入企业，与企业家座谈，指导企业改革发展，为企业家排忧解难。在各种重要场合都对企业家给予鼓励。

信中深情地回忆，2001年3月24日，您代表省委、省政府在纪念“松绑”放权的“3·24”企业家活动日大会上深情地说：“福建企业家素来有‘敢为天下先，爱拼才会赢’的开拓创新精神。当年55位厂长经理提出给企业‘松绑’放权的呼吁，就是这种精神的具体体现，对推动经济体制改革特别是国有企业改革和发展作出了突出贡献，在全国引起了巨大反响。”“企业家是企业的统帅和灵魂，是改革创新的重要力量，也是推动经济社会发展的生力军。”“我们要理解企业家，尊重企业家，爱护企业家，支持企业家，在全社会形成对企业家重要地位作用的共识”。这些语重心长的话，既是对“松绑”放权行动的高度评价，又是对广大企业家的莫大鼓舞和鞭策，福建企业家永远铭记在心。

信中说，您到中央任职后，仍多次提起“松绑”放权这一企业改革史上的标志性事件。2010年9月您到福建考察，会见老同志时记忆犹新地赞扬当年“松绑”放权在全国的影响。2011年3月8日，您在看望十一届全国人大四次会议福建代表团代表时说：“福建在改革方面有一些在全国运筹机先，起到突破作用的探索和创新。如当年的‘松绑’放权，后来的林权制度改革，等等。”您对福建企业家评价的“敢为天下先，爱拼才会赢”的开拓创新精神始终激励着我们代代传承，推进企业不断前进。“松绑”二字也往往成为改革的代名词。

信中高兴地写道，十八届三中全会吹响了全面深化改革的进军号角，改革浪潮席卷全国，八闽大地也浪花迭起，我们感悟到又一个改革“春天”到来了，又一轮新的发展机遇到来了。面临着新形势、新机遇、新任务，我们企业作为市场经济主体、创新主体和投资主体，责任更加重大、更加光荣，我们一定要站在新的起点上，进一步解放思想，弘扬“敢为人先”精神，以改革为动力，敢于担当，勇于作为，为开创科学发展跨越发展新局面作出新的贡献。

信中表达了先行先试的决心，向总书记立下军令状：紧紧围绕市场这只“看不见的手”，把握改革发展大方向。十八届三中全会提出的“市场在资源配置中起决定性作用和更好发挥政府作用”这一新的战略决策，为企业改革发展指明了前进方向。我们脑中要装着这颗“北斗星”，用敏锐眼光洞察市场动态，增强市场应变能力，以敢为人先的勇气，主动调结构，转方式，保生态，求升级，促发展。使企业真正成为市场经济主体。要敢于先行行试，执行统一的市场准入制度，既增强高效风险意识，又提高投资科学水平，使企业真正成为投资主体。

……

这封热情洋溢的信，抒发了企业家们追梦情怀。信中最后写道，中国梦，人人之梦，人人有责，正值好时代，不去拼搏，更待何时。我们企业一定担当起重任，竭尽全力，在追梦的队伍中勇做坚定的实践者和光荣的先行者。

饶有风趣的是，跨越30年，两封信同一个主笔起草人。当年年过半百的黄文麟，满怀激动和急迫的心情，为50位企业家们起草“松绑放权”的呼吁信；如今，30年过去了，八旬高龄的黄文麟依然精神矍烁，精力充沛，为30位企业家起草向习总书记写信，呼吁信变成“说说心里话”。

这封信发出后，作为福建省企业与企业家联合会荣誉会长的黄文麟，他给企业家们打了预防针，习总书记日理万机，可能会回复，也可能有客观原因没有回音。因为“松绑”放权30周年的纪念契机，企业家们倒是信心满满：会回复的！

等了一段时间，企业家活动日过去，仍旧未有回音。黄文麟将有关材料整理起来准备入档。他在封面备注道：未回音。

7月9日，在北京开会的福建省委办公厅一位领导高兴地给黄文麟打电话：习总书记有回信了！

“你是听说的？”黄文麟激动得有点不敢相信。

“我亲眼看到的！”对方说。过了几天，习近平的回信传到福建。黄文麟将材料取出，划掉了封面上标注的“未回音”，写上：已于7月8日信复。

喜讯犹如潮水一般向四面八方扩展。联名写信的30位企业家更是激动万分！

2014年7月21日《福建日报》在一版头条以《习近平总书记给福建企业家回信》的大字标题报道说，近日，中共中央总书记、国家主席、中央军委主席习近平给福建30位企业家回信，希望广大企业家继续发扬“敢为天下先、爱拼才会赢”的闯劲，为国家经济社会持续健康发展发挥更大作用。

习近平总书记回信全文如下——

企业家同志们：

你们好！来信收悉。30年前，福建55位企业负责人大胆发出给企业“松绑”放权的呼吁，很快在全国上下形成共识，成就了经济体制改革的一段佳话，我对此印象犹深。如今你们作为多种所有制、多种类型的企业负责人，就贯彻党的十八届三中全会决定、加快企业改革发展提出建言倡议，很有意义。

当前，各级政府正在加快转变职能、大力简政放权，目的之一就是让市场更好发力，让企业创新创造源泉更加充分涌流，这是又一次重要的“松绑”放权，也是企业家更好发挥智慧力量的历史新机遇。希望你们和广大企业家一道，深刻领会、深入贯彻党的十八届三中全会精神，继续发扬“敢为天下先，爱拼才会赢”的闯劲，进一步解放思想，改革创新，敢于担当，勇于作为，不断做大做强，促进联合发展，实现互利共赢，为国家经济社会持续健康发展发挥更大作用。

祝大家事业有成！

习近平

2014年7月8日

“收到习总书记的回信，十分感动，无比高兴，深受鼓舞。总书记的回信字字珠玑，读起来，既亲切又温暖。我们要把福建企业家精神发扬光大起来。习总书记在福建工作时，就把福建企业家开拓创新精神概括为‘敢为天下先，爱拼才会赢’。这是福建企业家的共同财富，我们要把这种精神传承好，发扬好。”

站在历史的新路口，回溯过往，展望未来。可以说，是30年前的那封信，成就了30年后的这封信。两封信虽小，对于中国企业和中国企业家来说，却是最沉甸甸的期盼。

值得一提的是，今年还是福建55位厂长经理呼吁为企业“松绑”放权30周年。1984年，福建55位厂长经理公开在报纸上发表题为“请给我们‘松绑’”的呼吁信，时任福建省委书记项南亲自撰写导语。“松绑”放权的呼吁很快在全国上下赢得共识，开启了国有企业改革的先河。习近平在回信中表示“对此印象犹深”。

第十章　念“山海经”

1. 项南创造性地把“山海经”念在八闽大地上。海外媒体评说这真是“天下闻所未闻之奇闻”。

项南主政福建，新春上任，农事逼人，一句“坚决听从中央”，八闽大地迅速落实了“大包干”为中心的农业生产责任制。广大农民生产积极性空前高涨，农业连年丰收，农村充满活力，新事物层出不穷，完全是一派生气蓬勃的兴旺景象。当然，如同其他事物一样，“大包干”实行后也带来了一些问题。其中，最大的问题是剩余劳动力的出路问题。过去干活磨洋工，如今干活打冲锋。十天的农事，两三天就干完了，农民闲得没事干，宝贵的劳力白白浪费了。这一问题不解决，慢慢的会带来不利的后果，给社会的稳定也造成灾难性的影响。

一贯从实际出发的项南，面对这一新情况、新问题，当机立断，采取一大举措，就是从“八山一水一分田”的实际出发，创造性地提出大念“山海经”的农村战略决策，脚踏实地实践，全省广大农村和沿海迅速掀起开发山海资源的热潮。

漳浦县委原本就在悄悄做山与海的文章，得知项南提出“念好山海经”，立即果断地鼓励农民开发荒山，大种荔枝、杨梅、香蕉等水果和花卉，利用浅海滩搞海产养殖。项南亲临漳浦督导，将花果基地命名为“漳浦花果中心”，题写红联：“念好山海经，黄土变成金。”以点带面，推动全省开发山海资源，壮大农村经济，提高农民收入。

◇1981年1月，项南在漳浦县委书记黄步翔（右一）等人陪同下视察福建漳浦对虾养殖场

漳平县永福镇，早在南宋就是南国著名花乡。但在“文化大革命”中，种花被批为姓“资”名“修”，一度出现大砍花果的极左妖风。项南亲自深入花乡调研，号召广大花农“念好山海经”。年轻花农傅东明、陈子望、李振锋等一马当先，冲破“资”“修”障碍，大种祖传花果，并在全国率先成立“永福花果联合公司”，名花远销北京、上海、广州、南京和台港澳等地，出现成千家“万元户”。尔后，大举引领台湾农民种花种茶叶，创立国家级“台湾农民创业园”。他们生产的“高山茶”畅销海内外，“樱花园”成为闽西南旅游观赏中心。

“念好山海经”，成为福建农业和渔业发展的支柱产业，茶叶、水果、水产品等农副渔产品，在20世纪90年代人均产量居全国首位；林业总产值443亿元，全省森林覆盖率达60%，居全国第一。项南审时度势提出建立林业、海洋、经济作物、畜牧业、轻工业、外贸、科教、统一祖国等八大基地，为福建今后大发展奠定坚实基础。

《山海经》是我国古代名著。项南博览群书，如今出任“封疆大吏”，却把《山海经》这一古书，用在八闽大地念起来了，在海内外又引来一段佳话。在项南研讨的浩如烟海的古书中，不仅记录着中华文明的历史脚步，更重要的承载着中华民族优秀的传统文化，有无数的宝藏和秘密有待我们去开发，《山海经》就是这样一部令人神奇、令人向往、令人着迷的古书。

项南介导福建农民念“山海经”并非空穴来风，而是经过调研作出的战略决策。因为自明清以来，福建一直是缺粮地区，福建的一大特点是人多、山多、田地少，人们将其形象地概括为“八山一水一分田”。新中国成立后的相当一个时期，全国都响应毛泽东“以粮为纲”的号召，然而无论如何努力，福建就是摘不掉“缺粮”的帽子。在政策的限制之下，福建农村劳力主要抓粮食生产，长期只在1900多万亩耕地上做文章，使得这个缺粮省份既不能做到粮食自给，又不能发展多种经营，导致许多农民长期不得温饱，陷入贫困的境地中。

项南注意到，福建的许多自然地理优势却得不到有效的发挥。在福建12万平方公里土地上，有1.3亿亩的山地和丘陵，3400多万亩的草坡地；福建同时还拥有13.6万平方公里的近海渔场，比陆地总面积还大，其中可用于养殖的浅海滩涂就有200多万亩。遗憾的是，这么丰厚的自然资源，利用率却相当之低。以至于当时出现不少荒唐的现象：福建的气候和山林都适合大量种植水果，可是市场上销售的水果无论数量还是品种都很可怜；福建面临辽阔的大海，市民吃鱼虾却很困难：1982年春节，福州市民排了一天一夜的队，买得到的却是不像样的小鱼，于是愤而打电话向省委提意见；猪肉供应同样紧张，不得不从浙江、河北调入……

说来好笑，春节期间，项南家来了海外贵客，听说福建盛产芦柑想尝一尝。项南差人到街上农贸市场转了一圈，竟买不到福建特产芦柑。项南摊开双手，抱歉地对客人说：“阁下，我们正规划大种芦柑，过几年结果，再邮寄给你品尝！”消息传到海外，可成了“新闻”啦！

“以粮为纲”还有没有必要继续下去？善于独立思考的项南，主政福建之初，就公开提出这个问题。当时能提出这个问题，是颇有点“大逆不道”的。项南本可以萧规曹随，落得个清静。但这不符合他的人生哲学。“以粮为纲”不符合福建的实际，为什么不能改？难道墨守成规，永远坚持“以粮为纲”才是正确的？在这个问题上，项南作出了一个大智大勇者理应作出的选择：坚决扭转“以粮为纲”的做法，大念“山海经”，靠多种经营、向更广阔的空间要财富！历史的有趣也在于此：多年之后，福建依然有人旧事重提，面对全省连年粮食丰收，却指责项南不重视粮食生产云云。

真正奉行实事求是，需要极大的勇气，甚至是要付出代价的。项南正是在实地调研的基础上，大胆提出在福建修正“以粮为纲”的做法。他强调，我们要看到福建“人均不足七分地”这个事实。同时也应该看到，福建山多海阔，山区人均有20多亩山林，可以林果间作，发展茶果、林产化工；沿海到处有滩涂、浅海，可供养殖、捕捞，全省海域面积比陆地还大，除海水养殖外，还可捕捞，发展海运，开发海洋化工……

为了打通农村干部的思想，项南苦口婆心给大家算了三笔账：一是福建的陆地面积12万多平方公里，可以利用的渔场面积13.6万平方公里，海阔凭鱼跃，天高任鸟飞，真是大有可为。但这么大的海洋没有很好地利用。二是陆地12万多平方公里，折成1.8亿亩，这里面耕地面积2000万亩，还不到九分之一。三是河流、道路、城市、房屋等面积加起来，扣除2000万亩，也还有1.4亿亩山地，这么大面积的山区创造的财富多少呢？也不到6%。

项南提出，正因为福建是个缺粮省份，更应该十分重视粮食生产，而修正“以粮为纲”，决不是要放松粮食生产，而是不要单打一地抓粮食生产。他对干部们说，福建人均只有七分耕地，但山林和海洋则人均有十四亩，如果只在七分地上打滚，不在十四亩山海上做文章，福建怎么能翻身、富起来呢？

在省领导中，对念“山海经”的怀疑，亦大有人在。一位省委常委担心地问：“口粮不够怎么办？”具有经济头脑的项南答道，口粮不够可以向邻区、邻省或从国外购进。地、县也可以成立粮食贸易公司，与外地订立合同，大做粮食生意。这样就可以把有限的耕地多腾出一些种水果、蔬菜等经济作物。再把它们运到外地去，把玉米、高粱运回来；把香蕉、荔枝运出去，把苹果、梨子运回来。这样生意就做活了，就可以以商业促进经济发展。

项南考虑问题善于举一反三，他从这位常委怀疑的口吻中得到启发，对“山海经”又有创新。他说，我们念“山海经”，又要讲“生意经”，货通四海利则兴呀。他说，我们念“山海经”的目的，就是为了给社会提供越来越多的商品。既然是从事商品生产，就得设法把商品卖出去，如果卖不出去，岂不白念“山海经”了吗。所以每个山区和沿海社队安排生产时，要多了解和研究市场动向，哪些商品畅销或趋向畅销，就多生产；哪些商品滞销或行将滞销，就不生产或少生产，并及时转向，以免产品积压造成损失。同时，必不可少的是，地、县领导机关和有关部门也应从提供信息、组织收购、积极调运、扩大销路等方面，扶持各社队在大兴山海之利中做到货畅其流。

项南专程到闽西调研后指出，漳平县永福花乡立足本地，摸清行情，以销定产的做法和经验，值得仿效。不过，俗话说得好，“生意兴隆通四海”，我们可不能仅仅满足在本地打开销路，还必须“通四海”方可“生意兴隆”。经常有这样的情况，某种商品在这里或此时滞销，而在那里或彼时却很畅销。因此，我们应该立足本地，面向“四海”，尽可能把自己的产品远销到外社、外县、外省以至外国市场上去。这不仅是念好“山海经”的一个重要手段，也是“山海经”念得好坏的主要标志之一。当项南了解到永福是革命老区，龙岩地区老区办主任廖国伟，为推动花卉科研，搞活花乡流通，拨款支持花农创办《花卉》杂志，为推行花乡“生意经”做了大好事。项南高兴地说：“要给廖国伟主任记一大功！”

项南胸有成竹地强调，福建不发挥山和海的优势，孤立地抓粮食生产，实在是战略上的失策。他说，我们搞经济工作，把这两个大头，一个山、一个海丢在一边，没有充分利用山多海阔这一优势。32年来，精力就放在那1900多万亩的耕地上，而主要放在粮食上，这就造成了全省经济的畸形发展，不成比例。就是粮食生产，也没有过关，现在仍然是个缺粮省份。这不能不说与我们没有很好的利用山、海有很大关系。如果把山林、海洋很好地利用起来，人民富足起来，反过来又可刺激和促进粮食的大幅度增产。农民有了资金，就可以搞水利设施，可以发展科学技术，可以搞机械化。没有钱，这些事情就很难办，所以孤立地搞粮食是很难搞上去的。

通过与科学家接触，项南又学到不少科技知识和信息，更坚定了这一看法。老教授李来荣对项南说：你打开地图看看，福建省在地球上属于北回归线稍北一点，在北纬25° 左右，这里气候是最理想的了，而且全世界就这块土地最好。项南虚心请教问道：为什么说是最好？李来荣教授在地图上指点道：从福建往东，就是美国的加利福尼亚和墨西哥，往西走就是伊朗、沙特阿拉伯、埃及、苏丹。虽然纬度大体相同，但这些地方雨量都很少，都很干燥，有的还是连片沙漠。然而真像个绿洲的，就是福建这块。加利福尼亚、墨西哥降雨量也就是四五百毫米，福建大概有1200—2000毫米，所以我们这里是得天独厚，气候温和，雨量充沛，阳光充足。

李来荣教授继续说道，为什么闽南的芦柑、雪柑比别的地方甜？为什么四川、江西的就差一些？为什么就是福建的漳州、龙溪，广东的汕头、潮州这一块长的柑橘好？原因在哪里？因为它自然条件好，气温高，雨水足，日照长。项南听罢，感到有理，这对决策大有参考价值呀！

项南经常向科学家请教，他感到与科学家交谈，实在是一种精神享受。成为项家常客的，除侯学煜、李来荣等科学家外，还有其他不少专家学者。赵昭炳教授说，我省大地构造复杂，但地貌的组合和分布表现有规律性，形成了许多大大小小向东入海的河流，集水面积在5000平方公里以上的重要河流有闽江、九龙江、汀江、晋江和赛江。卢世钤先生说，我省闽江年流量与黄河相等，为什么没有像黄河那样含沙量大、灾害多呢？就是因为这里有森林，山清水秀，人民才能安居乐业。来自专家学者的建议，使项南进一步认识到，福建的经济要想有长足发展，必须因地制宜，扬长避短，制定出真正符合福建实际的战略方针。

项南在1981年3月14日举行的福建省科技会议上明确提出，要发挥福建优势，必须念好“山海经”，即做好山和海的文章，向大山要财富，向海洋要财富。他与科技界人士商量，一个山，一个海，潜力大得很，这是许多兄弟省比不上的。我们就要念好这本“山海经”！

项南对全省的资源配备作了深入调研。他认为，福建没有烟煤，没有那么多油，没有那么多电，搞以化工、钢铁工业为主的重型经济结构，不具备条件。而且交通不争气，这么多东西从外地运进来运出去，困难都很大。项南深思熟虑后说，福建经济要怎样才能张开翅膀飞起来呢？按我们现在的想法，似乎要在农业、林业、牧业、水果、果树、轻工、食品、电子、机械这些方面作文章，也就是以农林牧副渔为基础的，以轻纺工业、食品工业、电子工业、机械工业为主的轻型经济结构。

项南调任福建才三个多月，就提出在山海上做文章。为了征得人大代表更多更好的意见，项南在1981年4月4日召开的省五届人大三次会议上，以《解放思想和特殊政策》为题作了发言，谈到念好“山海经”时，他指出，过去，我们片面地强调“以粮为纲”，对山区资源开发是很不得力的。我们必须实事求是，因地制宜，从实际出发，适合搞什么就发展什么。当然，这决不是说粮食生产不重要。我们决不放松粮食生产但又必须大力发展多种经营。福建省粮食生产仍然是我们的一个严重课题，不能掉以轻心。但如果只准种粮食，不准发展多种经营，不能从“左”的影响下解放出来，我们的农业就没有希望。代表们对项南的发言热烈鼓掌，给予鼎力支持。

项南主政福建，一开始就显出有远见、有目标、有章法的特点。受亚洲“四小龙”经济发展的启发，具有战略眼光的项南提出，福建念“山海经”，应分两步走：前十年以发展劳动密集的工业为主，后十年以发展技术密集的工业为主。

其实，项南念“山海经”，仅仅是一种手段，他实际的目的是建设八大基地。他巧妙地借“山海经”之威，促八大基地之成。因此，他在倡导大念“山海经”的同时，又审时度势提出“建设八大基地”的目标，即在福建建设成林业基地、海洋基地、经济作物基地、牧业基地、轻工基地、外贸基地、科教基地、统一祖国的基地。这是他在实地考察、请教专家之后，经过认真研究而提出的。

项南很注意决策的程序化，让省领导们共同把握，以避免个人专断独行。在他建议下，福建省人大常委会举行“八大基地”审议委员会审议。项南在发言中说：过去我们与台湾处于对峙的局面，现在情况发生变化了，因此有必要考虑：福建面临这么大的海洋，福建人又历来在航海方面有本事，怎样把这辽阔的海洋利用起来；福建山林面积很大，在长江以南，福建的森林应该是我国最重要的基地。福建发展经济作物大有可为，能不能成为一个经济作物的基地呢？福建还有3000多万亩草坡地，可以发展成牧业基地。有这么多林木、水果和畜产品，又为轻工基地、外贸基地打下了基础；福建历来是出人才的地方，科学教育这方面也是个优势，可以成为科教基地；福建面对台、澎、金、马，对台政策由中央来制定，但许多工作要靠福建来做。邓颖超同志一再说，台湾的工作福建省委要多做，福建应当成为统一祖国的基地。

我们的“冠豸之子”是从山林中闯出来的，对林业自己有偏爱。他在规划八大基地之中，林业基地被摆在相当重要的位置。他还以超前的眼光，提醒人们重视促进林业与旅游的结合，创新福建独有的“森林浴”、“生态游”。1981年夏天，项南驱车在闽北山区考察时，亲眼看到了群山之中茂密的森林，感到心旷神怡。在崇安县，项南匆匆游览了武夷山风景区。

◇1985年，项南（右一）陪同全国政协主席邓颖超（右三）视察厦门特区

此时的武夷山，可谓“养在深闺人未识”，但阅历丰富的项南，已经敏锐地感到其中蕴藏的丰富旅游资源，其经济效益和社会效益不容低估。他对武夷山风景区管理局的领导说，这么好的风景区，将来到这里来旅游的人可不是几万，而是几十万，几百万，你们要有这个思想准备。

项南还介绍了他参观过的北欧丹麦蒂阿哈文“森林浴”旅游区。丹麦人很聪明，没建高楼大厦，就靠一片又一片合抱的槲树群落，在山林中盖上简易帐篷，就办起旅游区，供游客“森林浴”，引来世界各地成千上万游客，每年旅游收入，不亚于一个“500强”大企业的年产值。项南这一说，可把武夷山风景区管理局的领导们乐坏了。他们说，有省委书记这句话，我们武夷山一定要赢过蒂阿哈文旅游区！

中共福建省委于1981年秋正式作出了大念“山海经”，建设八大基地的决定。专家们认为，省委提出大念“山海经”，建设八大基地，为福建的经济发展注入了新的动力和活力，“山海经”成了一部充满科学含义的“战略经”和“致富经”。1984年9月29日，福建省六届人大常委会第九次会议原则通过了《福建省八大基地建设纲要（试行）》。同年10月6日，《福建日报》将这个《纲要》全文刊登，并配发社论《治闽富民的行动纲领》，社论强调：“至此，这个试行纲要就具有地方立法的性质，成为全省人民共同奋斗的目标了。”

一个责任制，一个八大基地，就把一部“山海经”念活了。其实这三件事就是一件事：因地制宜发挥优势，向生产的广度深度进军，使农林牧副渔全面迅速发展起来。

项南平易近人的工作作风，到基层考察工作时很快与干部群众打成一片。他立足于了解实情，解决实际问题，十分注重总结实践中的经验教训，发现干部群众的智慧。他与干部群众交谈时，鼓励大胆提问题，反映真实情况。在提出大念“山海经”的同时，对有益于提高粮食生产的意见，他同样予以高度重视。

1982年春，项南到闽西龙岩视察工作，当时的龙岩地委副秘书长李逢蕊给他念了一段老百姓编的民谣，民谣对建国以来福建历任省委书记都有赞扬、有批评。李逢蕊是一位勤于钻研，善于学习的好干部，他接着谈到发展农业生产，他说：“叶飞推广‘陆才号’亩产600斤，使福建农业总产增长了30亿斤粮食。韩先楚推行矮杆杂优，亩产800斤，也给全省增产了30亿斤粮食。不知项南同志有何妙计，使农业总产量超过叶、韩时期水平？”

“尚无妙计。”项南坦然承认，接着敏锐地反问道，“你能这样提问题，看得出你心中已有妙计，快说出来吧！”

李逢蕊颇受鼓舞，他拿出14本科技资料，介绍说：这是我在漳平县委任宣传部长期间，策划支持农科所大胆实验厦门大学催化专家蔡启瑞教授发明的植物激素三十烷醇，用于水稻和各种作物的实验材料，它系统介绍了现代农业科学的惊人成果，它具有增强光合作用、果实附着力，分解土壤肥料，促使根部发育，利于吸收土壤营养，致使农作物大幅度增产，实践证明最少每亩可增产二至三成。

李逢蕊说，这是蔡教授从美国学回来的绿色革命理论，并结合福建省实际创造出来的科技成果。“文化大革命”结束后，这项成果又恢复了生机，地区科委主任杨林，很有钻劲和远见，早在1977年，曾经联合有关部门在他下乡蹲点的连城县朋口乡文坊村推广，全村粮食产量获较大增长，但由于种种原因，以致出现“墙内开花墙外香”的局面……

项南听罢，极为重视。他请李逢蕊连夜写一份5000字左右的“科技情报”，第二天电传送到省委。项南返回福州，读完这篇报告，立即指示省委秘书长张渝民赶到厦门大学，拜访蔡启瑞教授，又到省农科院对三十烷醇的效应进行调研。项南还指令《福建日报》和新华社福建分社派人采访杨林与李逢蕊，以“农业生产责任制落实之后，应把重点转移到农业科学技术上来”为题作了报道。不久，省委、省 政府作出决定，在全省推广三十烷醇，以夺取农业丰收。在全省农民的努力下，尽管福建当年遭遇水灾，还增产了50亿斤粮食，成了项南的增产妙计，在八闽又传为佳话。

1982年8月17日《福建日报》在一版头条报道了龙岩地区认真贯彻省委关于推广应用三十烷醇的指示，在总结经验的基础上，把喷施三十烷醇作为夺取粮食和其他农作物丰收的一项重要措施。一是大力宣传普及；二是增加小瓶装品种；三是确保本区生产的三十烷醇的产品质量。各地推广喷施三十烷醇作为“根外追肥”，粮食产量普遍增产12%以上，对其他农作物应用后增产亦很显著。

项南下乡在稳定和完善“大包干”责任制的基础上，把工作重点逐步转到科学技术上来。他自己也成了三十烷醇的宣传员和推销员，不仅在粮食生产上推广应用三十烷醇，在大念“山海经”的其他农作物和林果生产追施肥料中，亦推广应用三十烷醇，成为增产增收的灵丹妙计。他高兴地说：“干部群众是真正的英雄，这三十烷醇太妙了，也帮我们大念‘山海经’哩！”

2. 项南大念“山海经”如《孙子兵法》所云：“出奇制胜。”全省建设八大基地。林业为重中之重。

项南就这样脚踏实地，在实行农业生产责任制的同时，从福建的省情出发，总结出福建具有“山、海、侨、台”四大优势。倚山面海，有一亿多亩的广袤山区，还有几百万亩的浅海滩涂，开发利用的潜力很大。又处于亚热带，气候温和，雨量充沛，是天然的大温室。

项南下乡，第一次到闽南，看到墙上还写着“以粮为纲”的标语，心里就很不以为然。他有不同的想法，认为福建穷就穷在“以粮为纲”。他想，这个“纲”不出粮食，还称什么“纲”呢？福建一直缺粮，包括缺军粮。基层书记百分之九十九的精力在农业，成为“化肥书记”“密植书记”，这样一直下去，经济何时才能起飞？这之后不久，著名外交家、国务院国际问题研究中心总干事宦乡来福建作报告。他说韩国抓了3年工业，把农业甩掉，全国经济和工业上去了，反过来支援农业，叫做“反哺”农业。话音未落，就有人当场骂宦乡“胡说”。与宦乡“英雄所见略同”的项南却说，宦乡说的是真话，观点是实事求是的。

项南认识到，大念“山海经”，成果累累，必须办厂建厂，发展加工业。他在支持群众联户集资办企业的同时，头脑中的“多种经营”思路更加坚定：必须大力调整产业结构，特别是农村的内部结构，鼓励乡镇企业的发展。项南提出要甩掉粮食包袱，把缺粮省的帽子扔到太平洋去。省委一些领导乍听之下，感到有些吃惊和不解。能把缺粮省的帽子扔到太平洋去，听起来当然动听，但征购任务呢，群众吃饭呢？口粮不够怎么办？

项南笑了起来说，你这是杞人忧天。市场是一双看不见的手，你没有粮食了，他们立即会送上门来。关键是，我们要给政策，用政策调整农村结构，鼓励农民在开发山海上下功夫，发展多种经营。你还愁没饭吃呀。我愁的是没事做。有事做了，人人就业了，什么东西都会有，什么人间奇迹也可以创造出来。

◇1983年2月，项南（右一）陪同中共中央政治局委员，中央书记处书记习仲勋（右二）视察福州台江农贸市场

项南一再强调，福建农业要翻番，要下决心改革农业内部结构，彻底

抛弃“以粮为纲”，放下“粮食自给”的包袱，放开手脚发展多种经营。一句话，土地适宜种什么就种什么，走集约化经营之路。

项南在福建放弃“以粮为纲”的口号，大力提倡“山海经”，鼓励因地制宜搞多种经营。福建各地都根据当地实际掀起大念“山海经”热潮，积极做好山海文章，合理开发山海资源，大力发展山海经济，一批典型县乡和专业户，专业村纷纷涌现，“木耳大王”“花果大王”“香菇大王”“甘蔗大王”等也闻名全国。

福建大念“山海经”的战略口号，当时在周边省份甚至全国都产生了很大的影响。

项南关于我们念“山海经”，又要讲“生意经”，货通四海利则兴的讲话，传到南国著名花乡的漳平永福镇，花农们兴高采烈，奔走相告。他们自办花果联合公司，推销户走南闯北使传统名花香飘四方。过去外出推销，靠刊登花乡新闻的《福建日报》为“证件”，现已取得龙岩地区工商局的营业执照，经营花果运销23个省市和东南亚等地。

1982年春，项南下乡闽西，高兴地来到永福花乡调研。他在花乡现场，听到花农介绍说，这个花乡先后涌现了50多个花果推销户，专门收购当地生产的花果，运销23个省市。进一步促进了花果生产，受到花农的欢迎。全社现在年产100多类、1100多个品种的花卉450多万株，水果230多万斤，平均每户花果收入1000多元，多的上万元。

花农们说，这里的花果推销户早几年就有了，只是未能取得合法的地位。1979年冬，蓝田大队社员傅东明，看到父老乡亲有花销不出，有果售不掉，心里很着急，就与三个青年花农一起，成立一个“花苗收购组”，近一年收购各类花卉苗木5万多盆（株），很快销往外省，从中赚取了地区差价、管理费、起苗包装工资等8000多元，每人分得2000多元。这时，有人说他们是“弃农经商”，搞“投机倒把”。1981年，他们进一步与20位青年花农成立了青年花果公司，申请工商企业登记，有关部门也一直未准许，以致在外销贩运花苗途中，唯一“证件”是一张报道他们经济联合体成立的《福建日报》，但多次被工商部门以“无证”为理由罚款，他们因此提心吊胆，每次贩运花苗都不敢太多，影响了外销进度和经济效益。

花乡领导汇报说，不久前，地委调查组会同漳平县农业、工商等部门到永福公社进行调查研究，支持农民长途贩运花果产品，并帮助六个花果经济体于去年11月5日组成了花果联合公司，地区和县工商行政管理局也当即给予办理了工商企业登记手续，这使花果推销户的胆子更壮了。到目前为止，全社又有30多户花农申请加入联合公司，使推销户增加到50多个。福里大队一个坚持两、三年进行地下花卉产销活动的“茂盛花圃”，也公开亮出牌子要求参加联合公司。青年花果公司的3个推销户，在拿到《营业执照》后的两天，于1981年11月7日一次就外销贩运五色茶花苗11万株。

项南在永福花乡现场调研后，感到很高兴。他说，永福花乡念“山海经”与讲“生意经”有机结合在一起，你们干得太妙了。他接着说，花农们不但会种花、养花，还很巧妙推销花，让大念“山海经”的成果，经受市场的考验，赚回钞票，让花农的腰包鼓起来。你们的经验，要推而广之，让“山海经”念得更活，更有成效，赚的钱更多。

项南在永福花乡还召开座谈会，当听到个别花农还心有余悸时，拍拍花农的肩膀说：“你们念的‘山海经’，讲的是‘生意经’，都是姓社不姓资，是社会主义的。大家放心大干，我当你们的‘保镖’！”说得花农们都会心地笑了起来。

项南在闽西调研中，听到连城县委汇报，赖源公社大念“山海经”，纠正片面强调“以粮为纲”的做法，因地制宜，侧重发展林业，落实林业政策，安排剩余劳力组织林业专业队，实现林茂粮丰，农民年收入翻了一番。

连城县委最近在全县推广赖源公社从实际出发，侧重发展林业，实行林农结合，取得林粮丰收，社员收入和口粮翻一番的经验，促进山区建设。

项南知道，赖源公社是个偏僻山区，全社山林38万亩，占土地总面积的92%，森林蓄积量130多万立方米，平均每人328立方米，是闽西最大的“绿色金库”。但是，这个公社过去“以粮为纲”，强行单改双，结果林业没有人搞，粮食也搞不上去，集体和社员收入都没有增加，甚至下降。在这期间，全社每年农业总收入一直没有突破30万元，其中林副业只占10%，人均纯收入从“文革”前的90元下降到1976年的40元；每年粮食总产一直徘徊在

250万斤左右，人均口粮从“文革”前的400斤下降到1976年的300斤，粮食不仅没有实现自给，反要国家每年回销四五十万斤。真可谓“手捧金碗讨饭吃”。

在大念“山海经”中，赖源公社认真总结前些年的经验教训，从本社的实际出发，拨乱反正，把片面强调“以粮为纲”改变为侧重发展林业，实行林农结合，收到显著效果，去年全社林副业产值比上年增长了4倍，占农业总收入的近六成，粮食总产量增长了57%，第一次卖给国家51万斤余粮。平均每人纯收入107元、口粮735斤，都比过去翻了一番多。

项南感到赖源公社大念“山海经”的经验对于山区社队很有借鉴意义。他们的做法是，首先认真落实政策。除了把前些年为了显示“一大二公”而收归公社统一经营的山林，全部退给原来的生产队和大队“大包干”，还明确宣布新造林坚决实行“谁造谁有”，长期不变；同时根据当地山林分散、集体管理不便的情况，推行了牛塘生产队“林权归队，分户管理”的办法，调动了干部群众造林、护林积极性。近年来，全社新造林1500多亩，封山育林26万多亩，社员四旁植树2万多株，加上自留山造林数，相当于解放以来总和的三倍。过去，全社荒芜了6万多亩竹林，近年来也已垦复了一半，其中仅黄家大队去年就一举垦复1万多亩，使中断十年的土纸又重新开槽，产纸300多担，全大队平均每人因此增加收入两倍多。其次，为了解决林粮争劳力的矛盾，把前些年不切实际的粮食耕作制度改正过来。这个公社山高土瘦，无霜期短，过去由于强求一律改种双季稻，不但两季收成不如一季高，而且白白耗费了劳力，即使想发展林业也无力去搞。去年他们把80%原来种双季稻的山垅田改种单季，既保证了粮食增产，又腾出了60%的劳力用于林业专业队伍，对于一时不便包山到户的生产队，建立林业专业队伍，办好社队耕山队。户户办林场，53个生产队中有48个队包山到户。这些专业队和户办林场除了从事造林、抚育，以及每年完成国家分配的1000立方米木材生产任务外，还利用采伐山场剩余物的枝桠、树头、梢尾加工木制农具和其他半成品，提炼松焦油，接种香菇等。去年全社向供销和外贸部门提供的木材综合利用产品和林副产品价值达到21万多元。

赖源公社侧重发展林业非但没有丢掉粮食，反而促进了粮食生产。这个公社交通十分不便，即使国家供应口粮，一些生产队也要花大量劳力到六七十里外的粮站挑粮；而自己生产粮食，100斤谷才花四个工。因此，他们采取“以林养粮，以粮促林”的办法，帮助生产队和各户合理安排劳力，做到农忙不挤林，林忙不丢粮。每年从林副业收入中拨出2万多元，购买化肥、农药，无偿供应生产队，促进了粮食生产。去年全社实行“大包干”后粮食总产增长两成多，不仅解决了吃饭问题，而且还把过去挑50多万斤回销粮的2万多工节省下来用于林业生产。

项南对闽西的地理环境有所了解。他知道，赖源是闽西的边远山乡，素称连城县的“西伯利亚”，历来是个“缺粮靠回销”，“花钱靠贷款”的贫困乡和缺粮乡。如今，他听到汇报，这个山乡大念“山海经”，念出了“林茂粮丰”，连往年挑回销粮的2万多工也省下用在发展林业生产上，乐呵呵地说：“山海经给‘西伯利亚’念出名来了，我看这仅仅是初步的成效。更大的名堂还在后头，这山乡是我们的宝山富乡呀！”

项南在大念“山海经”中，对全省八大基地的林业基地，寄予厚望。1982年12月19日，在福州召开的全国林业发展战略研讨会上，项南作了《要下决心消灭“森林赤字”》的讲话，让与会的专家学者和林业同行们欢欣鼓舞。大家说，毛主席早就发出“绿化祖国”的号召，但真正落实，首先对消灭“森林赤字”要动狠手，下决心。大念“山海经”为我们提供了这个好时机。

项南说，林业在国民经济中的地位十分重要，它同人类生存、社会发展、生态环境的关系十分密切。长期以来我们对绿化祖国、发展林业的重要意义认识很不够，森林资源的破坏非常严重。就福建来讲，从1958年以来，一直是采伐过量，存在“森林赤字”。我们要在大念“山海经”中，下决心消灭“森林赤字”。

项南一开口就提出“森林赤字”，让与会专家学者感到很新鲜。他说，我曾去山区作过一些调查，了解到被誉为“绿色金库”的闽北林区森林“库存”日益减少，深感这个严重的问题已经到了非解决不可的时候了。前几年有些专家提出挽救森林的呼吁是完全正确的。全党都应该高度重视林业，福建尤其应该如此。

项南谈到福建的劣势和优势。他指出，福建省是全国耕地最少的省份之一，每人平均七分七厘地，这是福建的一个劣势。反过来，福建又有一个很大的优势，那就是山多海阔，山地和丘陵面积约占全省山地面积的百分之八十以上，而且大部分山地土壤肥沃，很有利于林木的生长。把树木培育成材，在小兴安岭要长100年，而在福建大约只要25年就成材了。福建发展林业的条件，可以说是得天独厚。

项南如数家珍，对全省林业数据倒背如流。他说，目前福建山和海这两大优势的潜力，远未挖掘出来。福建目前农业经济的内部结构很能说明这个问题。据1981年统计，全省12万平方公里中还不到2000万亩的耕地所创造的农业产值占了农业总产值的60%，而7000多万亩的森林，林业产值只占农业总产值的6%，全省13.6万平方公里的渔场，虽然超过了全省陆地的总面积，但水产产值只占农业总产值的4.3%。一个山，一个海，这两大优势加在一起，竟然只占农业总产值的10.3%，这就说明，农业内部结构是何等的不合理。

项南讲话，没有“官话”“套话”，讲的是真实的故事。他说，仙游县有张氏三兄弟，他们离土不离乡，人还在农村，但不种地了，他们办了一个家庭工厂，生产三线锁边机，1982年产值达8万多元，平均每户纯收入约1万多元。有的地方农民栽培白木耳，一户一年可收入一两万元。连江县东升渔业大队，404户中一年收入一万多元的有86户，收入两万元的有十几户。在林业生产方面，有的一户承包山林1000多亩，有的承包了上万亩，树林管得非常好，收入很可观。这都说明，福建山和海的潜力是很大的。全省的山林，如果都能得到保护、发展和利用，不但可以增加直接的和间接的经济效益，而且还可以解决实行联产承包责任制以后节省下来的大批劳力的出路问题，把农村的人力资源充分利用起来。

怎么才能消灭“森林赤字”呢？项南认为当务之急是落实党的林业政策。他指出，为了充分调动广大农民发展林业的积极性，达到保护森林、发展林业的目的，必须分期分批落实山权和林权政策。这是关系到能否充分调动农民发展林业积极性的一件大事。只有山定权，树定根，才能做到人定心，切实消除变的思想顾虑，“山海经”才念得下去。这项工作要做得很细致，要由政府发给林权证，要认真解决好社队之间、县与县之间的林权纠纷，保护好现有林木，确保不发生乱砍滥伐。

项南认为，必须抓紧落实自留山的政策。凡是有山地的社队，家家户户都应分给自留山。自留山面积可占山地总面积的百分之十五到二十，有些地方（如永泰）一户人家就可以分到二三十亩。这对林业是个很大的促进。因为林木生长周期长，从造林到成材要十几二十年才能有收益。农民分到自留山后，拿一两亩种香蕉，一两年就有收入，一棵香蕉可以收入一二十元。一亩地可以收入几百元。拿几亩种茶叶，三四年就可有收入，一亩也可收几百元。假如一户社员有二三十亩自留山，拿两三亩种茶，两三亩种水果，两三亩种木薯，两三亩种毛竹，其余的造薪炭林和经济林，这样就能长短结合，以短养长，逐步发展。

项南强调指出，发展林业除了靠政策外，还要靠科学，靠采用先进的科学技术。包括引进良种、播种、育苗、幼林地套种、除虫灭病、森林防火和合理间伐、采伐等等，都要重视科学技术的推广和应用。福建有个很落后的办法，一说造林就放火烧山，叫做“炼山”，这个办法要改过来。在福建也有好的办法，比如有的地方，采取乡规民约封山育林的办法就很好。

项南还说，发展林业还要同木材的综合利用结合起来。包括引进先进技术，发展森林化工等等。最近，福建省同林业部合资举办一个林产化工厂，利用枝桠材做原料，计划年产5万吨。这在国际上也算是先进的，搞这种工艺的只有美国、澳大利亚、新西兰、瑞典和日本五个国家。像这样的林产化工厂，我们还准备在有关地市各建一个。

博览群书的项南，还从《资本论》中摘引马克思重要论述，加入大念“山海经”的大合唱中，很有指导意义。他说，发展林业，必须努力减少木材消耗，消灭“森林赤字”。给森林以休养生息的机会。现在全省年年出现“森林赤字”，森林覆盖率还处在继续下降之中。财政赤字固然是值得重视的，但它可以调整和增加收入，在几年内加以控制以至于消减。而要消减“森林赤字”可就没有那么容易了，没有十年二十年的时间，这个缺口是难以补上的，更何况我们现在还年年出现“赤字”。马克思在《资本论》中曾论述过这个问题，他在引用基尔霍夫的那段话中说：“有一句特别值得注意：

‘此外，持久的木材生产本身要求有一个活树储备，它应是年利用额的十倍到四十倍。’这就是说，一次周转需要十年到四十年，甚至更长的时间。”（《马克思恩格斯全集》第24卷，第272页。）尽管现在福建的活树储备越来越少，却没有引起人们足够的重视。到闽江去看看吧！现在江中运送的木排根根都只有饭碗那么粗。根本没有成材，正处在“年轻有为”之时，一斧子把它砍掉，岂不可惜！假如再有那么五六年、七八年的时间，让森林有个休养生息的机会，那福建在木材方面对国家的贡献就不知会大多少倍。根据福建林业的现状，适当压缩木材生产计划，调整木材上调量是很值得考虑的问题。当然，现在国家急需木材，国家要拿很多钱进口木材也不可能。我们打算通过出口一些劳务，进口一些木材，使福建的森林有一个休养生息的机会。

项南倡导以法治林，以法大念“山海经”，以法律手段保护和发展森林资源。他强调说，要坚决制止乱砍滥伐森林，从多方面降低木材消耗量，更是当务之急，要向广大干部、群众进行以法治林的宣传教育，毫不留情地依法惩处破坏森林的犯罪分子。对那些姑息、纵容、包庇乱砍滥伐森林犯罪行为的领导干部，要追究其责任，给予党纪、政纪处分，情节严重的也要绳之以法。只有对少数犯法者坚决给以打击，才能有效地刹住乱砍滥伐森林的歪风，鼓励更多的人保护森林，发展林业。

当家人都知柴米油盐酱醋茶的重要性。项南说，这几件事“柴”为先，因此，要切实帮助人民群众解决用材和烧柴问题。全省人民单是烧饭用柴一年要烧掉上千万立方米林木。全省还有不少锅炉、砖瓦厂、瓷器厂烧的也是木柴。仅德化一个县烧瓷，一年就要烧柴两三万立方米。这在全省是一个带普遍性的问题。不仅烧柴片，还把农作物的秸秆都烧掉了。闽南沿海有些山上种的树老长不起来，就是因为树枝一长出来就被农民砍去烧饭了。农民生活上的燃料问题没有得到解决，这是森林遭受破坏的一个重要原因。所以，解决农村的能源问题，不单是群众的生活问题，而且是关系到林业发展前途的一件大事，我们必须逐步加以解决。前不久，胡耀邦同志来福建视察了好几个山区县，看了永春、闽清两县的小水电，非常强调开发和利用水电资源。福建的水电资源在华东是最丰富的一个省。胡耀邦同志提出，要大力发展小水电，搞中国式的农村电气化，希望福建能有一些县在照明、做饭、取暖、空调、文化生活等方面基本上实现电气化。这是解决农村能源问题比较现实、见效比较快的一个办法，我们打算今后全省每年发展5000千瓦的小水电。再加上其他一些措施，如有的地方改烧柴为烧煤，有的地方办沼气，有的地方营造一些薪炭林，逐步解决农民的燃料问题。

项南特别强调林业在生态和环境保护上的重要作用。他指出，林业涉及农业、工业、交通、生态环境，以至整个社会。保护森林、发展林业，是福建社会主义建设中的一个重大的战略决策。过去，闽西有好些河流都可通船，现在全不通了。因为植被被破坏得很厉害，水土流失十分严重，河道都被泥沙淤塞了。如不迅速扭转森林覆盖率继续下降的趋势，如不坚决消减"森林赤字"，将影响福建整个经济的发展，危及到全省人民的生存。这个危险是确实存在的，并不是危言耸听！我们必须采取得力措施，扭转目前这种被动局面，保证森林资源的永续利用。

项南下乡，总是要到山上去走一走，看看林子长得好不好，听听老百姓对林业政策的意见，闻闻大念"山海经"的节奏有没有劲头。1983年清明时节，项南在自己家乡连城县调研，顺便到文亨乡山上造林地看一看。他发现山地上造林用的苗木丢掉一大把，立即叫乡长找一把锄头，按规格挖穴，把拾回的苗木，一株不剩地种下去。他说："林木也是生命呀，一株苗木，将来就是一棵栋梁，也是大才哪！"

一天，刚上任的福州市委书记袁启彤接到项南的紧急电话。一进办公室，项南劈头就问："你今年几岁啊？"

"四十八岁。"

"你还能活多久？"袁启彤感到好笑，但不敢笑出声来，一看省委书记的脸色，觉得不对头了，摇摇头说："不清楚。"

项南说："就让你再活50年吧，能活到100岁，能活到200岁吗？"

原来，有人要砍福州五四路和五一路之间那棵三人都合抱不过来的古樟树，就在斧下树未倒的紧急时刻，正巧被项南路过发现，大喝一声："斧下留树！"原来是某机关要在此盖楼。

"那你知不知道五四路那棵大樟树活了多少年？它的历史比我们还久

远啊！你有什么权利判它死刑？”项南追问：“全省都在大念‘山海经’，在大种树，你们却在挥斧砍古树，真是岂有此理！”

“这……我还不清楚。”

“不清楚？不清楚就是官僚主义！在大路旁边要砍掉一棵大树，你说你不清楚？你立即回去制止，检查一下是什么人的主意，为什么要这样做！”

袁启彤赶紧出门去办这件事。后来，福州市出台一项规定：种树可以不要批准，砍任何一棵树都必须经过市政府批准，特别是古树更要加倍保护。

如今，那棵被项南解救的古樟树根深叶茂，成为榕城的独特风景，为老百姓留下一片阴凉。同时，也为大念“山海经”，汇入新的声调、新的故事。

3. 项南大念“山海经”，念出了八闽养鳗传奇。渔业和海产养殖业等取得可喜的成果。

项南倡导规划的“八大基地”，渔业是其中主旋律。他轻车简从，召集农业和水产部门负责人和技术骨干，共坐一部旅行车，进行了20多天的实地调研。在第一次的福厦公路行程中，大家经过反复实地研讨，确定以莆田县“涵江养鳗场”为基点，大兴养鳗业，为福建渔业发展闯开了一条新路，念出了八闽养鳗传奇。

“涵江养鳗场”是1979年福建省粮油食品进出口公司与日本三正贸易公司以补偿贸易形式建立起来的小场。鳗鱼是一种在河川中生长，深海里产卵，孵化出鳗鱼苗后再漂游回河川的降海洄游性鱼类。奇怪的是，当时中国国内还没有养鳗业，而日本养鳗业很兴旺，已有100多年的历史。为什么人家能养鳗，我们养不起来呢？

项南深入基层调研，仿佛成了一位养鳗专家。他从当地一个叫“鳗巷街”的地名，断定中国特别是福建养鳗史比日本还要长。项南说，地名是活化石，印证了许多历史典故。果然，当地群众说，“鳗巷街”是涵江镇一条与河川并行的小街，春季随便在河里一捞就能捞到几条鳗鱼。因河里的鳗鱼特别多又肥大，这条街自古以来就被叫作“鳗巷街”。这一发现，引发大家兴趣盎然的议论，打破了中国河川渔塘不能养鳗的论断。省委书记与专家和群众共同作出决策，把“鳗巷街”这个鳗鱼得天独厚生长的地方作为实验基地，深入研究大力发展高效益、高质量的养鳗产业。

接着，在项南的支持下，集中各路专家，攻克了孵化、养殖和饲料关。别小看这平常并不高深的养鳗技术，当时外方极为保密，千方百计要掐你的脖子，叫你开挖的养鳗鱼塘养出不鳗鱼来。项南告诉大家一定要“以智取胜”，大家动脑筋，想办法，过五关，斩六将，这几个关卡也闯过去了。

更大的难题是资金，因为高效益必然高投入，对贫困的农民来说，这一张张钞票才是最大掣肘呢！项南眉头一皱，计上心来，他抛出金点子，借钱！他组织向世界银行贷款，并且很快就到手了。

历经多年努力，原先“不能养鳗”的福建，养鳗业迅速崛起，成为全省创汇支柱产业。而养鳗农民的收入更是成倍增长，个个几乎都成为富翁。项南就这样，从“鳗巷街”地名活化石“考古”，“考”出了一部流芳世纪的八闽“养鳗传奇”。

这部“养鳗传奇”，凝集了项南的心血、智慧。位于福厦公路旁边的“涵江鳗鱼场”，1979年初与日本联办后，当时还是个小场，国内没有养鳗业，从产卵、孵化、养殖以及饲料，都靠日本进口。由于鳗鱼生性奇特，在数千公尺深海繁衍生殖，人工要模拟这样的环境代价太大。所以，至今还无法进行生产性的人工育苗。人工养鳗都只能依靠采捕自然苗。日本自己采捕的苗源有限，养殖需要靠进口解决。“涵江养鳗场”就是为鳗苗贸易业务建立起来的，初衷是为了方便鳗苗进出口，解决遇到交通阻遏时的暂养问题。随后，也进行了成鳗试养。场里的经济和科研，都操在日商手中，自己一点自主权也没有。

饲料是养殖的基础，那时候，养鳗鱼的饲料全部得向日本进口。而进口饲料的价格，换算起来，比鸡蛋还贵。这对习惯“肥水养鱼”，最多加些青草和麦麸米糠的传统生产者来说，鳗鱼养殖简直是“不可思议”的“奢侈”。农业生产上的“高投入、高产出”毕竟大家都没有见到，况且，还处在计划经济时代，都对外部世界知之甚少，只知道鱼的价格是计划核定的，供应也是定额分配的。

项南在调研中与职工谈心，笑着问道：为什么要用比鸡蛋还贵的饲料养鱼，而不直接吃鸡蛋呢？

职工们无言对答。其实，这个中外合办的“涵江养鳗场”虽办了一段时间，但冷冷清清，大家都不愿再办下去了。

正在这时，省委书记带队前来考察，场领导惊喜交加。惊的是一个快要倒闭的养鳗场，怎么汇报？假话说不出口，真话又恐上头批评；喜的是上头重视，说不定有什么妙法挽救这个没有出息的养鳗场。场领导和十几位职工第一次迎接这规模庞大的参观考察团，而且相拥而来的有那么多省、地、县、乡领导。四乡五里都轰动了。

整个参观考察过程，围绕着鳗鱼跟福建的关系展开了讨论。项南没有一句批评和责怪，总是以求教的口吻问了这个，又问那个，鱼苗是哪里来的？怎么抓得？人家为什么靠出口？从小到大养多久？吃多少饲料？卖多少钱？博学人善问，而且问得俨然一个专家似的。而当时，大家都没好好研究，谁也答不清楚。

项南率领大家下基层，既是深入实际进行研究，更是鼓励大家解放思想，共同探讨念好“山海经”，加快经济发展的实践。他的这番话，深深打动了大家的心，煽起了大家探讨鳗鱼养殖的强烈兴趣。鳗鱼究竟能不能养？养鳗鱼究竟有多大的效益，霎时间，成为大家热烈的话题。一经讨论比较，原来这里蕴藏着几十倍的差距。项南请教专家学者，一边考察，一边计算，一亩地一年只产千把斤地瓜，如果建塘养鳗鱼，产值即可由几十元变成十几万元。把得到的钱拿去进口面粉，进口大米，那是相当一亩地“产出”几十吨粮食的事。这样的赚钱生意，为什么不做呢？当然，事情并非这么简单，但这么一算，对人们长期闭塞造成思想僵化形成巨大触动，类似的这类活动，直接产生了激活思想的明显效果。项南就是这样，通过联系实际的深刻讨论，通过具体整合来说服、推动大家解放思想，动员大家在大念“山海经”中寻找发展新路。

经过专家研究和实验，很快解决了产卵、孵化和养殖难题。其实这难题，外方在100多年前就解决了，但他们严守机密，作为赚钱的利器。看来我们的专家更聪明，大家群策群力，大部分难题很快迎刃而解。接着，项南带领专家们开始攻克饲料贵的问题，使饲料“比鸡蛋还贵”的问题基本解决了。农民感到很合算，准备着手试一试。

但农民是现实主义者，他们的算盘打得比任何人都“精”。虽然从理论上讲通了，付诸行动却很难。以补偿贸易开始的鳗业生产不但产品必须全部交给外方，仍有部分饲料也必须从外方进口。因为自产的饲料只能喂75%，另25%的精饲料必须靠进口，否则鳗鱼不长膘。养殖工艺，还可以从实践中揣摸领会，唯饲料这东西，虽然“基本突破”，但还未完全突破，而外方极其保密。其用意也很明白，就是要控制生产主动权，要你养，你才能养；不要你养，你想养也养不成。

项南乐呵呵地说，原子弹我们都能造出来，这饲料能有什么“神秘”的？能让人家这么掐脖子吗？面对经济工作上一系列类似问题，项南不断问计于各路专家。后来，干脆就建立了“科技月谈会制度”。每个月固定举行一次“问计”会议，请有关专家和部门负责人一起讨论发展思路、研究经济决策。在一次饲料专题会议上，项南专门请各路专家发表解决鳗鱼饲料问题的意见。根据专家的分析建议，项南要求水产厅“立项研究，马上就干。一定要想方设法，造出比进口更好的精饲料来”！会上，项南还语重心长地对时任省安全厅厅长的吴纪宗说，“每年要花5000万美元进口精饲料养鳗鱼，这不受制于人吗？能不能自己想想办法啊？一是学，二是买，要是学不到，就找海外华人华侨帮忙吧。”项南在布置业务部门尽力攻关的同时，还把解决饲料的任务，交给了安全部门，寄托在寻求海外华人的共同努力上，动员海内外一起来大念“山海经”，那前景就更为广阔啦！

在项南的关心和直接支持下，第一批国产鳗鱼精饲料制造成功了！与此同时，也造就了第一代水产饲料专家，建起了第一个以生产鳗鱼精饲料为主营业务的福州海马饲料有限公司，也从此开辟了水产饲料专业化生产的新领域，开创了从“投肥”、投草的传统水产养殖向现代化集约化水产养殖的大变革。

饲料问题解决了，苗种又是本地的资源优势，养鳗业似乎“水到渠成”了吧。但两三年过去了，搞来搞去，还是那么几个场，总产1000吨都不到。1984年夏，项南问省水产厅的负责人：难道真的就搞几个“景点”供人“参观”？

水产厅的同志为难地摊开了账本。他们说，建一亩鳗池，基建投资要好几万元，加上饲料、机械设备等，增加一个养鳗场动辄就要上百万元投资，哪来的钱？

“哦，又是钱！”项南挠了挠他那头发不多但颇为硕大的装满智慧的脑袋，也显得有点无奈。

那时候，谁都没钱。工人、干部的工资只有几十元；农民的现金收入要靠卖猪、卖鸡蛋。芸芸众生，能不“寅吃卯粮”就不错了，哪有投资建设的剩钱？个人穷，国家也穷，没有启动资金，发展生产自然就是“缘木求鱼”了。但这能难住“冠豸之子”吗？

当资金缺乏成了福建经济发展的最大掣肘时，项南亲自运用他的“海外关系”，为寻找贷款四处奔波。他要求水产厅好好做规划，另外组织一班人专门解决钱的问题，提出了向世界银行贷款2亿美元的大胆设想。项南的思想和行动，很多是人们做梦也不敢想的事。怪不得那时流行这么一种说法：“跟着项南走，绝对有干头！项南加项南，干啥都不难！”

大约过了一年，向世界银行贷款2亿美元的努力成功了。按照建设“八大基地”的规划，分配给鳗业开发的资金是4000万美元。4000万美元等于人民币3.2亿元，在那时候可是一个“天文数字”！正是利用这笔资金，福建省出现了养鳗业发展热潮，迅速形成了莆田、福清、长乐几个主产区，迈出了向现代化产业化发展的重要一步。从此，养鳗业开始自身积累，滚动发展，很快成为地方经济的生力军。当时，单福清市鳗鱼年产量就达到2.8万吨。在出口创汇最多的年景，全省单一项鳗鱼就创汇6亿多美元，占全部出口农产品的82%。

养鳗业迅速崛起，成为福建的创汇支柱。项南为此发挥了决定性的作用。突出反映了传统农业向现代农业跨越的特征，引起了方方面面的高度重视，成为了宣传改革开放，推动改革开放的一扇窗口。那时，无论是中央领导，还是国外宾客，凡到福建，都要看一看养鳗场。国家主席李先念也来到养鳗场参观，听了项南介绍，硗起大拇指，兴奋地说：大念“山海经”好！改革开放就是好！

在大念“山海经”中，养鳗业成了福建农村发展经济的一条重要门路。20多年来，虽然这条路也并非“一马平川”。在激烈的国际竞争中，它跌宕起伏，历经磨难。但是，广大鳗农和养殖专家们，矢志不移，百折不挠，战胜了一个又一个困难，不屈不挠地向前推进。如今，福建鳗业养殖种类增加了“欧洲鳗”，生产范围扩展到了山区。鳗鱼养殖如同一帜“不倒的红旗”，在八闽的上空高高飘扬。印证着我们“封疆大吏”的功绩，印证着大念“山海经”的历史成效和硕果。

时间终于挺身作证，项南提出的大念“山海经”，建设“八大基地”的理论和实践，在福建干部群众尤其是农村基层干部中反响很大，广大农村和海岛迅速掀起开发山海资源的热潮，取得丰硕成果。

改革开放犹如强劲春风，吹绿了八闽大地。漳浦、霞浦、连江、长汀等地根据自身实际情况大念“山海经”，成绩显著。建瓯县也综合利用山区资源，向山要财富，在大片丘陵和山地上发展种植业和加工业。由于他们动作迅速，仅1981年，该县茶叶、水果、笋干、油菜作物分别比上年增长20%至65%。闽东山区的福鼎县，根据实际主要念“山经”，全县涌现出3000多个“重点户”，在他们的带动下，全县1981年的茶叶产量比上年增加7000担，跃居全省首位；蘑菇产量增八成，长毛兔饲养量增加一万多只，兔毛收购量占全省的六分之一……

历史是一面镜子，回顾历史给我们有益的启迪。清末曾任福建总督的左宗棠，在给皇帝的一篇奏疏中陈述道：“福建之利在水不在陆。”此话侧重强调了福建“水”的优势，是很有见地的。项南在看到福建山的优势的同时，也以同样的热情关注做“水”即海洋的文章，积极鼓励百姓向海洋要财富。项南强调，我们福建有3300多公里长的海岸线，有13.6万平方公里大的渔场，有几百万亩滩涂浅海，可是我们从海上拿来的水产品平均每人只有37斤。比挪威人的1700多斤差远了，比日本人的188斤也差得很多。我们应当改变这种状况，我们应当在近海搞水产养殖，在海洋搞远洋捕捞。福建人应当有志气，把动物蛋白的仓库建设在海上。

站在冠豸山，心怀全世界。“冠豸之子”自有远大的目光和宽广的胸怀。项南对基层官员提示道，利用浅海，滩涂，发展养殖，到深海发展捕捞业，是福建的大财富。缺少资金和设备，我们可以利用外资，同人家搞合作。我们出人、供应淡水、供应冷藏库存，你出资金，提供船只和冷冻设备，捕了鱼两家分，两家都有利。这样海洋资源就可以开发出来。

一个金点子，富了一方人。晋江县祥芝镇的祥农、祥渔村在这个领域作出了有益的探索。祥农村鼓励渔民利用外资，与外商合作，养殖紫菜。他们的紫菜质量好，比日本的早一个月上市，在市场上很受欢迎。过去他们的紫菜成捆卖，每斤2元；后来加工成纸片样薄，每斤卖到6元；随后又办加工厂，包装成小袋汤料，每斤卖到26元。此举不仅增加了渔民的收入，而且出口创汇，为国家作出了贡献。

祥渔村在捕捞和海产品加工方面大显身手。当时他们有7000人，350多条船（都是加大马力的机帆船）。他们实行责任制，以船为承包单位，渔民自由结合，自负盈亏。按规定，每个劳动力一年交给村里60元，派购100斤鱼。他们改进捕鱼技术，采取措施保护海水下层小鱼的生长，只捕中上层鱼类。祥渔村并不单纯搞渔业，而是形成“渔工商运产销一条龙”，与台商合作，开办25个加工厂和相关企业，囊括了捕鱼、加工、保鲜、运输和销售诸环节。当时他们的鱼类产品包销五个省份，还远销台湾、香港、外贸出口，创汇成果喜人。

在大念“山海经”中，不久相继崛起在八闽大地的多家“台湾农民创业园”，受到中央领导的赞扬：“足以证明，两岸农业合作大有可为，台湾农民在大陆发展空间广阔”成为八大基地中“祖国统一基地”的基石。在福建省委、省政府在晋江召开的全省水产品加工包装现场会上，项南有针对性地指出，我们的干部对看准了的事情，就要大胆去做。要鼓励敢想、敢干、干闯的同志。祥农、祥渔村的业绩，是他们自己干出来的，对这些敢想、敢闯的同志，我们要总结他们的经验，学习他们敢于拼搏的精神。

项南强调，我希望通过这次现场会，能抓住十个拳头产品，就是紫菜、海带、浒苔、马面鲀、虾皮、小杂鱼、海蛎、鱼露、鱼糜等，经过加工、包装，使产值由原来的1.5亿变成3亿。他鼓励渔民眼光放远一点，我们要搞远洋捕捞，不要都在家门口抢饭吃；只搞近海捕捞，会把水产资源搞枯竭。根据项南的建议，福建组织了赴西非捕捞队。远洋渔船队首航时，项南专门赶到福州马尾港欢送他们远行。

后来的事实证明，在大念“山海经”的口号激励下，福建在渔业捕捞、海产品加工等领域成绩显著，使渔民迅速富裕起来。在利用沿海滩涂养殖方面，福建也处于全国前列，海水养殖人均单产全国第一。

在大念“山海经”发展形势促进下，福建省于1982年提出了海洋捕捞“三个发展”（发展流钓作业、发展鱿鱼作业、发展外海拖纲作业）、“三个突破”（突破马面鲀生产、突破中山层鱼类生产、突破捕虾生产）；1985年，又作出了“加速山区经济开发”和水产业“建设两个基地”，开拓外海远洋渔业、水产品加工业的决定，使得渔业稳步持续发展，群众性的养殖取得了突破性进展，对虾、鳗鱼、贝类以及珍稀水产品等养殖业迅速发展，外海捕捞也开始起步。1985年全省海水养殖面积4.92万公顷，渔业机械总动力达到52.93万千瓦。

显然，实践证明，大念“山海经”，是符合福建实际，利省利民的决策，它改变了福建经济的整体格局，为福建经济的快速发展奠定了坚实的基础。事实证明，经过多年艰苦努力，福建省在因地制宜发展经济方面成绩斐然。据统计，至1999年，全省水果产量343万吨，茶叶产量11.9万吨，水产品产量475.92万吨，人均水产品产量144公斤，居全国首位；食用菌产量40.83万吨，蔬菜产量1050万吨，肉蛋奶产量为186万吨，全省农业总产值达1010.64亿元，林产业总产值443亿元，全省森林覆盖率达60%，居全国第一。

项南晚年对在福建提出大念“山海经”的主张作过认真反思。他认为，这个决策是符合实际、经得起时间检验的。他说：“发展农业要根据福建的特点。福建地处亚热带，雨量充沛，山多田少，海域辽阔，不能只在每人几分地上做文章，应当在更广阔的山海方面找出路。考虑来考虑去，福建应当念好‘山海经’。”

特别是在当年中央苏区重要组成部分的闽西，几代人筚路蓝缕，用数十年的努力，持续大念“山海经”，发扬“滴水穿石，人一我十”的精神，与百万亩荒山作战，创造了水土流失治理的“长汀经验”，让绿水青山成为金山银山，被公认为中国水土流失治理的典范和福建生态省建设的一面旗帜。习近平总书记时任福建省省长时，多次考察长汀，他指出：长汀水土流失治理工作在项南老书记关怀下，取得了很大成绩。他赴京任职后，多次作出重要批示，开启了长汀水土流失治理“进则全胜”的新篇章，成为新世纪大念“山海经”的最强音！

第十一章　团结之歌

1. 项南主政福建，面对棘手的干部问题、各路人马和错综复杂的人际关系，大搞五湖四海。

项南主政福建，格外重视团结这一大事。项南多次强调，毛泽东早就教导我们说："我们都是来自五湖四海，为了一个共同的革命目标，走到一起来了。"他在省委、省政府一班人的学习会上，反复学习毛泽东关于团结的论述；在省直机关歌咏大会上，他倡议大唱"团结之歌"，亲自指挥唱《团结就是力量》……

项南历来主张在干部问题上，一定要搞"五湖四海"，唱"团结之歌"，不管哪里来的同志，都是自家人。能否妥善处理干部问题，直接关系到各项工作的开展。由于历史的原因，福建的干部来自五湖四海，主要有南下干部、地方干部、军队干部。其中，南下干部又来自太行、太岳、华东等不同地区，地方干部又有闽粤赣、闽赣、闽中等地之分。新中国成立后福建省第一任省委书记，张鼎丞当年最棘手的，就是干部问题。福建解放伊始，在安排使用干部中，一些同志就开始认"山头"争位置，以致发生吵闹反目现象。

项南很喜欢与同事们拉"龙门阵"，聊客家上祖的故事。他最爱讲的是"筷子的故事"，虽然有的人听过了，他还是要反复讲。他说，客家上祖辞世前，把子女拉到床前，把一根筷子递给老大折，一折就断了。他把十根筷子递给老二折，老二使劲也折不断。这位上祖谆谆教导后裔们，一定要团结，不团结就活不下去，连立足之地也保不住。客家人当年南迁在闽粤赣边，不靠天，不靠地，就靠团结才争气。不然，哪有今日繁荣昌盛的客家群落哪！

项南说，我们今日干革命，搞建设，团结仍然是第一大事。干部问题，哪里都有，福建却比较特殊。只要我们从团结的愿望处理干部问题，事情就好办了。有什么当权派与地下党的矛盾、南下干部与当地干部的矛盾，南下干部中又有太行与太岳等地的矛盾。“文化大革命”后，又出来个造反派与造反派或“保守派”的矛盾。你说真有什么大是大非的问题吗，也不见得，但却有一些人长期受压，不受重用。究其原因，主要是团结的工作没做好。

在主持省委的实际工作中，项南坚持一点，即放手依靠福建干部群众去开展工作。他来福建走马上任，只带了何椿霖、鲁恩琦两位秘书（事实上一两年之后，他们二位也离闽返京），当时所依靠的，全是福建省原来的干部。

对于人们关注的干部问题，项南经常与省委常委个别同志交流，很快形成自己的主见，并立即付诸实行：第一，一年之内现有干部一律不动，大家安下心来工作；第二，讲团结，反对搞宗派；第三，地下党问题要解决，冤假错案要平反。要快，要彻底，不能拖，不能含含糊糊。事实证明，这三条对干部的团结和稳定，的确起了积极作用。

对于民愤很大的害群之马，党员干部中的败类，项南也不手软，坚决处理了几个搞派性、为非作歹的地厅级干部，福建百姓对此反映很好。

为了“放下包袱，开动机器”，项南主持召开福建省委常委生活会，展开批评与自我批评。在1981年2月10日的生活会上，大家提出了省委常委中存在的问题：思想不够解放，真理标准的讨论不够深入；在农业生产责任制问题上还有不同认识，以至于无法落实；有的同志超标使用汽车、空调；有的领导的夫人出国时带回不少礼品，在群众中产生不好影响；存在任人唯亲现象；有的同志在工作中不敢负责，互相推诿……

初来乍到的项南，也作了自我批评。他说，我来福建快一个月了，在工作中也暴露出一些问题，由于压力大，性子急，有时候不够冷静；过去有过“左”的错误，现在也不能说全都消除了。但是我能听不同意见，能注意团结，希望大家都能常态化向我提出批评意见。

福建的“元老”魏金水是铁骨铮铮的老红军，他和闽西老区群众曾经创造一项奇迹：被誉为“20年红旗不倒”，使闽西龙岩20多万亩土地革命战争时期的胜利成果一直保留到全国解放！“大跃进”年代，因为抵制浮夸风和瞎指挥，反对虚报成绩，魏金水与省长江一真以及卢叨等人被打成“江魏卢反党集团”。尽管如此，他仍坚持反映农村闹饥荒的实情。对这样的老同志，项南由衷敬佩。他到福建不久，就去向魏金水请教。魏金水说：首先要解决好农民吃饭的问题，这个大头稳住了，别的事情就好办了。他对项南说，不管省委内部有多大争论，都要坚决站在农民一边，毫不犹豫地把包产到户这一仗打好，才能团结广大农民把社会主义新农村建设好。

面对省委领导层的积怨，项南尽量做到“一碗水端平”，不偏不倚，坚持在干部问题上搞五湖四海，奉行公道正派，团结大家一心一意搞经济建设。在福建省党代会上，项南也谈到人们关心的干部问题。他明确提出，目前有三个问题要处理好：

一是要大讲团结，本地干部要热情欢迎外来干部在福建长期工作下去。南下干部到福建已经30多年了，他们同福建人民结合在一起，在福建成家，生儿育女，流血流汗，作出了很大贡献，成了福建的领导骨干，这是一个历史事实。我们要用党性原则评价干部，不能按地域来评论干部，过分地强调谁是山西人，谁是江苏人，谁是福建人。以地域划线，都是不对的。要记住，我们是“国际主义者”，不是“省际主义者”。

二是要依靠老干部，大胆起用优秀的本地干部。老干部一定要照顾到本地干部同当地群众和海外侨胞联系多，情况熟悉，感情接近这一事实。过去这方面注意不太够，现在，是到了迅速地、大胆地把当地优秀干部提到领导岗位上来的时候了。这样，我们的工作才能生根开花，调动千千万万干部的积极性。

三是要加快落实干部政策，把犯有这种那种错误的干部，按照宜粗不宜细，宜宽不宜严的政策，迅速作出结论，尽快分配工作。其中，有些人本来就没有什么问题，就更不宜再拖下去了。他说，伤人太多，打击面过宽，历来效果不好。

项南认为，省委、省政府“一班人”的团结，主要责任在“班长”，一定要带个好头，做好表率，把“一班人”像拳头那样捏紧、团结，那力量就是

"铁",就是"钢"啊。项南特别强调,为了避免个人专权和重大失误,不能再搞一言堂,个人说了算,也不能事事协商,把党委变成俱乐部,一个人不同意,事情就作不了决定。党委不是联合国,个人不能有什么"否决权"。个人有不同意见可以保留,但必须坚持个人服从组织、少数服从多数、下级服从上级、全党服从中央的原则。他同时提出要讲效率,事事采取画圈圈、党委讨论、书记点头的做法,不仅行不通,而且误时误事误国。一定要坚持集体领导下的分工负责制,提倡敢于负责和敢于承担责任的精神。

项南主政福建,高唱"团结之歌",大大增强"一班人"的团结。虽说是积重难返,但是项南的种种努力,还是在福建干部中产生了积极作用。他的公道正派作风,消除了干部中存在的误会和顾虑,调动了大家的积极性,让团结的氛围更深厚了。

项南知所进退,鉴于各种矛盾交织,阻力较大,项南意识到不能按原来设想的那样迅速推进,而应该适当减轻力度,放慢速度。项南在福建最初一年的心情,可从他的私人信件中窥视一二。1981年11月21日,项南在给同乡前辈张雪澄的信中写道:"来闽十个月,无非就是东奔西跑。由于问题多,反而不能走快步。车子急转弯的时候,掌握不好,反易翻车。今天福建的情况就是这样。"

1982年9月25日,项南再次致信张雪澄,信中谈道:"回闽工作,已经年余。原想在党风、农业、对外合作几方面多做点工作,但困难很多、阻力甚大,因此收效甚微,稍可告慰的只有一点,就是在使用干部上没有来个大上大下,一直奉行公道正派,光明磊落,五湖四海,任人唯贤的主张,所以换来了一个安定团结的局面。有了这么一个局面,各项工作的起步,可能就比较容易了。党风的好坏,是关乎人心向背的大问题。严以律己,是起码的要求。"

客家人出身的项南,自幼就晓得团结的重要性。项南经常向同事们讲述,他年幼时就能背诵的这首童谣:

砻谷悉嗦,
碓米下锅,
前锅煮粥,

后锅蒸饭，
铲钵子里煨番薯，
多少都要分着食……

项南说，这首童谣是老母亲教他唱的，教育孩子从小不能自私，要有福同享、有难同当的团结精神。客家人在战乱和饥荒南迁后，大多居住在偏僻山区，只有大家团结一心，披荆斩棘，开疆拓地，才能安家立身，因而团结协作精神世代相传。

项南对毛泽东关于“党委会的工作方法”很有研究，善于“弹钢琴”。他在“弹”好省“一班人”和省直机关干部们的“团结之歌”的同时，十分重视做好知识分子的团结工作。

项南是知识分子的知心朋友。他知道，团结知识分子的工作，不仅是讲在嘴上，更重要是做在行动上。他在考虑制定福建经济发展战略时，十分重视倾听知识分子的意见，注重向专家学者请教。他本人毕生刻苦好学，从内心崇尚知识，尊重知识分子。只有这样，才能真正在知识分子成堆的地方唱好“团结之歌”，把知识分子团结起来。

项南刚到福建不久，就多次与专家、教授接触，当面请教有关经济和社会发展问题。1981年2月22日，他将林诗仲教授请到办公室，请教外贸知识，倾听其建议。3月13日，他向植物学家李来荣教授请教，探讨念好“山海经”，因地制宜，调整产业结构和发展大农业的问题。4月5日，项南到厦门视察工作时，特意看望了著名化学家卢嘉锡和数学家陈景润。4月8日，他与厦门大学等大专院校党委书记座谈，稍后又与一些华侨知识分子座谈，这些华侨反映说，福建长期以来是见物不见人，轻视知识，轻视科学，轻视知识分子，这是“左”的思想在教育战线的表现。要团结知识分子，关键是要落实知识分子政策。项南将他们谈话的要点，记在心上，也仔细记录在笔记本上。

项南感到心潮难平的是，在极左路线影响下，一些知识分子的悲惨遭遇实在难以容忍。植物学家李来荣教授，与项南只有数次接触，却油然产生一种信任感，敞开心扉，畅谈许久。李来荣是福建同安人，国际著名农林学家马尔登的学生。抗日战争之前，他在美国留学，获得博士学位。抗战中期，一腔热血的李来荣动身返回祖国。途经夏威夷的时候，正碰上“珍珠港事件”爆发，日本飞机炸沉了他所乘坐的轮船，他在海里漂流一阵后，被一艘开往新西兰的轮船相救。他随船来到新西兰，暂时在皇家学院讲课。新西兰给他很高待遇，请他培植和研究从中国闽西引进的猕猴桃。经他悉心研制，竟成为新西兰的绿色拳头产品，畅销国际市场，占该国出口创汇总值的60%。新西兰人把这一闽西的“土货”尊称为“Kiwifruit”，即以新西兰国岛命名的“几维鸟水果”。李来荣心中很不平静，他决心要回国，研制中国式的更高级的“几维鸟水果”。过了几年，李来荣渡过马六甲海峡，从马来西亚丛林中辗转回到祖国大陆，在故乡福建农学院当了教授，他开始在福州八一湖畔建设植物园，着手安排新的科研计划。

新中国成立后，因为有所谓“海外关系”，又是从美国归国的知识分子，李来荣教授屡次受到政治运动冲击，让他的报国之志一直无法实现。“文化大革命”中，尽管他年事已高，遭受批斗仍是家常便饭，甚至没能躲过挨打受骂的厄运。一位省委主要负责人，当面批判、羞辱李来荣：“洋奴思想特别严重，中国什么木头都有，你还要搞来洋木头胡摆弄，给我砍！”就这样，在李来荣煞费苦心惨淡经营的植物园中，许多珍贵的国际著名植物标本被粗暴地砍掉……

对项南说起这些往事，李来荣教授忍不住老泪纵横：“我身体还好，打骂、凌辱、怀疑，我都不怕，就怕把这些珍贵的标本给糟蹋了啊！朱总司令和陈毅元帅他们都来看过我的植物园，现在只剩下几棵树了……”

项南后来向省里同事谈起此事，依然心潮难平：“你们想想：这难道就是我们的‘四个现代化’？如果让野蛮残暴、没有科学文化知识的人掌管国家大权，必会造成普天下的愚昧落后！”与项南有了心灵的沟通之后，李来荣教授将有关农业结构调整的想法和盘托出，使项南大受启发。

在项南的表率作用下，福建省委高度重视团结知识分子的工作，日渐形成崇尚知识、尊重人才的风气。1981年3月底，由省政协等单位出面，邀请中科院学部委员、中科院农业现代化委员会副主任侯学煜来闽讲学。侯学煜教授以《生态平衡与大农业发展》为题，作了精彩的学术报告，积极评价念好“山海经”，建设八大基地的战略决策。项南亲自到场聆听，戴上老花镜认真做笔记。随后，省政协安排侯学煜等科学家在福建省境内进行考察。一行人考察结束后，侯学煜亲自主笔写出《从生态学观点谈福建省发展大农业的几个战略性问题》，这份书面报告送达省委、省政府之后，引起项南的极大兴趣，认为它对福建省的农业现代化建设具有积极的指导作用。

项南很有自知之明，他走上领导岗位后，最担心的就是领导人位高权重，自我感觉良好，长期以来习惯于拍胸膛作决策。决策正确当然好，是百姓的幸运；而一旦决策失误，则是百姓的灾难！项南深知其中利害，因此在制定福建省的经济发展规划和目标时，力求决策科学化、民主化。他在进行实地调查的同时，强调一定要认真听取科学家的意见。这种理性的做法，在20世纪80年代之初是较为少见的。因此，李来荣、侯学煜等省内外科学家的智囊，对项南提出在福建大念“山海经”、建设“八大基地”的设想，并使之日臻完善，起了很大作用。

“听其言，观其行。”项南或许没有意识到，福建不少忧国忧民的知识分子，也密切关注着他这个新来的省委书记的一举一动。经过一段时间的观察，人们对他的思想解放、实事求是的作风予以好评。1981年3月下旬，在福建省人大、政协会议期间，代表委员们对项南的反映，佳评如潮。省政协常委、省机械局高级工程师说：“这次政协小组会刚开始，就有些好气氛，我看同福建的政治气候有关，项南同志的几次讲话在起作用……”省政协常委、省轻工设计院总工程师说：“项南同志不仅是讲话，已经有了行动，逐步采取组织调整措施，把几个不称职的换下来，大家反映很好！”

“最近各机关都在谈论省委的新措施，说项南同志开刀了，福建可望有新局面。”“还有不同看法，有些人还有担心，某种势力，项南的尚方宝剑虽然厉害，还是有很大阻力。依我看，只要有决心，实事求是贯彻中央的精神，多数人也会转过来。”不少省政协委员如是说。

……

2. 项南大唱“团结之歌”，以深厚的同志情感，认真贯彻执行党的十一届三中全会精神，彻底平反冤假错案……

1981年4月下旬，福建省科协第二次代表大会在福州举行。项南应邀到会讲话。他讲话的题目是《向福建科学家提几个问题》。他诚恳地对代表们说，福建省经济要发展，关键是要搞好科学技术，科学技术要先行一步。福建省科学技术发展的快慢，将影响和决定福建省经济发展的速度。今天我想向各位科学家提几个问题。省政府目前正在草拟一个全省的中长期发展规划，要建设八大基地。这个规划对许多重大问题将作出决定。在决定之前，如果能够得到诸位学者、专家、科学家提供一些的意见，这对我们中长期规划就能够做得比较合乎科学，合乎实际，避免我们省的工作再产生不应有的失误或错误。

项南提出要请教的问题，涉及发展和改善交通、通讯，念好“山海经”，初级产品商品化，改革农业的内部结构，教育、卫生事业的调整，福建如何实行“特殊政策、灵活措施”等问题。

这番言辞恳切的谈话，在与会科学家和技术人员中产生强烈反响。大家就上述问题展开讨论，建言献策。一些代表还谈到，项南的讲话，带来了一种新气象。

项南认真做好团结知识分子的工作，重视专家学者的“智囊”作用，在全省形成了尊重知识的良好风气。翌年春，省科协举办《省级机关领导干部科技讲座》，由各有关部门科技人员，围绕八大基地建设主题，就福建省各项资源概况及其保护、利用与发展问题开办讲座。此外还建立了“科技恳谈会”制度，定期邀请有关行家学者举办专题讲座，这个制度一直坚持下来。

省“一班人”与省直机关干部的团结问题理顺，知识分子的团结工作也有新的进展，项南还不敢掉以轻心，依然继续大唱“团结之歌”。但令这位

“封疆大吏”感到意外的是，“文化大革命”结束已5年多，直至1981年初他调任福建，竟然还有福建地下党的不少同志，被莫须有的罪名关在监狱里，实在叫人不得其解。党的十一届三中全会作出的彻底平反冤假错案，实现安定团结的政治局面的决定，为什么得不到落实呢？

项南一上任，有些历史遗留的冤假错案问题仍然堆积如山，甚至还有一些土地革命战争时期和抗战时期参加工作的老同志身陷囹圄。一些冤假错案，虽经邓小平、胡耀邦、宋任穷等同志多次批示，仍然得不到解决，许多同志不由对天兴叹。

项南上任伊始，就多次谈到要解决这些历史遗留问题，尽快落实干部政策，并陆续平反了一系列冤假错案。项南强调：别纠缠历史旧账，不过分强调个人责任，这些都是极左路线造成的恶果。

他于1981年10月召开省委常委会议作出决定，确立了“坚决、彻底、尽快、妥善”解决历史遗留问题的方针，强调一切从实际出发，查清福建地下党冤案，公开公正地予以解决。为此，省委还专门成立了“落实地下党问题办公室”，抽调专人负责这项工作。

项南从1982年开始，多次召开省委专题会议，讨论解决福建地下党的历史遗留问题，为许多地下党的同志落实了政策。但由于人数众多，年代久远，加上情况复杂，一些人顶着不办，这项工作的进展不尽如人意。在省委会上，项南提出六点意见：“一、既要解决问题，又要有利于安定团结；二、要考虑当时的历史条件，不要追究个人责任；三、要坚持党的原则，不要超越地下党问题，避免节外生枝；四、组织和个人问题要加以区分，不能因为恢复地下党的革命形象，对个别人的严重问题和错误也不算了；五、有些问题要分两步走，先解决地下党问题，然后再处理工作安排、政治待遇、工资级别等问题；六、还是宜粗不宜细好。”

项南内心十分着急，他千方百计，为了有力推动这项工作，借助谭震林、江一真、范式人等德高望重的老同志做工作。

令项南十分高兴的是，福建平反地下党冤案的工作，受到了中央的高度关注。中央书记处派出由中组部、中纪委、最高人民检察院等部门组成的调查组，指导和推进福建地下党冤案的平反工作。

1983年春，福建省委召开了正确处理福建地下党遗留问题座谈会。项南代表福建省委发言，明确指出："福建地下党有着光荣的革命历史，应该恢复原来的革命形象。对于这段历史遗留下来的问题，应当本着一个正确的方针予以认真解决。"在中央和福建省委坚持不懈的努力下，先后为原闽浙赣、闽中及闽西地下党"三大案"平反，为原地下党老同志在1976年之后又受到不公正处理的"405专案"彻底平反。复查平反了6000多个与福建地下党有关的冤假错案，为4000多名原福建地下党的同志恢复了党籍，这真是功德无量之举呀！

但是项南仍然觉得不够。他认为，这些地下党的同志，大多数都是知识分子，由于长期受到不公正对待，不仅身心受到严重摧残，许多人还因此失去工作，生活无着，即使有工作的同志也大多数长期不给调资调级，生活相当困难，应当提高他们的待遇。然而，与平反冤假错案一样，这项工作仍然阻力重重。项南不得不一次次为他们呼吁。

这时，一些奇闻怪事也出来了。项南的这些努力遭到了一些人的激烈反弹——"告状"，他们很快就把一封封匿名信寄到中央。中央领导也不得不过问这件事情，让项南又受到新的压力。他据理为受害同志说情，对一位来福建视察的中央领导同志说："一个地下党大学生，受到错误处理，跟我们机关大院的勤杂人员一样待遇。这叫人怎么看得下去？怎么叫尊重知识，尊重人才？对这样受了半辈子冤枉的同志提个三四级，也才二十级，算多吗？"但当时中央对此事尚无明确政策规定，一时很难统筹解决，只好走一步，看一步，灵活处理了。

由于"文化大革命"刚结束不久，福建情况比较特殊，时有反复。项南在落实党的政策工作中，真如"蜀道难，难于上青天"。但他义无反顾，一抓到底，终于让福建地下党"三大案"的解决有了进展，但并不意味着海晏河清。项南也不会因此而轻松。福建当时还存在着一个颇为棘手的落实干部政策的问题，此事涉及数以千计的地下党中知识分子的命运！

事情的缘由是这样的：从抗日战争到解放战争期间，中共党组织先后在厦门大学、暨南大学（建阳）、集美学校和福建其他大中专院校发展了1400多名知识分子党员，他们多为学有所长的专业人才。这些党员长期坚持对敌斗争，开展游击战争，为解放闽中、闽南做过重要贡献。解放后除少数离开福建或远走海外，绝大部分都留在福建。然而受到福建地下党“三大案”的影响，加上历次政治运动的“清查”及“海外关系”的株连，大都受过不同程度的打击，有的被整致死，其中的幸存者工资级别低、待遇差，家庭生活相当困难，有的甚至十分悲惨。直至20世纪80年代初年，他们既不能得到平反，也不能得到很好的使用。

项南对这些老党员知识分子的命运，十分同情，极大关注。他认为，此事不仅关系到落实党的干部政策，也涉及党的知识分子政策，公正地解决他们的问题，唱响“团结之歌”，不仅维护了党的形象，还可以使这些老党员知识分子发挥聪明才智为现代化建设服务，意义不可低估。然而此事却使项南煞费苦心，原因一方面在于，平反“三大案”已经令他步履艰难、分身乏术，另一方面还在于解决具体问题的时候，还缺乏明确的相关政策，亟须中央予以支持。

真是得道多助，贵人帮扶。这时江一真来到福州，给项南助了一臂之力。江一真与项南是闽西连城同乡，他1927年参加革命，全国解放后曾在福建工作了十多年，担任过省长和省委书记。20世纪50年代末，江一真和魏金水等人被打成“反党集团”。项南到福建后，根据中央精神对此予以平反。

那是1983年底，身为中顾委委员的江一真回到福建，他有意考察一下闽西山区改革开放和社会经济发展问题。同年12月19日，项南会见了来福建观光的西哈努克亲王和夫人后，又驱车赶到江一真下榻处看望。江一真与项南一见面，就兴奋地说：“这两天通过耳闻目睹，对福建的情况有了新的了解。总的感觉是，你的工作开局很好，安定团结的局面已经形成。‘团结之歌’唱得好呵！”

“你有所不知啊……”项南淡淡一笑说，“有些该做的事情，还没有做完。比如平反地下党冤案，错综复杂，牵涉面太广，省委处理起来进展缓慢。”

江一真不解地问：“地下党的几个重点冤案不是都解决了吗？”

项南感慨地答道：“地下党这‘三大案’，牵扯了省委很多精力，今天也不敢说彻底解决了。与它相关的地下党的历史遗留问题还有不少。比如说，解放前地下党在闽南大学生中培养了几百名党员，很多人今天都健在，可是因为没有落实政策，他们无法为'四化'发挥作用，有些人连生活都很困难！"

江一真问："这些同志的问题为什么不能解决呢？阻力在哪里？"

项南道："他们的问题不是个别的，而是涉及几百个人。要解决就必须一揽子解决。可是在这方面，我们缺乏明确的政策支持，比如工资待遇怎么解决？提一、两级不解决问题。人数这么多，欠账太多了！"

"没想到解放都30多年了，还有这么多好同志有冤难申！"江一真深感痛心。几天之后，他与一些老同事、老部下接触时，探讨到这个问题，觉得此事确实非同小可。不少福建同志对江一真说：中央三令五申选用"四化"干部，可是我们闽南原来地下党培养的几百名大学生党员，他们因为历史问题含冤受屈，处境太差，眼看宝贵的年华就要耽误光了，你能不能想些办法关心一下？为他们呼吁一下呀！

江一真再次与项南见面，他郑重表示："我想先把考察山区经济的事搁一边，集中精力调查落实政策和地下党大学生的历史遗留问题，然后报给中央，争取得到中央的支持。"项南激动地对江一真说："这太好了！这对我们解决地下党遗留问题，是很大的帮助。"

此后两个多月的时间里，江一真在福建各地进行了十分仔细、严谨的调查。他了解到，从抗日战争到解放战争，地下党先后在厦门大学、暨南大学（由上海迁到闽北建阳）和其他多所大专院校及中学，培养和发展了1400多名知识分子党员；其中大专学生550余名。江一真调查了其中的351人，得知其所学专业分别有国际贸易、工商管理、财政金融、工程技术等20多种，真是人才济济呀！

这些老知识分子中，多数是20世纪40年代的地下党员，有的甚至是抗战前入党的老同志。他们长期在血雨腥风中开展对敌斗争，建立了游击武装，最后为配合大军南下解放厦门和闽南各地，作出了重要贡献。在解放后的历次政治运动，特别是在"文化大革命"中，这些知识分子党员，特别是其中有海外、台湾、港澳关系的同志，大多数都受到不同程度的打击迫害，其中许多人后来被打成"叛徒、内奸、特务"，有的党员被整死整残废；有些人一直受到没完没了的审查和控制使用，至于发挥其聪明才智更是无从谈起。直到20世纪80年代初，有关部门对他们既不平反，也不很好地使用。难能可贵的是，他们绝大多数都历经磨难而对党忠诚，工作兢兢业业，其中许多同志表示，还希望以自己的学识继续为党工作一段时间。

江一真在调查中还发现，这些知识分子党员中的多数人因为屡屡挨整，级别偏低，生活十分艰难。几十年前的老大学生，现在才是行政二十四级，比一个初出茅庐的大学生还低两级，每月的工资与机关的清洁工差不多。

这种现象遗留至今，显然与福建历史积案太多、党的干部和知识分子政策落实得不够，阻力太大有关。江一真意识到，福建省委和项南已经尽了最大的力气，自己有责任促进此事的解决，让中央下达文件，有明确的解决政策依据。

返回北京之后，江一真根据调查所得，写出一份《关于落实原闽西南白区知识分子地下党员政策问题的建议》，于1984年3月10日送交胡耀邦总书记。江一真在附信中写道："中央三令五申选用'四化'干部，可我们闽西南地下党培养的几百名大学生党员眼看宝贵的年华要耽误光了，你们能不能想些抢救办法？"

3月14日，胡耀邦见到江一真这份近3000字的建议，读得十分仔细。胡耀邦在此份"建议"上作了九处批注。胡耀邦在上面的天头地脚留下的批示，可谓洋洋洒洒、密密麻麻。不难想见，胡耀邦在批注此件时，是充满激情的。

胡耀邦最后在这份建议上批道："请中组部协同福建抓紧进一步解决。三月十四日。"

中央组织部迅速将这份建议及胡耀邦的批示转给福建省委，项南等人读罢，感到十分畅快。他们认为中央领导人的批示符合党心民意，对福建排除阻力、为知识分子地下党员落实政策具有十分重要的指导作用。

项南深有感知，中央领导的批示，有如三月的雨，三伏的风，真是太及时了。事不宜迟，项南当即批示："将此件印发六套班子负责同志（包括非党员），并请组织部遵照耀邦同志批示，提出一个具体方案（包括干部安排、提级等），提请常委通过，这应成为整党中一个重大的整改问题。”

省委常委在讨论有关解决方案时，项南主张，要给这些老党员知识分子妥善安排工作，尤其是大胆提级，甚至一次提他三四级也没关系，因为多少年来我们对这些含冤受屈的同志实在欠账太多！项南充满感情地说，一个地下党大学生，受到错误处理，现在工资还是这么低，要尽快给他们加薪，把党的政策，落实到他们头上、心坎上！

项南大刀阔斧，快刀斩乱麻，迅速贯彻执行中央领导的批示精神。尽管仍然有不同意见，但这件涉及白区地下党知识分子的落实政策工作进展较快，许多老同志被提高级别、增加工资，组织部门根据实际情况又分别对他们作出适当安排，使他们有机会为国家效力。福建省委有关部门就此事起草一份报告。项南看后，认为报告是实事求是的。他批示进一步征求原地下党老同志的意见，然后请省顾委筹备组同志审阅。省顾委筹备组成员魏金水、苏华、卢叨、许集美、张连等地下党老同志读完报告，认为对这一问题的处理是妥当的，应尽快落实。

在胡耀邦对江一真建议作出批示两个多月后，即1984年2月26日，福建省委向党中央呈送《关于调查处理福建地下党问题的报告》。《报告》说：在党中央的领导下，我省正确处理地下党问题的工作，经过两年多的努力，一些重大的历史遗留问题，都有了明确结论。许多具体问题，有的已经解决，还有一些问题，要进一步清除“左”的影响，并由有关部门继续抓紧解决。对于有关地下党员的刑事或党纪政纪处分案件，分别由纪检、政法和落实政策办公室负责受理，于今年底基本复查处理完毕，同时还要认真为受株连的干部、群众消除影响，落实政策。对于遗留的组织和党员党籍问题，以及落实地下党干部政策的遗留问题，由组织、人事部门根据有关文件规定的精神抓紧调查处理。

胡耀邦和有关中央领导人读完这份报告，立即批给中央组织部办理。同年8月7日，中央组织部向福建省委发通知。通知表示：“同意省委对福建地下党遗留问题的处理意见”；并认为：“1981年以来，福建省委对处理地下党遗留问题，做了很多工作，解决了几个在全省有重大影响的地下党遗留问题；平反纠正了一批冤假错案；承认了一批地下党组织和党领导的游击队；

恢复了一些地下党员的党籍，并作了大量的善后工作，取得了不小的成绩。这对进一步促进全省政治上的安定，增强干部之间的团结，调动广大干部的积极性，起了重要作用……”

中组部通知强调：“希望你们再接再厉，按照耀邦同志今年3月对江一真同志关于落实原闽南白区知识分子地下党政策问题的建议的批示精神，继续把这项工作抓紧抓好。凡是问题较多、任务较重的地方和单位，必须组织一定的力量，善始善终地做好这项工作。”

项南在落实政策大事上抓得很紧，也大有成效。与此同时，对于党的其他各项政策的落实，项南趁势抓了上去，决不松手。1981年秋，项南接到北京佛教协会长赵朴初的电话说，沙县宝严寺地处丹霞山麓，是一座被称为闽中民刹的古老佛教寺庙，最近被县里强行拆除，当地众多佛教徒告到我这里来了，你看怎么办呀？

项南当即电话通知沙县县委书记陈延辉到省里，要找他谈话。陈延辉心里忐忑不安，不知为什么只通知他一个人去。到了省委办公厅，项南问他，你当县委书记懂不懂得党的宗教政策？为什么不允许沙县宝严寺开展正常宗教活动？你们县里落实党的宗教政策落实到哪里去了？

几个问号问得这位沙县县委书记答不上话来。接着，项南像跟小学生上课那样，向他耐心地讲解党的宗教政策，讲的都是“ABC”的基础知识，让陈延辉很受教育，心里十分感动。他返回沙县后，立即召开县委常委（扩大）会议，学习贯彻项南的指示精神，不仅很快把没收的物件归还寺庙，批准宝严寺开展正常的宗教活动，还派人把赵朴初亲笔题写的“宝严寺”油漆一新，让这座古老寺庙焕然一新，成为闽中地区比较早开放的一个正规寺庙，对全省落实党的宗教政策亦有促进作用。

不久，项南深入闽中调研，推广沙县举一反三、认真落实党的宗教政策和其他相关政策的好经验好做法。但他唯恐还有漏洞和“死角”，借助中央批示的强劲东风，于1984年8月29日，由福建省委向全省各级党组织印发了省委给中央的报告、江一真给中央的建议、胡耀邦总书记的两次批示以及中组部通知，要求各级党组织必须根据胡耀邦的批示精神和中组部的意见，认真检查这方面的工作，从本地区、本单位的实际情况出发，进一步解决好历史遗留问题；党委领导要亲自过问，一项一项地认真地尽快抓紧落实，让“团结之歌”在八闽大地，更加嘹亮地唱起来……

3. 项南落实党的干部和知识分子政策，团结了一大批同志，有如拨云雾见太阳，冤屈者尽开颜。

项南满怀着客家人的善良之心，在为闽西南地下党员知识分子落实政策的同时，还十分理解这些老同志渴望为社会做贡献的心情。联系到当时福建经济建设人才匮乏的实情，项南给省计委主任张维滋写信，其中提到：“闽西南地下党干部哪些是应该大胆起用的，也请列出来，包括可以担任什么职务，都可一并提出。现在是到发挥他们作用的时候了，党中央已为我们创造了这一条件。”

在另一份要求为福建“革大”一期学员落实政策的报告上，项南批示道：“革大有人才，由于我们不了解，不少人被淹没了，可惜，可叹，亡羊补牢，犹未为晚。”他还要求组织部长，可将此情况交由人才交流中心了解一下，还有哪些人可抢救使用，要以“只争朝夕”的精神，把他们用起来。

项南考虑到，由于年龄的关系，这些党员知识分子当中的绝大部分不可能再担任领导职务，项南力图帮他们找到一个能发挥作用的地方。针对泉州地区老同志同海外华侨有密切联系的特点，项南向许集美等老同志建议，请他们组织起来搞个经济实体，引进侨资、外资，为建设新侨乡做出贡献。1984年11月，经省政府批准，泉州侨乡开发协会正式成立。老同志以饱满的热情，参加了港、路、矿的工程建设；引进外资创办安平开发区，引进项目17个；联合开办了总投资1.9亿元的三益钢铁公司；协助发展文教卫生事业，开办幼儿园等，发挥了余热，又促进了经济的发展。

难能可贵的是，项南对于地下党老同志的关心无微不至，充满了深厚的情谊。1985年4月，项南开完全国人大会议，从北京返回福州后，与汪志馨匆匆赶到医院，看望重病住院的老战友王一平。项南为他写了两句话，鼓励他战胜病魔："冤一难，病一难，一生都是难；旧一程，新一程，一生见精神。"王一平将这两句充满理解的话贴在病床边，感到很大的安慰。数月之后，王一平病逝，项南和省委负责人参加了追悼会，对他的一生予以公正的评价。

项南在致力于平反地下党冤案的同时，还为解决老前辈傅柏翠的历史问题耗尽心血。项南到福建上任之初，就抽空看望了这位当年毛泽东称赞的"大名鼎鼎的傅先生"。傅柏翠是位传奇人物，是闽西上杭县蛟洋人。1941年在日本加入孙中山组织的中华革命党，1917年毕业于日本东京早稻田大学法政专科。1927年南昌起义失败后，他在血雨腥风中加入共产党，后被任命为红四军第四纵队司令；他为建立闽西苏区贡献卓著。1929年初，朱毛红军从井冈山突围东进，傅柏翠在闽西迎接，毛泽东与傅柏翠交谈甚欢，感情深厚。傅柏翠家是大财主，他主动把家财捐献给红军，把土地分给贫苦农民。乡农会赞扬傅家是"开明财主"。大半年后，毛泽东率红四军返回赣南，曾劝傅柏翠同行，傅却舍不得家乡故土。

傅柏翠的经历相当曲折，1931年前后，因为与闽西特委政见不合，被开除党籍。1931年春，闽西苏区"肃反"时捕风捉影地提出肃清"社会民主党"，傅柏翠又蒙受"社会民主党领袖"之冤，愤而出走，在红军追击时被迫拥兵自卫，从此脱离革命队伍。1949年，他又领导了大规模的闽西起义，与国民党彻底决裂，重新回到革命队伍中，要求恢复中共党籍，一直未获批准。

项南调任福建后与傅柏翠老人见面时，"文化大革命"期间强加于傅柏翠的"大叛徒""老反革命"的罪名虽已取消，但他头上还戴着一顶"社会民主党领袖"的帽子，他的党籍更是悬而未决……

1983年，傅柏翠看到落实地下党政策的形势喜人，再次提出恢复党籍的要求，后来又递交入党申请书。对此项南听到两种不同的声音。一种意见是，傅柏翠历史上有叛逃行为，而且率部抵抗我追捕人员，过大于功；他毕竟是历史罪人，其要求入党之事不能同意。有的老同志与傅有恩怨甚至激动地说："给傅柏翠恢复党籍，我就退党！"

另一种意见是，应该同意解决他的入党问题。有的还提出新的建议，如果"恢复党籍"有困难，可批准他重新入党。谭震林说："傅柏翠在中央苏区被打成‘社会民主党头目’，完全是历史冤案。他离开红军后的所作所为，历史可以作证，他是个白皮红心萝卜！”当年奉命追击傅柏翠的萧克将军公允地说：“当时他不逃跑就会被杀头。他逃，我们追击；他不抵抗，就得死。生和死是明摆着的。”这些老前辈（还有罗明、李坚真等人）都对傅柏翠表示理解，赞成解决他的党籍问题。

项南没有回避矛盾，他抓住这一世纪难题，本着实事求是精神，督促福建省委有关部门进行深入细致的调查研究。1985年5月，福建省委发出通知，宣布为傅柏翠20世纪30年代蒙受的历史冤案平反，推倒其“社会民主党领袖”的不实之词；不久，当选为福建省政协常委、省人大常委会副主任、全国政协委员。1986年，经福建省委批准，90高龄的傅柏翠重新入党，立即成为一大新闻，在海内外产生良好影响，也为“团结之歌”注入新的活力。

项南领导福建省委平反冤假错案、解决历史遗留问题的努力，不仅得到中央的首肯，得到前面所述的谭震林、萧克、江一真等老革命的帮助，而且还得到叶飞、范式人等福建省老领导的支持和促进。

“20世纪80年代初，项南同志主政福建，卓有成效地解决了诸多历史遗留问题。”一些熟悉福建省平反工作的老党员和老同志十分赞赏项南为落实党的政策所作出的努力、智力和魄力。历史和实践证明，经过三年多的努力，全省平反、复查处理了地下党6000多个冤假错案，同时还纠正了大量由乡镇或工作组未经法律手续而错斗、错关、错管、错没收财物的“案外案”。全省解决了4000余名原地下党干部调升了工资，改变了他们长期工资明显偏低的状况。同时，还协助各地有关部门解决了许多“五老”人员（老党员、老游击队员、老交通员、老接头户、老苏维埃干部）的政治待遇和生活中的困难，以及一些受地下党问题株连的有关同志的问题。由此，福建出现了人心向上的新局面。

从“文化大革命”动乱里走过的项南，切身体会到被不公正对待的滋味。他以无私无畏的精神，顶住压力，在中央的支持下，彻底平反了福建历史遗留的冤案，并为这些同志安排工作，提高待遇，做到人尽其才，人尽其用。为福建的改革开放事业创造了一个宽松和谐的政治环境。

第十二章 同胞深情

1. 项南主政福建时，由于“左”的思潮影响，华侨政策很难落实。项南大刀阔斧为爱国华侨胡文虎恢复名誉。

项南主政福建，上任伊始就关注侨、台关系的特色。侨胞、台胞均是我们的骨肉同胞，情深谊重，唇齿相依。做好侨台工作，对于全省经济的发展，推进统一祖国大业，举足轻重，具有重大的现实意义和深远的历史意义。

福建是中国重点侨乡，侨民出国谋生据史料记载始于明朝中叶。鸦片战争后至第二次世界大战前，漂洋过海定居创业的人数大量增加，尤其是20世纪30年代，闽人出国猛增。华侨历来爱国爱乡，早在辛亥革命乃至抗日战争和解放战争时期，广大海外侨胞慷慨解囊，捐款、捐物，购置大批药品和医疗器械，支持抗战和革命斗争。

项南注意到，由于“左”的思潮的影响，党的华侨政策得不到落实，挫伤了华侨的积极性，给我们的侨务工作带来不利的影响和不必要的麻烦。

项南调任福建著名的侨乡，海内外一直关注他的一举一动。他在解决历史遗留问题时，针对当时华侨意见最大的房产被侵占问题，项南在省委常委侨务专题会上说，我建议这个问题第一书记亲自抓，共产党员要带头。省委负责检查各地市委的正副书记、市长、专员，包括他们的子女，有没有欺负人家华侨的、占了人家房子的。先把这个问题查清楚。有占了人家房子的，一律要退出。如果抗拒，向省委报告。如果抗拒不搬的，我们登《福建日报》《人民日报》，激起全国人民的公愤，看谁斗得过谁！

在项南的亲自过问下，一些多年来没有解决的华侨房产得以归还。有些机关单位占华侨的房产，项南也督促限期退出。

项南以极大的勇气与耐心平反各个历史时期造成的冤假错案，特别是对那些有重要影响的历史人物和历史遗留问题给予高度重视。为胡文虎落实政策，就是项南推进侨务工作的一着妙棋。

胡文虎祖籍福建永定，是20世纪二三十年代东南亚最著名的华人企业家之一，有“万金油大王”之称。他一生广济博施，惠群利众。九一八事变后，胡文虎在海外带头捐款支援抗战，作出过巨大贡献。但在日本占领香港期间，胡文虎又曾出任华人协会主席，并访问过日本，会见东条英机。因此，抗战胜利之后，胡文虎成为一个在华侨中备受争议的人物。

新中国成立后，侨居海外的胡文虎曾三次致函中南军政委员会，表示竭诚拥护人民政府，但胡氏家庭并没有因此受到公平的对待。项南主政福建后，不断接到要求为胡文虎先生落实政策的申诉。如何对待胡文虎，成为福建是否真正落实华侨政策、是否实事求是的重要标志。

1983年4月8日，项南在经过一系列调查后带着两位省委常委，冒雨来到胡文虎的家乡永定下洋，向外界公开宣布：“胡文虎先生为家乡办了好事，家乡人民怀念他，我们大家也很怀念他。”这句话虽然是在一个小山村讲的，但声音却快速传播到世界各地。项南雨中访胡文虎故乡的消息和照片，很快在香港各大报刊登载，起到了很好的宣传作用。

1983年5月20日，福建省政府批复了福州市、厦门市提出的归还胡文虎福州、厦门两地房屋财产处理意见的报告。几天后，以省长答记者问的形式，将归还胡文虎在福建房屋、财产的决定公布出来。这份经项南亲自修改定稿的答记者问提出：胡文虎在福建所有的房屋、财产全部归还；欢迎胡氏后人在方便之时，抽空回来或派代表回来接收其财产、办理有关手续；省政府同时拨出专款，修复永定县胡氏老家的虎豹别墅。

不久，广东省也作出了归还胡文虎在粤财产的决定。

为胡文虎先生落实政策，使胡文虎长女胡仙博士深受感动。

1992年底，胡仙携母亲胡陈金枝首次访问了北京，受到中共中央总书

◇1994年，项南在福建永定亲切会见返回家乡的胡仙博士

记江泽民、国务院总理李鹏的亲切接见。项南也在人民大会堂福建厅设宴欢迎胡仙一行。翌年初春，胡仙访问福州、厦门；金秋返乡（闽西永定）探亲，受到广大乡亲热烈欢迎。对胡仙来说，踏上故乡的土地，是圆了一个梦；而对于许多海外华侨华人来说，此举让他们看到了这块土地上更多的希望。

项南为胡文虎落实政策，事先作了周密的调查研究工作。他多次深入闽西永定县下洋镇中川村胡文虎家乡考察，同时又请侨务部门组织调查，证实胡文虎是爱国华侨。1981年春，他在福州接受香港《文汇报》记者采访时，就公开表态，胡文虎先生是捐资兴学、办公益事业的爱国华侨。当他从龙岩地区侨务办公室主任蔡冬雪那里了解到，闽西有位归侨作家小张对胡文虎很有研究，曾写了《胡文虎》书稿，就趁下乡闽西的机会，找这位归侨作家聊一聊。事前，他给当时的龙岩地委书记程少康挂了电话，安排与归侨作家小张见面。

1983年春，项南同志出任中共福建省委第一书记后首次返乡调研。当时，小张在龙岩地委通联站当记者，凑巧的是领导上安排他跟随项南下乡，协助搞一些文字工作，及时报道有关情况。

当他了解小张是归侨，曾在胡文虎的家乡——永定县金丰里林场工作，还写过有关胡文虎生平的文稿，感到莫大的兴趣。记得正是清明后的那天（即4月6日）夜里，项南特地通知小张到他下榻的连城宾馆房间，向这位归侨作家调研和咨询胡文虎的情况。

项南喜欢喝绿茶，他自己动手泡了两杯，递了一杯给小张，就海阔天空打开话匣子，一点也没有高官的架子，让小张感到坐在面前的不是省委书记，像是自己的叔伯长辈那么亲切。他开门见山，笑着问小张："小张，现在人家对胡文虎有不同看法，争议也较大，你能不能跟我说说你内心的真实想法呢？"

说老实话，小张当时不知道说什么话好。虽然几天来接触，感到项南平易近人，但与省委领导真正"谈话"，顾虑不能说没有，是讲真话，还是讲假话，或是半真半假、似是而非的话。因为1965年11月他赴京参加青年作家会议，周恩来总理接见归侨作家时说，华侨是革命之母，为中国革命作出很大贡献，但在文学作品上反映不多，希望归侨作家们意识到自己的时代责任，努力创作一批反映华侨华人生活的好作品来。这极大鼓舞了他的创作激情。仅一年多时间就完成了30多万字的《胡文虎》书稿。但此时"文化大革命"爆发，小张因赴京开会"株连"被打成"文艺黑帮分子"，受到严重冲击。接着又因写《胡文虎》接受海外亲友寄来的资料而被"深挖"为"里通外国特务分子"，关押在省第一监狱。当然，《胡文虎》书稿也成为重要"罪证"，被"造反派"当成"四旧"垃圾烧掉。如今，在落实党的十一届三中全会精神和政策后，他的问题已彻底平反。往事历历在目，细细想来依然心有余悸。

然而，小张被项南的真诚感动，在心中一阵"余悸"后，他壮起了胆子，向新上任的这位省委书记全盘托出内心真实的思想活动。他告诉项南，历史上真实的胡文虎，并非有人说的是"汉奸"、"卖国贼"，而是一位爱国爱乡的华侨领袖，是"炎黄好儿郎"。

小张凭着头脑中记忆的历史事实，向项南汇报说，胡文虎的父亲胡子钦早年旅居缅甸仰光，悬壶济世，开办"永安堂"国药行。他人在海外，心却在家乡。他希望自己的儿子能接受中华传统文化，不忘自己是炎黄子孙。当小文虎10岁时，胡子钦毅然把他送回永定金丰大山的故乡私塾就读。

几年后，胡文虎重返南洋，对祖传的"永安堂"国药行来个变革，中西医术结合，运用现代医药科技，成功研制万金油、八卦丹、头痛粉、清快水，成为东南亚乃至全球屈指可数的商业巨星之一。

小张对项南说，胡文虎名震寰宇，是因为他毕生弘扬客家文化，本着“取诸社会，用之社会”、“财聚人散，财散人聚”的忠义信条和人生哲理，规定每年所得利润的25%（后又增至60%），捐赠社会慈善公益事业，制订并实施在全国兴建“千所学校”、“百所医院”的宏伟规划。特别是在中华民族生死存亡的关键时刻，胡文虎在抗日战争中，捐赠的药品和财物为华侨之最。

项南一边听，一边作笔记。小张接着说，为了团结海外广大客家乡亲，更好地弘扬客家文化，做好联谊联心和恳亲工作，1923年春，由胡文虎拨出巨资首创在新加坡成立“南洋客属总会”。胡文虎于1937年4月10日召集“南客总”大会，认真学习毛泽东、朱德在清明节的祭文，“民族阵线，救国良方，四万万众，坚决抵抗”。他在大会上说：“现在正是国难当头，我们要发扬炎黄精神，团结一致，奋力抗战，有钱出钱，有力出力，坚决打败日本鬼子！”在他的号召下，“南客总”又为祖国抗战捐款300万元叻币，在五洲四海传为佳话。

……

项南认真地听取小张的陈述，没有作出什么表态。但小张从他恳切的神态中感受到，这位省委书记对胡文虎是十分同情的。紧接着，项南领着大家一行专程前往永定县下洋镇中川村考察胡文虎的家乡。小张告诉项南，在土改中，胡文虎作为“汉奸”、“地主”，房产在当时是没收的，但他建的“虎豹别墅”却没有一个乡亲前去分住。在大家的心目中，这房产是“虎叔公”的，“希望有一天，虎叔公会返乡长住。”项南走进至今还保存完好的“虎豹别墅”，感慨地说：“小张，胡文虎先生是什么样的人，群众心中都有一杆秤啊。稿纸可以烧毁，但历史事实是烧不掉的。我希望你鼓起勇气，重写《胡文虎》书稿。”

小张向项南透露：“我一直在暗地里重写《胡文虎》书稿，但出版问世很难呀。”

项南说：“书稿写成后告诉我，出版问题我来操作。”

省委书记一言九鼎，给小张重写《胡文虎》注入新的活力。同时，项南在接受香港《文汇报》总编辑金尧如采访时明确指出：“胡文虎先生是一个捐资兴学的爱国华侨。以前，由于受‘左’的思想影响，对胡氏一家的评论是不公正的，对胡氏一家的财产处理是不当的。现在，我们纠正过去的错误。”

在重写《胡文虎》的日日夜夜，项南多次来电来信，给小张很大的鼓舞。小张克服重重困难，加快写作进度，不久终于完成了36万字的《胡文虎》书稿。独具慧眼的《厦门文学》于1988年第3—6期选载，在海内外产生很大影响。但《胡文虎》一书的出版却遇到难题，出版社表示："目前，对胡文虎问题争议很大，希望有新的中央精神，我们才能出版《胡文虎》一书。"

项南也急着要推出《胡文虎》一书，认为此书的出版对于胡文虎历史悬案的澄清，必将有很大的推动作用。他随即给小张打电话，不要灰心，他正在设法尽快出版《胡文虎》，嘱写一份有关闽西开展胡文虎研究的材料给他寄去。项南同志收阅后以《胡文虎研究取得新成果——海外人士称赞这是侨史研究的突破性进展》为题发表在：《人民日报（海外版）》。

在项南的关心下，《胡文虎》一书很快顺利出版，这对于促进胡文虎问题的早日落实，其意义是不言而喻的。《人民日报（海外版）》、香港《文汇报》《福建日报》《南方日报》《羊城晚报》等报刊纷纷连载。海内外100多家报刊作了评论或报道。项南更是高兴万分，趁这股东风，把党的华侨政策进一步深入贯彻下去，为建设福建侨乡又增添新的活力。

2. 项南对华侨华人的深情厚意，落实到侨务外事工作的方方面面。

1981年1月，项南初到福建，就往福州华侨新村看望住在那里的归侨、侨眷，同1964年从缅甸回来的87岁老归侨郑逸清亲切谈心，了解情况。在同年2月下旬举行的省地市侨办主任会议上，项南说，我们有些同志对待华侨和海外华人作用认识不够，估计不足。如果从全国来说，那是几千万华侨，这是个巨大的力量，无论对社会主义建设，对国家实现四化，对做好国际统一战线工作，都是很大的力量。特别是在华侨方面，有一批非常杰出的科学家、文学家、经济学家，他们是能够为祖国作出很大贡献的。但是，我们往往对那些外国专家很重视，而对我们的专家重视不够。我觉得这是很不应该的。他以身作则，重视这方面的工作，刚来福建几个月，就三次召集省委常委会研究侨务工作和对台工作，解决具体问题。

项南日理万机，案头工作堆积如山。但这位省委书记极为重视侨务工作，尽量抽空会见远道而来的华侨华人，倾听他们的心声，为他们答疑解惑。有的省委干部对此有意见："项南同志跟华侨谈得太多，跟下面的干部交谈太少。"项南承认与属下干部交流得不够是个缺点，但是他说："隔绝这么多年了，华侨飞越千山万水回来一趟不容易，他们想找人谈谈心，探探路。我们再忙，也应该尽量满足他们的意愿，何况这还是做侨务工作的机会。"

时间过得很快，转眼到了夏天，项南在百忙中抽空会见了一位东南亚华侨富商。这位侨商有几亿美元的家产，却缺乏稳定感，原因在于当时东南亚不时有"排华"举动，侨商对项南谈起在所在国的处境："他们害怕我们这些人钱多势力大，垄断了他们的国民经济。所以当我们在电影里看到越南、特别是西贡（胡志明市）把大批华侨赶到大海里去的时候，我们就想，搞这么多钱有什么意思？已经发生在西贡的惨剧哪一天会发生在我们头上呢？我们很想把一部分财产拿到祖国来搞建设。"这位侨商同时也表示，对中国大陆政局是否稳定，政策是否会变有些担心。

项南认为这位侨商讲的是真心话，代表了一部分华侨富商的心态。当然情况有所不同，更多的华侨未必如此，但是他们都爱国爱乡，都有不同程度的顾虑，要求理解、体谅他们。项南与华侨接触时，善察人情，善解人意，充分尊重他们的意愿。有的华侨在家乡投资设厂，或主动给家乡捐赠钱物，但是并不愿意公开报道。项南深知他们的难言之隐，对属下干部提醒道："……华侨回乡办了好事，你登个报，这是对的，但也要看情况，要考虑华侨所在国的处境。有的可登，有的就不能登。"他细致入微的作风，被华侨引为知己。

1982年2月，项南会见了新加坡华侨陈共存。陈共存是著名侨领陈嘉庚的侄子，他与项南一见如故，双方都很坦诚直率。项南从陈共存的谈话中，加深了对华侨、对陈嘉庚先生的理解；仅仅是第一面，项南也给陈共存留下良好印象，以至于彼此成为情深意厚的朋友。他们的第二次见面是在泉州，陈共存因交通阻塞而迟到，项南与几位领导正在午餐。见到陈共存，项南起身招呼，让他自己搬椅子、盛饭一同进餐。“不把我当外人看，如同一家人！”陈共存对此很是感动。

这些细微小事，加深了彼此的友情，增进了相互的沟通。项南正因为能与华侨交朋友，推心置腹的深谈，掌握的情况就多一些。在一次会议上，项南提起华侨投资顾虑较多时说道：“我们应该谅解他们的处境，谅解他们的心情。他们在国外，精神上受到压力是很大的。如果在国内，我们不尽快退回华侨房屋，不加快平反冤假错案，不给他们讲讲知心话，我们连这么一点点温暖都没有，你叫人家回来投资，我看是空话。”

项南接着指出：“落实华侨政策，在福建是个大问题。我说从某种程度上讲，是福建经济能不能很快起飞的大问题，为什么？福建有500多万、将近600万的华侨，而且中国真正有钱的华侨主要在福建，我们不做好华侨工作，特别是这些财团头头的工作，是我们的一个大失策。”

不久，在中央召开的省市区党委第一书记座谈会上，项南汇报到华侨工作时说，福建在海外的华侨、华人有五六百万，一说八百多万。主要分布在东盟五国，分布在美国、澳大利亚、日本的也不少。据估计，东盟五国福建籍华侨可用于投资的资金约有400多亿美元。由于有些国家存在政局不稳和种族歧视，这些海外企业，十分看好他们祖籍地的中国市场。他们既为祖国作出贡献，又有不忘故土的深厚感情。我们应当抓住这一有利时机做好华侨华人工作。他们现在一是关心国内政局，二是关心国内政策。我们要落实华侨政策，消除华侨顾虑，给华侨比外商投资以更优惠的条件。

项南深感遗憾的是，作为一个著名侨乡，福建在20世纪80年代最初几年吸引的海外华侨、华人的投资却不多，即使有项目，其规模也不大，有的闽籍华侨宁愿到广东投资、到内地投资，也不太愿意到福建投资。

在仔细分析了“左”的影响、投资条件差、实际经验不足等原因后，项南郑重指出：华侨一回来，就叫人家捐助，人家捐了八十万，还说钱不够，要120万，弄得华侨很不愉快；有的地方还采取“钓鱼政策”，不断地要华侨追加投资，甚至还将这种贪得无厌的做法当作为成功经验来介绍。项南说：“这是很丢脸的做法，是强人所难！”他要求各级领导一定要制止这种愚蠢、霸道之举。

项南气愤地说，有的还利用工作之便，向华侨要钱要物，中饱私囊。至于华侨亲属申请出国或去港澳，遇到的事情就更多了：有的干部说，这个事情很难办哪……旁边就有人提示道：“我们处长家的房子太小了，想盖个房子……”结果侨商家属要凑一笔钱，才能办出国手续。

对这种明目张胆以权谋私，欺压华侨的行径，嫉恶如仇的项南绝不容忍。一旦发现，他就指示严肃处理。他在有关会议上提起这类丑事时说道，同志们，这样子我们还有威信吗？省委下决心要把这些坏家伙揪出来！现在已经揪出来一批了。这些人是不配当共产党员的，不配当国家干部的。

针对福建接待华侨工作中存在的种种问题，项南反复对属下各级干部提醒如下几点：第一，我们要体谅华侨，尊重华侨，不要歧视华侨。要充分发挥华侨的作用，但是不要强人所难。第二，我们要积极争取华侨，但不要向人伸手。政府有这个规定，我们历史上也是这么做的。这是正当的。但是，不要向人伸手，要这个东西，要那个东西。他说：“我希望福建的干部树立一个好的风气，不要去贪小便宜，贪这么一点小便宜，等于出卖自己的灵魂，很难听啊！值不得啊！”第三，要加快落实侨务政策，不要拖拉，不要打折扣，中央是什么政策，我们就执行什么政策。

项南明确表示，不要怕华侨在福建赚钱，华侨赚了钱，最终对福建是有效力的。在一次会议上，他对各级干部说，华侨到福建来投资，要让他们赚钱，这样他们自己就会说到福建赚了大钱，这等于是为我们做最好的广告，起到我们难以起到的影响，可以吸收更多的华侨到福建来投资。他具体建议道：各个地区都要想办法搞一两个重点项目，让华侨们有兴趣，这样就活起来了。福建的华侨不少，财产比广东的多，要充分发挥他们的作用。

有一次，莆田地委书记申九顺汇报说：莆田有60万华侨，我们打算吸收侨资搞建设。但是有的事情没有决定权。“比如有位华侨愿意在福清办纺织厂，省里不同意，非要他搞毛纺厂……”项南说，应该允许华侨按自己的意愿搞投资，“哪怕我们一时没有什么利益，也可以搞。这也是扩大影响嘛！”

有位福建籍的海外富商，在家乡捐资数百万兴建一所工业专科学校。1983年夏天，学校落成之日，他因在海外无法抽身回国，表示希望省内电视台能将该学校落成庆典盛况摄成录像带寄给他，费用由他本人支付。有人不以为然地说：“我们是政府办的电视台，怎能替私人资本家拍录像？”电视台领导将此事反映给项南，项南听后笑道：“侨胞出于爱国爱乡之心为家乡办了公益事业，又肯出代价回报你们电视台，这又有什么不可以？”

电视台后来派人去拍录了20分钟新建学校全貌和庆典盛况的录像带，托人交给这位华侨富商。他看后非常高兴，为表达谢意，当年就回赠电视台一部丰田面包车、一套彩色摄录像设备和200盒电视磁带，价值在30万元以上。后来，又有几位侨胞要求代摄类似情况的录像带，电视台均欣然应允。

项南认为，切实依法依规保护侨胞合法权益，也是我们侨务工作中的一件大事。

对于损害华侨利益的事情，项南绝对不能容忍。1983年深秋，项南从一份《内参》中得知：著名侨乡福清等县发生多起盗掘华侨祖墓事件，此事引起他的高度关注。在省委三届八次全委（扩大）会议上，项南向2000名与会者宣读了这份《内参》，责成相关部门严肃查处盗掘祖墓的犯罪行为。由于措施得力，这类事件得到有效遏制。

福建落实华侨政策，其中一个最棘手、阻力最大的，是归还被占用的华侨私房问题。这既与当时财政困难，无法建房解决搬迁者困难有关，也与一些干部的思想认识有关，其中相当多的华侨房屋就被各级负责人占据。项南提出，退还华侨房屋，首先从领导干部做起，从党员做起，各地第一书记亲自抓这件事；省委负责检查九个地市委。他责成省委常委袁改负责检查落实情况。

在1982年7月举行的福建省侨联会议上，项南强调：当前落实侨务政策最大量的是落实华侨房屋政策的问题，这里有认识问题，作风问题，也有实际问题。华侨是讲道理的，他们对退还房屋中的实际问题是能谅解的；

他们有意见的是那么一些人蛮不讲理，作风很坏。项南说：“对那些不讲道理，以身试法的歪风邪气，我们要坚持斗争，不能让步。”

有人提出，“文化大革命”的问题，政治上平反就可以了，经济上的问题就不要去计较了。意思很明白，是要把侵占华侨房屋作为经济问题，不再计较，把占有华侨房屋合理合法化。项南对此明确指出，这种话不管是谁说的，都要把它改过来！政治上平反是指过去对一些同志的批判，不是对华侨说的，华侨私房政策必须落实，必须发还。

厦门市委统战部有个干部，在“文化大革命”期间，通过原延风公社和延风房管站，强换开元路283号二层林蔗住房并侵占华侨的自留房，他长时间不认识错误，公开抗拒组织决定，不退出房子。有的领导给予庇护，使问题拖下来无法解决，国务院侨办、省委多次催促解决此事；1982年春，国务院侨办副主任林一心去厦门过问此事，有关部门还有人为其开脱罪责。

华侨对此反映很强烈：省委三令五申，有人还顶着不退房，竟然还有人为他撑腰！有华侨说，谈什么投资，先把原有的房子还我就不错了。这样的问题处理不了，还抓什么大案要案？这样的事情都办不到，还吸引什么外资？！

项南认为这件事很典型，决定亲自过问。在1982年4月23日地市委书记会议上，他特意向厦门市委书记陆自奋了解这一侵占华侨住房情况，得知基本上符合事实后，当即指出：这个干部强占华侨房屋问题，处理轻了。建议省委办公厅把材料印发给到会同志看看，讨论究竟应该怎么处理。他说：“有些人就是目无党纪国法，占用华侨、知识分子房屋，长期解决不了。从处理这个例子可以找到一条解决途径。”

厦门市委迅速派出调查组，对这一强换林蔗住房问题进行全面调查，并分别作出严肃处理。

这件事的处理，对福建归还华侨房产的工作有所促进，但由于积重难返，工作难度还是很大。有人对落实华侨私房政策就是顶着不办。为督促解决这个问题，项南提议，由省委、省人大、省政府、省政协四家组织一个检查团，一个县一个县地检查，不解决问题就不离开，哪一天解决就哪一天离开。项南对检查团说：“这次检查团先检查沿海这一线，对华侨子女招工问题，入学问题，如果不是‘一视同仁’，而是采取歧视态度，对房子问题长期不落实，这都是不允许的。”他还说，今后哪个县的党政机关还占着侨联的房子，就把哪个县的县委招待所拿出来给侨联办公。

项南对侨务工作抓得很紧。他认为，事关华侨华人的事业和利益，抓得越细越好，越具体越好。他这样要求别人，自己也是这样做的。他对华侨招商引资十分重视，对引进项目非常积极，有的甚至直接参与谈判。他说，一定要大开门户，狠抓引进。有些项目不能拍板的要当场拍板，不要优柔寡断，不要七请示八请示，贻误时机。一句话，根据当时国务院领导“权放一格”的精神办，放手干。

闽西老区永定县的一位华侨，想为家乡建设尽点力，独资经营开办藤器公司，进口藤条，招收那些待业在家的年轻人搞编织，再由他销往国外。因为有项南的讲话，县里批了，地委批了。报到省里，却一直没回音。县里问地区，地委又写信给项南，问这件事省里为什么不批？项南找到了省经委负责人，省经委负责人说，不是我们不批，是国家经贸部不批，他不发许可证，这藤条就进不来。

还有这种事！这么件大好事，有什么理由不批呢？在关键时刻，项南也会发挥“关系学”的作用。他立即给老熟人、经贸部副部长魏玉明挂电话：“这样的项目，为什么还要经贸部批？你们怎么也要卡这件事？”

魏玉明说：“这完全用不着批。”

没想到，第二天省里就接到了经贸部的一个文，回复说不予批准。项南得知情况，非常生气，万未料到，替侨胞办好事，连“关系学”也不顶用了。后来到北京开全国人大会议，项南专门为此事到中央书记处去告经贸部的“状”。胡耀邦批示相关人员办理，回复是：福建这个项目不批准是完全有理由的：第一，在国内搞藤器生产的厂子已经很多了，现在的销路就有问题，再生产就会增加积压；第二，藤条是要进口，要花外汇；第三，没有什么先进技术。所以经贸部考虑不批准这个项目。

谁也想不到，这件小事越闹越大，“官司”打到最高层了，但问题没有解决，项南实在想不通，难免火气大了点：“这是独资企业，不是合资企业，你管它干什么？像这样一个明显有利的项目都来干涉，我们国家对外开放还有什么希望?”

见项南不依不饶，经贸部提出了折中方案，对福建说，这个项目就算同意了吧。但项南对此一直耿耿于怀，他不是为自己的面子，而是感到一个国家的形象，一个开放省份的形象在华侨中、在海外人士中会产生负面影响。这么一件小小的事情还弄到总书记那里，听说也送到陈云那里，越闹越复杂。

陈云在看完项南的报告后说：“项南同志的意见很对。”就是在这样的“一句重话”的情况下，经贸部才最后同意。

1984年8月，闽西第一家外资企业——永侨藤器企业有限公司正式签约，由香港新艺行引进先进技术设备，独资生产和经营藤木、藤竹、藤钢、藤塑、藤家具、藤工艺品等综合制品，产品全部销往国外。事情是办成了，但只有身在其中的人才能体会个中的滋味。

从这件小事打出的“大官司”，也可以看出项南的大智慧，对侨胞的情深厚意。他早就看出我们政府转变职能、简政放权的重要性。连小小的侨胞的藤条进口，也惊动了总书记和陈云同志，我们还能干什么大事呢？这件事使项南感到，不能这样层层审批，更不该处处设卡。上自中央，下到省、地(市)都要“松绑”放权。中央要放给地方，省里要把大量的权放到地(市)、县一级，有的放到乡镇一级。他在公开场合坦言，我们开放到现在，因为放权出了乱子的，在福建还找不到一件。但是由于权不放而出了乱子的。福建可以找到很多。不放可能出乱子，放了可能不出乱子或出点小乱子。

无私才能无畏。在1984年底参加全国指导性计划讨论会上，项南当着许多领导同志的面旧事重提，他深有感触地说：“这样一个小项目，我们就遇到这么多困难，审批了两年。省里都不能批这种项目，怎么打开外经的工作的局面？这种项目不要说中央部门可以不管，省里去管都是多余的，顶多就是所在县的政府管一管就行了。至于大一点的项目上，拖的时间就更长了，有些项目谈了两三年都定不下来。有的华侨反映，真是马拉松，比谁的命更长。这种状况，叫我们怎么对外开放，怎么去执行小平同志提出的对外开放方针?”

项南还说："我们强调'放'，不仅包括思想解放，权力下放，同时政策和计划也要逐步开放。福建经济要发展，现在再去要求中央给我们多少投资，安排多少项目，是不现实的。我们只要求给政策，把一些权力下放给省，有些下放到市、县。"

项南坦诚，自己本来跟外商会见还挺积极，总希望多搞点项目使福建经济上快点，可是后来感到很为难。因为跟外商谈，一般都希望给个确切的答复，能不能搞，能否搞成？开始项南总是很爽快地答复："行，能搞。"但后来证明没有这么简单。几次教训后，项南也不敢肯定回答了。他说："我说能搞，又不算数。我说能搞成，上面不批准怎么办？"

"不光工业要引进，农业也要引进，引进先进技术和优质品种，是为了最终打出去。"这是项南的又一独到见解。他曾多次主持省委常委会议，专门讨论农业引进的问题。在他的领导下，福建的侨务工作，特别是招商引资，其中包括农业项目引进，遥遥领先，走在全国前列。

3. 项南把中央领导郑重嘱咐的建设统一祖国基地，列为全省重点抓的工作之一。海峡两岸，传颂着项南关心台胞的动人故事。

福建与台湾一衣带水，对于项南，两岸民众都是他的骨肉同胞。项南上任后，更是满腔热情做好对台工作。列为全省重点抓的工作之一。这是中央领导郑重嘱咐的。中央对台工作领导小组开会时，邓颖超对项南说："福建是统一祖国的基地，要把这个基地建设好。"廖承志也对他强调："福建的对台工作和侨务工作在全国占很重要的地位。你到福建去，那里的工作就拜托你了。"

对台问题多年来一直是福建的敏感问题，这是历史原因造成的。项南深知对台工作的重要性，他提出：福建要成为祖国统一的基地，包括宣传基地、产业基地、通商基地、台胞回大陆探亲的基地、台湾渔民避风修船的基地、台胞定居大陆的基地，以及进行调查研究、发展统一战线的基地。

到福建上任不久，项南就约见省台办负责人石宏耀汇报对台工作恢复几年来的情况。项南详细询问了对台工作的思想认识问题，“左”的思想干扰情况，台胞台属的落实政策情况，培养台籍干部和高山族干部的问题，地方和军队以及各部门的工作配合问题，特别关心突破国民党几十年来“三不”政策造成的“藩篱”，促进“三通”的问题。谈话后，他跟省台办约定：“以后每个月都和我通一两次情况。你来找我，我去找你都可以。”

项南为了推进对台工作，想了不少点子。1981年4月，他请省台办组织了一次“台胞座谈会”，直接倾听台胞的心声。到会的台胞和去台人员家属见他诚恳谦和，渐渐敞开心扉，踊跃发言。项南静静地倾听，随手做笔记。他在笔记本上留有如下记录：台胞在“文化大革命”期间是“重灾户”，抄家的经济损失没有弥补，政策不落实，政治上受歧视；即使在“文化大革命”结束之后，一些台胞也不敢让在台湾的亲友来福建，要会面只得去香港；直到20世纪80年代初，福建的做法还是：台籍干部不能不用，但不可重用。许多台胞兢兢业业工作，成了模范，虽然长期要求进步，但就是入不了党。南靖县100多名台胞干部，没有一个入党，其中30人从解放至今未能提级……

从台胞反映的情况和问题，项南感到“左”的思潮还严重地干扰党的政策的落实。为了让台胞有个维护自己合法权益的机构，有处联络和说话的地方，项南在着手解决台胞实际困难的同时，支持筹建“福建省台湾同胞联谊会”。他在给“台湾同胞联谊会”筹委会的信件中写道：福建和台湾分割已经30多年了，海峡两边的闽台同胞语言相通、血脉相连、骨肉相亲，是分不开、打不散的。台湾回归祖国，完成国家统一，是包括台湾人民在内的全国人民的共同愿望，是不可抗拒的历史潮流。他希望“台湾同胞联谊会”能协助落实党对台胞的基本政策，促进早日实现两岸民众“通邮、通商、通航”的愿望。

在项南亲自督办和催促下，1981年4月28日，福建省首届台胞代表会议和省委对台工作会议召开。项南在会上发表讲话。他说：我们的对台工作之所以有阻力，其主要原因，一是有的干部思想跟不上形势，中央的策略已经转变了，我们的思想还没有跟上；二是多年来“左”的思想还没有清除，怕接触、怕受牵连、怕划不清界限。这是不利于发展爱国统一战线，不利于完成祖国统一大业的。因此要做好对台工作，首先要解放思想，放手去做台湾同胞的工作。

项南对大家说，福建是大多数台湾同胞的祖家。从全国大陆来讲，福建是台湾同胞定居人数最多的省，还有近十万去台人员，加上他们的亲属，有近百万人。福建和台湾关系的密切，是任何省所不能相比的。因此，做好对台工作是我省义不容辞的责任。

在新中国的历次政治运动中，福建的台湾同胞受到的冲击比其他人严重得多。项南在这次会议上说：我省有台籍干部565人，受到不同程度冲击的有548人，占96.9%，但是绝大多数台胞觉悟很高，都是往前看的。谈到落实政策问题，项南指出，全省有535个台胞需要落实政策，已经落实的有387个，希望各地在会议之后，把这项工作抓起来。他还就退还台胞房屋，在台胞入党、升学、就业、参军等问题上予以照顾等问题作了具体部署。就发展对台贸易，他也表示了明确的支持和鼓励。

项南在长期的工作中，善于抓住机遇，不失时机地开展工作。在最为敏感的对台工作中，他常向同事们引用《南史•蔡廓传》："此万世一时，机不可失"的古训，把握时机，大力推进对台工作。1981年10月11日，福建省举行各界人士隆重纪念辛亥革命七十周年茶话会。项南在会上公开表示："我代表中共福建省委、省人民政府和福州市人民政府，邀请台湾省政府和台北市的党政领导人到福建省和福州市来看一看，坐下来谈一谈。"他提起头天晚上蒋经国在台湾发表的讲话："有一点是使人感兴趣的，就是蒋经国先生也提到国家要统一，尽管在如何统一的问题上，双方有不同的看法，但国家要统一这一点，总算有了共同的语言，也就有了合作的起码的基础。"

项南不愧是"改革元勋"，他抓住这一机遇，及时主动向台湾方面提出："福建与台湾这两个距离最近的省份，可以不可以早一些进行接触？"他明确表示，福建省目前可以做四件事，即开始与台湾接触；闽台两地人民探亲、访友不应受任何限制，台湾同胞愿经福建去任何地方都将提供一切方便；欢迎台湾同胞来福建定居，来去自由；欢迎台湾同胞来福建投资办厂。

海外媒体对于"前线"更名为"海峡之声"，佳评如潮。这也是项南"以小见大”的大手笔。他常说：“对台工作无小事。”正因为有如此认识，项南在关注对台工作时可谓殚精竭虑，心细如丝。当时福建对台湾广播是以“福建前线广播电台”的名义进行的，项南认为不妥，不能再沿袭这个名称了。他在一次会议上提出：“现在以军事解放手段为主的时期已经过去。福建前线广播电台这个名称已经过时了。”在项南建议下，“前线”这个名称，后来更名为“海峡之声”。

项南对广告宣传艺术很有研究，作出的决策极具时代特色。1981年，为纪念郑成功的丰功伟绩，福建省决定在厦门鼓浪屿建一座郑成功雕像。项南同志特意邀请中央美术学院女雕塑家时宜教授负责创作，他要求让进出厦门港的海轮、鹭江道的行人和到鼓浪的游人，都能看到这尊雕像，以纪念这位伟大的民族英雄。

而智修妈祖庙，更是让两岸民众同声叫好的妙计。想当年，妈祖文化并非像如今同闽南文化、客家文化和红土地文化并列为福建主流文化，而是被“左”的思潮斥之为“封建迷信文化”。当时，妈祖庙在修建与拆毁的问题上，双方观点对立。项南知道，莆田市的湄洲妈祖庙和妈祖文化，具有极其深远的影响，仅在台湾岛上，就有1400万信徒。然而在“文化大革命”浩劫中，湄洲妈祖庙却被拆毁。20世纪80年代初期，海峡两岸民间信众着手自发修复湄洲妈祖庙。当时福建对此有两种意见，一种是赞成修复；另一种意见认为，妈祖庙具有封建迷信色彩，其所处位置，是战备的前哨阵地，因而主张将已部分修复的湄洲妈祖庙拆毁。

当时，地方官员没有一位敢站出来表态的。都是“不点头，不摇头，免得日后再低头”。但双方激辩，两种意见争执不下，莆田市政协无奈之下，只好向省委递交了一份报告。数日之后，报告批回来，省委书记项南指示道：“暂缓拆庙。”

在当时敏感、复杂的情况下，项南作出这个批示，无疑是需要勇气的。他知道，全世界有妈祖庙近5000座，台湾就有800多座。湄洲岛妈祖庙是维系海峡两岸同胞神缘的平台。然而，在“文化大革命”中遭受浩劫的湄洲岛妈祖庙只剩下断壁残垣。1982年两岸信众自发动工重修妈祖庙，军方有人举出红牌：“湄洲岛为沿海最前线，谁到岛上去碰一下，我马上就把妈祖庙拆掉。”作为省委书记，项南尊重百姓的信仰，同时也认为，莆田的湄洲妈祖庙，地处沿海最前线，它固然是战备的前哨，可是从另一角度看，妈祖庙离台湾也最近，它也可以成为对台工作的前哨。台湾信妈祖的人很多，哪天台胞要回湄洲朝拜，有个妈祖庙岂不是好事？更何况，他的判断是：台湾海峡的局势是渐趋缓和的，修建湄洲妈祖庙不至于影响战备。

项南“暂缓拆庙”的指示传到莆田民间，百姓欣喜若狂，有的还燃放鞭炮，以示胜利和祝福。消息传到台湾，不少信众纷纷捐款，盼望早日修建妈祖庙。拆庙被阻止后，事情渐渐起了变化，台湾海峡的局势渐趋缓和。在省委和有关部门的支持下，人们逐渐将湄洲妈祖庙修建好，前来朝圣的台湾信众颇感安慰。20世纪90年代，政府又斥巨资重新修葺，将湄洲妈祖庙修建得气派堂皇。而今，项南的亲笔墨迹“海峡情深”被镌刻在湄洲妈祖庙的巨石上，每天与朝拜的信众和游客见面。

其实，当时修建妈祖庙，并非容易之事。内情人知道，项南把“官司”也打上去了。这里还有一个饶有风趣的插曲。那是1983年3月23日，妈祖生日，《参考消息》上登载了一篇海外媒体文章《台胞八万信众登湄洲岛谒拜妈祖》。项南把《参考消息》递给此时在闽视察的中央军委副主席杨尚昆，并把情况做了汇报：“莆田湄洲岛的妈祖庙，现在要重新修建，可以不可以？”“这是好事呀！建！”杨尚昆当即拍板。智慧的项南抓住机遇，借船出海，解决了重修湄洲岛妈祖庙的难题。

消息传开，两岸同喜。不仅沿海民众兴高采烈，山区百姓亦兴奋异常。民间信仰，在农村是很普遍的文化活动。人们需要怎样的护佑，就会设置怎样的神明。他们因陋就简兴建的庙宇，如果都像“文化大革命”中那样，当作“四旧”（旧风俗、旧习惯、旧文化、旧思想）加以“横扫”，那是很不得人心的。而妈祖历史上就受到海峡两岸人民的尊崇，视为保护神和平安的化身，大批善男信女，世世代代前往湄洲岛，谒拜妈祖祖庙。如果连这点“信仰自由”都不给两岸百姓，那将产生什么样的影响呢？

深得民心的项南，在当时“左”的思潮影响下，采用“缓兵之计”，在莆田市政协报告上批示“暂缓拆庙”是明智之举；而他“借船出海”，智修妈祖祖庙，更值得大书一笔。各地妈祖信众，闻风而动，良好的民间信仰得以延续。地处闽西南心腹之地的漳平县永福花乡重镇民众，闻讯连夜策划，重修永福妈祖庙，香火重烧，万民同乐！

湄洲妈祖庙董事会董事长林文豪兴奋异常，逢人就说，自从项南智修妈祖庙后，每年都有十多万台胞来朝圣，而且逐年增多。我们通过湄洲妈祖庙接待朝圣台胞，宣传“一国两制”，弘扬妈祖文化，推进祖国和平统一，对台工作做得有声有色，受到全国政协的肯定和赞扬。“这一切都是项南为我们打下了基础，正是他在多年前那个非常敏感时期，以政治家的雄才大略作出决定，保住湄洲妈祖庙，才使得我们湄洲这样一个弹丸小岛，能够吸引千千万万的台湾同胞朝圣者。”

一道不宽的台湾海峡，给两岸中国人带来深深的隐痛。20世纪80年代初期，此岸的“左”倾做法尚待纠正，彼岸的“军管”仍未解除：台湾当局禁止两岸人民之间的一切来往，所以来闽 、贸易、寻根、访祖、定居的台胞都是通过海上渔船，或由香港、日本、美国等地绕道回来，要冒很大的风险。

项南十分体谅台胞的心情和面临的困难。他一再交代省台办：要做好来闽台湾同胞的接待工作，“要把工作做到台湾同胞的心里”。当时福建财政困难，项南下令省委省府大院内不准兴建任何新楼房，行政部门不准购买进口汽车，接待内宾不准举行宴会。省台办的房子很破烂拥挤，项南也不同意重建。对党政部门如此“吝啬”的项南，在动用接待台胞经费方面却十分“慷慨”。

经项南建议，福建省政府批专款，兴建了福州、泉州、厦门、漳州四座台湾饭店，拆建和装修了原有四个台湾渔民接待站——后按项南的意见改名为“台湾同胞接待站”。并将台胞接待站从四个扩大到十个，解决了30余个县市接待台胞专用车辆的问题，每年还由省里拨出十万元，由省台办拨给各县市作接待来闽台胞的专用经费，可用于举行接待台胞的宴会。

项南对接待台胞，提出很高的要求：每位来闽的台胞，要有“宾至如归”之感。身为省委书记，项南对接待工作抓得很细，“台湾饭店”的店名、“台胞之家”的服务口号，都是项南亲自拟定的。他嘱咐有关负责人：台湾饭店和接待站要建设得符合台湾同胞的生活水平；服务员要经过培训教育，“要使台湾同胞住下来就好像回到自己家里一样。”他们的努力，使台胞感到很温暖。

项南要求的无微不至的接待服务，感动了一大批的台胞。一个有“台独”思想的台胞，到大陆旅行后很有感慨，他到福建后对有关陪同人员说：“看来我的理论可能是错的，大陆并不像我们想象的那么落后，有些方面比台湾还好……但是从北京直到厦门，没见过一个好的厕所。人不能进去。令人感到‘三餐容易过，一便真艰难’。”项南在接待这位台胞时，回答他说：“如果只是一个‘厕所问题’，那是可以解决的。”项南要求新建的台湾饭店和接待站，每套房间都要有卫生间，要用抽水马桶，让“艰难”改为“方便”。

项南在对台工作中，十分重视做好台湾知名人士工作。台湾空军少校黄植诚驾机起义，台湾著名电视主持人黄阿原来福建，项南都抽出时间会见他们，表示欢迎。1982年底，有位30岁左右的屏东县台湾同胞林先生来福州定居。省台办根据其中专学历的文化程度，按福州市标准给以适当安排工作和生活。但林先生不满意，直接写信给项南。项南在信上批示：“我们连一位台胞都不能团结好，怎么团结好1700万台湾人民。”他还给省台办负责人打电话说：“一个台湾同胞到福建来，身边没有一个亲友，不适应这边的生活，困难大得很。我们共产党不照顾他，谁照顾他！他是不满国民党的统治来投靠我们，我们不能投靠，他去投靠谁？”

省台办负责人林江、石宏耀后来撰文说：“项南这样爱民如子，体贴入微的精神，使我们这些老台籍干部自愧不如！”项南的批示给他们很大启发，他们认识到来闽台胞原来的生活条件跟大陆不同，因此应当以当地标准稍高一些的待遇来照顾他们。通过此事，省台办干部对文件规定的“同等优先”、“各方面优先照顾”的政策加深了理解。

1981年5月，石宏耀给项南写报告，建议在一些大学设台湾班，以便加速对台籍青年的培养。项南很重视，他在报告上批了300多字，强调“要不失时机地从现在起就着手进行”。某大学的个别领导以种种理由拒绝执行项南的批示，最后通过该大学的中央直属领导，才使举办台湾班的问题得到解决。

项南把对台工作，作为建设统一祖国基地的主轴。他在主持福建省委工作期间，每年都要召开五六次以上对台工作为主题的省委常委会议。每次均邀请省台办负责人林江、石宏耀等人和有关部门参加。凡涉及对台工作和相关政策的问题，都认真听取对台工作人员的汇报，或向他们咨询，充分展开讨论。在一次全国对台工作会议上，福建省台办负责人林江介绍了省台办列席省委常委会议的情况。各省台办都很羡慕，大家说："福建省委真正把对台工作摆上省委重要议事日程了。"

以同胞之情抓好对台工作的福建省委，受到中央对台领导小组的肯定。1983年林江等人前往北京，单独向中央对台领导小组汇报工作。邓颖超赞扬地说："福建省委很重视对台工作，尤其是项南同志，省委抓和不抓，大不一样。有的省抓得很紧，福建最突出。都像项南这样抓，（全国）对台工作的局面就不一样了。"

地处"前线"的福建，长期生活在炮火之中，特别是1958年炮击金门以来，两岸在一段时间内坚持以炮弹"对话"。项南在福建时，炮击是没有了，但双方还在打"宣传战"。项南认为，这样打宣传弹也没有什么意思。1982年秋天，胡耀邦到福建视察时，项南汇报说："我们过去炮击金门，对方也打炮，现在双方都停了，但是还在打宣传弹。从实际情况看，效果并不好。"胡耀邦说："我主张少唱些老调子，要说理，不要采取对骂的、互相攻击的办法。你们可以同台湾方面讲嘛，相互对骂，有伤和气；高音喇叭，污染空气。过去相互打炮现在都停了，还打什么宣传弹啊！"项南笑道："台湾的宣传弹质量不好，常常伤人。"胡耀邦也笑着说：你们可以跟他们说，你们要打，我们可以提供宣传弹，我们的质量好，不伤人。

真是"古今多少事，都付笑谈中"。自从福建省委书记与总书记关于"宣传弹质量不好"的笑谈不久，两岸宣传弹也不打了，大陆有关部门又指示搞空飘、海漂，即用氢气球或渔船捎带些宣传品，连同"茅台酒"之类土特产"漂"往彼岸，以此作宣传。对方则在宣传品里夹带些电子手表、计算器之类玩意往这边漂。项南觉得，这恐怕都是一厢情愿的事情。他在对"空飘"、"海漂"的实际效果作调查时，有人向他汇报了实情：从海上漂过去的"茅台"根本到不了对岸，还没有漂多远，就被我们的渔民捞起来喝了。项南向中央有关部门反映了这个情况，并谈了他的意见。后来"海漂"、"空飘"也都停止了。台湾海峡成了一条风平浪静的和平海峡，出现了“前线无战事”的前沿阵地。

渐渐地，“冰封”已久的海峡终于“解冻”了。于是，出现了大陆的“台湾热”和台湾的“大陆热”，成了时代的兴奋点。这时，北京提出海峡两岸“三通”的主张后，项南更是积极为此努力。他的步骤是，首先支持小规模搞对台贸易。1981年春天，陆续有台湾渔船突破禁令，悄悄来到福建沿海做生意，他们带来尼龙丝、机电产品等；也有带来美金想买些黄花鱼、紫菜等海产品以及中药材、煤炭等。到5月底，福建已经接待80多条船，成交400多万元。

这时，在海峡东岸，有人唱起“草鞋是船，爸爸是帆，远远的故乡在召唤。满载半世纪漂泊的沧桑，倦航的船儿快来靠港”的小夜曲，真是别有风味。这时，两岸生意开始做，虽然贸易额很小，项南仍给予积极评价。他说：海峡两岸对峙，这是历史形成的。福建解放后一直背着“前线”的包袱，是“受其害”；现在福建与台湾交往有着得天独厚的优势，我们要利用优越条件“得其利”。同年6月在北京举行的“广东福建两省和经济特区工作会议”上，项南说，我们认为闽、台两省，历来民间就有贸易往来，这种历史上形成的特殊关系，今后还将进一步发展。我们采取不理睬的办法不好，采取每桩贸易往来都请示中央的办法也做不到。那怎么办呢？

项南从福建的实际出发，提出新的设想，根据中央对台政策和国家对台贸易总方针，成立一家“海峡贸易公司”，利用东山、崇武、平潭、三沙四个台湾渔民接待站设立分公司，直接与台湾开展多种形式的通商活动，包括间接贸易积累的方式。

在酷热的夏季，项南不顾心脏隐隐作痛，数次驱车到距台湾最近的平潭、东甲岛实地考察，亲临指导，提出许多具体建议。省委、省政府强调：凡是台湾渔民对福建接待部门提出进行的贸易，都属于正常的对台贸易，给予鼓励和支持；对于海上走私和投机倒把活动，则坚决予以打击。此后在不长的时间里，福建省沿海岸线设立了17家对台贸易机构。项南1981年年底到中央开会时汇报说，今年头10个月，台湾渔民和商人来福建的船只360条，2353人次。其中洽谈贸易的有223条，谈判成交的146条。我们希望中央扩大福建小额贸易的批准权限。福建省后来还把闽台海上民间交易逐步引到岸上，发展直接小额贸易，还通过香港进行间接转口贸易。

中央领导向台湾提出通邮、通航、通商的“三通”的建议，当时十分引人关注。台湾当局有人说这是“统战宣传”，大陆也有些干部认为仅是说说而已。项南认为，“三通”意义重大！他强调，“三通”应该是真三通，不能是宣传手段，在具体执行中有些问题应该尽快解决。

针对当时福建海关提出向做贸易的台湾商人、渔民收关税的做法，项南在1981年12月中央举行的各省市区党委第一书记座谈会上明确表示：“台湾是我国的一个省，没有回归以前，当然应该保持界限，保持警惕。但台湾商人和我们通商要到北京来领许可证，不说时间上是否办得到，把对台贸易搞成对外贸易，法理上恐怕也不大说得通。”他进一步指出：“关税是对外国人征的，我们宣布过对台不征税。台湾商人来大陆做生意，我们究竟是征还是不征；征，叫什么税；不征，又如何加以控制，避免台湾对我倾销？迫切希望中央及早研究一个对台贸易的具体办法。”

1984年4月6日，福建省委常委召开会议讨论研究中央《关于落实居住在祖国大陆台湾同胞政策的指示》的贯彻情况。项南在这次会议上提出了解决台胞住房、台籍青年就业和有困难台胞的生活补助费的办法。谈到安排400名台籍待业青年时，项南说：“400个人的问题都解决不了，还谈什么统一祖国。各县当县长、县委书记的，谁家的孩子没有解决？”他明确指示，对台籍待业青年，“要一个一个开出名单，人在哪里就在哪里安排，由哪里的政府负责安排。要安排四分之一或三分之一到全民所有制单位。我们领导同志的子女都能安排全民所有制，台胞怎么不能呢！我们哪位领导同志的子女没有安排！”

真诚为民，台胞岂能忘怀！在福建省举行的一次台胞座谈会上，忽然有人提起项南关心台胞的具体事例，动情地说：“项公关心爱护我们台胞，就像是爱护他自己的儿女啊！”发言者激动得热泪盈眶，哽咽难言，整个会场一片肃静。稍候，又有多位台胞补充了许多项南生前关心台湾人民的动人故事。

就是这些动人的故事，汇成一股回春的暖流，冲散了浮荡在海峡上空的浓重阴云，带来了“三通”历史转动的契机。我们的“封疆大吏”，站在西岸的闽江口上，遥望着东岸腾起的浪花，开心地笑了……

第十三章　舆论先行

1. 善于舆论先行、运用党报指导工作，推动党的方针政策的宣传贯彻，是项南领导艺术和战略决策中的一大特色。

“不会运用报纸广播的领导，是手工业式的领导”。项南主政福建，舆论先行，刚上任就捷足先登，看望《福建日报》、省广播电台和电视台的编辑记者们，开场白就直截了当这么说。

项南精读毛泽东《对晋绥日报编辑人员的谈话》，有许多段落，他都能一字不漏地背诵。他说，毛主席早就教导我们：“我们的政策，不光要使领导者知道，干部知道，还要使广大的群众知道。有关政策的问题，一般的都应当在党的报纸上或者刊物上进行宣传。”多年来，从团的宣传工作和农机化的调研工作，他充分发挥从毛泽东那里学到的领导艺术，运用党报宣传和指导，紧紧围绕党的中心任务，结合自身的实际，把各项工作都带动起来了。如今，项南主政福建，他首先想到的就是舆论先行，通过党报宣传，把中央的方针、政策，中央领导对福建工作的指示和要求，迅速宣传和贯彻下去。

项南对党报和广播的编辑记者们说，我们要把中央的声音传达下去，使广大干部群众都能知道。大家知道了中央的精神，有了共同的目标，就会齐心来做。群众齐心了，一切事情就好办了。正如毛泽东指出的，马克思列宁主义的基本原则，就是要使群众认识自己的利益，并且团结起来，为自己

◇项南每天都是黎明即起，学习不辍。直到生命最后一刻，始终关心百姓的疾苦，关心着国家的前途和命运

的利益而奋斗。报纸的作用和力量，就在于它能使中央的方针政策，工作任务和工作方法，最迅速最广泛地同群众见面。

项南上任之初，千头万绪，繁忙异常。他说，一年之计在于春。现在，春耕备耕节气逼人，工作正紧张开展，大有火烧眉毛之急。由于“左”的思潮干扰，中央关于农业生产责任制一系列政策的落实，阻力重重，希望大家立即行动，做好这方面的宣传报道工作。毛泽东说得好，我们必须坚持真理，而真理必须旗帜鲜明。我们共产党人从来认为 隐瞒自己的观点是可耻的。我们党所办的报纸，我们党所进行的一切宣传工作，都应该是生动的，鲜明的，尖锐的，毫不吞吞吐吐。这是我们共产党人应有的战斗风格。我们要教育广大干部和群众认识真理，尽快地把中央精神贯彻下去，不违农时地打好春耕这一仗。

项南对党报的宣传很有研究。他认为评论是报纸的旗帜，在引导舆论中具有重要的作用。他亲自抓《福建日报》的评论，不仅省内很多干部知道，在全国新闻界也有名。许多重要评论，是他出的题目；所有重要评论，都经他修改定稿；好几篇为新华社转发和《人民日报》及京沪报纸转载的《福建日报》社论，几乎都出自他之手笔。

项南对当前宣传报道的指示，《福建日报》闻风而动，立即派出记者下乡调研采访。当时因“左”的思想影响，农业生产责任制在福建推广阻力重重，不少地方把农民群众和基层干部要求包产到组、包产到户，当作走资本主义道路来堵来批，而春耕季节就要到来，怎么办？项南去闽南农村看了一周后回到福州，指示报社把落实农业生产责任制作为最近一段时间的宣传重点，并要写一篇这方面的社论，在农历正月初一发表，连题目都给定好了——《落实农业生产责任制刻不容缓》。正巧那几天，《人民日报》刊登介绍皖豫鲁农村落实生产责任制情况及产生巨大变化的通讯，他认为写得好，建议《福建日报》也在正月初一转载。他自己动手为转载此文写了编者按——“此文值得所有干部特别是搞农村工作的干部认真地读一读。农村广大群众和干部的积极性哪里去了？是被主观主义的瞎指挥、不计效果的大呼隆、平均主义的大锅饭挫伤了！被极左路线吞没了！那么广大农民群众喜欢的是什么呢？利益最直接、责任最具体、方法最简便的责任制……我们要敢于领导，善于分类指导，在春耕前把责任制落实下来。”一版头题是他修改定稿的社论，二版头条是他写的观点鲜明又富感染力的编者按和颇有说服力的文章。透过报纸的版面，人们看到省委对落实农业生产责任制的坚决态度。

项南贯彻落实中央指示精神，富有创造性。当农业联产承包责任制在全省迅速推广开后，他考虑实行责任制后如何用合同形式把国家、集体、个人的权利和义务固定下来，兼顾三者利益，以便稳定责任制，调动群众生产积极性。于是，又给报社出了个社论题目《抓了责任制，就要抓合同制》。这篇社论经他修改于1981年4月1日发表，报纸接着就推行合同制作了宣传。

又过了一个多月，项南要抓工交企业的责任制，交代写篇社论，讲工交企业也要实行责任制。于是，论述这项重要工作的社论在1981年5月24日和读者见面了。

就是这样，项南在抓了一项工作之后又抓一项工作的同时，总忘不了给机关报布置一篇又一篇社论。真可谓：工作一动，评论先行。在实行特殊政策、灵活措施、纠正党内不正之风、打击严重经济犯罪刑事犯罪、开展整党诸项工作中，都是如此。1983年初他建议《福建日报》开辟“经济评论”栏目。他说：党的工作中心要转到经济建设上来，因此必须加强经济评论。评论可以从群众关心的问题，一直谈到重大经济建设项目及战略设想。请指定若干同志经过调查研究，拟定一长串题目，分头请人撰写，再加修改，是可以办出特色的。对于偶发事件，则主要由报社捕捉时机，自己执笔，迅速见报。

项南不仅给《福建日报》提报道思路，出评论题目，修改稿子，还自己动手写评论。他的文笔犀利，言简意赅，针对性很强。据统计，他任内五年多时间，共为《福建日报》写评论25篇，其中社论和经济评论各7篇。最多的是1983年，达9篇，平均不到一个半月就写一篇。1984年他在京参加全国人民代表大会，还赶写了《让“包”字进城》的社论发回福州。

项南运用党报指导工作，很讲究方式方法。正如毛泽东说的那样，善于把党的政策变为群众的行动，善于把我们每一个运动，每一个斗争，不但领导干部懂得，而且广大群众都能懂得，都能掌握，这是一个马克思列宁主义的领导艺术。项南为党报写的评论，扣住党的中心工作的重点，善于从实际工作、社会生活、干部群众关心的问题或存在的疑虑出发，针对性和可操作性强。看看他的评论题目，不少是提问式的，如《这样的案件为什么长期处理不下去》《乱砍滥伐的根子在哪里》《好人怕坏人原因何在》《为什么要提“未整先改”》就可知道评论是有的放矢。他对报社领导说：报纸要旗帜鲜明，有针对性。不要写滑头文章，讲滑头话，叫人这样理解也可以，那样理解也可以，到头来空话一堆，浪费纸张也浪费读者时间。

笔锋犀利，语言生动，短小精悍，是项南评论的风格。许多干部看到《福建日报》上这类文章，就猜测是项南写的。多数评论为500来字，长的不过800多字。其中《这样的案件为什么长期处理不下去》，连标点在内，只有142字：

> 今天本报又公布了两个重要案件，坏人受到揭露处理，这很好。有些问题群众看得很清楚，干部也有很多议论，问题的性质已经非常明白，但是就是处理不下去，而且长期处理不下去。为什么？一是自己屁股有屎；二是派性作怪；三是软弱无能。你这个单位的问题长期处理不下去，是什么原因，算哪一条，不妨想一想。

此为新闻史上最短社论，《人民日报》等29家报刊转载，评为全国新闻评论一等奖，列为高校新闻系教科书。

改革开放初期，国有企业改革是重头戏。但如何切入主题，许多领导无从下手。项南却有绝妙的办法，领导党报打了一场新闻大胜仗。最令人兴奋的是，项南亲自指挥的福建国有企业“松绑”放权的报道。这场历时两个多月的报道，不只在福建而且在全国都产生了很大的影响。在海外也传为佳话。《福建日报》因此而获得全国好新闻评比的特等奖。

那是1984年3月23日，在福州参加福建省厂长经理研究会成立大会的55位厂长经理，给省委领导同志写了一封信，诉说旧体制的条条框框捆住了他们的手脚，要求省委省政府能把企业内部的干部任免权、奖励基金支配使用权等五项权力下放给他们。信送到项南手里，仅半小时，他看后作出批示，省委办公厅一个电话打到《福建日报》社总编室，要报纸第二天登一版头条。当报社拿到这封信时，项南已经做好标题——《55位厂长经理发出呼吁：请给我们“松绑”》；一段饱含感情的导语也写好了，说此信“情词恳切，使人读后有一种再不改革，再不放权，就真是不能前进了的感觉”，“本报记者认为有必要将这封来信公诸于众”。

厂长经理们的呼吁在《福建日报》发表的当天上午，总编室的电话中又传来项南的意见：迅速派记者找省委组织部等单位的领导同志，请他们谈谈对55位厂长经理要求改革的看法。报社研究后马上派出记者，分头访问了六七个跟国有企业关系密切的部门。省委组织部表示要改革干部制度，扩大厂长的用人权力；省人事局谈了要给企业下放五个方面的权力；省经委表示要给企业“松绑”放权，搞活企业；省财政厅同意奖金随税利增减而浮动，企业内部可实行浮动工资。从25日开始，报纸在一版挂起刊头《勇于改革，支持“松绑”，搞活企业——对55名厂长经理呼吁的回声》，连续报道有关部门及福州市委、市政府等支持改革的措施及行动，工人劳模等对“松绑”放权的支持。福州市14个工商行业的35位经理提出的“松绑”要求也在报上发表。一版版面上形成浓浓的要求改革，支持改革的气氛。

在今天看来，支持和满足厂长和经理们提出的搞活企业的五项要求，已经不是问题，可是，在当时我国经济体制改革尚未全面启动的情况下，谈何容易。据分析，当时掌权的部门有三种态度：一是诚心诚意拿出行动，支持厂长经理的改革要求；二是为了应付上级和党报，说几句赞成的话，但实际行动迟迟不见；三是还在嘀咕，不肯“松绑”放权。项南强调“松绑”放权不能报纸登了就了事，要抓落实，抓出成效。厂长经理们的呼吁书发表一个月之后，在项南提议下，省委省政府决定请55位厂长经理来开会，检查“松绑”放权的落实情况。报纸为此发了消息，并在一版设“呼吁‘松绑’的厂长回去以后”专栏，报道55位厂长经理回去之后的改革行动，也反映一些厂长在改革中遇到的困难，呼吁“有关部门高抬贵手”；同时报道有关部门继续采取措施放权。5月底，省政府召开55位厂长经理会议，检查落实情况。围绕这个会议，又掀起一次次改革报道的高潮。

为了动员全省新闻工作更有力地支持改革，项南来到省新闻工作者协会第二次代表会议上，勉励新闻工作者要支持改革，促进改革。他说：新闻工作者应当是个改革者，要站在改革的前头，为改革叫好，为改革排难。在改革征途中，不能设想会没有困难，也不可能没有阻力。对改革者要满腔热情地同情支持，造成一种支持改革的舆论。报纸要有勇气，敢在那些不给“松绑”的太岁头上动土。

“松绑”放权的报道激起的波澜，很快越过八闽大地，在全国引起反响。在《福建日报》刊登厂长经理呼吁书的第六天，即3月30日，《人民日报》全文转载了呼吁书，摘登了省委组织部、省经委领导支持改革的谈话，并在编者按中指出：“这封呼吁书提出了体制改革的一个重要问题”，旧体制阻碍生产力发展的状况“到了非解决不可的时候了”。新华社对此作了连续报道。

从冲破“左”的影响，推广农村家庭联产承包，搞活商品流通，鼓励一部分人先富起来，到对外开放，落实知识分子和侨胞台胞政策，项南无不运用新闻媒体以推动工作，真正体现了“报纸不仅是集体的宣传员和集体的鼓动员，而且是集体的组织者”。

项南不仅为党报写社论、写报道，还亲自动手为报纸编改稿件，等于是省委第一书记兼党报总编辑。他主张：“文章要短，报道更要短。可惜我们有些记者总是下不了决心，舍不得把那些可有可无的、群众不感兴趣、甚至感到厌烦的叙述删掉。某人到会、某人讲了什么话，完全没有必要在每次报道中出现。什么时候才能做到报道尖锐泼辣，文字短小精悍，语言朴实无华呢？！我现在斗胆把你们这条新闻删掉三大段（约900字），不知是否伤了原意？”这是1981年项南在报社送给他审阅的省委某部召开的三级部长会议消息的小样上批的。项南在这个会上讲了话。此消息近3000字，是这个部办公室同志写的，部长看过。报社发排时未删改。项南删去的三分之一，主要是会议的过程，如会议第一阶段如何，第二阶段如何，哪位讲话，哪位总结，哪些单位发言等，删得非常到位。

其实，内情人知道，有的领导很喜欢长篇报道，报社也无可奈何。编辑部常为繁多的、冗长的、没多少新闻价值的会议新闻所困扰。项南对此深表同情，支持《福建日报》努力改变这种状况。1983年初，报社党组就会议报道问题向省委写了请示报告，对全省性重要会议、各领导部门召开的会议及光荣榜、倡议书、慰问信的刊登提出具体处理意见。项南收到报告后，即在上面批："拟同意这一报告，可批发。新闻一要新，二要短，三要受群众欢迎。官样文章、例行公事尽量少登，长篇名单更无必要。文风不改，将严重脱离群众。"项南请省委常务书记、省长都签署意见。省委很快向省直单位和各地市委批发了福建日报社的报告，对改进会议报道起了积极作用。

项南还自己动手，为《福建日报》写了篇颇有新闻价值、堪称超短的会议新闻，为我们作出榜样。那是要求"松绑"的呼吁书发表一个月后的4月24日上午，省委常委和省政府党组成员召开整党会议，决定请55位厂长经理再来开会，检查落实情况。当天下午，报社记者正在赶写上午会议的消息时，项南的秘书来电话，要报社派人去取稿件。原来项南自己动手从一个上午会议的众多内容中，选了件跟当时改革密切相关的事写了一条新闻，连标点符号在内，共172字，并注明用大字标题。消息全文如下：

> 本报讯　昨日省委常委和省府党组在整党会议上作出决定：下月中旬再一次召开55个厂长经理会议，对"松绑"放权进行检查：有哪些权没有拿到手，还有哪几条绳索没有解开，是谁对放权"松绑"搞得好，是谁把关不放，是谁不给"松绑"。检查将指名道姓，找出促进改革的单位和负责人，找出妨碍经济改革的单位和负责人，进一步扩大企业的自主权，逐步摆脱企业对行政的附属地位。

这条短短的新闻，给改革者以鼓舞，对观望者以督促，对"松绑"放权起了推动作用。

项南的办报手法很全面，不仅要宣传正面典型，也要批评不正之风。他在闽工作那几年,《福建日报》把开展批评和自我批评作为贯彻党的方针政策,密切党和人民群众的联系,推动改革开放和精神文明建设的一项重要措施,作为报纸的一项重要的经常的任务。

那段时间里,中央努力纠正党员干部在建房分房中的不正之风,中纪委曾为此发表公开信。项南在贯彻执行中央的指示中要《福建日报》在报道上积极配合。他把纪律检查部门和报社领导找到一起,要纪律检查部门提供正面的和反面的典型。省直一些单位贯彻中纪委公开信行动快,《福建日报》就表扬;有两个领导干部在中纪委规定的期限内不退出多头占用的住房,项南支持在报纸上公开批评,直到退出多占的房子。

20世纪80年代初,党中央在拨乱反正中抓知识分子和侨胞、台胞政策的落实。项南把内部简报上登的材料转给编辑部,要报社核实后表扬好的,批评差的。有家国有企业的负责人,歧视、打击厂里的知识分子,不肯改正,还说什么对知识分子就要"一用二帮三看"。项南要报社派记者调查,并交代发评论,批评"左"的论调。

1983年,党中央发布整党的决定。决定强调:"正确地进行批评和自我批评是解决党内矛盾的有效办法。不认真开展批评和自我批评,整党的一切目的都达不到。"项南主持省委作出关于加强在报刊上开展批评和自我批评的决定,指出这是保证整党不走过场的一项重要措施。要求各级党委积极支持和协助报刊搞好这方面的工作,并对各级各部门领导和新闻单位提出具体要求。

从推进农村城市的改革,到扩大对外开放,从纠正党内不正之风到反对社会上的封建迷信、赌博等歪风邪气,项南在抓正面典型引导的同时,常选择一些反面典型进行批评。他对报社说:报纸当然要以正面宣传为主,但对不好的要批评。批评是报纸有战斗力的表现。为了使批评取得好效果,他强调报纸上的批评事实要准确,发表时要慎重,要不断宣传纠正的实际行动。1984年《福建日报》发表五封来信,反映农村运销专业户对一些地方私设关卡妨碍商品流通的批评。项南读后,觉得很好。他对编辑部同志说:不要只是虚晃一枪,揭露了事。要报社去找这些关卡的省级主管部门表态,由他们责令下面改正错误。之后,报纸上相继发表省工商行政管理局、税务局、林业厅的意见，并一个不漏地刊登五封来信所批评的关卡向农民运销户退还非法所得的消息，对发展农村商品流通起了积极作用。

项南很重视批评中的评论工作，以求得批评有力和深刻。对重大的批评典型，他交代报社要配发评论，直至提出评论的重点。他有时自己动手，为批评稿撰写言论。漳浦县有个干部来信告县委书记诸多问题，来信者有名有姓有单位。项南经纪检部门派人下去核实。经过调查，原来是曾任副县长的调研员，冒这个干部之名写的，内容不实，是诬告。对埋头干事、立志改革的干部屡遭"八分邮票"告状之苦，项南深为同情，对乱告状现象，颇为恼恨。他要报社摘发纪检部门的调查，并自己写了社论《不许诬告》。这篇社论先后被《人民日报》《光明日报》《文汇报》全文转载。据统计，项南为《福建日报》写的25篇评论，其中9篇是配发批评稿的。他多次鼓励《福建日报》，办报要有政治勇气。要有激情。在报上开展批评，要准备有人恨你们。要从政治上考虑问题，注意批评效果，以达到激励人们更紧密地团结在党的周围，奋力干四化的目的。

2. 项南重视舆论先行，特别重视抓好编辑记者的学习，"慢慢使自己的实际知识丰富起来，使自己成为有经验的人"。

善于运用党报指导工作，事半功倍，推动党的方针政策的宣传贯彻，是项南领导艺术和战略决策中一大特色。"用钝刀子割肉，是半天也割不出血来的。"项南经常引用毛泽东说的这句话，勉励报社编辑记者们舆论先行，必须坚持真理，而真理必须旗帜鲜明，要鼓起勇气，理直气壮地把党报办好，让舆论跑在工作的前头。

项南的舆论先行，运用党报指导工作，别出心裁，有许多新的点子。除了为党报写评论，发报道，改稿子，他特别重视抓好编辑记者的学习。他对党报负责同志说，报社编辑、记者为了教育群众，宣传群众，首先要抓好自身的学习。毛泽东早就教导我们：报社同志要加强学习，“慢慢地使自己的实际知识丰富起来，使自己成为有经验的人。这样，你们的工作才能够做好，你们才能担负起教育群众的任务”。

项南身体力行，他常常批发一些《内参》资料给报社同志学习参考，还经常到报社组织不拘形式的讲座或座谈会，亲自向报社同志讲课或交谈，传递上头的精神，交流他从基层调研的经验，为大家学习提供一些新的情况，新的思路。

当年，由于“左”的思潮影响，一提“市场经济”，报社同志不免有点心有余悸。在与《福建日报》编辑记者的一次座谈会上，项南就“要理直气壮地宣传市场经济”为题，作了生动的讲课。

项南首先开宗明义地说，对社会主义市场经济，尽管还有许多不同的议论，我认为是应当拥护的，是来之不易的。

他说，我们都是过来人，搞了几十年的计划经济了。这种由中央高度集权的、封闭式的经济模式，是难以摆脱贫困和物资短缺现象的。可是多年来我们却把计划经济当成发展社会主义社会生产力的唯一模式。十一届三中全会以后，提法改变了，叫做计划经济为主，市场调节为辅。不久前，又改为计划经济与市场调节相结合。现在又进一大步，要建立社会主义市场经济体制，从根本上改革束缚生产力发展的旧经济体制。严酷的形势逼着我们一步步地接近实际，要实事求是研究这一重大经济问题。

项南指出，当前，全国形势发生了巨大的变化，开放改革的大潮，一浪高过一浪，社会主义条件下的市场经济议论逐渐占了上风。这种实践与理论上的进一步深化，无疑是一种进步，我们应当大张旗鼓、理直气壮地宣传市场经济。我觉得，搞市场经济的“理”是充分的，是“直”的，但“气”不“壮”、宣传得很不够。《经济日报》开辟一个《市场经济论坛》专栏，很好，很有必要，请大家认真读一读。

项南说，就拿扶贫工作来说吧，全国699个贫困县，每年国家投入的扶贫资金，大约是40至50亿元人民币。其中包括无偿支援，以工代赈贴息与无息贷款。这些钱由中央把额度分到省，省再分到县，每个县一平均，就大约只有几百万元的额度了。这些钱一部分用于发展种植业和养殖业，用于发展交通和农田基本建设，凡是这样做了的，都收到了比较好的效果，农民也能真正得到实惠。一部分用于发展县办和乡办工业的，就不大一样了，可以说办得好的是少数，多数的效益都不够好。一般都搞的很分散，规模很小，搞了重复建设，而且技术落后，产品质量很差，很难找到市场，以致出现大量亏损。不仅不能解决脱贫问题，还增加了新的包袱，不少地方连贷款都还不了。越是贫困的地方越是贷不到款的怪现象，也就不断出现了。

项南一针见血地指出，商品经济，讲竞争、讲市场、讲技术、讲质量、讲规模效益。以此来衡量我们现在贫困地区的县办企业，就可以看出我们基本还没有摆脱老观念、老做法，甚至与市场经济背道而驰。这哪里还谈得上什么扶贫效益呢？

项南在同编辑记者座谈中，联系实际强调说，扶贫，需要国家不断增加投入，这是扶贫的主渠道。但这不是唯一的问题。如何把钱用好用活，是更大更重要的问题。何况扶贫还应当采取更多样、更灵活的办法，例如科技扶贫、干部交流、外引内联等等。不管用什么办法，有一点是共同的，这就是不能违背市场经济规律。不久前，我们通过外引内联，利用外资办香蕉粉厂。香蕉还没有种，工厂还没有建，全部产品已经由日本的一家集团包销了，多少利润也算出来了。没有市场，没有经济效益的事，国外企业家是不会干的。他们是先有市场，后找资源；先讲效益，后建工厂。这同我们县办企业的做法正好倒过来。还有许许多多的事例证明，单靠计划经济解决不了中国的贫穷落后问题，只有市场经济才能够最大限度地解放生产力，能够推动社会主义事业的蓬勃发展，能够建成具有中国特色的社会主义强国。因此，我们应当理直气壮地宣传市场经济，这点，不应当任何含糊。

项南理直气壮地宣传社会主义市场经济，让报社编辑、记者们的脑袋开了窍，大家深受启迪，获益匪浅。《福建日报》随后大张旗鼓地宣传社会主义市场经济，有力推动了福建经济的发展，在新闻同行中，走在全国前头，提高了《福建日报》的知名度。

项南作序的《一个女记者眼中的美国和海外赤子》，由今日中国出版社出版后，项南在座谈会上推荐给报社同志们。他说，我们开放的大门不能半开半掩，而应该进一步放开，在宣传报道上，请大家把握住这个尺度。

项南告诉报社同志们，我看了邱健写的《一个女记者眼中的美国和海外赤子》一书，颇有所感。多年来，社会上有一种很不好的风气，就是好刮风，绝对化。只要一阵风刮过来，好家伙，什么从实际出发，从当地具体情况出发，一概都不顾了。这种风气，对人对事极为有害。一说好，什么都好，一说坏，就什么都坏。最典型的，要算对金元帝国美利坚的看法了。十几年前的美帝，什么都不好，现在的美国又什么都好。邱健边考察边提出疑问：美国究竟是遍地黄金的天堂，还是到处充满丑恶可怕的地狱，还是一个利弊兼有的人间？这是一种分析的态度，客观的态度。这种态度比较符合客观实际。

项南说，有一个问题要弄清的，是我们如何对待西方文化的问题。改革开放以来，我们对吸收西方的资金、设备、技术、管理等是积极的、大胆的，没有多少争论了。人们看到这样做的结果，是经济活跃了，设备更新了，技术提高了、生产发展了。但对西方文化包括西方的精神产品就大不一样了，总怕沾上"资产阶级观点"、"资产阶级生活方式"而趑趄不前。

他说，物质和精神是矛盾的，又大体上是一致的。没有西方文化的孕育，西方的精湛技术和高度生产力恐怕是出不来的。

项南分析说，当然，西方文化也同样包含精华与糟粕。我们应当取其精华，弃其糟粕。那些反动的、荒诞的、黄色的东西我们理所当然地要拒之门外，对这些东西不能开放。但把西方文化一概否定，拒之门外，是错误的。这种极左的做法，同囫囵吞枣、全盘西化的态度并无本质上的区别。

项南谈到他的读书心得。他说，邱健这本书重点是部分地介绍美国的文化、教育、社会生活，介绍了一批创业者、身在海外心向故国的炎黄赤子。这里边有不少精神财富是值得我们吸取的。

项南指出，中国的开放，应当是全方位的开放。我们开放的大门，不应当半开半掩。经济开放，文化闭关，不见得好，也不一定行得通。

项南还谈到自己在美国考察访问的感想：我也有意识地想观察一下美国的社会，但由于职业上的原因，我只能把重点放在美国的农业和农业机械化这一比较狭窄的范围内。邱健作为一个资深的记者，在美国考察的时间比我长，考察的范围比我宽。她乐于把新闻媒体作为自己的终身职业，她的见解颇有独到之处。所以这本书读起来是很有兴趣的。我想别的读者看完这本书，也可能会有同样的感觉。希望报社同志们读一读，结合自己的工作实际想一想，有没有参考价值，这就看看各自的悟性了。

项南在与《福建日报》同志交谈时，常常这样说，作为省委机关报，你们采访、编稿、评论、按语，都是代表省委说话的。我希望大家在工作中，要急省委之所急、想省委之所想、谋省委之所谋，设身处地从省委的角度，把中央的精神和省委的决策宣传报道出去，推动全省各项工作胜利向前。

项南与报社同志推心置腹地交谈，提倡“身在兵位，胸在帅谋”，让编辑记者们颇受鼓舞、鞭策和激动。大家顿感肩上的担子更重，心中的责任更大，都在考虑怎么样把自己的编辑和采访工作，做得更好一些。

项南说，同志们都是博览群书的，在世界历史上有不少这样的典型；在我国历史上也不乏“身在兵位，胸为帅谋”的事例。几乎每个时代，都有众多身份低微却以天下兴亡为己任的仁人志士，秉持“为天地立心，为生民立命，为往圣继绝学，为万世开太平”的责任意识和担当精神。北宋时期，范仲淹以“宁鸣而死，不默而生”为信条，力谏朝廷治弊革新。在任大理寺丞（宋初为寄禄官，后为正八品职事官）时，位卑言轻的他就给垂帘听政的章献太后和宋仁宗呈上了一份《奏上时务书》，提出救文弊以厚风俗、整武备以御外患、重馆选以养人才、赏台谏以开言路等建议。后来，他虽经三度贬谪，仍多次忠言进谏。这一切都源于他“先天下之忧而忧，后天下之乐而乐”的精神与情怀。屈原、苏武、陆游、顾炎武、林则徐等等，都是这方面的杰出代表。他们的事迹和精神，历久弥新，令人感佩。

这时，有一位同志插话说，在我国做事情是很讲究名分的，一不注意就会被人说是越位越权。

项南笑了一笑，点点头说，你讲的不无道理。孔子说：不在其位，不谋其政。这句话无论历史上还是现实中，无论在政治领域还是对日常生活，都影响甚大。不过，法国拿破仑说过不想当将军的士兵不是好士兵。我国古语中，“身在兵位，胸为帅谋”之说，与拿破仑不谋而合。

项南说，我认为，这不是“野心”，而是有雄心的表现，应当为之提倡。只要我们对孔子作一番研究，就会发现，孔子虽然说过“不在其位，不谋其政”，但事实上他本人并不是完全如此。孔子曾以平民之身周游列国，劝说各路诸侯推行仁政，想的和干的大都是文王、周公责任范围内的事。这说明，他所说的“不在其位，不谋其政”有着特殊含义和适用范围。遗憾的是，后世一些人对这句话在理解上陷于片面、在实践中过于机械，甚至演化为“事不关己，高高挂起”“唯领导马首是瞻”“不敢越雷池半步”的庸俗哲学。在这种“哲学”影响下，一些部门、一些人习惯于当上级领导、上级部门的“传声筒”“收发室”，满足于“用会议落实会议，以文件贯彻文件”，导致工作上下一般粗、接不上“地气”，解决不好具体问题，更缺乏创造性。毛泽东早年批评的形式主义，与这种“哲学”的盛行不无关系。因此，我们提倡“身在兵位，胸为帅谋”，有助于增强我们工作的积极性、主动性、创造性，对于报社的同志们，那更是责无旁贷。

项南说，我们的同志不论职务高低，都是人民的勤务员。我们倡导“身在兵位，胸为帅谋”，也是中国共产党人的鲜明品格。我们党一贯强调，党员、干部都是党和国家事业的主体与责任人；每一个人所从事的工作，都是党和国家事业大局的有机组成部分。党员、干部尤其是基层党员、干部有权利和义务向上级机关和领导提出合理意见和建议，以增强上级决策的科学性；都应当将自己所从事的工作放到党和国家事业大局中来考虑和开展，以把握工作的正确方向，提高工作效率和成效。

项南说，当前，举国上下，改革开放大潮正滚滚向前。我们报社同志要做好舆论先行的工作，就要想大局，顾大局，服务大局，推动大局，把中央精神和省委的部署宣传报道好，进一步调动全省人民的积极性，千方百计加快福建经济发展步伐。

项南说，我们提倡“身在兵位，胸为帅谋”，不是要大家耽于空想，好高骛远，“荒了自家地，种了别人田”；而是希望报社同志和我们一道，既胸怀全局又脚踏实地，既善于从大处着眼又善于从小处着手，创造性地吃透中央精神，结合我们省里的工作实际，把党报办成方向正确、指导性强而又生动活泼、联接地气、鼓劲向上的时代号角。

3. 项南把对外宣传报道的工作，做到海外媒体记者以及多国驻外使节和外交官们身上，加快了福建走向世界的步伐。

项南经常与报社同志们不拘形式举办的讲座、座谈和交谈，每一次都开得很新鲜，很生动，讲得言之有物，引人深思，发人深省，而又深受鼓舞；让大家在埋头办报，忙于采访编稿的同时，有机会开阔眼界，听到不同的声音，了解许多未知的事情，实在是一种享受；不仅增长见识，也提高了办报水平，多举多得，使平日寂静的报社，增添了欢快的气氛，大家都感到原先"严肃有余，活泼不足"的舆论工作，越干越有兴味了。

项南返回故乡主持省委工作后，即为福建的改革开放大业倾注了全部心血。福建虽然地处东南沿海，毗邻港澳，面对台湾，又是重点侨乡。可是，由于海峡两岸形势的影响，长期地处"前线"前沿阵地，信息又相当闭塞。如何让世界，首先是让海外特别是闽籍的华侨华人了解福建，促进福建的改革开放，便成为项南经常思考的问题。他的妙计还是舆论先行，下决心要让自家的舆论领跑海外媒体。1981年秋，他便建议：邀请香港新闻界的朋友访闽。

香港是世界金融、航运、贸易的中心之一，也是世界人均拥有报纸最多的地方，单是有一定规模的华文、英文报纸就有10多家，对海外，特别是东南亚的华人很有影响。借助香港传媒这座桥梁，让福建走向世界，在当时无疑是个大胆的好主意。

经过大约两个多月的联系，香港新闻界不但同意秋天来闽访问，还组成了一个包括香港新华社、中新社、文汇报、大公报、星岛日报、明报、信报、成报、天天日报、新晚报、澳门日报以及英文南华早报、英文虎报等各种倾向的20余家报纸、通讯社参加的近30人的记者团，其中，不乏报社老总一级的人物。如果联系当时的历史背景，组成这样成员广泛庞大的记者访问团，在香港新闻界是罕见的，也可以说是空前的，而出访的目的地，又是内地的“前线”，那就更为奇特了。

1981年10月20日，香港访问记者团从厦门入境。两天后，辗转到了崇安县（如今的武夷山市），项南也恰在这里调研，福建省委宣传部新闻处长宋祝平便向项南汇报了记者团采访参观的情况，并与项南在职工食堂午餐。

项南决定晚上与香港记者见面。见面时记者们提出了许多问题，其中一个问题十分敏感，便是对福建的名人胡文虎先生的评价。好在项南对此作了调研，他用历史唯物主义的观点对胡文虎先生在香港沦陷期间的情况作了实事求是的分析，结论是胡文虎先生是“捐资兴学的爱国华侨”。此语一出，举座皆惊，顿时成了香港记者们的抢手新闻。

当记者们的提问告一段落后，项南抓紧时间侃侃而谈。他说，我这次到闽北山区，是想在建阳地区研究一下山林问题。福建省的森林覆盖率，在大陆29个省市中占第一位，木材产量在南方各省也是占第一位。刚好朋友们到来，让我简要聊一聊福建的情况。

听说多数朋友没来过福建，你们一来就会发现福建是比较落后的，无论是经济、文化、交通，各个方面都比较落后。

项南反问道，原因在什么地方？主要是两条：一是前线，二是“左”。本来福建和台湾有很亲密的关系，只是隔着一个海峡。历史上，台湾曾经是福建省的一个组成部分，以后日本人占领了几十年，1949年新中国成立以后，正如大家所知道的原因，台湾没有能够同祖国大陆统一起来，福建和台湾形成了一个对峙的局面，这样，福建就成了前线……

项南解释说，当然，福建省还是做了一些工作，解放前福建没有铁路，现在有铁路了，你们就是从厦门坐火车来的嘛。新中国成立前，福建有电灯的城市很少，新中国成立后发展了一些火力和水力发电……在电力工业、制糖工业、造纸工业、机械工业和化学工业方面，这几年都取得了一些成绩。但总的来说，国家的骨干项目、骨干工程，都没有放在福建。

接着，项南高兴地说，最近中央决定，广东、福建两省在对外经济活动中实行特殊政策、灵活措施。这对福建经济的发展，将起到极大的推动作用。

谈起福建发展经济的条件，项南如数家珍地说，福建省发展经济的条件很好，无论地理、自然、历史条件都是不错的。福建省从历史上说，就有很多出类拔萃的人物，比方说郑成功、林则徐。辛亥革命前后，出过林觉民、方声洞。我们党一些很杰出的革命前辈，也出在福建。现在中国科学院的学部委员中就有19个是福建籍的。受全国人民尊敬的爱国侨领陈嘉庚出生在福建。许多文学家、翻译家、化学家出在福建，比方我们国家最早翻译《天演论》的严复，他是福州人。作家谢冰心，也是福州人。

项南说，福建自然条件很好。诸位还没有到闽南去看看，漳州、泉州、厦门这个三角地带，人们给它取了一个很好听的名字，叫“金三角”。是不是金三角？诸位去看一看就会知道。那个地方物产很丰富，是福建主要的粮仓。如果建阳是福建的林库，那么闽南就是粮仓。那个地方还出产各种各样的水果，如卢柑、蜜橘、雪柑、文旦，还有龙眼、荔枝、香蕉、凤梨，这类热带、亚热带的水果很多。

早年从事园艺工作的项南，念念不忘漳州的水仙花。他说，漳州还有著名的水仙花。过春节的时候，家里放一盆水仙花，会给你增然不少情趣。当北方大雪纷飞的时候，闽南那个地方正是蔬菜、花卉长得最好的时候。我到闽南看了一下，也给它取了一个名字，叫作“天然的大温室”。北京的冬天，玻璃房里才能长蔬菜，在闽南整个田野比玻璃房还暖和。福建的泉州，是历史上跟国外通商最早的港口之一。远在元朝，意大利旅行家马可·波罗，就曾经到过泉州港口。过去厦门这个海港，跟泰国、缅甸、越南、新加坡、马来西亚、印度尼西亚、日本等国，都是通航的，在上海以南，最好的港口要算厦门了。厦门目前正在建设可以停五万吨的轮船码头。

项南对山与海是最有感情的。他说，福建有这么多的山，这么多的海，因此，福建省委、省政府提出了这么一个口号，叫做福建经济要发展，就要念好“山海经”。福建经济要搞好，一个是要向山区进军，再一个是向海洋进军。

面对海外媒体，项南也没忘批“左”。他说，过去福建经济发展比较慢，一个原因是前线，情况上面已经讲了；另一个原因是我们多年来犯了一个“左”的错误。片面性很严重，不顾当时当地条件，搞什么“以粮为纲”“以钢为纲”等等。这个问题，从我们党的十一届三中全会开过以后，总的是解决了。大家开始解放思想，实事求是。当然，在实际工作中，彻底去掉“左”的东西，还要花很大的力气。但是从指导思想上来说，这个问题解决了。至于福建跟台湾这个对峙局面，现在也到了解决的时候了。当时的台湾海峡是不平静的，现在台湾海峡成了一个和平的海峡了。中共中央已经提出了力争和平解决台湾问题的主张。我们全党上下的看法都是一致的，我们这个方针是定下来了的。

说到这里，项南开怀地笑了。他伸手请海外媒体帮助。他说，现在中央要我们放手地在福建搞建设。大的项目、大的工程也可以搞了。不管台湾方面怎么想，从我们这方面看，是不存在问题的了。这样，我们向海洋进军，发展海涂养殖、远洋捕捞，发展海运事业，搞海外交通，就都可能。有什么大项目也可以搞了。希望各位新闻界的朋友对福建多加关心，给以帮助。

项南建议说，听说你们今天下午游武夷是坐的竹排，坐竹排那是看得很粗了，顺流而下，只能看个大概，建议大家还是下竹筏，靠两条腿去看一看，才能看清武夷山的景致。

项南趁机为武夷山的旅游做做免费广告。他说，香港我去过几次。香港这几十年有很大的变化。但是我总是感觉，好像变得气都喘不过来，房子密密层层，好像比武夷山的树木还多。当然，各有各的好处，我们希望香港、澳门的人，大都市生活过得比较久的人，能够到山林里来散散心，换换空气，这会另有一番乐趣的。

这时，项南成了旅行社的高管，为游客作出周密的安排。他说，将来可以从香港坐飞机直接飞到这里。崇安就有飞机场，经过整修后，大飞机也可以降落。星期五晚上坐上夜航机，大概有一个多钟头就能到这里，星期六、星期天痛痛快快玩上两天，星期天晚上再坐夜航机回香港，不耽误你们星期一上班。

他说，福建现在整个的工作还说不上起步，因为经济还在调整。为了福建经济的起飞，这几年，特别需要我们扎扎实实地做工作。

他接着说，我们初步设想，福建发展经济，应该发展轻型结构的，不是重型结构的经济，就是说要使我们农业内部结构有较大变化，要使轻工业有较大发展。

看来，我们的“封疆大吏”侃得很全面。正面的讲了，负面也说了：农业方面，大家在港澳也可能听说了，过去只强调粮食生产，叫以粮为纲，结果是全面砍光。只要粮食，其它的都不要，橘子砍了，香蕉砍了，许多竹木都砍了。有些山是很陡的，你把树木砍掉种地瓜、粮食，大雨一来就把泥土冲刷了，带来非常严重的后果。这个错误今后不能再重犯了。

我们想，今年应该让农业、畜牧业、林业、渔业、副业这五业能够比较均衡地发展。特别是畜牧业，应该有个比较大的发展。林业也要有个较大的发展。

在海外媒体面前，项南推销起“八大基地”来了。他说，我们省里提出：福建要把八大基地建设好。第一个是林业基地。福建省是我们祖国的一个重要林业基地。

第二个是牧业基地。福建多少年来只强调种粮食，可是种粮食的土地2000万亩不到，而草坡地，就是可以放羊放牛的地方有多少呢？3000多万亩。我们把这些草地利用起来，可以放养多少牛多少羊？

第三个是渔业基地。福建有3300百公里长的海岸线，这是发展养殖和捕捞的重要基地。

第四个是经济作物基地。福建很适合种甘蔗、水果、烟叶、茶叶。福建的乌龙茶、铁观音，中国人自己好像评论得还不太多，日本人评论得非常热闹，说乌龙茶可以治癌，究竟可信不可信，也难说。前几天我在福州听到这么一个新闻福州茶厂的工人没有得癌症的。这样，有林产，又有牧产，又有水产，又有经济作物。

第五个基地就是轻工基地。特别是食品工业，如制糖、罐头等等。

第六个是科教基地。科学教育，是福建经济今后能否起飞的决定环节。因此，福建省今后要强调智力投资，对文化、科学技术、卫生这些方面多花点钱。

第七个是外贸基地。福建有很多海港，同港、澳和外国都可以通商。现在我们很愿意与台湾通商。我们不是说说而已。如果福建同台湾通商，对台湾有好处，对福建也有好处。福建现在至少煤炭有多余，而台湾缺煤炭，我们交换交换不行吗？还可以通过福建的口岸，把甘肃、青海、宁夏等内陆各地的中药材等物资同台湾开展贸易。福州至基隆146海里，厦门到基隆222海里，朝发夕至。现在只是一些小额贸易，台湾一些商人到我们这里交换物质，我们照办了。可是我们到他那里去就不行，只能搞单方面的贸易。这里说的对台贸易，不是说的对外贸易。我们说的对外贸易，是指对日本、英国、美国、法国、德国这些国家开展贸易，把福建建设成为外贸基地。

第八个，就是统一祖国的基地。福建面对台、澎、金、马，我们跟台湾的关系，在全国各省来讲是最亲近的。从历史上来说，台湾曾是福建的一个组成部分，台湾大部分人的祖籍在福建，台湾的主要语言是闽南话。不论从历史上讲，还是从血缘关系讲，都可说是地理相近，语言相通，血缘相亲。我们觉得在台湾回归祖国，完成统一祖国大业方面，福建省应该比其他省起更大的作用。

项南一口气介绍了“八大基地”，希望海内外都能出把力。他说，上面讲的八大基地，要建设成功，任务很重。主要靠福建人民自己的努力，大家都得出把力。也还需要中央和各兄弟省的支持，也还要有更多的侨商、外商和港澳方面的人士到福建来投资，需要新闻界朋友多加帮助。

项南接着说，广东、福建实行特殊政策、灵活措施，主要就是指对外经济方面要搞得更活些，能够对外商更优惠一点。

项南以询问的口气说，香港的经济为什么发展得快？那里有什么资源？香港本身有多大财力？还不是靠把世界各国的资金吸引到香港来。香港能做到，为什么福建不能做到呢？再比如韩国、新加坡或者我国的台湾，难道他们的资产比我们好，比我们多吗？我看不是的。是他们敢于利用外资。所以，福建和广东的经济能不能起飞，除了依靠我们自己的力量以外，敢不敢利用外资，这是个有战略意义的大事。当然，你要利用外资、侨资，就得有条件，不是你想用人家就会来。我想大概有这么几个条件：第一是政治条件。要给人家一个形象，我们的国家是安定的、团结的。我们“文化大革命”十年当中给人家的形象不好，一天到晚打架，人家怎么能到这么乱糟糟的地方来投资呢？

在海外媒体面前，项南又高唱“团结之歌”了。现在，我们的国家是安定团结的，这是个首要条件。我认为现在我们已经具备了这个条件。福建省委是很团结的，大家都是一心一意想怎样把福建的经济搞上去。

他接着说，有的人还担心我们的社会治安不太好，我觉得，只要领导问题解决了，治安总是次要的问题。现在对社会上的犯罪分子，我们提出要从重从快处理。比如厦门，就发生过几个犯罪分子抢了两个银行营业员的事。当时我很生气，搞特区，吸引外资，竟然发生这种情况？当时我请他们很快破案，结果三天之内就破了案，把这些人抓到了。所以说，领导问题解决了，这些便是小问题。难道这些问题只有福建才有？香港就没有？美国就没有？（记者们说，香港多得很，比国内更多。）总的说来，政治条件，安定团结这个局面，我们可以向新闻界的朋友说，这个问题已经解决了。这是一个条件，也可说是政治条件。

第二个条件，是物质条件，目前我们要着重搞好一批基础设施。

项南向海外媒体聊起"筑巢引凤"的重要成果。他说，你要人家投资，但是飞机不通航，码头没有，电讯不通，电力不够，用水也没有解决，这就不行。所以我们近一两年内要集中力量建设航空港。首先是福州、厦门这两个航空港，争取明年搞完，能起落大型客机，使这两个航空港能跟香港直接通航，跟国内各大城市通航。其次是码头。我们现在开始建设五万吨级的、一万吨级、一万五千吨的码头。这个诸位已经看到了，正在抢建。

第三个条件是铁路。我们铁路通过的能力小，准备逐步加以改造，把福建的铁路改成电气机车，这样，我们每年的通货能力可增加300万吨。

第四个条件是内河航运。我们还准备开发闽江，把闽江利用起来。

第五个条件是电讯。福州已经在安装日本的程控电话交换机，这在国内我们算是第一家。还有一个是电站，准备搞三个较大的电站。一个是水口电站。装机140万千瓦，在上海以南算是最大的一个电站。还要搞沙溪口水电站，装机30万千瓦。另外在漳平搞一个火电站。福建省电力目前没有问题，但要考虑五年十年之后的事。我们准备利用世界银行、政府贷款等方面的资金，把电力搞上去。

项南向海外媒体通报说，在东南沿海这几个省，福建省森林资源最好。比较起来，水土保持的情况，在全国讲还是比较好的。这里年降雨量1500

毫米到2500毫米，水没有问题，我们准备修建水库。这样看，外商投资的基础设施是有保证的。但是工作很多，要花很多钱，这些钱完全要外商来投资，可能有困难，因为偿还的时间比较长，所以我们准备省里自己来干。

项南说，我们的“巢”筑好，现在就恭候“凤”早日飞进来。一个政治条件，一个物质条件，这些条件都具备了，就等外商来敲门了。我们说你不必敲，我们的门是敞开的。中央给了福建一个权利：外商到福建来，用不着到北京申请签证，我们这里就可以发签证。什么时候来，告诉我们一下就可以，在厦门就可以办。在香港我们也委托人来办这个事。

这时，项南从竹椅上站起来，拱手拜托海外媒体的记者们。他恳切地说，我觉得港澳新闻界可以为福建、为自己祖国办很多事情。如果诸位有兴趣的话，到福州的时候可以请省政府的干部给你们介绍一下。外商来福建投资，可以做什么呢？除了目前普遍在搞的来料加工、来样加工、来件装配和补偿贸易之外，特别欢迎搞大中型项目。例如，可以搞炼油厂，250万吨、500万吨的都可以，办在沿海地区。外商也可以在福建搞工程塑料厂，还可以搞玻璃厂。福建东山岛的玻璃沙是很好的，而且用之不竭。还可以搞中密纤维板厂，就是做桌子、椅子、建筑材料的纤维板。这个东西在国际市场上是很赚钱的。福建森林副产品很多，原料非常丰富。我们还欢迎外资在这里搞水泥厂，我们这里有丰富的石灰石、煤炭。我们也欢迎外资搞纯碱厂，这是重要的化工原料，30万吨、60万吨的都可以。因为福建出盐，纯碱厂的原料主要是盐，现在我们每年就有100多万吨的盐卖不出去。办了纯碱厂，大量的盐就可以利用起来。如果外资有兴趣，我们还准备从厦门到福州建一条高速公路，或者是建一条铁路，办法也可以像欧洲、美国那样，谁来修这个路，谁来收这个钱。用这个办法偿还他的投资。

项南说，上面说的这些，只是一些例子，外资在福建可以搞的，我们初步拟了一个单子，大概有100多个项目。还包括糖厂、烟厂、啤酒厂、机械厂等等。我们欢迎侨商或外商来这里投资，或者合资经营，合作生产，也欢迎独资经营。

项南为招商引资开出更为优惠的办法。他说，福建比广东距香港远，我们必须采取比广东更加优惠的办法。怎样体现我们的优惠条件呢？广东深圳有个作法，就是外资在那里盖房子，地皮由广东提供，不要花钱买地皮，不像香港要盖房子，首先得买地皮，有些地皮是寸土寸金，比金子还贵。你来盖两座楼，盖好后，一座归广东，另一座归你，实际上就是对半开。那么，外资如果到福建来盖房子，我们给什么优惠条件呢？可以四六开，外资得六成，我们只得四成。这不是比广东更优惠吗？

项南还说，我多次讲过，我们同外商合作有三条具体政策：一，双方有利，最好；二，对方有利，我方无害，也干；三，对方有利，我吃点小亏，还干。为什么吃小亏还干呢？就单个项目来说，我们吃了点小亏，但可以解决我们部分就业，可以收税，茶楼饭馆也有生意了，算总账还是上算的，这就叫吃小亏，占大便宜。

项南诚挚地说，现在我们福建好多工作还刚开始，像刚才讲的，应该注意立法，应该有具体的文字条例，人家凭着这个东西才好办。总之我们的条件比广东要优惠些，这个话是可以讲的。现在福建所做的工作，所采取的一些政策、一些办法，究竟灵活在哪里，特殊在哪里，我想利用这个初次见面的机会给大家做这些介绍。

说到这里，项南唯恐大家肚子饿了，说他准备了一个“特殊的宴会”，请大家一边吃，一边听他聊福建执行中央的政策，“特”在哪里，“灵”在何方。

项南笑了一笑说，现在，我得把“家丑”向大家“扬一扬”，全盘托出了筹办工作的全过程。原来，这次规模空前的港澳记者采访活动，在筹办工作中，让外事部门和当地领导感到头痛的事，不知用什么“好料”招待记者们。我们现在的武夷山简陋得跟山场一样，没有像样的会议室、接待厅，也未配上高级厨师烹调国际名菜。因此，如何做好接待工作，的确让他们感到紧张不安。项南不慌不忙，沉着应对。他说，我提议把会见场所安排在武夷宾馆的餐厅，摆上当地清一色的竹沙发、竹茶几、竹凉席、竹交椅，这样既朴素大方，又富有山区特色。至于宴席上招待的“好料”，我建议用当地的土特产，焖一锅自己老家连城红心地瓜，让记者们吃饱吃好！

“焖地瓜？”接待人员对项南提出的“接待方案”感到吃惊，“这样的土货，也能摆上国际宴席？”

“他们在海外，洋货吃腻了。到我们山里，尝尝土货，那才开胃哩！”项南朗声一笑说，“你们别小看这锅焖地瓜，它既可成主食，又可下酒，不仅可以吊起客人的口味，还能牵动他们的思乡之情呢。这焖地瓜一定要上，就这样定了！”

果然，项南这一对外接待的“奇招”，引发意想不到的良好效应。那天，当记者们鱼贯进入简朴的会见场所，项南摸着他光滑的脑袋，热情地说：“你们周游列国，看到这样的会见场所，感觉很新鲜吧？这正体现了我们宾主间虚怀若谷、高风亮节的追求。”

项南这奇特的开场白，立即引来记者们的同声叫好，热烈的掌声如同武夷山上的松涛在翻滚。就在这样良好的气氛中，项南向采访团实事求是地介绍福建改革开放的情况，坦率真诚地答记者问。项南堪称话语大师，他的语言天赋惊人，侃侃而谈，不用讲稿，妙语连珠，滴水不漏，引经据典，特别是电脑式的数字倒背如流，让见多识广的记者们连声叫绝。

在热烈的掌声中，项南谦和地说：“好，现在宴会的时间到，让我用家乡的红心地瓜招待诸位好友！”

出乎意料，当一盘又一盘焖地瓜端上宴席桌，大受记者们的欢迎，抢个精光，吃得又香又甜又饱，连声叫好。

陪同人员看到这情景，趁机解释说：“地瓜本是粗贱的食品，历来只是家里人自己吃，不能招待客人。今天，项南同志请大家吃地瓜，是不把大家当客人，而是当作亲人、自家人一样看待！”

这短短的“闭幕词”，升华了这场宴席的格调，让大家深深地体味到血浓于水的闽港澳情，无形中让项南的“舆论先行”妙计，增添了乡情、亲情和活力！

记者们连夜发稿，翌日港澳台和全球各地的华文以及部分外文报刊，几乎被福建“前线”的新闻覆盖了。项南不花一文广告费，用地瓜为福建做了大大的免费广告，让国际媒体为福建的“舆论先行”效劳。

时间过得很快，当北国雪花飞飘时，东南沿海的福建依然还是金风送爽的天气。1985年11月1日，37国驻华使节、外交官首批访闽。项南十分高兴，他认为这又是“舆论先行”的良机，对外宣传的窗口，亲自会见接待，介绍福建情况。

项南首先说，我们对外开放的政策是坚定不移的。福建的大门将越开越大。今天来了这么多的各国使节和夫人，这还是第一次。我们福建省的人民感到格外的高兴。假如我们的国家不是实行对外开放政策，就不会有今天的局面。

项南告诉外交官们，诸位都知道，福建面对台湾。台湾在100年前，曾经是福建省管辖的一个府。光绪十一年即1885年，台湾才成为一个独立的省份。台湾和福建隔着一个台湾海峡。福建因为对面有一个台湾，将近30年处于一种军事前线的地位，它使福建跟外部世界隔绝。一直到1979年，福建的这种格局才开始改变。我国政府批准福建实行特殊政策、灵活措施后，我们开辟了一个厦门经济特区。它是我国四个经济特区之一。厦门面对金门，相距只有几千公尺。从1978年以来，厦门跟金门这两个岛相处得并不坏。去年，我们开放了福州这个港口城市。接着，在福建的南部三角地区，我们又开放了11个县、市。这样，福建对外开放的门就越开越大了。

对外开放了，交通、能源等条件就必须改善。所以，从1979年开始，我们就集中力量先搞基础设施，搞了十个比较大的项目。第一个就是在厦门修了一个国际机场和扩建了福州机场。厦门机场是按照国际二级标准修建的。其次就是在厦门和福州各修一个海港码头，它们的泊位为一万吨到五万吨。第三，我们修建了两个电站，一个水电站，一个火电站。第四，我们正在改造两条铁路，就是从鹰潭到厦门、从莱州到福州的铁路。原来用的是蒸汽机车，以后将改成电气机车。第五，我们改善了通讯设备，在厦门和福州各安装了一套程控电话。现在福建的电讯，在中国可以说是最先进的。在你们住的房子里，就可以直接拨通中国各大城市的电话，可以拨通香港、美国和日本的电话。简单地说，我们这几年先后搞了两个机场、两个码头、两条铁路、两个电站、两套程控电话等十项基础设施。这是我们开放以后做的第一件工作。

项南接着说，第二件工作，是做了立法的工作。我们对外商、侨商实行优惠的政策。在厦门特区、福州开发区投资办厂的，土地使用费、所得税等享受优惠待遇。如果这个项目是很先进的，是我们国家急需的，而且合作的期限又是比较长的，还可以免收所得税若干年。

项南畅叙了福建改革开放的重大成果。他说，经过几年的努力，我们对外开放确实收到了很大的成效。到今年9月底，我们跟外商合作或者合资经营的项目已经有871个，引进外资有6.8亿美元，引进一批新的技术。我们采用引进新技术的项目，有600多个。现在，我们每年增加的产值，大概有三分之一是来自引进的新技术和跟外资合作取得的成果。前几年，福建的经济增长率一直都是在全国29个省市里面占第21位。去年，我们前进到全国的第三位。我们的电子工业，原来占全国的第18位，去年前进到第6位。今年，我们仍然保持这种发展的势头。

项南说，我们对外开放政策的成功，一方面是靠国务院决策的正确；其次是靠我们全省干部和人民的努力；第三是靠各个友好国家的支持。今天我需要提出来的，首先是科威特跟我们福建有很好的合作关系。我们修建厦门机场遇到了很多困难，科威特伸出了援助的手。结果，我们一年就把国际机场建成了。这事情引起了科威特官方很大的兴趣，又提出了第二个跟我们合作的项目，建设30万千瓦的沙溪口水电站。当科威特朋友知道我们沙溪口水电站可以提前竣工的时候，又提出了第三个合作项目。现在，我们正在洽谈第四个、第五个项目。按照这种关系发展下去，我们将在更多的方面进行合作。还有就是西班牙最近跟我们进行了一个最大的合作项目，建设福建炼油厂。西班牙给福建的贷款达3.4亿美元，而且贷款的条件是很优惠的。虽然西班牙是我们的新朋友，可是合作的进展很快。我们跟丹麦也有很好的合作关系。我们福建最大的一个水泥厂，62万吨的水泥厂，就是用丹麦的史密斯的技术。还有美国，可以说在世界各国当中，是跟我们合作项目最多的一个国家。我们签订的项目有40多个，已经开工、建成的有20多个。比如厦门跟雷诺士合作的骆驼牌香烟，由于合作的成功，雷诺士又准备在厦门建第二个工厂。我们跟美国还进行制造玻璃钢游艇的合作。几天以前，美国前总统尼克松参观了这个工厂。他跟在那里从事建造玻璃钢游艇的美国工程人员讲，你们这些美国人在厦门，要给中国多一点帮助，钱不要赚得太多（说得外交官们都笑了）。我们跟美国合作的一个很大的项目，差不多要花5个多亿人民币的投资，其中包括美元1.5亿。我们最近跟非洲的索马里也建立了很好的关系。索马里的大使不久以前曾经到福建访问。哦，我刚才看到了，他来了。我们谈得很投机呀！我们福建有很多地方，跟索马里是相似的。

项南抓住这一良机，引用郭沫若名诗，为武夷山广而告之。他说，你们这次来，恐怕因为时间关系，只能看我们三个城市。一个是福州，就是现在这个地方。还有一个是泉州。泉州是我们国家24个历史文化名城之一，它很早以前就跟伊斯兰世界有着密切的关系。大概伊斯兰世界在中国留下古迹最多的，就数泉州。诸位要参观的第三个城市，就是厦门。厦门是一个经济特区，它是一个海岛。厦门的特点就是文化水平比较高，在那个小岛上，有6所大学，40几所中学。我们中国科学院的院长就是出自厦门；中国最优秀的妇科医生林巧稚，就是厦门人；中国的钢琴家，几乎大部分都是出自厦门。厦门的鼓浪屿这个小岛，可以说就是一个“钢琴之岛”。你们到鼓浪屿，有兴趣的话，可以听听那里的居民给你们演奏一曲。不过，我说了半天，你们只看了福建一小块地方。这三个城市都是沿海城市。福建值得你们去的地方，还有一个山区，是一个非常优美而幽静的山区。我们山区有一个地方叫做武夷山。中国很多的名山，比如黄山、泰山、峨眉山，它有山可是没有河。我们这个武夷山呢，山上有河，中国已故的一个诗人叫郭沫若，他对武夷山有过一番描绘。在座的很多人大概都到过桂林。郭沫若怎么说的呢？他说：“桂林山水甲天下，不如武夷一小丘。”我们知道，诗人都是带点浪漫主义色彩的，他的这种说法，多少有点夸大。不过，从中我们可以知道，武夷山水确实很好。昨天，我还到闽北山区，那里有一个很大的水库，叫金湖。按照我的看法，这个湖不比那个武夷山差。我说这番话的意思，就是希望各国使节和夫人，看到我们沿海城市以后，你还要想到我们还有一个山区，山区并不比沿海这些城市差。我们请宫达非同志能够关注这一点，选择一个适当的时候，希望你们能够游一游我们的武夷山。

项南的即席介绍，博得37国驻华使节和外交官们的热烈掌声。他们纷纷提问，项南一一解答。例如，奥地利魏德大使问：谢谢书记先生刚才向我们所作的这番非常生动的介绍。现在，我有一个小问题想问一下。您刚才讲话当中谈到，你们在对外资和对华侨在福建投资有一些优惠条件。您是否能用几句话简单地向我们讲讲，在对其他愿意到福建来投资的外国商人，是否给予同样的优惠条件？

项南感到这位大使问得太好了，他热情地说，我们对华侨、港澳同胞、台湾同胞，对各国朋友的投资，都是一视同仁的，根据国家规定给予优惠待遇和方便条件，并按照国际惯例保障投资者的合法权益。刚才说了，如果这种项目是特别先进的，合作的时间又是比较长的，我们还可以在一定期限内减少以至免征所得税。

项南还举例具体讲解说，关于投资环境，我可以举一个例子。有一家美国的电话公司，叫康奈尔电话公司，它是做电脑电话的。我们现在的电话只有一种功能，它那种电话有20种功能。它这个电话在美国制造的时候，工厂建成了，要做出合格的产品，需花半年时间。这种电话在香港制造，工厂建成以后，要制成合格产品，需花一年时间。而在厦门呢，第一个月制造出来的电脑电话，就是全部合格的，产品百分之百都是返销美国的。为什么厦门能做到这一点？就是厦门工人的文化、技术素质比较高。尼克松在厦门参观了以后说，他回到美国，如果美国人问他，到中国什么地方投资最好？他就回答厦门。所以，外商来福建投资，我们还可以提供比较优秀的劳动力。要制造一种在世界上具有竞争力的产品，没有高质量的工人，是达不到这个目的的。

国际间对台湾问题十分关注，西班牙乌塞才大使问：书记先生，我首先要感谢您刚才友好的谈话。如果你允许的话，我想向您提一个问题。由于福建所处的特殊的地理环境，而且长期与台湾处于一种对峙状态。那么，在今天的新的形势下，福建在实现祖国统一的大业当中，是否也应该起到它应有的作用？刚才您的谈话中也提到了，厦门和它对面不远的金门岛保持了友好的气氛，它们的关系不错。那么，在厦门岛和金门岛之间，现在是否存在着哪怕是很小规模的贸易上的往来？这种往来如果有的话，今后是否将进一步扩大，以至于这种往来扩大到和其他的岛屿或者和福建进行友好的贸易往来？

项南特别高兴回答这一问话，他高兴地告诉外交官们做生意现在越来越多了。台湾方面到大陆来做生意的有关数字，我想不便在这里公布。因为，蒋经国到现在还是说，不跟我们通商。我们今天晚上吃饭的那个地方，就有好多的台湾商人。你们看到他们，也分不出来哪个是台湾人，哪个是福建人。但是，如果我们公布了这个数字，公布了他们的姓名，他们回到台湾以后，是不方便的。那么，这么多的台湾商人到福建来做生意，难道蒋经国都不知道吗？他也是睁一眼，闭一眼的，恐怕他只能这样。

驻华使节和外交官们的提问，争先恐后，看来他们也在争取时间，多了解海峡西岸福建的情况。项南的解答生动活泼，又有实例，引起他们很大的兴趣。不久，这批驻华使节和外交官们离闽后，写了不少文稿，在各自国家主流媒体刊登，照例又是不花一分的广告费，"舆论先行"力促福建加快步伐走向世界，也让世界尽快了解福建，从而提高了福建知名度。真是一箭双雕，皆大欢喜呵！

第十四章　异军突起

1. 以大包干为主的农业生产责任制落实后，乡镇企业异军突起。

乡镇企业是中国农民在农村改革中，创造的又一新生事物。但它起步维艰，生存环境极为险恶，几乎“胎死腹中”。项南主政福建，深入农村调研后，理直气壮地支持乡镇企业的发展，召开现场会大力推广乡镇企业先进经验。他说：“乡镇企业姓社，是福建经济发展的一支生力军，要敢打头阵！”

1981年春夏，正值国民经济调整时期，本来就没有正式“户口”的社队企业，受到各种非议，罪名一大堆，大有兴师问罪，必欲取消之势。项南旗帜鲜明地说：“福建要富起来，社队企业确实是我们希望所在。”他排除阻力，给各级领导干部吃“定心丸”。

晋江市陈棣镇率先利用闲人、闲钱、闲房的“三闲”，集资合股办起327家各式各样工厂，产值2959万元，“万元户”高达300多户。针对有人打击社队企业，项南针锋相对地赞扬陈棣镇社队企业“是福建的一枝花”。《人民日报》迅速报道并配发短评《陈棣的启示》，加以推广。一个全新的中国经济结构正在诞生：农村生产责任制落实之后，剩余劳动力的转移问题迎刃而解，传统农业经济向商品经济的转化正在推进。可是社队企业到底姓“资”还是姓“社”，困扰着希望早一天富裕起来的百姓。

“名不正则言不顺”。项南动脑筋给农民办的社队企业取名“乡镇企业”。

有人反问：“不是乡镇办的，你怎么叫乡镇企业？”

“你们不能片面地看这个问题。农民的企业是办在农村也是办在乡镇的，既然是农民办的乡镇企业，叫它乡镇企业有什么不对？”项南回答。

“乡镇企业”四个字替代社队企业，避开姓“资”姓“社”争议，从此，备受鄙视的“私生子”社队企业蓬勃发展起来了。

乡镇企业的源头可以追溯到人民公社时期的“社队企业”，当时只限于就地取材、就地加工、就地销售的范围，实际上是一种自给自足性质的经济，同时也是对计划经济的一种拾遗补缺。在改革开放初期，随着“左”的经济政策的松动，社队企业在城市工业和农业的“政策夹缝”中获得回旋的余地，突破了“三就地”的框架，为农村经济的发展，蓄积了较为充足的动能。当时，在最初阶段，福建乡镇企业很少，即使在1980年，福建全省乡镇企业总产值仅16.8亿元，尚不及江苏无锡一个地区的产值。项南到福建后，首先要抓的重点工作中并无乡镇企业，当时农村工作重点在落实农业生产责任制，稍后是念好“山海经”。但是时隔不久，项南与温秀山等人到闽南农村视察工作时，发现农村改革产生了“剩余劳力效应”、“连锁反应效应”、“解放生产力效应”，农村新生事物层出不穷，特别是被农民搞起来的乡镇企业所吸引和感动。

当时乡镇企业颇有些像散兵游勇，身份尴尬却跃跃欲试，立志打出一片天地。先哲说“名不正则言不顺”，对乡镇企业而言，名不正则生存与发展都成问题。“私生子”的身份，使它不断遭人冷眼相看：当时比较经典的说法是，乡镇企业“以小挤大，以新挤旧”、“以集体挤国营，以落后挤先进”；说它“与国营企业抢原料、争市场，扰乱市场秩序”，造成环境污染等等……戴着计划经济的“有色眼镜”打量乡镇企业，它显然一无是处。

项南对乡镇企业一见钟情，多年搞农业机械化工作，对乡镇企业有所了解，深深理解农民的感情。更重要的是，他开始意识到，发展乡镇企业是符合农村实际的，而且它极有可能对解决剩余劳动力、发展农村经济和产业调整产生积极作用。在项南看来，乡镇企业先天不足，无疑是有缺点、有毛病的，但是国营企业就那么完美吗？应该联系中国农村的实际，全面、公道地看待乡镇企业。它纵有这样那样的缺点和毛病，但它毕竟是农民在实践中的创造发明，它缓解了农村地少人多、经济基础薄弱等诸多问题，从长远而言，它甚至有可能成为生产力中极为活跃的因素，为福建经济发展增添新的动力。

当时，由于乡镇企业即社队企业的快速发展，引起“左”的思潮领导人的恐慌，大有灭火和扼杀之势。当年，全国正值国民经济调整时期。被人看成“私生子”的社队企业，受到各种各样的非议。有的领导人认为，乡镇企业（社队企业）纯粹是计划外的产物，毛病多多，在经济调整中应该让它“下”。另一种意见则认为，倒不妨允许它试一下，让其自生自灭……

项南在调研中，对大包干后农村产生的“三大效应”做了深层次的分析和研究。他高兴地看到这些效应促进了农村经济的发展，引领农村改革向生产深度和广度的领域进军，推动了乡镇企业异军突起，造就了福建农村经济的又一奇观。身为省委书记的项南认为，福建由于历史原因经济基础薄弱，财力有限，供应短缺，而乡镇企业是农民的自觉行动，它基本上不要政府投资，却弥补了福建工业的不足，将大量农村剩余劳力转为搞商品生产，于国于民利多弊少，何乐而不为？根据福建的实际情况，乡镇企业不但不该“下”，反而应该加以扶持，予以促进——他的这个思路，在1981年6月4日举行的“福建省社队企业工作会议”上作出明确表述。

当时，议论纷纷，意见不一。参加这次会议的多是地市县级干部，开会之前，他们并不知道省委书记对社队企业（乡镇企业）采取什么态度。在当天上午的会议上，项南不用讲话稿，开诚布公地点明主题，福建省社队企业总的来讲，现在是下还是上，这次会议对社队企业是促进，还是促退，这是应当首先搞清楚的一个问题。中央要我们实行特殊政策、灵活措施，也就是要福建先富起来，所以我们不能采取照抄别人经验的做法。

项南对与会各级干部分析了福建的实际：福建要富裕，发展农业这一条很重要；另一条是发展工业，搞工业需要有大的投资，而当年全省基本建设投资是6.7亿，其中一部分是搞文教事业、盖宿舍，不能直接增加财富；另一部分用于机场和码头的前期开发，不可能很快产生经济效益。面对全省经济清贫的家底，短期内很难有所作为。那怎么办呢？只听我们的“封疆大吏”声音宏亮、高瞻远瞩地说：

> 福建2500万人究竟怎么才能很快富起来？农业、工业都不能很快见效，那么出路何在呢？出路就在发展社队企业上，大搞多种经营。社队企业是我们希望之所在。富起来，就得靠社队企业。
>
> 为什么说社队企业可以很快富起来？第一，社队企业是一种群众性的经济工作，人人都可以参加，人人都可以出力；第二，它不需要国家多少投资，国家当然要给一点投资，要贷一点款，就是没有国家投资，不贷款，是不是我们社队企业就搞不起来呢，还是可以搞起来的，我们社队企业的生命力，就在于有很强的自力更生的能量；第三，社队企业见效快，当年搞起来，当年就能见效，当年就能得到好处。你看我们搞一个什么工厂，一干就是三年五年，有时还搞不成。社队企业快得很，有的几个月就可以成功；第四，社队企业的门路非常广，它可以广开门路。

真是慧眼识珠，项南一眼就看出了福建农村乡镇企业发展的“正能量”。他谙熟福建的历史，这里曾经是“海上丝绸之路”的起点，沿海农村在长年的经济发展中表现出了无比鲜活的生命力，对兴办企业有着天然敏锐的洞察力。而今日在“大包干”中打了胜仗的福建农民，有如游龙入海一样翻腾着极具大有作为的“正能量”。因此，项南旗帜鲜明地说，福建省要富起来，社队企业确实是我们希望之所在。这个社队企业究竟是上还是下？ 我说是上，要坚决地上，勇敢地上，要排除一切阻力往前冲，敢打头阵！

省委书记的这番讲话，给与会各级干部吃了一个大大的“定心丸”。项南同时也谈道：社队企业总的要发展，但内部也要调整，如专烧木柴的瓷器、砖瓦厂，对森林的破坏很大，得不偿失，无论如何不要发展，应该调下来，不能只管赚钱，不管子孙后代。

当然，项南在看到乡镇企业巨大活力和能量的同时，也看到它的不足。怎么办呢？一般而言，对有问题的乡镇企业，按当时上级的指示来个“关停并转”是最省事、也最保险的办法，但是项南认为，这样做有可能挫伤农民的积极性，为此他特别强调：

这些已经搞起来的企业，对福建来讲，是不是采取关和停的办法呢？我看最好不用这个办法，采取改和转的办法，联合的办法，转产别的东西，跟别人联合，进行改革，就是联、改、并、转。要采取这么一些办法，而不采取关、停、并、转的办法。全国是关停并转，我们不要把全国的口号原封不动地搬到这个地方来，这是不用脑筋的办法……福建的社队企业主要是发展的问题，这不是下的问题，而是上的问题，是前进的问题，不是后退的问题。这次会应该是促进，而不是促退，是发展，而不是收缩。

项南上述讲话，是原始记录稿，因而更具原汁原味，我们不难从中窥见他的智慧和勇气，感受他实事求是、真诚为民的拳拳之心。项南还对在座的各级领导鼓励道，你社队企业小巧玲珑，搞错了也不影响全局，允许你们搞错，允许你们犯错误，怕什么？一个人只要做工作，能不犯错误吗？一个人只要讲话，他能一句话都不错吗？

他告诫在座领导，要冲破清规戒律，使有能力的人得到实惠，报酬愈多愈好。社队企业是致富之道，不要怕农民富了。他特意提到古田县青年农民翁西应：翁靠种白木耳致富，一年收入两万多元，这在当时堪称凤毛麟角；他不仅自己致富，而且带动周围的农民一起致富。项南对与会干部大声道："我们千万不能怕人家富起来！"他说——

社队企业是农民自己联合搞的，是农民通过劳动而不是依靠剥削富起来的，怕他富干什么？这个企业内部的动力问题不解决，都是空话。在这么一个经济基础上，加上我们的政治思想工作，你就是一个高明的领导。根本不讲这个动力问题，根本不顾群众的利益，不讲群众的好处，离开生产力，离开经济基础，天天在那里讲什么风格，什么共产主义思想，没有人听。什么样的经济基础，就有什么样的上层建筑。上层建筑是由经济基础决定的，那个空头政治，说空话，没有用。

项南就是这样实事求是，一切从实际出发，而不是从本本出发。君不见从古至今，做官的一大诀窍是"听话"。照转照传上峰指令，最省心力，也最为保险，但这种庸官、太平官，为大智大勇者所不齿。项南认为，执行中央的政策不能简单地照搬照抄，而应该勇于联系实际相机行事；不能光喊口号、搞空头政治，而应该充分考虑群众的经济利益，以此推动大局的发展。项南明知真正做到“实事求是”是要冒风险、甚至付出代价的。实际上当时就有好事之徒不断对其讲话捕风捉影，断章取义地向上面打“小报告”，危险信号频闪，他却始终不改初衷。在他看来，人民的利益，国家的利益，始终高于个人的进退沉浮，因此他只能作出这种选择，带领广大干部群众，披荆斩棘，勇往直前地大踏步走去。

我们的“冠豸之子”，早就有了这种决心。但是，主政福建，深入沿海农村考察，这里历史上的海洋个性，顽强打拼的精神，给他这种冠豸山盘石般的“决心”，又注入新的活力。其实，沿海农民异军突起创办乡镇企业的奇迹，远不是就在当下，他们的上祖在历史上也是奇迹的创造者。就说千年前的宋代，当时的福建沿海农村，没有如19世纪的美国一样发现了大量的贵金属黄金，也没有大量的外来资金与项目投入，更没有外来的人力资源。只是宋代政府“开洋裕国”的国策契合了福建民众的生存需求，福建沿海在“开洋裕国”的支持之下创造了经济上的奇迹，宋元时期的福建在中国的经济版图上赫赫有名，这里的泉州更是世界贸易的东方最大港口；同时，福建人民也为中华文明的多样性贡献着以海神妈祖为代表的海洋文明。今天的改革开放政策使束缚在包括福建人在内的中国人民身上的精神与法律的绳索“松绑”了，让人民在最朴素的人性的需求之下进行合理的经济活动。人民群众对美好生活的渴求，自然使他们迸发出无限的创造力。

出身于冠豸山农村的项南，更加意识到自己的职责。他考虑到我国是个历史悠久的农业大国，至今未能让广大农民富起来，这是我们这一代共产党人的历史责任啊！农民问题一直是中国社会变革与经济改革中古老而常新的核心问题，牵动着中华民族稳定与发展的每一根神经。萌动于党的十一届三中全会的改革大潮，推动着我们农村经济发展，取得了令世界瞩目的成就，农村改革如同杠杆一样撬动了中国特色社会主义的建设历程。如今，异军突起，乡镇企业蓬勃发展，我们各级领导同志是“站在他们的前头领导他们呢？还是站在他们的后头指手画脚批评他们呢？”毛泽东早年在指导农民运动中提出的问题，又摆到了我们面前了。

2. 福建经济的奇观，乡镇企业的腾飞，是项南大念“山海经”念出来，促上去的。他要求大家把这一新生事物当作自己“新生的儿子”。

实践证明，经济的发展，与当地历史和地域关系紧密相关。福建乡镇企业的兴起，主要是从闽南的晋江一带开始的。这里民间流行的歌曲《爱拼才会赢》就是历史、地域和经济发展的真实写照。他们自古以来不等不靠，“爱拼”的气质，使自己成为自己的“救世主”。“三分天注定，七分靠打拼”。大包干后，他们抓紧机遇，很快赶着“社队企业”上了路。晋江是个著名的侨乡。这里华侨家庭多、劳力多，信息比别处发达，民间奖金也比其他地方充足。晋江最显著的问题是人多地少，而且历史遗留下封建械斗的风气，械斗的起因基本都是为了争地。陈埭镇的聚众械斗更是远近有名，旧时家庭械斗最厉害之时，甚至不惜到海外“搬兵”；在大搞“阶级斗争”的年代，宗族械斗由锄头、木棍发展到土枪土炮，尔后又演进到雷管、炸药包。

但是，热衷于械斗的毕竟是个别人。大部分百姓是安分守己的，他们都盼着有个平安的日子，办厂做生意，赚点钱过好生活。陈埭不仅有很多华侨家庭，而且是回民聚集较为集中之地。它地方不大，人均只有四分五厘耕地，过去农民一年有九个月没有活干，无所事事。“文化大革命”结束后，针对陈埭的“三闲”（即闲钱、闲房、闲人），脑筋灵活的陈埭农民开始琢磨：何不利用这“三闲”集资办厂搞生产？大家一串联，发现彼此都有意，一拍即合。

这里的侨乡，几世纪前就有许多人出海打拼，谋生创业。海外乡亲都有饮水思源的共性，在外闯荡多年，不论打拼如何艰辛，挣得的辛苦钱，总会往家乡寄汇。看来，资金较充足，是不成问题的。就这样，他们率先利用“三闲”的现有资源，集资合股办厂：陈埭镇从做鞋开始，邻近的石狮则靠布疋、服装起家，如此一来，竟然很快闯出一条发展乡镇企业的路子。严格地说，当时的农民联户集资办厂，还只是社队企业的雏形。

当时“左”的思想干扰，政策并不稳定，对待“市场经济”的态度更是含糊不清。但沿海农民爱拼性格强烈，集资办厂积极性很高。到1982年，陈埭群众已经自发集资1100多万元，联户办起了327家各式各样的工厂，全年工农业总产值达到5500多万元，其中乡镇企业产值达2959万元，比1978年猛增了3倍多。当时在陈埭镇，年收入万元以上的家庭已经有300多户。在集资办厂的过程中，陈埭自己安排了16000多个闲散劳力，而国内许多地方还在为剩余劳动力发愁。就这样，农村群众搞生产的积极性被调动起来，农村商品经济迅速发展起来。常言说“无事生非”，现在人人有事干，谁也无心再去聚众械斗，社会风气为之大变。

说来令人感叹，农民赚几个钱也不容易，常常要冒风险。陈埭联户集资办厂屡遭波折，真让人提心吊胆。1977年开展“一批两打”运动时，群众办厂被打成“地下黑工厂”，有关人员被关进“学习班”；当时的“红头文件”还规定：“社队企业必须三就地”，即就地取材、就地加工、就地销售，可谓限制多多。直到1982年，福建省还有人在议论：陈埭的方向对不对？是社会主义还是资本主义？

但群众是真正的英雄，敢打头阵。利用“三闲”集资办厂，是陈埭农民的创造。项南木没有想到会有这种联户集资的股份制生产方式。但是当他看到陈埭公社联户集资企业迅速发展的态势后，敏锐地意识到：农民果然比我们高明！这种做法很有可能解决闽南农村地少人多的难题，将农村剩余劳力转移到商品生产上来，它不仅符合农民的利益，而且是一种发展乡镇企业的崭新探索。对这种创造发明，应该予以热情支持和正确引导。

项南感到有必要深入进行专题调研，逐一解剖“麻雀”。为了掌握准确的情况，项南让主管农业和乡镇企业的省委常委温秀山先到晋江陈埭公社作调查。温秀山根据实地考察所得，对省委作了汇报。稍后，项南到晋江农村视察工作时，也专程赶到陈埭走访农民集资的企业。经过实地调查，项南大受启发：陈埭乡镇企业的典型意义在于，它几乎没让国家投一分钱，全凭农民集资（包括向海外亲友集资），利用技术和信息的优势、利用“船小掉头快”的机动灵活的优势，紧盯市场；他们的“生意经”可归结为：“人无我有，人有我优，人优我廉，人廉我转”，因此赢得广阔的市场，赢得无穷的生存空间。

广大群众对乡镇企业的发展，拍手叫好。不仅赚钱增产，邻里友好，团结互助，在乡间几乎听不到吵骂声。当地干部向项南汇报说：像这样发展乡镇企业，还有一个直接的好处，就是社会治安明显好转，困扰陈埭镇多少年的“械斗”一去不复返，过去是“大打三六九，小打天天有”，现在大家都忙生产，走私贩私现象也有所减少。

乡镇企业的发展也带动了运输、邮电、餐饮等发展起来。项南明确表示，应该鼓励这条路子走下去。他对随行的各级干部说：农民怀着“治穷致富”的强烈愿望，利用“三闲”，走“市场——技术——原料”的新路子，采取“民办”形式，把民间潜在的资源转化为现实生产力，特别是凭借海外的资金、技术和信息，大力推动农村商品经济的发展，这种经济形式应该肯定，应该予以支持！针对当时社会上对乡镇企业的种种偏见和排挤，项南非常形象和生动地强调：要把乡镇企业看成比自己“新生的儿子”还要亲。

但是，好事多磨，1982年，全国开展打击走私贩私、打击投机倒把的“双打”斗争，晋江、石狮榜上有名，成为打击的重点。在追查走私贩私、投机倒把时，一些乡镇企业由于天生的“野性”，自然脱不开干系。当时福建省委为“双打”花了不少工夫，然而结果却事与愿违，案子越办越多，走私贩私也是越打越多。

看来，还是要“舆论先行”，做好宣传教育工作，让大家依法依规办事。作为省委第一书记的项南，很快注意到了这种情况。他认为打击犯罪是必需的，但是光靠打击，不是解决问题的根本办法。项南提出，对这个问题要换个角度来看，能不能像大禹治水那样采取“疏”而不光是堵的办法来加强引导？他说，如何加强引导？就要结合当地的特点，发挥当地的优势。能不能搞来料加工、来样加工、来件装配和补偿贸易？他告诉大家，要进一步宣传政策和法律，使农民知道什么是政策禁区，什么是违法犯罪，什么事情可以做，什么事情政府鼓励积极去做……

“疏”与“堵”，一字之差，效果却相差十万八千里，给乡镇企业又带来新的生机。项南的提示，使晋江、石狮两地领导备受启发和鼓舞，他们尝试着变堵为疏，变卡为引，把扣在晋江、石狮头上的那顶“资本主义帖子”也拿掉了，放手让当地农村大力发展来料加工。

但是，事物大多是一分为二的，正反两面总是在变幻之中。毋庸讳言，在1982年深入开展打击经济犯罪活动的过程中，福建晋江乡镇企业的正常业务活动也受到影响。同年7月13日，《人民日报》发表记者来信《从一个社办企业的遭遇谈起》，反映晋江一家社队企业生产原料被中断，生产陷于困境。项南读到《人民日报》上的这篇“记者来信”，当即请属下进行调查核实，然后给省社队企业局和晋江专署写信，指出“记者来信”中虽然有个别事实略有出入，却提出了一个十分重要的问题。

项南在信中热情地写道——

社队企业要发展，经济罪犯要打击，两者是并行不悖的。尽管有些社队企业需要整顿，但不能因为打击经济犯罪就把社队企业正当的供应渠道切断。须知许多社队企业所需的原料，并没有列入国家计划，而国家计划也不可能管得那么具体，所以，相互协作是不可避免的。社队企业供销人员克服各种困难，千方百计找原料，找销路，理应受到支持，这是实行计划经济的必要补充，也是社队企业生命力强的表现。

……我们必须把少数犯罪分子同大多数好人区别开来，把经济犯罪活动和正常的购销业务区别开来，把走私贩私同正当的协作关系区别开来。我们反对的，是歪门邪道，是违法乱纪，是贪污受贿，是经济领域严重的犯罪活动，而不是反对社队企业，反对搞活经济，这个界限必须划清。

项南在这封信中提出的问题，主要是针对福建而言，但是当时在国内（尤其是经济发达省份），是具有普遍意义的。因此《人民日报》1982年8月5日以《经济犯罪要打击，社队企业要扶持》为题，摘要刊登了项南信件的内容，在举国上下又引发新的轰动效应。

把乡镇企业看成比自己“新生的儿子”还要亲。我们的“封疆大吏”，真是人民的好官清官，百姓的知心朋友。对于晋江地区尤其是陈埭农民联户集资与办乡镇企业之举，项南可谓情有独钟。他认为，这个新生事物显示出了强大的生命力，在地少人多、工业薄弱的福建具有推广意义；乡镇企业由于其自身的“野性”，缺点过错自然不会少，可是对任何一个新生事物都要看主流，乡镇企业的主流是好的，它对经济的推动作用很可能超过现在的估计，它需要的是扶持和正确引导。

在经过反复调研，又经实践检验后，项南心更雄，胆也更壮了。为了推动全省乡镇企业的发展，项南决定推广陈埭这个典型。1983年5月17日，“福建省社队企业现场会”在陈埭召开。项南头一天便来到晋江陈埭公社检查工作。当地领导汇报说：陈埭社队企业的产品很有竞争力，不仅打进上海、广州市场，有些产品在国际市场上也很有竞争力，远销卢森堡、法国和日本；它生产的登山鞋全部都是外销的。为了提高产品质量，陈埭公社还高薪引进专家和技术工人约200人，培养了千余名人才。

呕心沥血终又获得一项新的成果，为全省经济发展，又带来新的提速。项南颇感欣慰。他在当天的日记中写道：“社队企业要走在工农业生产前面。她将解决我们多年来难以解决的问题：就业、商品生产、侨乡建设、文化教育、不正之风以及农村五分之四的多余劳力。”他同时也提醒自己：发展社队企业中，一定要注意保护生态和森林，要限制烧木材、生产卷烟，要加强领导，防止出现新的偏差。

在全省乡镇企业高歌迈进，快速发展的进程中，省委、省政府决定在陈埭公社召开“福建省社队企业现场会”，极大地鼓舞了全省战斗在乡镇企业第一线的广大干部群众。到会的二三百人，其中包括各地市县领导、省农业厅、省农委、省计委、工商、税务部门负责人，怀着很大的兴趣，在陈埭参观了三天。本土农民林世钢的现代化生产线的制鞋厂使他们赞不绝口；办厂搞机械加工的林金田，曾经蹲过监狱，现在成为机械化生产的带头人；许多厂子规模虽不大，销路却很广，一派生机勃勃的景象……

在与会代表现场参观时，项南当上“导游”，滚瓜烂熟地介绍，仿佛成了乡镇企业的老板。在此次现场会上发表讲话时，项南热情地指出，陈埭社队企业的大发展，引起了农业经济结构的根本变革。全社的工农业总产值中，工副业产值已经占85%，农业产值只占15%。这种变化有着极其重要的意义，说明公社已由自给半自给的经济向较大规模的商品经济转化。这个变化解决了党委和政府多年来未解决的问题：一是就业问题，二是筹集资金问题，三是市场销售问题，四是侨乡风气问题。

善于总结经验的项南，赞扬和肯定了陈埭发展社队企业的做法，并将他们的经验概括为“三化”和“三性”。所谓“三化”，就是专业化、商品化、多样化。每一个大队都有一个看家产品，而且90%以上是作为商品销售出去。所谓“三性”，就是群众性、适应性和竞争性。他说：“陈埭把闲钱、闲房用来办企业，几乎人人有事做，国家也不背包袱，生产发展了，税收也增加了。这是个好经验。正因为具有群众性，才有了强大的生命力。”

谁也想不到，乡镇企业成为时代的宠儿。大家劲往一处使，心往一处想，围绕着它大做好事。便捷、高效的交通和通讯服务网，可以不分昼夜地将乡镇企业的货物、顾客送往厦门、广州、深圳各地，货主可以在几分钟内与海内外生意伙伴通话。陈埭社队企业当时已经显露出“以市场为导向”的经营思路，项南对此颇为赞扬，陈埭公社社队企业所需要的原材料大部分不是当地的。他们发挥了海外关系多，商品信息灵，劳力充实的优势，依靠对市场的调查，了解市场的需要，掌握市场的信息，再去找产品，找原材料，发展工业。这是一条很重要的经验。项南说，陈埭的“生意经”可归结为：“人无我有，人有我优，人优我廉，人廉我转”，正是依靠这种灵活的经营机制，“他们的产品没有积压，只要一发现有可能积压，马上就转产，以适应市场需要。”

令人哑然失笑的是，“左”的思潮有时还在干扰，有人还在私下讲乡镇企业的风凉话。鉴于当时社会上对群众集资、合股经营这种新型经济联合体的形式还有疑虑，项南语气坚定地告诉大家，联合体是今后发展的主要形式，是农村的经济新格局。对联合体这一新生事物，我们不要怕它，应该支持它。

严是爱，宽是害。正因为省委书记带头把乡镇企业看成是自己“新生的儿子”，他在赞扬陈埭的同时，也毫不客气地对乡镇企业提出三点意见：一是卫生搞得不好，要改进；二是就业人员中有好些不满18岁，他们应该读书，否则将来是要吃大亏的；三是孩子生得太多，要抓紧计划生育工作。

多才多艺，满肚文墨的项南说，应该在全省叫出这样的口号：集资办厂好得很，它姓“社”不姓“资”！要让所有的人都知道，都放心，都放手！这次现场会目的是要把大家的胆壮起来，把大家的劲鼓起来，把方向搞得更明确。他强调，就全省来说，社队企业的发展方向，第一要发展种植业，第二要发展养殖业，第三要发展服务业，第四要发展加工工业，还要发展能源交通业。总之，因地制宜，适者就干，各行各业都要发展起来。

早年在农机部就开始研究企业管理的项南，深知乡镇企业的发展，关键在管理。管理出效益，管理出优质，管理出高产，管理出人才。因此，项南对社队企业这个新生事物的爱护之余，也提出了加强管理的要求：要实现以上目标，必须加强领导。首先要加强管理，如工商行政的管理，税收的管理，加强银行的管理，资金的管理。所谓加强管理，主要是指这些单位要加强对社队企业的支持，既要着眼于把社队企业发展起来，又要加强管理，把税收收上来。过去有相当长的时间不注意发挥信贷、税收的经济杠杆作用，这是不对的。我们限制什么，反对什么，主要通过信贷、税收，通过工商行政管理来实现。工商管理部门、银行、税务机关这三个单位在机构改革中不能削弱，应该加强，社队企业的管理机构也不能拆掉。

项南对于乡镇企业的发展，寄予殷切的期望。他在现场会上明确提出，这次会议是开创社队企业新局面的会议。我希望，通过这次会议，今年社队企业的增长幅度不要低于两位数。他热忱地说，陈埭公社是福建的一枝花。希望大家都来关心和爱护陈埭这枝花，使得这样的花开遍八闽大地。

正如客家上祖告诫后裔们那样："一种饭，养千种人。要感谢贵人，欢迎好人，也要防别有用心的人。"项南在陈埭现场会上的讲话，引起别有用心的人的不满，想抓住把柄做文章。然而项南没工夫计较，他想，能受到广大干部群众欢迎就好，历史自有公论。时至今日，专家学者们在福建考察，到晋江市、陈埭镇乃至泉州、石狮等地采访时，人们还纷纷提到项南在陈埭现场会的讲话，可见其影响之深。当时正是在项南的热情支持和大力倡导下，福建迅速掀起了一个学陈埭的热潮，乡镇企业面貌大为改观。晋江县备受鼓舞，于1983年夏天又开放了石狮、陈埭、磁灶三个市场，在海内外传为又一段感人的佳话。

实践一直为项南这一热情的陈埭讲话加分。社队企业发展的方向明确了，长期紧箍在农民和基层干部头上的"发展农村商品经济就是走资本主义道路"的精神枷锁也解脱了，农民发展社队企业的积极性得到充分发挥。到1983年，仅全省农民集资合营企业就发展到1.72万个，总产值达2.13亿元。

时间老人也站出来作证，通过福建农村的实践，项南的思路此时已经日渐清晰：乡镇企业的发展不是孤立的，也不是权宜之计，而应该是全省经济与社会整体发展战略的重要部分，它对福建整体发展所起的推动作用，将是长远的，而且很可能超过现在的想象。

马克思多次引述著名诗人佛罗伦的诗："走自己的路，让人家去说吧。"这对项南亦有巨大的慰藉和动力。不论别有用心的人对他的陈埭讲话如何诬告，对于晋江和陈埭乡镇企业的发展，项南继续给予关注和支持。他陪同国务院副总理万里到陈埭视察时，对这里农民的创造精神作了详细的介绍。万里对陈埭农民集资创办的股份制企业赞扬道：这是改革开放新形势下的一种新的经济组织形式。

◇1984年，项南（右一）陪同中央书记、国务院副总理万里（右二）考察晋江陈埭的乡镇企业

1984年3月8日，《人民日报》刊登报道《福建一枝花——记晋江陈埭公社农民集资办企业》，并附有署名短评：《陈埭的启示》，对陈埭农民利用"三闲"搞乡镇企业的做法予以赞扬。

以点带面，典型引路，是项南领导艺术的又一特色。对省内其他地区乡镇企业的发展，项南同样倾注心血。1984年7月，项南和温秀山等再度深入农村考察。莆田乡镇企业的产值在上半年增长90%，占全省第一位。项南一行到莆田后，参观了林金耀三兄弟创办的"莆田光学机电总厂"。这个厂子固定资产当时已达200万元，但是受到种种不公正的对待，困难重重，林氏三兄弟提出将厂子交给国家。项南对他们说，你们的方向是对的。希望不要背私人办厂的包袱，要走联合的路子。你们三兄弟办光学厂，国家没给一分钱，晋江陈埭办那么多厂，也都是群众自己集资的。这是一条既现实，又最有前途的路。希望你们继续办下去。有困难，我们帮忙解决。

项南跟大家谈心、鼓劲，用活生生的陈埭镇发展经济促进社会稳定的实例，鼓励大家下决心把乡镇企业办好，在对闽南干部谈到要勇于克服困难、在复杂的条件下打开新局面时，项南特意谈道，哪个地方不复杂？陈埭难道不复杂？械斗了几百年，斗到南洋去（向华侨募捐搞械斗）。现在不斗了，一心一意搞生产、做生意，局面不是打开了吗？

一个典型树起来了，并非一劳永逸。后续巩固的工作，更要抓好。“全省学陈埭，陈埭怎么办？”项南再次到晋江陈埭镇调研时，语重心长地告诫干部群众：“全省学陈埭，陈埭自己也面临着如何继续发展的问题。”项南对随行的负责人说，陈埭已经摆脱自给自足经济的状态，形成新的产业，农业所占的比例已经很小；他们实际上已经达到小康水平。现行的许多政策对他们已经不太适用，我们要从战略的高度研究如何使陈埭继续发展，从而推动福建乡镇企业的整体发展。

项南的眼光看得更远，心怀更为广阔，要看到山外有山，天外有天。他多次提出：“要学习广东的经验！”项南提醒陈埭镇负责人：不要固步自封，要看得远一些。在继续发展小企业、家庭工业的同时，要像广东那样，适当发展规模较大的骨干企业，要大力发展建筑业；要重视技术、资金、劳力的输出，要有雄心冲出亚洲，迈向世界更广阔的国际市场，不能困守陈埭。项南还强调，要重视精神文明建设；要加强干部教育，防止贪污受贿的问题发生，要解决好农村基层干部收入与企业职工同步提高的问题。项南指向更高的目标，真诚地表示：你陈埭镇产值满一个亿时，我给你们发贺信、送锦旗！

项南提出的亿元产值目标，给爱拼敢赢的沿海农民莫大的鼓舞。年终结算，陈埭果然不负厚望。到1984年底，陈埭镇一举成为福建全省第一个“亿元镇”。它的企业发展到702家，其中镇办村办企业57家，占8.29%，群众集资投股办的达645家，占91.8；工农业生产总值一亿元有余，人均收入

806元，分别比1978年翻7倍多和增长14倍；税收从1978年的17万元增加到459万元。

真是大踏步的进军，大跨越的发展。1984年12月晋江地委和行署在晋江灯光球场召开表彰大会，项南委托省委书记程序到会，向陈埭镇赠送一面人锦旗，上书七个大字："乡镇企业一枝花。"

陈埭典型，对邻近的石狮是很大的促进，他们奋起直追，乡镇企业也有长足发展。20世纪70年代末，这里有"小香港"之称，内地人趋之若鹜，为的是购买海外带回的洋货以及走私品。然而从20世纪80年代中期开始，石狮市场则悄然发生变化，"国产洋货"逐渐增加，甚至成为主流商品，自产自销的服装、鞋类很受消费者青睐。当时全国各地到晋江一带进服装、鞋类的大小货车从早到晚络绎不绝。乡镇企业的蓬勃生命力已然呈现。而石狮服装商业城的落成，被列为全省十大专业市场之一，许多人都惊呆了！

其实，乡镇企业的腾飞，是大念"山海经"念出来、促上去的。丰富的经验，有待专家学者们的总结。陈埭、石狮乃至晋江的经济成就，是靠农民集资办厂创造出来的，它形成了以集资联办企业为主体的农村经济新格局，有的学者称之为"晋江模式"，也有人称之为"泉州模式"。这种模式不同于"苏南模式"（由村镇集体办企业），也有别于浙南的"温州模式"（以家庭为单位）的模式，它是由几户或几十户农民集资联办企业，冲破"三就地"的限制，以市场为导向，走出"市场——技术——原料"的新路子，显示出旺盛的生命力。项南曾经对人说，泉州的发展最能体现我的思路。这其中就包含了对晋江、石狮乡镇企业和民营经济蓬勃发展的赞许。

典型四处开花，经验八方结果，力促福建的乡镇企业蓬勃发展。从沿海到山区，人们根据自身实际，组建不同规模的乡镇企业，不同程度地走向市场。到1984年，福建全省产值达千万元的乡镇，由原来的21个增加到70多个；百万元的大队，由原来的97个增加到280多个；万元的企业，从79个增加到224个。有关统计显示，1984年1—7月，福建工业增长16.4%，而乡镇企业的增长达到48%，足见乡镇企业发展势头之强劲。

改革开放的春风，吹绿了海峡西岸。八闽正迎来百花盛开的旺季。继晋江陈埭现场会之后，1984年8月13日，福建省又在长乐金峰镇召开全省第二次乡镇企业现场会。项南到会讲话说，去年讲陈埭是福建一枝花，现在这一枝花已变成百枝花了，可以预见，它将在全省开放千枝花、万枝花。这说明乡镇企业确实是发展速度最快、生命力最强、前途最宽广的企业。

项南把“山海经”的古为今用，造就出今日乡镇企业万紫千红的大好景象。项南认为，发展乡镇企业，是福建走向富裕的最现实的途径。他精辟地概括了乡镇企业所具有的五个特点：一、离土不离乡；二、进厂不进城；三、务农转务工；四、工农手拉手；五、城乡相结合。他指出，这些特性，构成了中国特色社会主义经济的重要组成部分。项南说，目前世界性的一种危机，就是城市迅速膨胀，农民不断贫困化，城乡对立的状况日益加剧。我们的乡镇企业可能避开大量人口向城市集中的过程，所以它符合社会发展的潮流，为尽快消除“三大差别”创造了良好条件。

福建经济的发展，项南寄希望于乡镇企业，在这次会议上，项南明确提出福建要靠“乡镇企业打头阵”的指导思想，同时要求乡镇企业沿着健康轨道发展。他对在座各级干部嘱咐道，只有各级组织、各个部门对乡镇企业积极加以支持，乡镇企业才能得到更迅速健康的发展。乡镇企业和全民企业是孪生兄弟。要把乡镇企业看得比“新生的儿子”还要亲。现在，乡镇企业还处在幼年时期，还没有成年，做父母的要特别加以关心、爱护、扶持。

这是一次方向明确、措施有力、可行性强、大鼓劲头的会议。省委的指导思想明确，地市县各级干部的工作劲头十足，对乡镇企业采取扶持、鼓励的政策。同时，有关部门也对其大开“绿灯”：省工商局规定，对新办的乡镇企业，一般只要持有县以上的主管部门的批准证件，即可到工商部门登记办理，最迟十天内发照或批复；省建设厅准许乡镇建筑队进城承包工程，并可出省出国承包；煤炭部门提出：超产煤可自行销售，价格浮动；福州铁路局出台措施，允许乡镇企业物资运输直接申报车皮……

项南在强调依法征税的同时，也提出了“放水养鱼”、“藏富于民”的思路。他说，经济开始起步的时候，藏富于民，不是一件坏事。福建乡镇企业开始起步的时候，省委专门找税务局的同志讲，税是要收的，但不要以为税收得越多，成绩就越大。现在更重要的是，要“放水养鱼”，藏富于民。鱼养大了，自然鱼就多了，税收就多了。这个思路显然是具有积极作用的。

项南一向反对固步自封，关起门来自夸自吹。在全省乡镇企业大步前进的时候，他特别注重向外省学习发展乡镇企业的经验。他多次带队到广东珠江三角洲、浙江温州等地考察学习。1984年9月初，他又专门率领福建省领导和由多个地委书记组成的代表团到苏南考察、取经。他们经上海到苏州，到他当年战斗过的地方，考察枫桥乡的乡镇企业后，又到常熟、无锡、常州和宜兴等地考察，虚心学习借鉴他们不断完善乡镇企业管理的先进经验，感到更有特殊的意义。

项南还趁机商议合作事项，“借船出海”，借人家的力量把自己的乡镇企业办得更有特色。在同常州市有关负责人交谈时，项南诚恳地表示：希望常州能与福建建立经济技术合作关系。9月9日，代表团座谈考察体会时，项南坦率承认，在发展乡镇企业方面，我们同江苏有十年的差距。他在当天的日记中写道：福建乡镇企业应添两翼：引进技术，引进人才。这次参观应该是我们乡镇企业的转折。

满载着外地的宝贵经验，项南回省后四处“批发”。1985年6月上旬，项南与贾庆林等人到闽南视察工作时，特意看了当地的乡镇企业。项南对当地干部提醒道，发展乡镇企业要重视搞拳头产品。石狮生产的乳罩已经出了名，要把全国的乳罩市场吸引到晋江来。晋江地区的乡镇企业各有特色、专业村只要生产出一个很精的产品就很好。今后城乡工业应该抓专业化，大批量，一条龙。你们可以在福州、上海、广州等地开店，让有地方特色的产品去占领那里的市场。

虚怀若谷的项南，善于借鉴“他山之石”，注重发挥自身优势，使福建省的乡镇企业得到迅猛发展。乡镇企业家们还大胆突破“三就地”的框框，敢于面向市场，开拓市场，在市场经济轨道上日益活跃，成为农村经济乃至整个国民经济中生命力最旺盛、发展最迅速的经济形式。乡镇企业的发展，与“大包干”一样，成果出人意料，至1984年底，全省乡镇企业达到1494万个，就业人数174.63万人，总产值40.42亿元，跃居全国前列。

3. 项南把乡镇企业看成是自己的“新生儿子”，加以扶持培育。

项南的领导艺术，就是在理论的指导下实践，又在实践的基础上，深化理论的研究，总结成功的典型经验，以点带面，全面开花，直至结出累累硕果。

1984年又是金风送爽时节，项南在全省乡镇企业学术理论研讨会上，进一步从理论上对福建乡镇企业作了深层次的探讨，发表长篇论文，为他总结的“五个特点”作了系统的论述。

这一天，项南心情很好。他首先高兴地告诉与会的专家学者们：目前福建省经济形势很好，形势最好的、打头阵的是乡镇企业。1至7月，全省工业增长16.4%；乡镇企业上半年增长达48%。去年在陈埭开现场会时我曾说过，陈埭乡镇企业是福建的一枝花。现在这一枝花变成了百枝花。产值达1000万元的公社，去年开会时46个，今年底将达到75个；产值达100万元的大队，去年开会时144个，今年底预计达到283个；产值达100万元的企业，陈埭开会时全省只有79个，今年将达到224个。这些说明了乡镇企业确实是发展速度最快、生命力最强、前途最宽广的企业。为什么乡镇企业有这样强的生命力、这么大的优越性？这是因为它本身具有五个特点：

1. 离土不离乡。农民是从多年附着在土地上的状况中解脱出来的，但没有离开家乡。下午看的金峰华阳大队的企业就是这样。农民离开土地了，但没有离乡。

2. 进厂不进城。农民从附着在土地上搞农业变成了工人，进了工厂，但并没有进城，只是变成了家庭工业的劳动者。

3. 务农转务工。原来是务农的，现在变成亦工亦农了，或者主要是务工了。比如，现在陈埭是百分之十几的劳力搞农业，百分之八十几搞工业了。这种变化展示了今后发展的方向，是具有极其深远意义的。

4. 工农手拉手。一方面搞工业，一方面还种些地，只是主次起了变化，以工为主，以农为辅了。

5. 城乡相结合。城乡不再是对立的关系，而是城乡紧密结合，城市离不开农村，农村离不开城市，这是一种友好的、联盟的关系。

项南征求专家学者们的意见说，我们是不是可以这样说，乡镇企业这些特点，构成了中国特色社会主义经济的重要组成部分。

项南指出，目前世界性的一种危机，就是城市迅速膨胀，农民不断贫困化，城乡对立的状况日益加剧。但据有的专家预测，到21世纪，城乡关系、产业结构又将起革命性的变化，人口和产业，将由集中转向分散。我们的乡镇企业可能避开大量人口向城市集中的过程，所以它符合社会发展的潮流。

项南预报了"亿元镇"的消息，在会上引起轰动。他说，到今年底，陈埭镇工农业总产值预计可达一亿元。我提议除宁德地区外，沿海各县要争取出现一个亿元产值的公社，一千万元产值的大队。但我们不规定实现上述要求的时间，什么时候达到，你们就给省委、省政府写信，省里派人检查，没有水分，没有掺假，就给奖励。

项南说，我同一些乡镇的同志讲过，全省800多个乡镇，陈埭今年有可能达到一亿元产值，到20世纪末还有16年，经过16年，沿海公社达到陈埭今天的水平行不行？我看有希望。这几年，我们靠乡镇企业打了头阵，今后更要靠乡镇企业打头阵。

项南还着重论述了乡镇企业的"五重"，这是确保这一新生事物成败的关键。他指出，"五重"就是重质量、重信誉、重信息、重科学、重人才。

重质量。不要因为乡镇企业是靠集资、因陋就简搞起来的，产品就不讲质量。如果不重视质量，你这个企业就存在不下去。

重信誉。人家要求什么时候发货，你就什么时候发货，要求什么质量，你就保证什么质量，要守合同、重信用。

重信息。就是要知道社会上、国际上的行情，懂得社会的需要、市场的需要，不要盲目生产。

重科学。今后要靠科学吃饭，靠"以智取胜"。现在乡镇企业要能站得住脚跟，就是注重了技术，还有不少是请老师傅作指导的。但是我们也应该看到，目前乡镇企业还没有大发展，一旦人家也发展了，货一比较，就比出来了。你不注重科学，就缺乏竞争能力，就要退下来。莆田县5万人做鞋，但还没有制鞋研究所。意大利一双皮鞋，贵的卖几百美金，人家花了多少精力去研究。乡镇企业要提高，办起来是一关，办起来后要站得住又是一关，这就要靠科学。

重人才。现在，乡镇企业搞得好的地方，有的是请了大学毕业生当技术顾问，有的招聘了一些科技人员，或者是启用了一些本地的能工巧匠。内地发展慢主要是信息不灵，人才不足。因此，我们要十分重视人才，花力气培养人才、引进人才。今后凡是到乡镇企业去工作的知识分子、科技人员的待遇就应该从优。

作为省委第一书记，项南要求全省各级组织、各个部门都要从以下几个方面热情、积极支持乡镇企业的发展。

1. 组织产前产中产后服务，包括交通、包装、加工、保鲜、销售这些环节。这些环节不打通，乡镇企业是发展不起来的，即使发展了，也是有限度的。

2. 做好群众集资工作。乡镇企业发展的资金从哪里来？主要是靠群众集资，不是靠国家投资。当然，我们的乡镇企业还要积极利用侨资、外资，学会用贷款。

3. 支持群众自愿联合。乡镇企业发展到一定程度就要联合，不联合就没有生命力，联合起来才有力量。但联合要靠自愿，不能搞强迫命令，不能一刀切，要吸取过去“左”的经验教训。

4. 在信贷、税收等方面加以鼓励。信贷方面，根据需要多给一些贷款。税收上，哪些项目是要鼓励发展的，就减税；不需要发展的，就加税；有的则应课以重税，用税收来限制它的发展。税收要有宽有严，有松有紧。那些小纸厂、用松树枝烧砖瓦的砖瓦厂，对它要加税，让它发展不下去，让它尽快转产。

5. 支持社员出省出国，外引内联。有的社员到国外找工作，有办法出去的，应一律加以鼓励。愿意出去的一律欢送，回来的一律欢迎。把外省、外国好的东西引进来。

6. 把乡镇企业逐步纳入计划轨道。乡镇企业的产品、原料、材料、能源等等，要逐渐纳入计划轨道，不要让它自生自灭。

项南关于福建乡镇企业发展的系统论述，受到与会专家学者们的高度评价。研究会结束后，项南与温秀山等领导同志又深入到莆田、晋江、龙溪、厦门四个地、市调查研究经济改革、乡镇企业、引进工作等方面的问题，并同当地领导和部分专业户座谈。

项南在座谈会上说，福建农业的发展，要像乡镇企业那样，走集约化经营的道路。他指出，“福建农业要翻番，不可能靠扩大耕地。要下决心改变农业内部结构，彻底抛弃，‘以粮为纲’，土地适宜种什么就种什么。要搞立体农业，集约经营，把一亩地当两亩地、五亩地、十亩地用。”项南到仙游建华大队看望在那里进行蔗田立体农业试验的福建农学院、农科院的科研人员，在看了他们的试验田后，重申了省委的这个精神。他说：“这不是想当然，因为福建地处亚热带，有得天独厚的自然优势，完全可以而且应该这样做。看了蔗田立体农业试验后，更有信心了。”据参加这项试验的科研人员介绍，一亩蔗田按亩产8吨甘蔗计算，只能收入400多元。如果进行立体开发，自下而上套养、套种田螺、鱼类、大豆、西红柿、蘑菇、木耳、香菇等，合计年收入可达12000多元，比单纯种蔗的收入增加30倍，比亩产吨糖蔗田主副产品工农业总产值增加近2倍。项南高度评价了这项科学试验：“你们的工作很有意义，集约化经营，体现了福建农业的方向。”他还指出，最近正在讨论放下“粮食自给”包袱问题，这就是为了提高耕地的单位面积产值，加速农村经济的发展。搞立体农业、集约经营是提高单位面积产值的一条很有效、很现实的途径。过去我们只把致富依托于工业，这是很不够的。搞立体农业，集约经营，农村同样可以富得很快。

项南指出，福建迎接新技术革命，重点要抓两项：一是微电脑，二是生物工程。中国人民的食物结构止在发生变化，所以要抓生物工程。农学院、农科院要为此而努力。要发扬不怕艰苦的精神，把现在的试验坚持下去，扩大开来。可以按现有设想的生物链的模式来搞，也可先搞简单的，由简单到复杂，由小到大，一步一步来。要把科学试验与生产实践更紧密地结合起来。也要把科学、农业、工业、商业结成一个“链”。

省委领导再次精心考察了沿海本土农民林金耀三兄弟办的莆田光学机电总厂和晋江陈埭的一些乡镇企业后，对乡镇企业寄予更大的希望。项南说，上半年我省工业产值增长14.4%，下半年要力争再进一步。要前进，最实在最快的办法是抓乡镇企业。莆田市上半年乡镇企业产值比去年同期增长90%，晋江地区原来发展较快，上半年也增长了56%。如果都能保持这个势头，加上比较慢的地方赶一赶，使不平衡变得比较平衡，再来一个国营工业赶乡镇企业，造成一个你追我赶的局面，那下半年就更有希望了。抓好乡镇企业的意义不仅在于今年，对福建实现十二大的总目标有十分重要的影响。陈埭今年要实现总产值上亿元。如果全省所有乡镇，用16年时间赶上陈埭现在的水平，到20世纪末翻两番以上的目标，就不难实现了。而且乡镇企业搞活了，农村的全盘工作也都搞活了。我省农村的改革已经完成了第一步，主要是实行了联产承包责任制，下一步的中心是发展农村商品生产，改变农村产业结构。而大办乡镇企业，包括工业、商业、运输业、建筑业及各种服务业，就是改变农村产业结构，完成第二步改革的具体实施。我们一定要充分估计到乡镇企业的巨大潜力，看到它的美好前景，充分认识大办乡镇企业的重大战略意义，把它作为下半年和今后工作的一个战略问题，集中主要精力来抓。一定要大抓狠抓，紧紧抓住不放!

项南说，陈埭为全省提供了发展乡镇企业的宝贵经验，给我们带出一条路子。全省的乡镇企业都要走这条路子。全省学陈埭，陈埭也面临着如何发展的新问题。

项南认为，现在，陈埭已发展到一个新阶段，已经摆脱了自给自足经济的状态，形成了新的产业，农业产值所占的比例已经很小了。一号文件讲的“两个转化”，他们已经超越了这个阶段，主要是搞工业、服务行业。他们实际上已达到了“小康”水平，已远远走在前头了。现行的许多政策，对他们不太适用了，好多事都要开绿灯才行。我们必须把如何使陈埭继续发展作为一个新的问题来研究。例如贷款，对陈埭就得放宽，他需要多少，就贷给多少，不用怕他还不了。

陈埭如何进一步发展？项南建议从六个方面考虑，即“大企业，建筑业，打出去，用风能，重（精神）文明，抓干部”。“大企业”就是在充分肯定办小企业、家庭工业是方向，要继续发展的同时，学习广东的经验，适当发展一些较大的骨干企业。“建筑业”就是要把建筑这个大行业抓起来，而且要作为第一行业，可以盖些“锁匙房子”、“锁匙工厂”出售。“打出去”就是搞技术、奖金、劳力输出，到闽北山区去办厂，到北京、福州去开店，还可以到国外去开发。“用风能”就是在沿海搞风力发电，解决不断增加的能源需要。“重文明”就是要抓好精神文明建设，抓好教育，规定15岁以下的孩子一律要上学。“抓干部”就是要加强干部教育，防止贪污受贿的问题发生。

项南指出：福州上半年工业产值增长18%多，上得快的一个原因就是引进新技术，改造老企业。电子管厂原来年产值只有100多万元，引进了显像管生产线，一下子就是3000多万元。工业要前进，就要抓引进。

项南要求晋江地区，一是抓侨务工作，二是抓引进工作；抓侨务工作也能促进工作。龙溪地区工业后劲不足，要增加后劲，就得大抓引进。现在引进的项目还不够，要再多一些，只要不向我们要外汇，要三材，就放手让他们去干。我们一定要充分利用得天独厚的优势，大开门户，狠抓引进。有些项目能拍板的要当场拍板，不要优柔寡断，不要七请示八请示，贻误时机。

晋江地委向省委领导汇报一位华侨准备投资兴建一座4000瓦的水电站，项南很高兴，指出：华侨投资办水电，搞开发性事业，比其他项目都更有意义。我们要给优惠，让他很快收回投资，得到利益。这一关打通了，局面就打开了。

在龙溪地区座谈引进工作时，项南进一步强调，现在引进技术的面太窄了，龙溪这么好的地方，不仅要引进工业新技术，还要引进农业新技术。搞农业引进，不需要多少投资，有的甚至不要投资。从某种意义上说，引进农业新技术更重要。龙溪地区发展农业条件优越，全世界少有这么好的地方。但现在的许多作物品种、栽培技术不行，要把新技术、新品种引进来，才能充分挖掘这块宝地的潜力。这样，龙溪要把食品工业搞上去也就更有基础了。所以，工业要引进，农业更要引进。

项南感叹地说，抓技术引进，同时要抓人才引进。现在党政干部和知识结构适应不了引进的新任务。技术引进后怎么消化，工作量大得很。要采取一些应急措施来引进人才。各级领导都要在人才引进方面多做些实际工作。要尽快解决引进人才的住房问题。这样做可能会引起一些人的不满，有人甚至会说“福建的地瓜不甜”。这是一种排外、短视的观点，我们要坚决顶住。

项南说：我在美国见到一位祖籍福州的华人，他说中国要搞四个现代化，首先思想要现代化。长久以来，中国的排列是士农工商，好像当官的就了不起。而美国是倒过来，商工农士，商人是第一位。中国传统的轻商观念不改变就没有希望。

项南高瞻远瞩地说，福建沿海的许多港口、市镇，历史上以通商著称。我们要了解历史，从实际出发，注意发挥自己的优势，大力发展海上运输，大做生意。涵江有个三江口，在历史上主要是做生意的，“生意兴隆通四海，财源茂盛达三江”嘛！涵江要恢复“小上海”的声誉。泉州要沿着“海上丝绸之路”去发展。晋江要振兴，一定要把商业流通抓起来，步子要迈得大些，再大些，可以自己搞公司，把广东做生意的经验学过来。

项南说莆田、龙溪等地组织船队、冬菜北运的想法和做法很好。闽南是个天然大温室，要充分发挥这个优势，要下决心放下“粮食自给”的包袱，口粮不够可以从邻区、邻省或国外购进。地、县可以成立粮食贸易公司，与闽北订立合同，大做粮食生意。这样就可以把有限的耕地多腾一些出来种甘蔗、水果、蔬菜等经济作物，再把新鲜蔬菜运到北方去，把玉米、高粱运回来，把香蕉、荔枝运出去，把苹果、梨子运回来。还可以组织船队直开香港、新加坡。这样有进有出，生意就做起来了，经济就搞活了。农民收入增加了，拿出一部分来买粮顶征购任务，也是愿意的。这件事再也不能犹豫拖延了。

沿途，省委领导充分肯定了几个地、市新的领导班子组成后，做了大量工作，取得很大成绩。当然，许多成绩的取得，同原有班子工作基础是分不开的。

在莆田市，项南指出：莆仙地区人好、地好、气候好，但过去很长一段时间发展不快，其中一个主要原因就是不断搞运动，干部分裂，派性严重。为了解开这里多年解不开的结子，省委下决心从外面调进来一些干部。当然莆仙人绝大部分没有派性，所以也用了一部分本地干部。希望从现在起，要集中精力抓工作。老同志要更好地支持新班子，新班子的同志要尊重老同志。外地干部和本地干部要加强团结，精诚合作。发现派性冒头，就要狠批，绝不能手软。

“认识来源于实践”。项南用这个哲学道理回答了各地、市领导提出的许多的问题。他要求各级新班子要以改革的姿态来对待前进道路上遇到的困难。有些事不必请示来请示去，只要对搞活经济有利，对人民有利，只要不贪污、不受贿，就要大胆去干，工作中出点毛病不奇怪。打开新局面，就是要打、要冲、要进攻，不要老怕挨别人打。不要整天皱眉头：“福建工作难做呀！”“福建复杂呀！”哪个地方不复杂？陈埭难道不复杂？械斗了几百年，斗到南洋去（向华侨募捐搞械斗）。现在不斗了，一心一意搞生产，做生意，局面不是打开了吗？什么叫开拓型的干部，就是有场所、能思考、勇挑担、敢拼搏的干部，就是能够知难而上、能够开创新局面的干部，我们要的是这样的干部。

项南一再强调，要根据新情况办事想问题。他又唱起了《开路先锋》那支鼓舞人心的歌。项南说，过去有一支歌，现在不大唱了，叫《开路先锋》——“轰轰轰，我们是开路的先锋！轰轰轰，我们是开路的先锋！不怕关山千万重……”希望大家都有开路先锋的精神。总之，情况变了，我们的思想作风也要变。要根据新情况办事，想问题。

在省委、省政府的领导下，全省经济形势经过几年的努力，由弱变强，由衰转旺。特别是“社队企业”经由项南正名“乡镇企业”后，从政治上、思想上、法制上和财税上加强扶持和指导，与全国各地的乡镇企业一样，迅猛发展，取得意想不到的重大成果。当年，中国改革总设计师邓小平在会见外宾时高兴地说：“农村改革中，我们完全没有预料到的最大的收获，就是乡镇企业发展起来了，突然冒出搞多种行业，搞商品经济，搞各种小型企业，异军突起。这不是我们中央的功绩。乡镇企业每年都是百分之二十几的增长率，持续了几年，一直到现在还是这样。乡镇企业的发展，主要工业，还包括其他行业，解决了占农村剩余劳动力百分之五十的人的出路问题。农民不往城市跑，而是建设大批小型新型乡镇。如果说在这个问题上中央有点功绩的话，就是中央制定的搞活政策是对头的。这个政策取得了这样好的效果，使我们知道我们做了一件非常好的事情。这是我个人没有预料到的，许多同志也没有预料到，是突然冒出这样一个效果。”（引自《邓小平文选》第三卷，人民出版社1993年版，第238页。）

但是，正如客家话常说的：“不怕一万，就怕万一。”谁也料想不到，主政福建后，正当项南带领广大干部群众，大力扶持和发展乡镇企业“异军突起”的胜利进军中，使他蒙冤受害的，是所谓“晋江假药案”的闹剧。其实，既非“晋江”，也没什么“假药”，查无实据，事出有因。当时，晋江县陈埭镇涵口村几户农民专业户，把白木耳和白糖制成冲剂当成“感冒咳嗽冲剂”销售。福建省委、省政府首先发现并制止这一违法行为。项南严令查处，停止生产、销售。他带头检查承担责任，强调“除虫护花”，这种勇于负责的做法，却被批为“态度不好”、“对抗上级”，最终受到“警告处分”。但项南不认错，也无错可认，到死也未在处理决定书上签字。

项南尽管百事缠身，也不忘督促处理“假药案”。作为一个成熟的领导者，他最担心的，是干部群众因为要抓“假药案”而对乡镇企业的发展产生动摇和怀疑，以为中央政策有变，使农村改革和乡镇企业取得的成就毁于一旦！

在项南建议下，省委、省政府研究决定于1985年7月19日，召开全省乡镇企业莆田江口现场会。会议主旨是，认真贯彻落实中央精神，乡镇企业要稳定发展，经济犯罪要坚决打击。

在省党代表上连选连任的省委第一书记项南在现场会上作了重要讲话，提出“除虫护花”的主张。他首先指出，乡镇企业要稳定发展，经济犯罪要坚决打击。他说，这几年乡镇企业在全省经济发展中确实起着打头阵作用，显示了强大的生命力。

项南说，乡镇企业要稳步发展，就必须区别发展、提高、整顿、取缔的不同情况，分类进行指导：(1) 有自筹资金、有外资合作、质量有保证、产品有市场的，要大力发展；(2) 乡镇企业已有一定基础、产值在3000万元以上的，要在产业、产品结构和技术上、管理上不断提高；（3）质量不好、重复建厂、要靠大量贷款维持又没有登记许可证的，要认真整顿；（4）违犯党纪国法、违背社会道德、作假诈骗的企业，要坚决取缔。希望各级党委、政府和各个部门，根据实事求是的原则给予支持，不要笼统提大发展，不要互相攀比速度，要搞好外引内联、山海协作，大家一条心，使其能够更健康、更稳定地向前发展。

项南的讲话使到会代表受到极大启示和鼓舞，表示回去后要认真贯彻落实。

项南顶着压力，不计较个人得失，继续以极大的努力，站好最后一班岗，抓好福建各项工作。1986年3月1日，项南因67岁："年龄问题"退了下来，由甘肃省省长陈光毅接任福建省委书记。新老交替，虽属常事，但福建民众对项南的离去，却总有一种说不清的依依不舍之情。村头山尾，街头巷尾，百姓都在怀念，项南为官清廉，不谋私利，勤勤恳恳，一心为公，平易近人，没有官架，思想解放，谈笑风生，单枪匹马，来到福建，不搞宗派，从不整人，提倡五湖四海，大唱"团结之歌"……

但是，广大干部群众难以理解、也不愿看到的是，这样的清官、好官、廉官，因为坚定地支持发展乡镇企业，保护干部群众的积极性，从省委书记退下一年后，仍然受到不应该有的"党内警告处分"。多位中央领导和不少老同志为项南鸣不平。旷达的项南，当然不会为此而患得患失。他坚持不在处分材料上签字，遵照党章行使自己的权利，以事实为据写出不同意处分的申诉材料。难能可贵的是，项南内心坦然，如同台风中心那样异常平静。他离休后考虑最多的是，神州大地还有多少温饱没有解决的贫困户，自己还有一口气，还有一点力，能不能为扶贫帮帮忙呢？

项南在卸任福建省委书记前的最后一次常委会上，表达他对新任领导的支持，不干预新一届领导的思路和工作方针。

1991年5月6日，适逢厦门举行纪念陈嘉庚的活动。项南顺道搭面包车前往阔别五年的晋江，看到街道繁华、厂房林立，异军突起，经济发展很快，跃升全国百强县（市）前列，心中百感交集。

令项南没想到的是车进陈埭镇，街道两旁忽然鞭炮声大作，"噼噼啪啪……”震天动地。

原来，项南回陈埭的消息不胫而走，老百姓奔走相告，不约而同地在屋檐、窗台、电线杆上挂满了鞭炮。他们以这样的方式来欢迎他们敬爱的老书记。万炮齐发，落英缤纷，一会儿工夫，地上就铺满了厚厚一层金红色的纸屑。

此刻，一贯宠辱不惊的项南眼含泪水。他坚持不再往下走，他不想让老百姓这样的举动，造成误会或是不好的解读。他有千言万语想说，但是他忍住了，挥了挥手和群众告别，走了。

当天，项南在日记里写道：“狂风恶浪催不倒，陈埭之花永不凋。”他深思，为官一任，总不免面临选择。在关键时刻，是选择“乌纱帽”，还是选择人民的利益，并不是简单的事情。项南敬畏人民，当年作出了应有的选择，人民今天给他评分。可见“是非公道，自在人心”。项南觉得：与此相比，因“假药案”所受的委屈实在微不足道。

项南以极大的兴趣考察闽南的乡镇企业。这是他当年全身心维护的“一枝花”。他发现，许多乡镇企业与外资企业“嫁接”、“通婚”，是经济发展的新鲜事物。他在日记中写道：“这是很值得普遍推广的经验。”

项南对陈埭镇的乡镇企业情有独钟，他白天认真考察，夜晚在日记上写道：“陈埭镇工农业产值达到2亿多元，税利达2000多万元。他们不愧是‘福建一枝花’。这枝异军突起的鲜花，在风风雨雨中茁壮成长，今天开得更鲜艳了。”

第十五章　功德无量

1. 项南担任中国扶贫基金会会长。他编唱着“只服务，不赢利”的扶贫“三字经”，在困难重重中初战告捷，推动着扶贫工作滚滚向前。

又是金风送爽时，新的工作任务又降临在项南头上。1988年10月，国务院贫困地区经济开发领导小组正式提名项南为基金会会长，并上报国务委员陈俊生。三天之后，陈俊生批示：“同意项南同志任中国贫困地区发展基金会会长，并发给聘书，请项南同志即可着手工作。”此后，项南直接参与和领导了基金会的筹备工作。

从总书记岗位退下的胡耀邦，听说项南出任中国贫困地区发展基金会会长的消息，颇感欣慰。胡耀邦深为理解项南，知道这个闲不住的人又有机会为国家的扶贫事业贡献力量了，他相信项南是会干好的。

1989年3月13日，北京连日阴雨，节气虽已进入春季，但还是有点寒气砭骨。昨夜里，我们的“冠豸之子”在梦里返回冠豸山，受到乡亲们热情簇拥。他跟着纪晓岚“追步东山”，又伴着林则徐饱览“江左风流”，但见八闽胜境，春色满山，钟灵毓秀，溢彩流光。童年聆听老母亲讲述的冠豸山传奇故事，又一幕幕展示眼前。与故乡神山粗犷雄奇相映成趣的，是点缀于石门湖的三叠潭，还有桃榔幽谷，翠鸟观澜，生命之门等多处景观，超凡脱俗，淡抹素颜，俯瞰春意盎然的广袤大地，五颜十色的迎春花便是冠豸山孕育而生的瑰宝……项南猛然醒来，望见墙上闪光亮壁的苍劲书法：“我家洗砚池边树，朵朵花开淡墨痕。不要人夸颜色好，只留清气满乾坤。”元代著名画家王冕这首《墨梅》，是古稀项南最喜吟诵的古诗。他原本欣赏其淡雅、旷达而高洁的意境，如今自身遭遇，更深悟其中超然的情感，亦增添自信，更向往历史。当友人索求墨迹，他时常书就此诗，聊以自慰，抒发情怀。

项南推开窗户，金色霞光照射进来，心头顿感一阵温暖，连日的阴雨寒气一扫而去。他记着今天是“中国贫困地区发展基金会”（中国扶贫基金会原名）成立之日，与家人吃过早餐，就沐浴着朝霞，驱车来到人民大会堂湖南厅，与工作人员一起，参与会场的布置。

1989年3月13日上午，“中国贫困地区发展基金会”在人民大会堂湖南厅宣告成立。李先念主席以及宋任穷、王任重等出席了这个活动。在这个规模不大而又隆重的成立仪式上，到会的多位支持和参与扶贫事业的老领导，包括国务院农村发展研究中心主任杜润生、原人民日报社社长秦川、原国家科委副主任童大林等。忙碌的项南，还拉着一位比较沉默、落落寡合的老同志的手说：“你这位中国民航总局的老局长沈图同志来啦，太好了。当年我在厦门建机场，靠你帮忙；如今办基金会，还要请你这贵人相助呀！”说得老朋友们都乐呵呵地笑了起来。

◇1989年3月13日，中国扶贫基金会在北京成立。原国家主席、全国政协主席李先念担任名誉会长。图为宋任穷（左一）、李先念（左二）、项南（左三）在中国扶贫基金会成立大会上（徐小榕摄）

李先念以浓重的湖北红安口音即席讲话。他说，我们需要捐款，但是不要低三下四到处化缘，也就是要有点骨气的意思。对于扶贫资金，我们一定把它用在贫困地区发展生产上面绝对不得挪作他用。李先念同时强调：各级政府不能因为有了这个基金会，就不再向贫困地区拨款。

项南在会上发表了热情的讲话，他将基金会的方针作了归纳，就像当年在长汀河田编唱“治理水土流失三字经”那样，也编唱一首宣传基金会的简单明了的“三字经”：“只服务，不赢利；只帮助，不代替。多造血，少输液；多开发，少救济。要脱贫，靠自力；要致富，靠科技。”他说，广泛争取、吸收和利用国际国内各种组织、机构和各界人士对贫困地区的帮助和支持，其潜力和可能性都是很大的。仅美国，各种规模的基金会就有三万多家。如果我们还能争取欧洲的、日本的、阿拉伯的、港澳的各种基金会的援助，对我们实现扶贫计划将会起到很大的作用。

项南接着说，贫困地区的经济开发是一项长期的历史任务。我国的贫困地区，除东部的沂蒙山区、大别山区、湘赣山区、闽粤山区之外，大多分布在我国中西部。这些地方，土地辽阔，矿藏丰富，光照充足，是中国经济繁荣、稳定发展的重要因素；另一方面，经济文化落后，水土流失严重，地方病盛行，人畜饮水困难，交通十分不便；又是宗教、民族问题较集中的地区，帮助这些地区发展经济、文化，实在刻不容缓。贫穷和发展问题，是对当代中国最严重的挑战。任何掉以轻心或急于求成的做法，都是极其有害的。

项南指出，我们应当扎扎实实做好开发工作，把救济与开发结合起来。如果不从改革入手，还是年复一年地搞单纯救济，扶贫就不可能扶到点子上。他指出，努力做好老、少、边、穷地区脱贫致富的工作，特别注意中西部的开发，是我们长期的历史任务。项南最后强调，基金会应当树立一个新的风尚。我们基金会的工作人员经常要同贫困地区人民打交道，还要跟外国人、港澳同胞、台湾同胞和海外侨胞打交道，我们一定要密切联系群众，防止令人厌恶的衙门恶习和官僚主义作风的出现，树立一种民主、俭朴、高效率的风尚，这是做好基金会工作很重要的一个条件。

“人望幸福树望春”，消除贫困是人类共同的理想。人民群众对美好生活的向往，就是我们共产党人的奋斗目标。项南感到欣慰的是在历经多年曲折之后，我们终于在认识上有了新的飞跃：“贫穷不是社会主义”，在经济改革中致力于消除贫困。正是出于这种心态，一生坎坷、心灵累受创伤的项南，决心将晚年的主要精力用于扶贫事业，用他的话说“就是向贫苦老百姓还点债”。

项南离休后，婉言谢绝了多项邀请任职。但他考虑到中国贫困地区，太多分布在当年中央苏区、革命老区、少数民族地区和边疆地区，绝大多数是自然条件较差的农村。项南对于这些地区的贫困农民，历来就有一种亲切感，一种深厚的情谊。能在晚年把余热为扶贫事业尽点力，他感到很有意义。因此，在中央有关领导征求他的意见时，他毅然披挂出征。

项南又迈开双腿，奔走四方。在积极筹备中国贫困地区发展基金会期间，“项南又要出山”的消息不胫而走。朋友们的反映各不相同，有人说：“老项终于有事干了，他身体好，闲不住，累点反倒心情更好”；有人说：“项南人缘好，廉洁奉公， 海外形象好，干这件涉及钱财的事情他最合适”；也有人说“他又背上了新的十字架”，“扶贫基金会是吃力不讨好的事，70多岁的人了，这是何苦呢！”也有的开玩笑说：“项公成了中国最大的丐帮帮主……”

项南听了这些传言和种种说法，只是淡淡一笑，依然沉浸在工作状态中。“老骥伏枥，志在千里；烈士暮年，壮心不已”，能在晚年干点有意义的实际工作，无疑是项南内心渴望的。

项南是一位“工作狂”，平日是闲不住的。论年龄已过古稀，身体也并不如外人所见的那么好，新近又蒙受心灵的创伤——党内警告处分，可是，如果因此而消沉，那项南就不是项南了。

项南认为，对于共产党人，扶贫事业是神圣的。与友人私下交谈时，这个老共产党员甚至坦率地说，“所谓扶贫，实际上是向贫苦老百姓还点债”。在与华东团工委工作时期的老同志范恭俭通信时，项南流露了自己的心声：“最近我们到了河北，辽宁、河南、陕西贫困地区走了一大圈，颇有收获，亦感自慰。晚年还能跑跑，出点主意，为多灾多难的贫苦人民干几椿实事，也是一种快乐。”

“惟愿苍生俱饱暖，不辞辛苦出山林”。一旦认准搞扶贫事业，项南就心无旁骛。稍后一段时间，著名教育家孙起孟曾经建议他到中华职业教育社担任主要领导职务，他婉言谢绝；20世纪90年代初，全国人大副委员长陈丕显约他到中南海谈话，提出要他到中国老龄委做领导工作，他也婉言推辞，并热心地推荐了几个候选人。他晚年的主要兴趣和精力，都集中于扶贫事业。

项南从事任何一项工作，都十分重视立章建制，以便有章可循，有制可办。国务院扶贫办在关于建立"中国贫困地区发展基金会"的请求报告中提出："所募奖金实行有偿使用，到期收回，循环投资，以滚雪球的方式逐步积累，形成支持贫困地区长期发展的稳定基金。"国务院副总理姚依林、田纪云批示同意。基金会筹建期间，项南就请有关同志据此研究具体的扶贫基金使用方式。

为了加强对基金会的监督和领导，项南建议，请全国政协主席李先念担任基金会名誉会长。经赵紫阳和李鹏批准，李先念正式出任基金会名誉会长。

除名誉会长和会长外，尚有林乎加、李人俊等有关领导同志担任顾问，朱荣、魏玉明（原外经贸部副部长）和柯华（原驻英国大使）担任副会长。参与创办扶贫基金会的，还有一些经验丰富、神通广大的老同志：何载（原中央组织部秘书长）、李敬（原石油部副部长）、柴泽民（原驻美国大使）、李连庆（原驻日本、印度大使）、凌青（原驻联合国代表）、孔灿东（原驻联合国粮农组织全权代表）、张越（原驻意大利大使）等，他们充分利用自己的关系资源，为扶贫事业发挥作用。

其实，白手起办，没有家业的基金会，开展工作举步维艰。筹备基金会的最初阶段相当困难，只有农业部提供的10万元作为办公经费，他们精打细算，十分节俭。办公地点几经搬迁，他们曾经通过康克清大姐的帮助，在北京官园租一间租金低廉的办公室。由于办公室房间狭窄，办公条件极为简陋，有时人到得多了，项南与人商谈事情只能在走廊站着谈。几次重要的会议，都是在项南、何载等几位老同志家里轮流召开的。项南等负责人，只享受原离休待遇，用车是原来配的，如今却用来跑基金会的事；他们不在基金会拿一分钱补贴，连茶叶都是自己从家里带去，有时还要掏钱贴补公家。尽管如此，他们却乐此不疲，干得很起劲，也很有兴趣。

根据扶贫基金会成立之初的统计，中国尚有1.2亿农民生活在温饱线以下。显然，仅靠政府的力量扶贫是不够的。一些海外华侨、国内外企业家以及国际上的慈善机构，都表示愿意捐款支持中国的扶贫事业。按照国际惯例，捐款一般都交给慈善机构或基金会。就是在这种背景下，“中国贫困地区发展基金会”应运而生，它被称为开辟扶贫资金的“第二渠道”。

作为一个非盈利性的民间团体，基金会的宗旨是：广泛争取国内外各方面力量支持中国贫困地区的发展，接受有益于中国贫困地区的各方面的援助。基金会的成立，改变了以往单纯依靠国家财政拨款和银行贷款扶贫的传统方式，开辟了资金来源和资金使用的新渠道。

中国扶贫基金会并非严格意义上的基金会，因为它并没有基金。因此项南与他的同事们清楚地意识到，筹款，是基金会成立之后的首要任务。他与基金会的同志绞尽脑汁，利用一切关系向海内外筹集扶贫基金。

项南的思想历来很开放，他考虑到争取联合国的扶贫款，应该是中国扶贫基金会的一项重要任务。联合国有一个衡量标准：人均年纯收入在400美元以下者即属于绝对贫困，可以得到国际扶贫资金的援助。在相当长时间里，中国一些贫困地区百姓的收入显然在此标准之下，但是中国却没有去争取这笔资金。邻国印度当仁不让，在20年时间里通过这条渠道向联合国争取了200多亿美元扶贫款。在20世纪80年代后期，中国终于醒悟过来，决定争取这笔扶贫资金。

鉴于联合国有明文规定：扶贫资金不给政府部门，只能由民间组织接受和使用，因此争取和落实这笔扶贫资金的任务，顺理成章地落在中国扶贫基金会身上。经过中国方面与联合国的多次谈判、协商，联合国终于同意每年向中国提供3.7亿美元的扶贫资金，这是一笔大数目。就在中国扶贫基金会积极筹划相关工作的时候，谁也没有料到，由于当时复杂的原因，这件事情很难办成。

说来令人难以置信，堂堂“中国扶贫基金会”除了10万元办公经费，竟然没有一分钱的基金！真是“巧妇难为无米之炊”。为了筹集基金会的启动经费，项南与同事们绞尽脑汁。经过努力，中石化总公司捐赠了30万元，总算解决了部分启动经费。

按照项南的规划，扶贫应该有较大的动作，但资金一直难以解决，时间过去半年，基金会依然捉襟见肘。万般无奈，1989年冬天，项南尝试着向自已熟悉的福建省内的企业家开口——这是他原本极不愿做的。经过一番斟酌，项南从北京给厦门华美卷烟公司董事长刘维灿打电话，介绍了扶贫基金会的情况，他委婉地商量道：基金会正在创办之中，但缺少资金，能不能帮我们筹一笔款，使基金会尽快启动？

平日口齿伶俐的项南，这时真成了“乞丐”，说话断断续续，心里砰砰直跳。真是在意料之外，又在想象之中，千里之遥的厦门那边，刘维灿听完项南的话，在电话里爽快地大声道：“项老，您这么大年纪，还在为国操劳，为民解忧！在我遇到困难时，您全力支持我，现在，我一定支持您，这是我应该做的。”她当即豪爽地表示，以华美卷烟有限公司的名义，向基金会捐赠40万元。这个答复使项南十分欣慰，也十分感动。

类似的事例不少。有的海外富商，出于对项南人格魅力的认可，毅然对扶贫事业予以支持。一位不愿露名的海外亿万富商坦言：“我来大陆投资，有幸遇到项公这样的好人。从内心来说，我愿意支持他！”

有的富商是项南退位之后才相识的，并未得到项南的实际帮助，却折服于他的人格，愿意支持他的扶贫事业。一位高龄的著名港商，曾经送给晚年的项南一块名表，以纪念彼此的友情。项南婉拒了，他真诚地说：“我知道你的心意。不收下，我们的友情更纯洁。”几天后，港商与项南再见面，以更深、更纯的敬意，对中国扶贫基金会予以大手笔的支持。

海内外人士捐款的动机或许不完全相同，但都是义举，因为最终受惠的是中国农村的贫苦百姓。这也正是项南晚年以抱病之躯多方接触，“广结善缘”的原因。

让项南内心着实感动的刘维灿，在最初捐出40万元扶贫款之后，继续支持项南从事的扶贫事业。她要求中国烟草总公司增拨5000箱生产指标，在厦门市政府的支持下，用华美卷烟有限公司增加的税收，捐给扶贫基金会1000万元——当然这已经是1994年以后的事情。

身在厦门特区的刘维灿，在项南精神的感召下，决心献身扶贫事业。在她退休后，组建厦门市金桥科教扶贫促进会，自告奋勇担任会长。她觉得扶贫不能光靠“输血”，其自身的“造血”更重要。而要增强贫困地区的“造血”功能，首先要提高贫困地区领导干部的素质，使他们解放思想，改变观念，切实搞好扶贫工作。于是，她萌生了创办贫困地区领导干部培训班的想法。她专程到北京向项南作了汇报，项南当即给予热情支持。项南指出，扶贫工作不能只是解决具体问题，应该做到"点明一盏灯，照亮一大片"。通过这次汇报交谈，刘维灿心里更加明亮，办理扶贫的决心也更加坚定了。

从北京回到厦门，刘维灿争取到厦门市政府批准从厦门华美卷烟有限公司中方所得中拨出200万元作为办班经费，在厦门市委领导支持下，创办了"中国扶贫基金会厦门培训中心"。从1996年3月至1997年12月，先后举办8期培训班。中组部派员到厦讲课，项南也到班作了三次报告，成效喜人。培训了中西部贫困地区16个省、市、自治区495名地、县级领导干部。通过理论辅导，参观典型，联系实际，敞开思想，找出差距，明确方向的学习方法，使这一大批领导干部的思想素质有了明显提高，返回工作岗位后，对本地区的脱贫致富工作发挥了积极作用。项南高兴地说："这是扶贫工作的创新，思想扶贫比资金扶贫，有着更大的效果。"

基金会会长没有"封疆大吏"的权利大，但项南的领导艺术依然大有特色。他还是"舆论先行"，运用从中央到地方的报纸，把党的扶贫方针和基金会宗旨，宣传贯彻到基层，引发良好的效应，各项扶贫工作特别是筹集资金的进度也大大加快了。真是哀兵多助，贫困多帮，项南常说的"一把伞也能改变小气候"，仿佛像高僧的禅语一般，令人茅塞顿开。从某种意义上讲，项南正是以这种态度独善其身、有所作为，同时尽可能给接近他的人以关怀和提示，反过来又推动基金会工作滚滚向前。

对于个人力量的有限，项南有清醒的估计。但他相信，在任何不利的境况下，人终究是可以有所作为的。基于同样的理由，在扶贫事业中，他珍视每一个人的参与，珍视每一缕涓涓细流，一分一角也可以堆成金山银峰呀！

项南告诫扶贫基金会的工作人员：对于中外捐款者，无论捐款数额多少，我们都要真诚致谢，一视同仁。有位老师家境不好，捐赠了400元钱，正好被项南碰上，他嘱咐工作人员开收据，并握着对方的手诚挚地致谢："请你放心，我们会把这笔钱用在最需要的地方。"一位老太太冒雨骑着自行车送来5000元捐款。基金会的工作人员后来才知道，这位捐款的老太太，是老一辈革命家李富春的女儿李特特。她不仅捐款，后来还直接投身这项神圣的事业。类似事例，太多也太感人了！

项南的精神，通过报纸、广播的宣传，同事们口头的传播，影响所及，出人意料之外。一些生活并不富裕的老百姓，纷纷给基金会寄来钱和粮票。南京梅岭铁矿离休女干部李珍，一生清贫，家里没有一件像样的家具，连彩电也舍不得买，却先后两次给基金会寄来900元钱和200斤粮票。一个靠退休金生活的日本老人野村久寿马，几经周折辗转打听，将50万日元积蓄捐赠给扶贫基金会。一个贫困地区的中学生，直接写信给项南会长，并附寄5元钱，表示一份心意，使项南感动不已。

据原北辰集团公司总经理孙梦兰回忆，她的日本朋友、日本国际文化友好协会会长阪井久之先生向中国扶贫基金会捐赠了1000美元。孙梦兰很不高兴，心想给堂堂的中国扶贫基金会捐赠1000美元，太寒酸了。但项南却亲自出面热情接待，这使日本朋友很受感动。后来阪井先生年复一年组织发动日本朋友上万人开展与中国人民的友好活动，捐助了河北省5个县，使2000多名失学儿童复学，还为阜平建了一所小学、一个培训中心。

项南有两句话，孙梦兰永远牢记在心里。这两句话是："我们的干部只有到人民中去才能想着人民"；"扶贫是为别人不是为自己，要尊重捐赠人的意愿，怎样对扶贫有利就怎样办；只要扶贫，不论什么形式，什么名义，不论多少，我们都欢迎、都支持。"

项南全心全意投身于工作中，他对扶贫事业近乎痴迷。一切与扶贫有关的事情，都能拨动他的心弦。1990年8月，抗战期间他曾经战斗过的苏北滨海县派人来北京，邀请一些专家和老同志参加"滨海县经济开发咨询会"，项南和汪志馨在会场见到了不少当年的战友，大家聊得很动感情。他在1990年8月23日日记中写道："每一谈到滨海，就有很多值得我们回味的东西。尽其所能给老区人民帮助，应该是我们晚年一项很有意义、也是不可推卸的工作。"

由于一些不确定的因素，加上一些意料之外的事情，从20世纪80年代末到90年代初，扶贫基金会的筹款工作困难重重，其难度比当初估计的大。项南当时对《老区建设报》谈及基金会的财务情况时表示，总的说，还比较困难，但前景是乐观的。因为海内外人士很乐意支持扶贫工作。海外华侨和有些国际组织对我们扶贫事业很关心，表现出了很大的热情。有些企业很热心，一家就拿出几百万元支持扶贫事业。有些人和企业虽然拿的钱不多，只有几十元、几百元，但在当前银根吃紧的情况下，已经很不容易了，已经尽了很大的力量了。他们那种助人为乐的精神，是很感人的。基金会将在坚持自愿和不摊派、不强人所难的原则下，不断增强基金会的实力，以便为贫困地区多办点实事。

在战火中善于带领战士和民众突破敌人围困的项南，在和平日子里"一把伞也能改变小气候"，凭着他的人格魅力，终于推动着中国扶贫基金会克服重重困难。特别是筹款战役初战告捷，仅两三年就收到海内外捐赠1亿多元，扶持中西部贫困地区脱贫致富工作亦有新的进展。再加上厦门培训中心培训的一大批地、县领导干部"点明一盏灯，照亮一大片"，扶贫的效果更可观了。

2. 项南一直牢记"舆论先行"，出任中国扶贫基金会会长，他依然运用党报和多种媒体指导扶贫工作。

1994年年初，国务院颁布了《国家八七扶贫攻坚计划》，决心集中人力、物力、财力，动员社会各界力量，打一场攻坚战，力争用七年左右的时间，在20世纪末基本解决我国农村8000万贫困人口的温饱问题。

作为中国扶贫基金会会长，项南当然最为关注国务院的扶贫攻坚计划。举国上下，认真贯彻，全国扶贫的形势很好。但项南总感到宣传的力度不够，还需加大一些。他认为，中央领导对扶贫工作极为重视，在和平时期的一个文件里，使用"攻坚"二字是比较罕见的。为了让海内外人士进一步了解这个已经引起各界广泛关注的"国家计划"出台的意义、背景，加大宣传的力度和深度，项南与北京《华声报》总编辑、老友周倜商议，以记者采访项南的形式，进行宣传。

记者： 您过去主管过农机工作，在改革开放之初曾率团到欧美许多国家考察过农业，现在又是全国性民间团体中国扶贫基金会的会长，对中国的农村建设与扶贫问题肯定有过许多思考与高见，请您谈谈当前的"扶贫形势"、《八七扶贫攻坚计划》出台的背景……

项南： 对你提的问题我想说三句话——扶贫成就引人注目；脱贫任务难度很大；扶贫前景不可盲目乐观。

记者： 好，请先说说扶贫成就。

项南： 1978年，没有稳定解决温饱的贫困人口有2.5亿，而1993年下降为8000万。一个国家在十多年的时间里，使一亿多人摆脱了贫困，其中有些人已达到小康，有些人开始走向富裕。这是一个历史性的进步，是改革开放新时期的一项了不起的成就。最近世界银行副行长斯特恩先生说："中国在与贫困做斗争中所获得的成就，给人印象深刻，是世界上迄今为止最成功的范例之一。"

记者： 扶贫成就既然如此显著，为什么今年还要提出"攻坚计划"呢？

项南： 现在剩下的8000万贫困人口的确是最难啃的"硬骨头"。摆脱"绝对贫困"、解放温饱问题，肯定比十年来已经帮助1.7亿贫困人口"脱贫"更困难。如果不采取特殊的有力措施，不动员海内外社会各界的力量参与其事，肯定是难以实现的。

到20世纪末，即新中国建国已半世纪之际，假若还有数千万的农村人口生活在绝对贫困之中，连最起码的温饱问题都解决不了，我们还有什么脸面见"江东父老"？！怎么体现为人民服务的宗旨？怎么实现共同富裕的目标？怎么体现社会主义制度的优越性？……我想这就是提出《攻坚计划》的背景。

记者： 您刚才讲，解决"最后8000万"贫困人口的脱贫问题，比过去搞"扶贫"的难度更大……

项南： 我说的"更困难"、"难度更大，不可盲日乐观"，包括两层意思：一是客观上的困难，主要是指现有的贫困人口大多生活在自然条件十分恶劣的地区，包括大西北高寒山区、西南缺土壤的喀斯特地貌区，及地方病高发区等等，其共同特征是：地域偏远、交通不便、生态失调、经济发展缓慢、文化教育落后，有些地方连人畜饮水都很困难，居民生活条件极为恶劣。

二是指贫困地区某些干部的精神态度有问题。“哪里有困难就到哪里去”，这是我们的光荣传统，可是现在有些干部……你若派他去贫困山区工作，他先问你：“我犯了什么错误？”前几天你听广播了吧，有个贫困县的县委书记和县长，几年内连续几次更换豪华汽车……他们坐的那种豪华车是开不进贫困山区的。

你是新闻界的人，奉劝你们的报刊不要轻易刊登某某省某某地区“全部脱贫”……我就碰见过这样的怪事：头天报上说某某地区“全部脱贫”，第二天那个地区的专员跑来要求多给一点“扶贫款”，说他那个地区太困难了。

我说的主观方面的困难，包括某些干部的精神状态问题、贪图安逸享受与腐败问题、浮夸虚报问题，对8000万贫困人口的实际情况了解不够、感受不深，对扶贫工作的难度估计不足等等问题。

记者：“扶贫”主要靠什么？作为社会团体的中国扶贫基金会能够发挥什么作用？

项南：“扶贫”当然主要靠政府，靠中央，靠中央采取的正确政策，如把救济型扶贫改变为开发型扶贫。不算各地政府的投入，仅中央政府投入的扶贫专项基金，包括无偿拨款、贴息低息贷款、以工代赈资金，每年就将近100亿元人民币。这是扶贫工作的主渠道。

扶贫，是政府的责任，也是全社会的共同事业。中国扶贫基金会是个全国性的社会团体，1989年成立以来，在引进、筹集扶贫资金，协助各地兴办开发性扶贫产业项目，倡议、促进沿海较发达地区与贫困地区的干部、人才交流、省际经济协作、发挥优势互补、到中西部兴办企业等方面做了一些工作。今年7月16日，我们又在人民大会堂隆重召开“扶贫行动”大会，倡议社会各界积极参加“扶贫行动”，奉献爱心，发扬扶贫济困的传统美德，向贫困地区的人民热情伸出援助之手。

记者：我们报道过中国扶贫基金会倡议发起的“扶贫行动”，已经在海内外各界人士中引起了广泛的关注、积极的响应，海外华侨李陆大先生一次即捐赠100万美元，用于资助贫困地区兴办教育事业与扶贫开发项目。

项南：我们的名誉会长李先念同志生前对扶贫基金会的工作做过三条批示：一不是到处“化缘”；二不要强人所难；三不能“挪作它用”——我们筹集的资金一分一厘都要用于扶贫事业。我们的理解是：“不到处化缘”不等于不接受捐赠。“扶贫行动”是动员社会力量参与扶贫事业的一条民间渠道。我们欢迎已经摆脱了贫困的中国人，献出一份爱心，向尚未摆脱贫困的同胞伸出援助之手，也欢迎海外热心扶贫的各界人士、团体和外国朋友参与扶贫行动。但绝不可搞摊派，强人所难。

记者：最后请您再谈谈扶贫的深远意义。

项南：实现共同富裕是炎黄子孙的共同理想。中国的改革开放，使中国的大多数人过上了比历史上任何时候都要好的生活。但又要看到，东部地区的经济发展却拉开了与中西部地区之间的差距。如果我们不正视这种差距，就可能影响到民族的团结，社会的安定，中国现代化的全局。东部沿海地区拥有资金、技术、管理经验、市场机制等方面的优势，而中西部地区则有资源、劳动力等优势。把中西部潜在的巨大财富变成现实的财富，最终要靠那里的人民自力更生，艰苦奋斗。但也需要大量的资金、科学技术和经营管理的经验，需要外界的帮助和支持。这是一项优势互补、东西互助、共同发展的伟大事业。近年来，许多有远见的成功的企业家已经到中西部办企业去了，有些海外人士也到中西部投资了。最近，陆续有一批又一批的海外华侨、香港、台湾同胞深入到中西部的贫困山区去考察，许多热心人士当场捐资办学，或兴建饮水工程，或兴办开发性产业，事迹十分感人。在本世纪内，帮助中西部贫困地区的八千万人摆脱贫困，争取在全国范围内步入“小康”，这不仅在我们中华民族的历史上是一件大事，而且在人类发展史上显然是一个壮举。

1994年8月26日，这篇以《扶贫会长谈“扶贫”——项南先生答〈华声报〉记者问》的长篇报道，在国务院华侨事务办公室机关报《华声报》发表了，随即在海内外引起新的轰动效应。据不完全统计，国际间有100多家华文媒体和20多家外文媒体作了转载或评论。影响之大，反映之好，分析之到位，成效之喜人，堪称新闻史上又一杰作。项南深深感到，国务院今春发布的《八七扶贫攻坚计划》，是一份划时代的战略檄文，对于中国乃至世界的扶贫工作具有很高的指导和征召的意义。但在宣传上仅是常态性的报道是远远不够的，作用也一般。而一向认为“不会运用报纸广播的领导，是手工业式的领导”的中国扶贫基金会会长，是“舆论先行”的改革先贤，灵机一动，选择在丰收的金秋时节，打一场扶贫宣传的攻坚战役，把《八七扶贫攻坚计划》的宣传向前推进一大步。他采用“相声”式的答记者问形式，以生动的话语，真实的数字，绘声绘色地讲述瞩目于世的中国扶贫巨大成就，也道出中国扶贫“攻坚”的“硬骨头”难度，以及不可盲目乐观的扶贫前景。这种全景式的、全方位的宣传报道，让海内外人士喜闻乐见，产生了自然的而又不是灌输式的效果，具有入眼、入耳、入脑实实在在的效应。仅两个多月，中国扶贫基金会就收到成千上万的电话和信件，捐赠3亿多元以及一大批的扶贫攻坚合作计划和协议。

“舆论先行”取得预想不到的成效，项南仍在忙碌地工作，没有时间自我陶醉。他深感扶贫筹款步履艰难，即使有了一些基金，对贫困地区而言，也无异于“杯水车薪”。中国扶贫基金会基金缺乏，但是又不能等有了钱再去扶贫，这使项南十分焦虑。

怎么办呢？此时项南可以有两种选择：一是“等米下锅”，国际大环境和国内经济小气候如此，谁有三头六臂？待时机好转，自然会有米下锅。这个选择无可非议，无人怪罪。二是，虽然无米下锅、或僧多粥少，无济于事，但人是活的，总能发挥主观能动性为扶贫想点办法——这个选择对得起自己的良心，但是意味着自讨苦吃。

项南天生是个自讨苦吃的人。他知道流行的一般“官场哲学”，做一天和尚撞一天钟，讲究“多一事不如少一事”。在现实中修炼得聪明和乖巧的官员多数会作前一种选择。可是项南不同，“有所作为”是他为官的信条，他不能容忍自己在任何理由下的尸位素餐！中国扶贫基金会会长不是什么大官，但毕竟还有点职权，不是完全无事可做。如同一生中多次面临利与弊、面临安逸与劳累的选择一样，项南毅然作出了项南式的选择。

“明知山有虎，偏向虎山行”。这就是“冠豸之子”的性格。经过几个不眠之夜的深思熟虑，项南决定在继续筹款的同时另辟路径，推动扶贫工作。他想到：贫困地区要脱贫致富，人的因素十分关键，其中基层干部的思想观念、文化素质和工作作风直接关系到事业成败。如果没有一批高素质的干部，就是有了大笔扶贫资金也难以发挥效益。他想，如果组织贫富地区干部进行双向交流，那真是件大有意义的事情。

那年深秋时节，项南和汪志馨来到抗战时期战斗过的江苏省，这里有不少当年的老战友。项南利用在宾馆休息时间，执笔撰写了《谈扶贫工作中几个带方针性的问题》。项南和汪志馨来到苏北滨海县，重游故地，触景生情，项南心情极为复杂。

当年，项南在这里很有威信，听说抗战时期的老区委书记来了，当地乡亲十分高兴，奔走相告，围上来拉着项南和汪志馨的手说个不停。在最贫苦的界碑乡，项南见到了一批当年的老战友，他们彼此还能辨认出青年时代的容貌，然而项南不无酸楚地感觉到，他们穷的穷、病的病，生活困苦……项南流露出一股莫名的伤感，真是一言难尽呀。

当年一起战斗，生死与共的情感，令人永记心头。在陆集乡，项南见到多年想念的老支书陆益山，老人年近八十，衣衫褴褛。项南紧紧握着老人的手，心里很难过，不知该说些什么。当天夜里，项南和汪志馨还摸黑找到自己长子的奶妈丘大嫂家，当年他们把孩子托付给丘大嫂，就冒着漫天大雪去参加“整风”。此刻汪志馨拉着丘大嫂的手，十分动情。第二天，几位20世纪40年代忠诚的老党员找到项南，激愤地谈起基层党员干部的腐败现象。项南心里很清楚，这不是个别现象，也不是他能解决的问题。但他分明感觉到，自己与这些依然贫困的老乡、老战友的心，还像当年一样年轻。

项南感到，老战友思想共鸣，相互理解，是最好商量的。在省会南京，项南与老战友、时任江苏省人大常委会主任的韩培信（原江苏省委书记）见面，他们在扶贫事业上一拍即合。项南与韩培信谈起成立江苏省扶贫基金会时还表述了内心的想法：在江苏组织一批懂经济的干部与陕西省干部交流。这个想法立即引起韩培信的兴趣和大力支持。

项南知道，江苏是中国沿海地区先富起来的省份之一，经济增长速度较快，工农业总产值居全国前列。项南想通过老战友的关系，创新干部交流机制，推进扶贫事业发展。如果能够利用这个富裕省份的资源优势，对中国西部贫困地区在科技、人才等方面加以支持，对带动西部地区经济和社会发展，显然具有积极意义。项南认为，这是一种中国特色的扶贫方式，对于顺利完成《八七扶贫攻坚计划》具有重大作用。

历经血与火的洗礼，两位老战友越谈越贴心，越谈扶贫的劲头越大。项南与韩倍信着重谈了以下问题：陕南三个地区共有27个县市，大多数为贫困地区，急需加强开放意识，开展东西互助，外引内联，把经济搞上去。他们初步商定：一是由江苏省在离休干部中物色熟悉经济工作的同志约60人（可以有少数在职干部）到陕南工作；同时由陕南三个地区每县派县级干部和熟悉经济工作的干部各一人，到苏南挂职学习和工作。二是派往陕南的干部，主要是帮助陕南地区发展经济，不插手陕南的党政及人事工作，其主要工作是帮助县乡沟通信息，外引内联，东西互助，发展经济。三是支持陕南地区干部的条件是：身体健康、自觉自愿、熟悉经济工作。他们还就支援陕南干部的工作年限、工资待遇等问题提出若干建议。

两位老战友都是省部级领导干部，他们认为，通过扶贫创新贫富地区干部交流机制，不仅有利推进扶贫攻坚计划的落实，对干部本身亦是很好的锻炼。在项南和扶贫基金会的积极促进下，江苏省与陕西省十分重视干部交流、经济协作和扶贫事宜，并具体组织实施。江苏由原副省长杨詠沂带队，组织了100多名包括厅局级干部的骨干到陕南商洛和安康地区挂职工作，他们还带去了一批项目，帮助当地发展经济，解脱贫困。陕西也派出数十名干部到苏南挂职学习，熟悉经济工作和企业经济管理，了解信息，开阔视野。这项工作开展一年，就为陕南引进项目200多个，引进资金1000多万元，引进各类人才500多名。由交流干部提供信息和帮助，陕南向沿海及国际市场销售近百种产品，价值达7000多万元。

这种做法，对于扶贫，实在是事半功倍。协商组织江苏和陕西两地干部交流，是基金会所做的最有影响的一件事。正如韩培信所言，“苏陕两省干部交流和扶贫工作很有成效，成为全国扶贫工作的一个典型，很多地方都在推广这个经验”。经中央组织部和国务院扶贫领导小组支持和推广，这种方式很快发展到全国29个省（区），参加的干部有1万多名。这项工作被党和国家领导人誉为“扶贫工作的一项创举”，也被海外媒体称为“一个扶贫工作的雄图大略”。

项南没有想到，他创新扶贫干部交流机制，受到中组部和国务院扶贫领导小组的重视，并向全国推广。此后一年多时间里，对口支持的省、市、区不断扩大，已从江苏、陕西、山东，发展到北京、上海、天津、浙江、广东、福建、山西、甘肃、四川、河南、云南、青海等省。它最大的特色在于，一不靠国家拿钱、拿物；二不削弱沿海地区的活力，而靠沿海与内地间互惠互利开展全方位的协作和联合。这种方式，拓宽了扶贫的路子，在发达地区与不发达地区之间，架起了一座互惠互利、共同富裕的桥梁。发达地区在贫困地区找到资源、市场和企业发展、延伸的空间；贫困地区也在交流、联合中增强了自身的活力。东西部地区的干部，在交流中普遍受到锻炼，增长了才干。贫困地区的干部，普遍增强了开放意识、改革意识、市场意识和竞争意识，实在是功德无量呵！

项南的领导艺术，变幻无穷。他与他的老战友创造这种颇具新意的干部交流工作，在一年之后中央举行的“经济较发达地区和贫困地区干部交流座谈会”上受到与会者积极评价。到会的老同志陈丕显、李立功、张邦英、陈野蘋、李力安、韩哲一、胡宏等认为，经济发达地区与贫困地区交流工作，取得了可喜的成绩，摸索出一些有益的经验。实践证明，贫富地区的干部交流，是推进扶贫开发的好形式，应当坚持下去。

项南在座谈会上，以《东西互助，共同发展》为题发言。他说，从一年多来江苏、陕西、山东、天津、甘肃等省、市的干部交流情况来看，有以下几点实践经验是值得重视的：一是对口支持，要坚持以经济建设为中心，把重点放在发展乡镇企业上面。二是对口支援，要把重点放在提供信息、先进技术、科学管理和人才引进上面。三是对口帮助，要建立在互利互惠、优势互补的基础上面，不能一方受益，一方受损。支持应当是平等的、互惠的、双向的支持。这样的支持，才有生命力，才能长期合作下去。

项南还把厦门特区“培训中心”的做法，在会上大力推广。他希望各地以多种方式帮助培训贫困地区干部。

3. 这场扶贫攻坚战，打得很吃力，很艰难。但在项南和扶贫基金会同志们努力下，终于打了一个又一个大胜仗。

项南不论在哪里工作，担负什么职务，心里一直记挂着革命老区的广大群众。位于太行山麓的河北省阜平县，在抗日战争时期，即建立了中国第一个敌后抗日民主根据地，被誉为“模范根据地的模范县”。这一时期的阜平为中共中央北方局、晋察冀边区和军区司令部所在地。然而新中国成立40余年之后，离首都北京仅240公里距离的阜平，却依然贫穷落后，这不能不使有良知的共产党人感到难过。

戎马倥偬的老帅，对革命老区人民情深意重。晚年的聂荣臻元帅，对阜平的贫穷念念不忘。聂帅得悉扶贫基金会成立，特地把项南请到家里，对他含泪谈起阜平人民对革命的贡献，请他关注阜平的贫困状况。聂帅握着项南的手动情地说：“阜平人民不脱贫，我死不瞑目啊！”项南郑重地说：“请聂帅放心，我们一定尽快帮助阜平脱贫致富。”

满怀聂帅的殷切期望，项南多次抱病前往阜平考察、指导工作。七旬高龄的他，每次去阜平都很动情，回来要与友人说很久。项南说：抗战时期，我们一帮热血青年经常高唱《在太行山上》：“……山高林又密，兵强马又壮”，可是现在到实地一看，别说树林，就是连草也不多了。老区人民穷到什么地步？实在令人伤心呀！

项南想老区人民之所想，急老区人民之所急，以“还债”的心情从事扶贫工作。太行山麓有一个村子，每年人均产粮2.9斤，过日子全靠吃国家返销粮。有一年春节，项南、何载等几位老会长来到阜平，他们深入最偏僻穷困的山村走访农户，将从自己家里带来的衣物、棉被和钱送到农民手中，有的老农激动地高呼“毛主席万岁”！有的还流着泪对他们嘱咐道：“你们回北京城告诉毛主席，说我们的生活很好，谢谢他老人家！”项南、何载等老同志一时语塞，不知该说些什么。

项南经常深入老区考察、调研，有时竟当起“县长”来了，真令人哭笑不得。河北有一个偏僻的小山村，几乎与世隔绝。项南、汪志馨与扶贫基金会的同志翻山越岭来到这里，只见村里冷冷清清，房屋破旧，只有几个中老年男人在墙边晒太阳。一打听才知道，全村共有47人，其中女人只有7个，光棍汉多，生活极为穷困。村里人不知项南是何许人，听说县长来了，感到很惊奇。一位老汉问项南：“真是县长来啦？”项南对他们肯定地说：“是县长来看你们了。”老汉忽然有几分紧张，他不安地问道：“县长到山上来干啥？是不是下面又要打仗了？”面对这样纯朴的老百姓，项南无言以对。这一切，都更坚定了他尽最大努力搞好扶贫的决心。

项南在老区走访，有时会碰上奇事怪事。那年早春二月，乍暖还寒时节，项南再度带着几位扶贫基金会同志驱车赶往阜平考察。一路上大雾弥漫，能见度很低，汽车只得减速前进。当汽车驶入阜平县境内时，忽然雾霭散去，随同考察的年轻人兴奋地高唱：“解放区的天是晴朗的天……”然而项南一行与阜平县干部接触时，却发现有些干部精神状态不佳，有人甚至对扶贫心不在焉。

项南经过了解得知，原来是干部调动频繁，心情浮躁。难怪有人说：“乡里的干部心都在县城，县里的干部心都在保定。”县的领导班子六年换了五次。有的干部到阜平来任职就是为了提拔，而不是为改变这里的穷困面貌，目的达到后，人还没有到阜平，就开始活动怎样离开阜平。这种精神状态怎么能带领群众脱贫致富！

项南认为，这的确是个严重问题。他与阜平县领导商量，决定开个“阜平县经济工作会议”。开会那天，阜平县城气温很低，客房只有一个电暖气，稍有点儿温度。食堂与礼堂都没有供暖；礼堂四处漏风，到处都是冷冰冰的。参加会议的县、乡、村三级干部情绪低落，对阜平的发展缺乏信心。

项南想起阜平老区的光荣历史，一点也不觉得冷。他热情洋溢地说，阜平县人民在战争年代曾经为中国革命做出过巨大贡献，但在解放后40多年的今天仍未彻底解决温饱问题，经济发展在河北省100多个县中排名倒数第四位，我们感到很难过。谈到阜平经济发展落后，甚至连工资都发不出的窘况时，项南有针对性地一语道破：“我认为，山区脱贫致富的关键在干部，在县级领导干部能否保持相对稳定，是否有一个好的精神状态，是否有较强的开放意识和商品意识。县里主要领导干部不能六年换五次，县长要有五年、十年干到底的决心，有一个比较长远的打算才行。”

项南讲得很激动，也深深打动了大家的心，他的这番话吸引了与会干部的注意力。项南恳切地说，精神状态的实质是人生观、世界观问题。如何看待人生的价值？有的人认为，人生最大的幸福是当大官，不断地往上爬，今天当处长，明天当个局长，后天当副省长、省长，然后再当副总理、总理，不断地升官……明明这个事情是错的，包括上面的精神是错的，他也不敢提不同意见，因为提不同意见妨碍他升官、发财。我认为，共产党人对人生价值应该这么看：人最有意义的事情是与困难作斗争，最大的快乐就是克服困难，为人民谋利益。有的人职位高、待遇高，但做起事来很愚笨，也有的人虽然职位低、待遇低，但很能干，对人民有贡献。我看我们要当后面这种人。

一向善于做鼓动工作的项南，大讲广东、福建、山东“下南洋”、“闯关东”、“走西口”的故事。他鼓励阜平人走出去，走劳务输出的路子，外出打工赚大钱。

项南虽然搞的是扶贫基金会的工作，但是他心里很清楚，扶贫基金永远是有限的，是不能解决所有问题的。关键在于调动当地干部群众的积极性，给他们出点子、想办法。在对阜平县实地调查研究的基础上，项南提出，阜平经济发展的“突破口”，可以归纳这“一四一”，就是开展一项“温饱工程”，抓住四条龙，搞一个开发区。所谓“温饱工程”，就是大力治山治水，抓好植树造林和农田水利基本建设，要搞个规划，争取五年内达到人均5分高产稳产田。阜平人均17亩山地是一大财富，方针就是“统一规划，成片开发，分户管理”。抓住四条龙，就是抓住“山龙”、“水龙”、“树龙”，最后变成“金龙”。他还对当地经济开发提出了若干建议……项南要求别人“点明一盏灯，照亮一大片”，他身体力行，首先自己成了一盏灯，照亮了阜平广大干部群众的心。项南一席话，使阜平干部群众感到脱贫有了希望。从北京赶来参加考察的企业家孙梦兰感动地说，我当时很惊讶，项南身居高位，又非本地干部，怎么对阜平的情况了解得这么清楚，问题抓得那么准？会后听当地干部说，项南已经多次到过阜平，跑过许多村搞了调查研究。他比我们的省、地、县委书记，干得更起劲。

项南就是这样，呕心沥血，不辞劳苦，通过种种渠道为阜平找资金、找项目、找技术。他还亲自带领中国扶贫基金会的同志和香港、台湾、福建、江苏的企业家与专家到阜平落实扶贫项目九个，其中香港李钜能先生资助改建的阜平职业学校，已形成在校生1800人规模的正规化职业教育基地，已培养出毕业生1200人。还举办各种类型技术培训班。培育本土技工和老板，从技术、投资、市场帮助阜平建起甲鱼养殖业，年产值2亿多元，平均亩产净收益20万元，成了群众的摇钱树，真是大快人心。还在荒山大种果树，既治理了水土流失，又增加果品年收入8000万元。

在项南指导下，阜平先后输出劳务6000多人。北京利康搬家公司的工人大都是从阜平来的。工人素质好，为利康争得了荣誉。项南为此非常高兴地讲，输出一个劳务就使一户脱贫，一户平均3.5人，就是21000人脱贫，占阜平全县人口的11%。输出劳务已经成为阜平的一个支柱产业，外出打工成为当地农民一大乐趣。

南京军区一位老将军与项南闲谈，两人天南海北聊得颇融洽。话题转到社会风气，这位将军忽然感慨地问："老项，你说我们当年投奔革命队伍究竟是为了什么？"

"扶贫！"项南脱口而出，一句话也不离本行。带几分幽默的答案，却道出了十分沉重的使命。古稀之年的项南，以一颗火热的心带领群众向贫困宣战。他坚信这项事业是有意义的，与青年时代的理想是一脉相承的。

项南有一个怪脾气，他外出考察，最反感前呼后拥地跟着一群人，在省委书记任上如此，担任扶贫基金会会长也如此。他认为那种前呼后拥、八面威风的作派，根本不是扶贫，而是扰民。他渴望深入贫困地区，了解民间疾苦，寻求最符合当地实际的扶贫措施。到贫困地区考察时，他不止一次地回绝了当地干部的宴请，不住大套间，迈开双腿穿村走巷，与群众随便交谈，是他最大的快乐。

说来也好笑，项南有一次去大西北考察，就因为坚持吃饭时不许摆酒，令当地跃跃欲试的“陪吃”干部颇为不快。从该省省会乘火车返京时，项南被小小地“修理”了一下。按中央办公厅规定，项南享受省部级离休干部待遇，应该乘软卧包厢，但却被安排到硬卧：对不起，没有软卧车票了。该省领导来车站送行时才发现，连说“抱歉”，要重新安排，项南不以为然地谢绝了。随行的秘书心知肚明，列车开动后，秘书对项南说：“您不让上酒，这就是报应。”项南笑笑：“无所谓，这样也很好，让我多联系一些群众。”

项南的笑话也不少，有一年秋天，他与基金会副会长何载不带秘书随员，轻车简从，到开封出席“全国贫困地区农业新技术推广工作会议”。会后，经项南建议，这两位老同志“私自出走”，自掏腰包买硬席火车票，一路奔波到秦巴山区。由于准备不足，项南只带了一个布包和几百元钱。半道上，他的鞋底跑脱，便用绳子紧紧系上继续赶路。陕西省领导闻讯后，派一位副省长匆匆赶到秦巴山区追他们，谁知赶到一个地方，项南、何载已经风尘仆仆地赶往下一站，最后好不容易才追上。

项南一直没有衰老的自我感觉，古稀之年自恃身体不错，日夜兼程，经常深入陕西商洛贫困地区考察。他们的足迹遍及商南、丹凤、商州、山阳四个县（市）的穷乡僻壤，到农户家中访贫问苦，仔细考察乡镇企业，并听取地委行署和山阳镇安等五个县市关于扶贫经济开发工作的汇报。

项南每到一处，总是给当地干部群众鼓劲。商洛整个地区全是贫困县，在全国并不多。项南在考察贫困状态的过程中，提醒这里的基层干部，要看到自身优势，他说，你们的植被条件好；地上地下资源有优势，你们山林要比甘肃、河北太行山区强得多，叫人看了有点江南味道。他对山阳县负责人说，核桃、板栗是你们山上的优势，你们应当考虑深度加工问题，不能老是廉价出售原料，把钱让别人挣。对山阳县的劳务输出，项南予以积极的评价，他说，你们全县平均每年吃国家返销粮700万斤，如果有10万人在外搞劳务，就可以大大减轻你们吃返销粮的压力。项南的话就这么神奇，有时一句话听进去了，当地很快就脱贫致富了。

项南下乡，既发现下面的积极因素，也纠正负面的消极倾向。在实地考察中，项南也感觉到不少贫困地区县级干部中有一种不可忽视的现象，一是急于要上面给钱，把脱贫致富的希望寄托在“输血”上；二是心态不稳定，缺乏在贫困地区工作的长期打算。在与河南几个县的县委书记、县长座谈时，项南请他们分析一下当地经济落后的原因，比较统一的答案是：我们这个地方底子太差了！交通不便，人民的文化程度又很低。另外一个最大的问题就缺乏资金，想干很多的事情，就是没有钱！项南问道："还有没有别的原因？"答曰："没有了，主要是缺钱。"

项南摸摸光秃秃的脑袋，乐呵呵地说，你们把我当成"财神爷"了，以为我头上戴顶"中国扶贫基金会会长"的帽子，就腰缠万贯，会一路撒钱。其实现在基金会不过是个空架子，没什么钱；再说，作为县级干部，不能光靠"空投"来扶贫啊！

项南问一位县委书记："党的十一届三中全会以来你是第几任县委书记？"

这位书记数道："一、二、三、四、五……我是第九任县委书记。"

项南默默叹道："十二年换了九个县委书记！"他又问县长："你这位县太爷，三中全会以来你是第几任了？"

县长数了数，答道："我是第八任县长。"

项南再问那位负责农业兼管扶贫的副县长："你是第几任了？"

副县长一时糊涂了，实在说不清。项南请他把分管农业副县长的名字一一写下来，终于得出结论：他是第十一任副县长！

"十二年换了十一个管农业的副县长！"项南大声感叹道，"同志们哪，你们这里为什么穷啊？就穷在这个上头了！你们一动，下面就跟着换，从乡长到镇长都换了，谁有心思工作、扶贫！谁还有什么长远计划！"

为了让这批贫困县尽快脱贫，项南恨不得把自己的经验像倒竹筒那样一家伙倒出来。为了避免贫困地区在扶贫开发过程中走弯路，项南也对在考察中看到的一些现象提出不同意见。他说，办工业要注意科学性、可行性的研究，避免盲目性，工业项目要经过很好的可行性论证，不要盲目上马，要慎重地、有组织、有计划地发展县办工业。我从甘肃到大别山又到太行山，看到的企业经营都不景气，其原因就是他们好高骛远，盲目上马，有不少是钓鱼项目，可行性很差。你们上工业定要立足于当地资源，在效益上下功夫。

古稀之年的项南，就这样走一坡上一山，一个村换着一个村跑，也不感到辛苦和劳累。离开商洛地区，项南和何载又风尘仆仆地奔赴安康地区。他们上陡坡，进枣园，访农户，下车间，直接与贫困地区干部群众接触。项南对当地干部说，贫困地区的基本功，是治山治水，这是温饱之源。要立足于本县本地区来解决吃饭问题。要保持水土，保护生态效益，不能让河山破碎的状况继续下去。他把长汀河田的治理经验也搬出来一五一十地讲个明白。

在安康一个山村里，听农民说这里有一个江苏来的养蚕专家，项南和何载便去村里拜访他，却不料，专家上山去了。他们二人便在山村里等，一直等到夕阳西下。养蚕专家很晚才从山上下来，两位老同志向他虚心请教养蚕致富的门路，一直谈到很晚。当天夜里，项南与何载就睡在破旧的草棚库房里，身下垫一块木板，身边是一些散乱堆放的农具，就这样披着棉衣过了一夜，心里还是乐滋滋的。

紧接着，项南又转到另一个山村，听说有个种橘专家，就专程去拜访，这位专家是解放初的大学生，一直扎根深山，项南与何载对他的精神很敬佩，而他则感动于两位老会长的精神。他们就帮助农民脱贫致富谈了很久，如同久别重逢的知音那么亲热。

我们的“冠豸之子”就有这种吃苦精神。在山区农民家中访贫问苦时，项南、何载很注重了解当地自然资源情况，与农民探讨致富门路。听说紫阳县的石板、富硒茶有开发价值，他们便爬上山亲自查看，夜晚住在条件简陋的县招待所。

说来也许没有人相信，时代已进入20世纪90年代，这里的县招待所简陋超乎想象，连厕所也没有，找个尿盆也没有。两位老人夜间内急，只得一同外出，相互照应着在黑暗中走到屋外方便，而不远处则是悬崖绝壁。当时虽是夏天，高海拔山区的夜晚却寒气袭人。真难为这两位省部级的古稀老人了！

项南真为当地老区群众发愁，绞尽脑汁为他们出点子，想妙计，为的就是扶贫呀！他们在实地考察时得知，紫阳县有些地方山高路险，摔死的人比病死的人还多。项南对当地干部建议道：能否作这样的考虑，高山的人，向下移，下面的人，向外移。他说，很多的事都是逼出来的。客家人当年从中原南迁，就是一步一步走出去的。福建、广东接着又是沿海几千万人到东南亚去，那也是过不下去才走的。

项南十分注意各地的特色产品，充分利用，加以开发，身价慢慢就高起来了。对当地集中力量开发具有地方特色的富硒茶、蚕桑和板石，项南和何载都表示赞许。项南对当地干部说，贫困地区的开发资金来之不易，要珍惜使用，不要搞无效开发。要把已经摆下的老项目设法复活起来，不一定要急于上新项目。他强调，扶贫款主要是要用到户上，现在普遍是在项目上占用太多。用钱要讲究，一个钱掰开两个钱用，救急少救穷。

身为扶贫基金会副会长的何载，曾担任中央组织部秘书长。在与项南并肩作战的过程中，他们加深了友情。何载感动地说，项南同志出任扶贫基金会会长，为了了解情况，他先深入冀、晋、豫、陕、甘、宁、闽、赣、辽、黑等十几省山区。他们曾微服出访，坐硬席火车从伏牛山到秦巴山区。他不顾年迈有病，西出陕北，穿越腾格里沙漠，横跨黄河，在很多贫困地区留下足迹。陕西榆林地区开辟改沙地造水田的巨大工程，在最初酝酿和筹措时，项南都去考察过。为了老少边远地区的发展，倾注了他最后的心血。

在项南和中国扶贫基金会同志们的努力下，“国家八七扶贫攻坚计划”不断向前推进，扶贫工作取得令世人瞩目的成就。像革命老区河北阜平那样穷得温饱难保的贫困县，几年功夫就翻了身，打了一场扶贫攻坚的大胜仗。聂帅接到许多老区“五老”的来信，要他为项南请功。又是金风送爽时节，聂帅不顾身体有病拉着项南一起，坐上军用吉普车，长驱直入来到他当年战斗过的阜平贫困山区，目睹眼下一派丰收景象，老区人民的欢声笑语，聂帅高兴得像当年打了大胜仗，迭不连声地笑起来。他望着当年的荒山，如今成了绿林，长满果树，各种果品如同宝石的溪流，从深山沟里涌进北京和其他城里，发出诱人的艳色和浓香，别提心头有多兴奋了。特别是聂帅最喜欢的红枣，清香醉人，如同红星撒满山上。他拉着项南的手说：“我的好同志，前些年我对你说，阜平老区人民不脱贫，我死不瞑目啊！现在，我可以高兴地向马克思汇报啦！”

项南感到聂帅手上，一股暖流传了过来，他笑着说：“聂帅，祝你健康长寿，再看着阜平老区人民过上全面建成小康的好日子！”

聂帅听罢，精神焕发，用力地握着项南的手，眼眶有点红润，激动地说：“项南同志，你做的真是功德无量之举呀！你是我们党的好党员，好省委书记，好扶贫基金会会长！我要向中央为你请功！”

项南谦和地说：“聂帅，我们做得还不够。我们还要继续努力，扶贫工作任重道远啊……”

第十六章　特殊礼物

1. 项南当年主政福建时，从全省整体战略出发，优先发展沿海和闽南地区，而闽西经济发展滞后。项南为此对闽西始终有一份歉疚。

迎着大好春光，项南离闽五年，再次踏上八闽大地；虽然是不事张扬，知情者仍互为传颂。

1991年4月6日，项南异乎寻常地穿着浅色西服，神采奕奕地出现在厦门大学70周年庆祝大会的主席台前排。“久违了，项书记！”会场上掌声四起，厦大师生热烈欢迎项南的光临。记得十年前，项南出任省委书记之初就赶来参加过厦大60周年校庆。他主闽五年间，对厦大教育事业很关心，对知识分子十分爱护。正是出于这种感情，项南接到厦大的大红请柬时，决定择此契机，南来与师生校友们同欢共庆。

项南此番闽行，先是在福建省省长贾庆林、省政协副主席许集美等人陪同下，驱车视察湄洲湾福建炼油厂，观看兴建中的炼油设施和码头建筑，然后取道石狮到厦门参加厦大70周年校庆。他说，干什么吆喝什么。在厦门逗留几天，就要以中国扶贫基金会会长的身份，到闽西贫困地区考察。这是他此行的重点。计划在归程时，到故乡连城探亲访友，再到泉州一带看看磁灶、陈埭、安海等乡镇企业近年发展状况。

旧地重游，感慨万千，项南主闽五年间，正是中国改革开放大潮初起，他对内提出大念“山海经”，大搞基本建设，扶植乡镇企业；对外引进资金，发展三资企业，搞活经济。他这次归来，看到省内交通、运输、能源、码头有新的进展，投资环境大有改善，十分高兴。他对晋江县乡镇企业的布局，重视产品质量，改善经营管理感到很满意。

几年来，项南经常深入中国穷困地区调查研究。他认为中国东部像福建闽南富起来的地区，应该支援西部贫困山区，那里缺乏资金、技术、经验。中国的扶贫工作实际上就是山区开发。

项南年过七十，但看上去身体还很健康，思维敏锐，谈笑风生。他此时是中共中央顾问委员会委员，除了重点负责扶贫工作之外，农业机械是他的老本行，主政福建前是中国农机部的副部长，现在他还挂了中国农机学会的名誉会长的头衔。

项南此行轻车简从，来去匆匆，每到一地，都注意看，认真听，不轻易发表言论。“江山代有人才出”，福建新的领导班子，年富力强，他认为，长江后浪推前浪，世上新人胜旧人，新领导人一定能把福建的各项建设搞得更好。由于有言在前，君子协定，不惊动地方，不宣传报道，因此福建老乡大都不知道他来去的行踪。据悉，当年他培植并奖励“乡镇企业一枝花”的陈埭镇人民，听说项南来视察时奔走相告，燃放了鞭炮。乡亲们还把当年的“乡镇企业一枝花”奖旗挂出来迎接。今日陈埭镇的乡镇企业产值已超2亿，又翻了一番。仍然是全县最高的产值。

4月7日，项南和汪志馨应邀由厦门驱车赶往闽西南。在泉州市安溪县，他们考察了印尼华侨李尚大捐资二三千万元兴建的学校，并为学校落成剪彩。老华侨李尚大为人豪爽，重情重义，其家庭在海外实力雄厚，他本人对故土始终怀有一片深情。项南与李尚大曾经在北京有过接触，两人一见如故，结成莫逆之交。项南当年在福建的政绩和为人已为李尚大所知，而李尚大捐资助学的壮举，也为项南所钦佩。

此次相见，李尚大对项南说：当年你在当省委书记时，曾经为安溪茶叶经销体制改革作过努力，遗憾的是，由于部门垄断，有些措施落实起来进展缓慢……项南对李尚大说：你身在海外，依然心系故乡，听说现在已经把家庭的实业交给下一代去管理，自己在湖头捐资兴学，一心关注家乡的扶贫和教育事业，令人敬佩！更使他感动的是，李尚大的举动，还带动了好多位海外华侨到家乡捐资兴学。

项南此行主要是返回故乡闽西。他与众乡亲有太多的知心话要说，有不少的金点子要讲。在项南的内心深处，对闽西故乡始终有一份歉疚，有一种欠债的感觉，多年难以释怀。那就是他主政福建时，从福建整体经济发展战略出发，优先发展沿海和闽南地区的经济，而山区闽西经济发展相当滞后。从事扶贫事业后，项南一直希望为贫穷的故乡做点事情。希望当年中央苏区重要组成部分的闽西，能尽快脱贫致富。

项南一行于4月11日抵达龙岩，在龙岩地区考察扶贫和经济开发工作约20天。在与地委干部座谈时，项南强调要根据闽西实际发展经济，以市场为导向，大胆推进经济体制改革。他还介绍了山东诸城的经验，建议搞“贸工农一体化，产供销一条龙”，搞好市场开发。他希望请来的农业技术专家多给闽西出主意，想点子。

项南早就谋划要为闽西家乡做点力所能及的扶贫工程。经他牵线搭桥，由中国扶贫基金会和北京燕京大学校友会邀请，美国国际扶贫发展机构派出以诺贝尔为团长，本尼特为副团长的代表团，来到龙岩地区的上杭、连城考察。在龙岩，项南会见了诺贝尔团长一行，对他们的考察表示感谢。同年10月，美国国际扶贫发展机构项目发展部主任唐达福、副主任艾任昌又前来龙岩地区考察，签订了双方合作扶贫项目的《备忘录》。该机构成立之后，先后从境外筹集资金近百万元和一批医疗器械用于长汀、连城、上杭、武平的扶贫项目开发。

项南经多年的实践，感到扶贫基金会的组织形式，对扶贫工作有促进作用。在他的倡导和支持下，龙岩扶贫基金会于1991年8月正式成立。项南特意题词“扶贫济困，共同富裕”以示支持。龙岩扶贫基金会办公楼落成时，有的同志提出应名为“扶贫楼”，以体现基金会的宗旨。当龙岩的同志请项南题写楼名时，项南说，扶贫的目的是为了使贫困户摆脱贫困，走上富裕道路，名为“富民楼”岂不更好？大家一听，觉得有道理，于是他当即题写“富民楼”楼名。

这年春天的闽西之行期间，项南还顺道看了连城文地山村老家。稍后他又与专家们赶往长汀。由于旅途劳累，活动安排得比较密集，连中午也无法歇息，他的心脏不堪负荷，心律不齐，早搏频繁，感到很不好受。但是项南不愿让别人知道他心脏不适，坚持考察，跟大家一样东奔西走。

在长汀期间，项南和专家们考察了工农业生产和扶贫情况。他们参观了棉纺织厂、塑料厂、柠檬酸厂、人造板厂、建材厂、稀土材料厂等企业，还瞻仰了省苏维埃政府和瞿秋白烈士纪念碑等革命旧址。与当地干部座谈时，项南感慨地说：相隔几年，长汀的经济、社会有很大变化，尤其是山区综合经济开发搞得不错。他说，这几年来，你们粮食在增产，森林在增加，水土保持工作也有很大的发展。我作为你们闽西老乡，看了很高兴。

项南还记得当年的《三字经》对治理水土流失的重要性。他高兴地说：长汀的水土保持工作成效很大。全县107万亩的水土流失面积，经过封山育林和实施生物工程，已搞了35万亩，占流失总面积的三分之一强，这是件很了不起的事情。

金碑银碑不如群众的口碑。当地干部群众插话道，我们经常说，长汀的水土保持工作是1983年项书记带领我们搞起来的。项南真诚地说，我们不要停留在这个水平上，要上新台阶。从1983年到现在已经八年了，这八年算一个阶段，现在应该进入第二阶段，就是我们的水土保持工作无论从数量到质量都应该上一个新的台阶。他语重心长地说，水土保持是长汀的一大特点，在经济工作中占有重要位置，它是全社会的工作，是关系到子孙后代的大事情。

项南开口闭口都离不开“扶贫”。在谈到扶贫开发时，项南很有感触地说：在贫困县发展乡镇企业太重要了！连城、长汀的经济发展不够快，一个原因是乡镇企业发展少，钱都集中搞县办企业了，贫困县有一个心态，想通过县办企业解决财政问题。连城、长汀与西北一些地方的做法差不多，基本上是一个模式：县办企业由党政干部当厂长、经理，办不好调走了之，不负经济责任。这样怎么能办好？作为一个贫困县，不轻易搞县办企业，要把精力、财力转到发展乡镇企业上来，可能会发展得快一些。

这次返回闽西故乡，项南在与干部群众座谈时说，龙岩给我的印象是在迅速变化之中。沿途都在那里修路、办厂、办矿，还开辟了民航。特别是民营企业发展得很快，第三产业也跟上去了。

项南回忆当年的情况时说，1983年那年，我听林开钦同志汇报工作时，讲过这样的话，这里发展水泥的条件很好。当时提出10年之内能不能搞到500万吨，他说试试看，现在全区在建的水泥厂已达1000多万吨，明年投产的可达到500万吨。正好十年了，说明闽西很有希望。在地委、行署领导之下，是能够以更快的速度前进的。希望龙岩根据省委、省政府的部署更加努力地工作。这里我只是跟大家随便谈谈，谈点印象，交换交换意见。

项南谈到他最近的东南亚之行。他说，上个月，我同志馨同志，到东盟的三个国家——马来西亚、印度尼西亚、新加坡走了一趟。我们不是以官方名义去的，是以私人的名义去的，这样比较随便。看了之后，很有感慨，这几个国家比我们国家发展快。新加坡人均收入是1万多美元，马来西亚是5000美元，印度尼西亚是1000美元，我们现在人均才350美元。但在这些地方的华人中，也看到了我们的希望。他们认为，中国这个市场是未来世界市场中最有希望、最活跃的一个市场，那里的华人对中国的发展抱很大的希望。他们讲，中国发展得越快、越好，他们在海外日子就越好过。他们说希望我们真正按邓小平的意见去办事。他们说邓小平是个伟大人物，邓小平拯救了整个中国，拯救了整个华人世界。现在海外华人大都是这个想法。

项南接着介绍了几个典型事例。他说，我讲几个例子：李尚大，安溪人，他爱国爱乡，捐资兴学，颇像陈嘉庚的风格。在安溪暂且不说它，单讲他的一个林场，就有80万公顷（1200万亩）有全套林业机械和运材车队，他还搞了一个地砖厂，能做到当年投入，当年建成，当年把钱赚回来。林绍良，福清人，光是水泥就有1000多万吨。在马来西亚，还见到一个安溪人叫林梧桐，马来西亚政府批给他一座山搞旅游，那个山叫云顶，我们龙岩随便挑一座也比它好。他那座山，并没有什么景观，他在山顶上盖了几座20多层的大楼，有7000多个床位，底下可停7000多部汽车。搞了不少旅游设施，他自己从吉隆坡修一条100多公里的一级公路，这一个旅游点一年为国家提供4亿多人民币的税收，自己净赚10几个亿。印尼的巴厘岛，世界上有很多人不一定知道印尼，却很少不知道巴厘岛的，世界各国的人都想到那里旅游，那些旅游设施都具有印尼的特色，不像我们搞的都是高楼大厦，千篇一律。他们利用当地的材料，如木材就利用得很好。我看了这些东西之后，感到我们耽误的时间确实是太长了。陈嘉庚国际学会秘书长对我说，你们共产党如果按延安时代毛泽东提出来的《论联合政府》那一套政策，不动摇地实行到现在，肯定要比这些国家发展得快。他认为，我们的经济建设错过了几十年的时间，希望国内能坚定地按邓小平指出的这条道路走下去，千万不要再摇摇摆摆了，千万不要用别的东西来代替经济建设。这些海外华人虽然有些意见偏激，但态度是诚恳的。

项南说，当今，整个世界都处在动荡之中，都不太景气。非洲、中东、俄罗斯、巴基斯坦，以至中美、南美一些国家，如海地一直闹得很厉害。最近美国、加拿大为此出兵封锁，把它围起来。全世界都处在动荡和不景气之中，唯独有那么一块地方，他们叫做中华经济圈，独树一帜。中华经济圈指的主要是环南中国海的经济圈。南中国海经济圈指的是福建、广东、广西、海南、香港、澳门、台湾，这个圈子是世界最活跃的一个地方，最具活力的一个地方。我们福建有幸也是在这个圈子之内。今年4月份，香港大学和香港中文大学举行了一个学术讨论会，叫作华南经济和港台经济关系研讨会，他们发了一个邀请信给我，要我到会发言。我写了一篇论文，叫做《独领风骚的华南经济》，《福建论坛》经济版也登了，后来《新华文摘》也转载了。我对这个地区经济的看法，都反映在那篇文章上。我们龙岩就在这个圈子之内，龙岩这个地方是出“龙”的地方，这条龙多年被封闭在这个岩洞里头，这条“龙”总是要上天的。

项南反问道，为什么？第一，它处在这个大气候之中，整个气候非常好。刚才说过，这个环南中国海经济圈是世界上最活跃、最有生命力的，而我们龙岩就在这个经济圈之中。

项南接着讲到地理条件。他说，第二，龙岩有独特的地理条件，面对海洋、背靠内陆，龙岩这篇文章怎么把它写好？不仅要利用沿海发达地区的优势，还要把我们背后那个内陆，就是跟江西、湖南的经济发展联系起来。怎么联系？我举一个例子。前天我在朋口，他们向我介绍朋口农民城，我就讲，我从江西于都、宁都、石城、瑞金这条路上不断碰到运猪的车，你问他到哪里去？到福建！很神气啊，为什么到福建？好销！那么朋口呢？就处在两条国道的交叉口上，这是天赐良机。全国有多少个这样的交叉口？2000

年前，我们国家一共要建成4条国道。南北搞两条、东西搞两条，四条干线就是4个交叉点，而朋口就是4个交叉点中的一个，这使我想起了郑州的发展变化过程。郑州原来是个很小的地方。因为它是陇海线与京广线交叉点，是交通枢纽地带，因此很快就发展起来了。后来，河南的省会也就自然而然从开封搬到了郑州。交通枢纽地带是很有发展前途的，一定要利用好。朋口农民城怎么起步？现在一开始就必须搞好规划，特别要重视引进项目、引进资金。比如，可从厦门、福州、泉州各引进几个项目来，搞招商，这样朋口农民城就会发展起来。

项南联系实际，把心中的妙计献出来了。他说，在引进项目当中，我建议利用江西的猪在朋口搞一个肉品加工厂。我们背靠的江西有那么多的猪，宁化、连城、长汀还有许多猪，肉类加工厂又做火腿、又做香肠、又做肉松，面向福州、厦门、泉州、汕头、潮州、广州，销路是不成问题的。

项南说，第三，龙岩地区的资源在福建是独一无二的。木材、水力资源、铁、石灰石、高岭土、金、铜、煤炭等，金、木、水、火、土一应俱全。在这种大气候下，在这种地理条件下，在这么丰富的资源优势下，完全可以加快经济发展速度。龙岩这条“龙”，一定可以走出岩洞，飞腾上天。

项南在与龙岩地委领导交谈时说，我完全同意地委的意见，近几年集中力量把路、电搞上去。在这方面龙岩地区是被耽误了。三南（湘南、赣南、闽南）公路是1982年提出来的，听说1986年连项目都被取消了。这条公路经过的三个地方都是革命老区，人民勤劳，矿产丰富。这条公路如果修通了，湖南衡阳、茶陵等地的货物就可以当天运达厦门。如果这样搞了，现在龙岩会是个什么面貌？厦门又是怎么个样子？厦门是一个小港口，没有内地依托，是难以发展起来的。上海为什么发展那么快，靠的是整个长江流域。没有长江流域这一腹地，上海就发展不起来。从战略角度考虑，厦门也好，湄洲湾也好，都必须同内地联系。有的专家提出要把内地与沿海这两头都联系起来，这就想对了。发展经济必须交通先行，把两头优势用起来。龙岩这条“龙”老是困在岩洞里是动不起来的，这条“龙”一定要冲出去。福建简称闽，一条“虫”老是被关在门内，也是没有出头之日的，这条“虫”如果冲出门外就是一条“龙”了。印尼、马来西亚、新加坡这三个国家的华人基本上都是福建去的。林绍良、郭鹤所、李成义、郭芳枫、黄祖耀和新加坡总理吴作栋、总统王鼎昌祖籍都是福建，马来西亚槟州首席部长林苍佑祖籍是厦门、现在的州长许子根的祖籍是安溪。这些出去的福建人在海外都成“龙”了。我们龙岩也是这样，能不能利用沿海优势，利用内陆优势，就看路、电这两个方面能不能搞好。电上不去，路上不去，一切都是空的。

项南说，20世纪80年代初，福建省建设两个机场、两个码头，改造两条铁路、两个电站、两套程控电话。当时搞这十大建设项目，目的是把基础打好。去年，我路过泉州，泉州的同志告诉我，那里由于缺电是干四天停三天。据说，别的地方也有这种情况。这样的条件如果不尽快改变，外商怎么会愿意来？电和交通滞后，是什么也上不去的。

项南最后露出他的“12个字”妙计。他说，在产业发展方面，我建议：注意发展优质高效的创汇农业；放开手脚，发展乡镇企业；外引内联，发展三资企业。简单说，就是12个字：创汇农业、乡镇企业、三资企业。

项南说，农业很重要，要大力发展优质高效的创汇农业。龙岩温饱问题已基本解决了，农业该上档次了，不能再停留在吃饱饭的水平上，要走优质高效发展农业的路子。一亩地，附加值应是几倍、几十倍地增长。我这次从江西来时，在火车上认识了一个姓黄的龙岩青年，他在西德办了一个农场，后来他觉得西德的土地太贵了，又跑到邻近的斯洛伐克买了一大块地种菜，供应德国，主要是种芹菜、白菜、豆荚。这次回来想跟龙岩做生意，在龙岩把蔬菜速冻，用集装箱通过厦门运到德国去。他还希望在龙岩搞一个罐头厂，能够出口蘑菇罐头。我们应当利用这类关系把创汇农业搞上去。

项南说，台湾经济起飞最早是靠农业。就是搞水产、水果、蔬菜、肉类的出口。李登辉、严家淦、蒋彦士这伙人都是重农派。李登辉就是学农业的。龙岩现在温饱基本上达到了，但还有231个特困村，扶贫工作不能放松，但毕竟是很少的一部分。现在应该搞优质高效的创汇农业了。

项南念念不忘异军突起的乡镇企业。他说，要放开手脚发展乡镇企业。龙岩地区现在乡镇企业发展得较快，这很好。前些年错过了时机，现在再不能失去机会了。应该解放思想，放开手脚，不要成天去考虑什么所有制问题，这没有多大实际意义。只要把生产发展起来就好。在这个问题上小平同志视察南方谈话讲得很清楚。我们主要的危险还是“左”。龙岩的乡镇企业不应该再受挫折，而应该让它健康茁壮成长起来。中国十几年的改革，最成功的，最突出的是什么？我们可以毫不含糊地说，就是乡镇企业。1981年到1983年这三年，有些人把一切脏水都倒在乡镇企业头上，说乡镇企业是以小吃大，以落后压先进，以小生产压大生产。这种“理论”不是太可悲吗？你这么先进怎么让落后给战胜了呢？你那么大怎么被这个小家伙战胜了呢？这几十年来，乡镇企业最先摆脱了计划经济的束缚，以其灵活的机制，强大的生命力，在中华大地迅速地发展起来。所以，小平同志说乡镇企业是异军突起。我们必须放开手脚发展乡镇企业。过去龙岩是出大将军的地方，现在要出大企业家。龙岩是非常有潜力的，今后还要更加重视对外发展，把产品打出去。就是国有企业，也应该通过股份制和嫁接的办法、承包的办法，甚至是拍卖的办法把它救活。不用这些办法，这些国有企业的境况会越来越严重。发展乡镇企业就更应该放开手脚了。

项南认为，当前要进一步解放思想，加强外引内联，发展三资企业。现在经济搞得最活跃的，第一是乡镇企业，第二是三资企业。近几年的实践证明，发展三资企业没有什么危险，因为政权在我们手里，怕什么呢！新办企业也好，老企业也好，如果不能抓住时机利用国外的资金、国外的技术，就会错过良机，就是最大的失败。中国这几年所以发展得快，除了不断深化农业改革和发展乡镇企业之外，同样也要走这条路。因为事情非常明显，你要发展得快，又没有钱。现在困扰我们的最大问题，一是缺人才，二是缺资金。资金问题怎么解决？你要靠行署拿钱发展工业很困难，至少步子不可能跨得很大，你靠省政府、中央给多少钱，我看也没有多少希望。情况摆在这里，各级都很穷。但世界上的资金有的是，印尼、新加坡发展经济的一条重要经验就是利用外资。福建省前几年搞的几项大工程，大多是利用外引内联的办法兴建起来的。如厦门国际机场、水口电站、沙溪口水电站、筹东火电站、柯达感光材料、福建远洋船队、顺昌水泥厂等。如果不搞外引内联，这些大项目很难建成，现在的日子会更难过。所以，谁想发展得快，谁就应该很好地利用外资。不利用外资不是说不可以发展，但是慢，错过时机。

项南充满信心地说，龙岩地区总的讲还是个贫困地区，但我们有那么多的优势，如果工作跟上去，龙岩就可以在全国699个贫困县中率先脱贫，奔向小康。其富裕程度，不应该比内陆其他地区差。龙岩地区能不能在全国贫困地区中率先脱贫，走向富裕？龙岩这条“龙”，能不能尽快走出岩洞，腾飞上空？同志们不必现在回答，可以用二三年的实际工作来回答。

在闽西老区，项南还深入到龙岩红坊镇、东肖镇以及上杭才溪乡、连城朋口镇等革命基点村和贫困村考察，共商脱贫致富大计。4月下旬，项南一行抵达漳州。按事先约定，4月30日，项南和汪志馨等到郭坑车站迎接从广东来的任仲夷夫妇。当任仲夷走下列车时，项南大步向前，与他紧紧握手。

想当年，名震粤闽的两位“封疆大吏”，而今在这里见面，意义自不寻常。在改革开放最艰难的年代，这两位省委书记互相支持，肝胆相照，他们以大智大勇探索新路，经受了各种指责和压力，为广东、福建两省的改革开放大业打下坚实基础。项南在当天1991年4月30日的日记中写道：“任是开放改革的带头人，值得大家尊敬。”两位古稀之龄的老人，不复以往的健硕，彼此都感觉到对方的清瘦和体弱，但他们足以自慰的是，而今广东、福建两省经济发达，人民生活富裕了。

项南与任仲夷边走边谈。当天，他们参观游览了香蕉林、荔枝园和百花村。第二天，项南陪任仲夷参观了龙海县角美镇，他介绍说：“这里是科拉松·阿基诺的祖居地。”稍后到港尾镇参观，他们对这里的村镇建设很是赞扬。

任仲夷、项南两人在旅途的交谈中有一个共识，无论有多少曲折、艰难，无论有什么人利用改革的某些失误“搅局”，中国的大门已经打开，改革开放已经形成不可逆转之势。这是他们最感欣慰的。

漳州的同志们，热情接待这两位闽粤改革大将，引领他们经漳浦县抵达东山县，游览了风动石和关帝庙。当晚，项南与当地干部座谈至午夜12点，语多勉励。翌日，项南又陪任仲夷游览了东山县那一片景色优美的海湾。午间休息时，当地干部请两位老领导题词。项南请任仲夷先动笔，任仲夷稍一沉吟，写道：“东山崛起。”项南接着挥毫：“人才辈出。”写罢，两人相视而笑。当天下午，项南、汪志馨和福建同志怀着依依不舍之情将任仲夷夫妇送上南返的旅途。

项南一行于5月4日驱车从东山县奔赴泉州。当晚，他与年轻的企业家蔡友平倾心长谈。项南很欣赏这个沉稳、平实的年轻人。当年蔡友平在村里当渔业技术员，肯读书和独立思考。他利用一技之长投资渔业、养殖业，规模日益扩大，现在不仅在渔业养殖、捕捞上大有作为，而且开始涉足房地产业。项南鼓励他脚踏实地，树立远大目标。蔡友平注意到，过去看上去十分健壮的项书记，现在显得有些消瘦，脸色也有些苍白，他告辞时关切地说："项书记，请你注意保重，注意休息。"

泉州市区距离晋江县仅一箭之遥。当地同志提议，不妨到晋江看看。对晋江，项南可谓情有独钟，又百感交集。从省委书记岗位退下，又因所谓"晋江假药案"受党内警告处分，项南似乎与晋江结下不解之缘。近年为扶贫奔忙，但他对福建乡镇企业乃至民营经济的发展依然十分关注。晋江陈埭镇民众得知项南到来倾巢而出，热烈欢迎项南一行。当项南了解到该镇乡镇企业继续打头阵，全镇工农业年总产值达到2亿多元、税利2000万元时，兴奋地说："好样的！你们不愧是福建的一枝花！"

紧接着项南以极大的兴趣考察闽南的企业，通过实地考察，他感到乡镇企业和外资企业嫁接，是个值得普遍推广的经验。对当地如雨后春笋般出现的民营企业，他十分关心其产品销路，关心其经济效益，结果令他比较满意。他认为这些企业以市场为导向，具有灵活的机制，产品自然适销对路。可以说，他们是市场经济的先行者。

泉州企业家对项南这位思想解放、诚恳待人的老领导感情深厚，登门探望者络绎不绝。送走最后一批客人，已是午夜，项南又遵嘱挥毫题字，写到凌晨两点才睡。对于一个古稀之年的心脏病人，这种超负荷的生活方式，显然是不利于健康的。

但是项南觉得，大家盛情难却，自己能尽一份力予以鼓励，何乐而不为？

一系列的频繁活动，经常忙到深夜一两点钟才睡，使项南心脏隐隐作痛，以至于出现明显的心血管缺血症状。汪志馨发现项南脸色不好，额头冒虚汗，执意要他到医院作检查。医生检查后，认为心脏早博较明显，显然是劳累所致，要他住院静养几天。在汪志馨和当地同志的劝说下，他同意了。两天后，情况稍有好转，他又不倦地忙碌开来。

项南在福建与老同志、老朋友们结下深厚情谊，他盼望着早日到福州同他们促膝谈心。转眼已是5月中旬，项南和汪志馨由闽南返回福州。习近平等福州市领导见项南显得有些疲惫，关切地询问他的身体情况，并建议他到马尾卧龙山庄静心休养一段时间。但是项南实在闲不住，几天之后，他自我感觉体力恢复了，就提出想见一些老同志。

这一天终于盼来了，项南热情地约见曾经并肩战斗的老同志胡宏、温附山、黄明、许集美、何若人，以及年迈的魏金水。与这些老同志座谈，项南很兴奋，他“三句话不离本行”，又谈起扶贫事业。他向大家介绍了亲眼所见的太行山区和甘肃定西地区农民家庭的贫困状态。他说，作为福建这样的省份，对西部贫困地区最好的支援是提供干部、信息和转让技术。项南在福州还特别多次与胡宏、温附山等同志畅谈对改革开放的新展望；与福建地下党的老同志黄明、许集美等回忆往昔。这些会面畅谈，彼此十分兴奋。项南还看望了95岁高龄的傅柏翠老人，兴奋地吟诵毛主席当年那首名诗：“漫天皆白，雪里行军无翠柏……”高兴地笑了起来。

时光过得很快，欢悦的旅行在不知不觉中结束了。项南和汪志馨于8月26日乘列车返回北京。这次八闽之行，他们足迹遍布福州、闽南和闽西，前后近五个月，虽然很疲劳，但是觉得很充实，真是“不亦乐乎”！

2. 不了解内情的人，以为项南缺乏家乡观念。其实，项南心里时常记挂家乡，“乡愁”总是与他形影不离。离休后，他给老家带去了许多金点子。

返回北京，项南又忙于中国扶贫基金会的日常事务了。但心里仍时常记挂家乡，“乡愁”总是与这古稀老人形影不离。1993年初冬，国家铁道部主办的《人民铁路报》记者雷风行，从扶贫基金会的《工作简报》上，发现项南会长对福建的铁路交通在多种场合透露了许多意见，其中不乏新的金点子信息，电话联系后得悉项南下乡，记者特地尾随前来采访。

历来主张“舆论先行”的项南，自然十分乐意与记者们交谈。那年初冬，项南又应邀返乡调研，在从福州返回北京的46次列车上，很乐意地接受《人民铁路报》记者的采访。项南在包厢里，一见记者就抛出他的“乡愁”：“我真为铁路交通着急！”随着列车前进的节奏，对铁路交通特别是家乡福建的铁路交通，侃侃而谈，天南海北，国际国内，引经据典，所见所闻，对铁路交通事业谈了不少很有见地的锦囊妙计。记者返京后，根据录音，采写了一篇富有创新意识的长篇通讯报道，题目就以与项南见面的第一句话拟就：《“我真为铁路交通着急！”——与项南一席谈》（记者雷风行）发表在1993年11月23日《人民铁路报》，又一次在海内外产生轰动效应。

报道首先写道，提起项南，人们都很熟悉，他曾先后担任过团中央书记处书记，一机部、农机部领导和福建省委书记。1993年11月5日，记者有缘与项老同乘46次客车从福建回京，旅途中有机会采访了他。70多岁的项老思维清晰，谈锋甚健。他得知我是《人民铁道报》记者后，对铁路的改革开放与发展侃侃而谈，极有见地。

“铁路是国民经济建设中最突出的薄弱环节，长期滞后，欠账欠了20多年，改革开放后铁路运力不足的矛盾愈演愈烈。这不能不说是一大失误。我在福建任省委书记时痛感福建的最大问题是铁路交通运输。”项老于1980年至1986年出任福建省委书记，刚走马上任，就致力于抓机场、码头、电讯和鹰厦线电气化工程等基础设施建设。他在考察厦门经济特区时发现，厦门港作为对外开放的港口，是口大肚皮小，缺乏铁路依托，有铁路、航运与内地相连。纵观上海港，既凭借长江与重庆、武汉等内地城市相通，又有沪宁线、沪杭线纵贯华东，有龙头有龙身；而厦门港仅有龙头而无龙身龙尾，很难成大气候。

报道接着写道，项老在福建工作时经长期调查论证后认为，进出福建的铁路通道仅有鹰厦线无疑是不行的，鹰潭口一堵就不好办，近期与中期应考虑三个通道：一是新修江西横峰至福建南平铁路，这一新通道现已经国务院批准开工，列入铁道部建设计划。二是“三南铁路”，即把闽南、赣南、湘南三个老革命根据地西经江西赣州，通过井冈山至湖南茶陵，北与丰陵至茶陵铁路相接，将闽南、赣南、湘南连成一线。沿线老革命根据地资源丰富，有煤、铜、钨等矿产，建成后赣南、湘南有了出海通道，可以直达厦门“借港出海”，得利比福建还大；厦门港也有了自己的龙身，有资格成为大港。三是将既有的龙岩至坎市铁路再修至广东梅县，与广（州）梅（县）汕（头）铁路相接。他曾就此向铁道部建议过，福建境内只需加修42公里铁路，就可与广东省通道，使闽粤两省一线牵，广东进入福建的客流货流不必再绕广东、湖南、江西、福建一大圈。当然，从长远来说，光有这三条通道还不够，还要考虑修沿海铁路，即从广州、汕头、厦门、福州、温州到宁波的铁路，将沿海开放城市与特区联成一线。

“您说的这些新增通道都很有必要；只是铁路建设资金长期紧张，有些项目本世纪还难以上马。”记者向项老介绍了铁道部的苦衷。

项老说：“解决铁路建设资金紧缺问题，根本出路在深化改革，扩大开放，以加快发展。现在铁道部搞合资建路，实际上是国家与地方合资建路，地方政府的钱也仍是国家的钱。你们的思想应再解放一点，采用股份制商办建路，善于引进外资建铁路。”

“铁路建设投资大，周期长，投资效益差，难以吸引外资。”记者向项老解释说。

项老接过这一话题说：“情况并不完全这样，要想吸引外资，要有相应的优惠政策。解决巴以冲突可以以土地换和平，我们可不可以以土地换铁路，允许外商投资建路的同时，对沿线土地使用权有偿有限期出让，让外商从事商业、矿产与房地产开发？外商有利可图才会来，铁路运价不放，又不给优惠条件，外商当然不会来投资铁路。世界上铁路多数是商人建的，要打破官办模式。什么叫开放？把国外资金与先进技术引进来，我们走出去，也有利于扶贫，这才叫开放；不善于吸引利用外资，等于没开放。”

报道特地写道，20世纪80年代前六年项老在福建任省委书记，1986年后任中顾委委员、中国扶贫基金会会长。谈起现在的扶贫工作，项老仍“口不离铁路”。他风趣地说：“我是叫花子老头，哪儿贫穷往哪儿跑。大凡老少边穷地区往往是交通不发达地区，扶贫工作中最大问题是发展交通设施，修铁路，修公路，发展内河航运。”此行他到江西与闽西山区考察一个月，江西一些贫困县提出要办水泥厂，没铁路水泥往哪运销？项南感慨地说：“贫困地区要脱贫致富，铁路应先行。”

报道最后写道，临别时，项老又语重心长说：“我真为铁路交通着急，发展铁路不能再耽误了，无论如何都要挤了钱来修铁路，要想尽一切办法克服困难，下力量解开铁路滞后之结。铁路职工很辛苦，目前工资待遇又低，要在发展铁路的同时提高职工待遇。”寥寥数语，饱含着项老对铁路的理解与深情。

这一普通的通讯报道刊发后，海外数十家媒体竞相报道和转载，对今后我国铁路建设，特别是福建铁路建设具有重大促进作用。

闽西乡亲深知项南喜爱秋天。1994年9月间，又是金风送爽时，龙岩地委、行署领导又邀请项南返乡聊一聊，希望从他那里得到更多的金点子、好妙计。项南开头婉言推辞，但盛情难却。他想起过去出任福建省委书记时，为避嫌很少返乡；如今离休了，基金会的事忙过一段后，考虑多返几趟家乡，弥补一下当年的遗憾，心头总感到会舒坦一些。于是，他拉着汪志馨，在金风送爽的清凉中，又回到老家来了。

项南此行，向家乡的地委、行署领导奉上了特殊礼物：习近平著《摆脱贫困》一书。项南特为此书作序：

> 闽东九县市，是福建比较贫困的地区之一。我在福建工作期间，虽然县县都跑到了，但对宁德地区的具体帮助很不够，总觉得欠了账。
>
> 最近，我看了习近平同志在宁德地区工作期间的一些讲话和文章，很有启发。加上最近我又到宁德地区看了几个县，看到那里的温饱问题已基本解决，经济发展大有起色，地委领导班子精神饱满，令人十分高兴。这就在一定程度上弥补了我的不足。
>
> 近平同志和他的“一班人”，在宁德近两年的工作中，带头“四下基层”，对宁德的特点和历史，作了仔细的调查和认真的思考，所以提出的设想，比较切合实际。一扫时下那种说大话、说空话、说套话的弊病。虽然近平同志已经调离宁德，但今天是从昨天走过来的，他

留下的这份精神财富，肯定会对继任者起承前启后的作用。

这些文章反映出一个最大的特点，就是始终扭住经济建设这个中心不放。这个问题，从最近小平同志南巡讲话以后，更加清楚了。但是有相当一段时间并非如此，有些人总还是有这样那样的想法。一个地区、一个县市、一个部门、一个企业，工作当然是很多的，有些人为了突出某一项工作，往往自觉或不自觉地把这项工作当作中心。有些工作确实很重要，但再重要，也应当围绕经济建设这个中心，而不可另立中心。如果形成了许多中心，势必削弱经济建设这个唯一中心。近平同志曾经在一个乡政府的墙壁上看到琳琅满目的各种锦旗，墙上什么锦旗都有，唯独看不见经济建设这面锦旗。他认为能得锦旗当然是件好事，但决不可各吹各的号，各唱各的调，主次不分，抓不住中心。他主张集中各方面力量，充分发挥宁德的山海优势，来个“经济大合唱”，而不可另立第二个中心，更不能搞多中心。坚持“一个中心、两个基本点”的路线，什么时候都不能有丝毫的动摇。

近平同志针对宁德比较贫困的特点，一再强调要大胆改革和开放。闽东虽然比较贫困，但闽东又是沿海地区，面对台湾，面对太平洋；而且水深港阔，有全国少有的良港。根据这一特点，解决多年困扰我们的缺资金、缺人才问题，最快的办法，莫如加快改革，扩大开放，搞好外引内联，敢于用别人的资金、技术，来开发我们自己的资源，包括宁德特有的海产资源和各种石材、木材资源。这就需要不断增强干部开放意识、改革意识和商品观念。只要敢闯、敢试验、敢为天下先，就没有克服不了的困难。改革开放大胆一些，经济发展就有可能快一些，脱贫致富也就有希望。

近平同志有些想法，是想得很深、很细的。如提倡“滴水穿石”的精神，“弱鸟先飞”的意识等，目的都是为了发扬人的首创精神，不畏艰难的精神，为了力戒形式主义，不搞花架子，真正把心贴在人民身上。我们一向认为，贫困并不要紧，最怕的是思想贫乏，没有志气。成天想到的，不是向上伸手，就是怨天尤人。这种精神状态，怎么能摆脱贫困呢？我们主张思想要解放，工作要扎实。工作要从一点一滴做起，经验要一点一滴积累。凡事反求诸己，立足于自力更生，就能丢掉包袱，轻装前进。如能持之以恒，滴水就能穿石。就扶贫来说，我们要多搞些短平快项目，但决不可心存侥幸，只热衷于短期行为。同贫困作斗争，是一项长期的历史任务，贫困地区要收到经济、社会、生态三方面的效益，没有愚公移山的精神，不从治山治水这个"笨"工作上下功夫，是改变不了贫困落后的面貌的。

一个担任重要职务的年轻干部，对改变本地区的落后面貌有什么抱负、有什么想法、有什么作风，关系着这个地区整个工作的成败。因此必须开动脑筋，大胆地去想，勇敢地去闯。即使有些想法不一定完全切合实际，有些做法一时看不出效果，也不要紧。要求每个人做到每句话，每件事都完美无缺，是不可能的。从这个意义上说，近平同志也不例外。我们地市县乡的干部，如果看一看这本小册子，是会获得许多启发的。

具有远见卓识的项南，向家乡的"父母官"们介绍说，这是习近平同志担任宁德地委书记期间自1988年9月至1990年的讲话和文章，共29篇，由福建人民出版社出版。近平同志要我写篇序文。因为工作关系，这些讲话、文章，涉及扶贫，我平日大部分看过。这次又认真阅读，深感近平同志在宁德地委书记任内，对改变本地区落后和贫困面貌，很有抱负。他的讲话和文章，紧紧围绕闽东地区如何脱贫致富、加快发展这一主题，提出了"弱鸟先飞"、"滴水穿石"、"四下基层"等许多富有创见的理念、观点和方法，深刻回答了推进闽东地区经济社会发展的重大理论和实践问题，很值得我们好好学习。

项南接着说，我在福建工作期间，虽然闽东县县都跑了，但对宁德地区的具体帮助很不够，总觉得欠了账。但近平同志在那里抓了两年，带领闽东干部群众打了一场扶贫攻坚的大胜仗。在他离开闽东到福州赴任市委书记时，我读到《人民日报》有一篇报道："闽东脱离贫困线"。我作为扶贫基金会会长，高兴地给近平同志打电话，感到很欣慰。但近平同志很有自知之明，他说，他没有丝毫的轻松之感，因为这种"脱离贫困线"，相距于真正意义的"脱贫"还很远，只能说是起步。这说明，近平同志对自己的工作是严要求、高标准的。我前不久到闽东看了几个县，看到温饱已基本解决，经济发展大有起色，地委领导班子精神饱满，我十分高兴，他们在一定程度上替我还了账。

龙岩地委还召开座谈会，请项南返乡深入贫困山村调研后，谈谈“下一步怎么办”。

项南说，今天，我只能说一点感想。这几天走了几个地方，我所看到的龙岩地区是一派兴旺景象。60多年前武夷山下是“分田分地真忙”，现在的闽西大地是修路办电真忙。无论是路，还是电，我估计今年年底，闽西交通不便、电力不足的状况会有很大好转。路，明年年底会得到根本好转；电，可能会慢一点，但过段时间会好转。

项南对当前经济形势作了分析。他说，在这个形势下，下一步工作怎么考虑？为什么修路办电？就是为了迎接一个经济上更大的发展，或者说让闽西的经济有一个根本性的转变。因为制约我们经济发展的东西，就是基础设施太差。福建是最早对外开放的省份之一，当年我们从一开始就自觉地把基础设施放在经济建设的第一位。现在，省委、地委下决心突出先行工程，是完全正确的。公路通了，电增加了，我们就应该想到下一步的工作。下一步工作是不是有这么几个问题应该考虑。

项南一直忘不了“山海经”。他说，第一是山海协作问题，这正如同志们一直强调的如何利用周边环境优势，怎样把沿海优势转移到内地来的想法一样；第二是建设小城镇问题，这个问题刚才开钦同志讲得很好；第三是国有大中型企业如何与外资嫁接、实行股份制的问题；第四是加快发展乡镇企业的问题；第五是放开手脚发展“三资”企业的问题。

项南说，现在我们把这几个问题串起来谈一谈。比如说国有企业，龙岩这方面情况不错。其实国有企业亏损问题还是很严峻的，不是一个地区或一个省完全能解决得了的。总的来说，这个问题并没有基本好转，有些地方还越来越严重。一些重工业基地现在的困难比前几年并没减轻多少，怎么福建、龙岩就能例外呢？不要轻看了这个问题。因为国有企业问题，实际上牵涉到我国整个经济体制改革问题，甚至涉及到所有制问题，哪里能轻易解决得了。但是我们有一个工作可以做，就是利用沿海开放的大好形势，把国有企业与台资、港资、侨资、外资相嫁接。凡是这么做的，效果都比较好。我们现在不说一些根本性问题，国有企业遇到的困难是什么呢？最主要的，是缺少流动资金、设备老化、技术落后、产品落后。对这个问题一个较快的解决办法就是跟外资嫁接、实行股份制。这样不仅资金可以解决，设备也可以更新。而外商比他在大陆建一个新厂投资要小得多，收效要快得多。因为工厂、产品是现成的，甚至连市场也是现成的，如果注入新的资金、设备、产品质量马上提高，产品的更新换代就成为可能。龙岩公有制经济占了70%，这说明别的经济成分小了。山区经济发展滞后的根本原因，就是只想要上级拨款办企业，把发展国有经济当作唯一出路。长江三角洲、珠江三角洲为什么发展得快？你们可以去调查一下，他们公有制经济、特别是国有企业所占比重多少。为什么过去一些工业基地今天会陷入困境？就是别的经济成分少了，太单一了。凡是国有企业占的比重过大的地方，现在都非常困难。龙岩地区要发展，恐怕要注意发展非公有制经济的乡镇企业。过春节时，才溪乡不是有100多辆小车开回家吗？龙岩老百姓手中还是有钱的，就看你有没有本事，把他们口袋里的钱掏出来投资办企业，包括第三产业。

项南严肃地说，十一届三中全会提出全党工作要以经济建设为中心，可惜有些同志不太自觉，爱搞一些花花草草、追名逐利的形式主义的东西，而不是老老实实去研究经济工作，这样就把时间耽误掉了。福建是最早开放的省份之一，中央赋予福建许多优惠政策、灵活措施。在20世纪80年代初，这是广东、福建的优势。现在是90年代了，我认为福建这个优势已经不多了。现在有许多省份，它的措施比福建还灵活，政策比福建还优惠。如果在这个时候再不放手发展"三资"企业，就会失掉机遇。

项南认为要发展"三资"企业，就必须为外商创造良好的投资环境，这就包括能源、交通、电讯等基础设施。龙岩到今年年底，一些主要道路都会开通，凡是关心闽西建设的同志都会感到高兴的。如果我们工作得法，随着道路开通、电力增加，闽西会出现一个很好的形势，包括"三资"企业，会得到很好的发展。现在国外都看好中国这个市场，人家不敢到龙岩投资，就是这些东西阻碍着他们。道路交通、能源有了根本性的改善以后，思想上就要做好一个准备，就是要放开手脚发展“三资”企业。

对于项南，“山海经”越念越有劲头。他说，所以对山海协作、小城镇建设应该提到议事日来。是不是对一些设施比较完善的城镇，发动老百姓投资，盖一点标准厂房，吸引外地资金。沿海地区的“夕阳”工业转到内地作为“朝阳”工业，他们就可以腾出厂房资金搞高科技。好几年前，我对晋江、石狮人讲，如果再不走高科技道路，老是搞缝缝补补做鞋帽服装的传统产品，是早晚会完蛋的。果然，现在他们搞服装不赚钱了，有的还要赔钱。晋江和石狮已经面临这种困境了。你们都是革命老区的人，是不是伸出援助之手拉他们一把呢。我看这个机遇不能失掉。你们交通、电力先行了，给他搞个标准厂房，他们把设备照搬过来就行了。你的人去那边培训几个月，他过来一部分工人带一带，我们就会有许多就业机会。等到闽西这些技术都掌握了，干它七八年，再把它往江西、湖南转移，我们这里再搞高科技。这也是山海协作的一个形式。这不能片面地理解为沿海企业家来帮助山区，我们山区也帮助沿海嘛。所以我觉得每一个县（市），包括地区，应该组织一个精干的班子，把沿海这些企业引到内地来，引到山区来，现在就应该考虑这个事。假如龙岩各种经济成分发展起来，国有、集体、个体经济一起齐飞，龙岩就翻身了，千百万企业家就起来了。

项南这次提出了一个重大战略任务，就是培育老区自己的企业家。他说，最近几年我经常返乡，每到闽西总会想到一个问题，就是闽西的革命传统会不会丧失掉。闽西过去出过多少革命家，出过多少将军啊！很多人在全国都有很大影响，像邓子恢、张鼎丞、陈丕显、江一真等，还有陆军、空军司令杨成武、刘亚楼、张廷发等。而现在北京城里还有多少闽西人？闽西要用什么东西来代替老将军、老革命家呢？应该是千万个企业家。这是新时代赋予我们的任务。现在广东、上海、苏南为什么富起来？就是他们有一批出类拔萃的企业家，而且形成了一个气候。好多企业都集团化了，把一些企业摆在一起，这个厂亏，那个厂赚，东方不亮西方亮，就是因为它有强大的经济实力，形成了规模经营。韩国真正掌握国家经济命脉的就是八大集团。福建吃什么亏呢？经济规模不大、太分散，没有一个企业真正形成气候，龙岩还有个龙马集团，在全国农用汽车同行业中占第一位，但是绝对值微不足道。当闽西有千百万企业家崛起的时候，闽西整个大地也就改变了。它的意义不亚于第一次、第二次国内革命战争和解放战争闽西人所做的贡献。因为这些人可以为闽西人民创造丰富的物质财富，使大家富裕起来，最终达到共同富裕。而这个共同富裕就是我们老革命家年轻时参加革命那天起所追求的、所奋斗的光荣目标，正是他们为我们创造了这一宝贵的精神财富。今天的企业家为人民创造丰富的物质财富，并把精神财富与物质财富结合起来。老革命家与新企业家是相通的、一致的。

项南的记忆力很强，他说，记得1983年春我来到闽西考察，也是在这个会议室座谈。当时，我写了一副对联："依靠金木水火土做文章，打好农林牧副渔翻身仗。"横联是"自力更生，艰苦奋斗"。看来，这对联还没过时。今天我就跟大家交换这些意见。当你们热火朝天修路办电时，是不是应该超前考虑下一步该怎么办?

3. 项南将多次返乡调研了解的情况，在北京闽西"老促会"召开的顾问理事会上，作了生动的汇报。

老母亲对老家、对冠豸山有特别的情感，项南每次离京返乡，老母亲总要叨唠几句："多行几步脚，常回老家看一下，到冠豸山去爬一下。"因此，每当车进闽西，项南就想起老母亲的话："常回老家看一下……"

这几年，项南应邀多次到了龙岩，自然也多次回到连城老家，在走访贫困山村的同时，总忘不了登上冠豸山，在百门湖游一游，上灵芝峰去爬一爬，顿感精神焕发，脚跟儿也走得更有劲了。

连城县委、县政府领导每次都抓住项南返乡调研机遇，向他讨教，请他留下金点子和好妙计。这一次，县领导照例召开"献宝会"，请项南为老家把"宝"掏出来。

项南站在冠豸山，突然灵机一动，面临世纪之交，打了两次世界大战的20世纪即将过去，我们怎样迎接新的世纪呢? 项南在"献宝会"上，向乡亲们讲了“面向21世纪”的知心话语。

项南首先谈了这次返乡的感想。他高兴地说，这次回到连城老家，听了林仁芳书记的情况介绍，觉得很好，很高兴，工作做得很扎实。作为一个老乡，我说几点意见，供县里决策时作参考。

◇1994年，项南与汪志馨在家乡的竹林

项南往年返乡，很难得讲这么多好话，这次是有感而发。他说，一进连城，最令人兴奋的是这条大马路（指9公里长的连文路），你们建成了一条40米宽的“世纪大道”。不要小看这条马路，它体现出连城人民和县委、县政府领导的气魄。一个县城，能修起这么一条路，确实不容易。连城在这件事情上，打开了面向21世纪的通道，实在令人倍感振奋。

项南说，连城修的路，算是一件新生事物。这条路要建设好，要按21世纪的要求来建设，不能像传统的城镇建设那样，马路两边除了密密麻麻的房子，别的就什么都看不见了。不要以为楼越高越现代化，房子越豪华越现代化。21世纪在某种意义上讲的是回归自然，重视原生态的理念。

项南高瞻远瞩，警告老家不要自挖坟墓。他严肃地说，20世纪人类作出了很大的贡献，另一面又给自己挖了坟墓。工业污染对人类的危害太大了。许多病原来是没有的，现在有了。福建过去不少地方盲目办小造纸厂，就犯了这个毛病。办一个造纸厂，就毁掉一片森林，污染一条河流。这些纸厂的经济效益大都不好，有的还年年赔钱，我们长期干了这么一件得不偿失的事，还很不自觉。这种打乱仗的办法，就是给自己挖坟墓。

项南告诉乡亲们，我老家朋口农民城，希望大家一开始就要注意环保，注意生态，要为子孙后代着想。办什么事情至少不要贻害后代。在环保方面，我们的农民城要先行一步。还有这条大道，已经打下这么好的基础，一定要把它建设好。为了借景生辉，面向冠豸山那一面不要全盖成房子，街道两旁的房屋建筑应该有高有低，错落有致，让人们在街上就可以看到冠豸山。楼房之间应该留点空地种上草、种上树木，而不是一个房子紧挨一个房子，叫人看了喘不过气来。

项南一直不忘乡镇企业，要靠这“异军突起”脱贫致富。他说，经济发展刚起步的时候，特别是发展乡镇企业，比较分散，规模很小，这种情况是不可避免的，这不是一件坏事。乡镇企业就是从家家户户利用闲房、闲人、闲钱发展起来的，是脱贫致富的好办法。昨天我去看那个一年能出栏3000头猪的猪场，很有感慨。那个养猪场原来是公办的，由食品公司办，年年赔钱。实在搞不下去了，才由个人承包，一承包，就赚了大钱。这说明什么问题？我们经历了千千万万这样的例子，为什么不总结教训？有的地方搞项目就是向国家要钱，国家出钱又办不好，赔钱的总是国家。当然，老百姓自己拿钱办企业也有失败的，不能说凡老百姓自己办的都成功，但多数是成功的，因为是他自己的钱，自己担风险，能够精打细算。

项南跟乡亲们拉起悄悄话，说一千，道一万，还是那四个大字“解放思想”。他说，马克思没有搞过乡镇企业，那个时代也没有中国这样的乡镇企业，你想在马克思著作中找答案是找不到的。100多年来世界形势发生了多大的变化？世界已经如此丰富，发展如此之快，我们遇到困难，不是从实践中找答案，而是一字一句按马克思讲的话办事情，这不是很滑稽？为什么不根据自己当地的实际情况办事？要从具体的情况出发决定具体的方针政策。一个国家这么大，发达的如深圳、广州、上海，不发达的如西藏、青海，情况真是千差万别。可是我们有些人却有一个模式来指导工作。我怎么做，你也怎么做，就像50年代搞公社化、搞合作化一样，我搞人民公社，你也搞人民公社，我搞高级社，你也要搞高级社，全国一个样。这行得通吗？不要说西藏，就是云南，现在也有一些地方是刀耕火种的，个别地方还存在母系社会。我们一定要根据自己的情况确定自己的工作方针，否则要县委、地委、省委干什么。连城的工作要有根本性改变，思想要进一步解放。人家向我要金点子，好妙计，就是这四个大字：“解放思想！”

项南在讲话中，思乡之情溢于言表。他谦和地说，这几年我回过连城几次，每次都是来去匆匆，没有仔细做调查，作更深入的考察，但感情的东西还是逐渐增加了。我觉得连城经济不能老是停留在小规模、分散的基础上。连城的经济，基本上规模很小、很分散，这在开头是不可避免的，是必经阶段。但是老是这个样子不行。分散的小企业找市场很困难，如果乡镇企业还是一家一户搞，投入就有困难，引进外资很困难。外商不知道你的企业在哪个山沟沟，找都找不到，更不用说技术投入、资金投入、环境保护、寻找市场。

项南一再强调，没有规模就没有效益。他讲了半天，才开始“献宝”，这“宝”就是“规模”。他说，怎样才能形成规模？企业可以同企业联合，本地可以和外地联合，乡镇企业可以和国有企业嫁接、和外资企业嫁接，逐渐形成规模。但不要搞形式主义，应真正做到利害一致，风险共担。乡镇企业还要同小城镇建设结合起来。无论工业、农业都应该考虑往规模经济的方向发展。农业如果还是那么分散，停留在包产到户的水平上，就难以发展；工业也是这样。没有形成规模，解决不了问题。很多东西开头很热闹，不久就烟消云散，没有了。为什么？没有形成规模。形成规模、集团的好处，简单地说就是“东方不亮西方亮”。

项南对老家的家底很了解，他如数家珍地说，连城在1997年香港回归之前还有3年时间，有10个产值达亿元以上的产业，可以形成一定规模；第一是林产化工；第二是百花公司；第三是食品和饮料；第四是石板材；第五是彩印厂；第六是地瓜干；第七是花卉根雕；第八是肉联厂，加工香肠、肉松、火腿；第九是铝型材，庙前镇可以找个铝厂合作，由他们提供原料，庙前负责加工、销售；第十是发展以牛、猪、鸡、鸭为主的群众性的养殖业。经济建设是一切工作的中心，不能只由政府来抓，大家都应该抓。现在部门多了，“中心”反而没有了。各管一方了，口头上讲以经济建设为中心，实际上很多人各管一摊。各部门当然要搞好自己的业务，但必须以经济建设为中心，经济工作应该大家来抓。

项南一口气讲了老家十大产业，但资金从哪里找呢？他告诉乡亲们一个“外”字的秘密。他说，10大产业要办起来，最大的问题是资金。资金解决要多渠道：一是要搞外引内联，这是根本。外部引进资金，内部进行联合。我说的“外”，指的是海外，内联指的是海内。好的企业要跟中央的部门或者省的部门或者友邻地区联合起来办。 二是搞股份制。发展非公有制企业，要把群众的钱动员出来发展生产，而不是要把钱先拿去盖房子。很多地方盖上很多新房子，叫人看了亦喜亦忧。喜的是群众的居住条件得到改善，忧的是群众的钱不是拿来扩大再生产。现在还不是我们住好房子、过舒适生活的时候，没有到这一步。福建有些地方的房子比苏南盖得多，盖得好，但福建的经济发展比苏南差，说明里头有问题。假如慢几年盖房子，钱拿来办企业，钱赚多了再来盖房子不是更好吗？三是要搞经济实体。县里掌握土地，土地是最大的资源。马路一修，把马路两边的土地一卖，就可以积累一大笔资金。外国人最大的财源就是土地。积累资金要在土地上做文章，在经济实体上做文章。

项南说，老家这么多好山好水怎么还捧着“金饭碗”讨饭吃呢？快点把旅游干起来，让人家把钞票往老家山林里“丢”。他说，连城的旅游资源很丰富。21世纪人类的一个重要取向就是回归自然，返璞归真。连城有一个宝贵的资源，就是冠豸山、梅花山。梅花山主体部分在连城，还有赖源深洞和原始森林。是不是考虑做香港和海外的文章，指定专人规划一下，开发哪些项目，投资多久可以收回，搞清楚以后找外商来谈。香港是一个弹丸之地，出门就是房子，除了房子还是房子，没有地方去，香港人生活单调得不得了，一旦回归大自然时，就像解放了一样。

项南说，老家还有现成的大机场，这是“金筷子”呀，快点用起来。自然保护区与连城机场结合起来，香港飞机直达连城，梅花山里搞一些旅游设施，就可以搞一个三日游，将来搞好了，可能比刚才说的10大产业赚的钱还多。

项南最后告诉乡亲们一个妙计。他说，这件事靠县里拿钱不可能。要县里拿200万、300万都很困难。但让海外大财团拿10个亿、20个亿并不是什么大问题。小小一个东山岛，人家能投资100多亿。请香港、新加坡外商来看一看，请他们来投资。指定几个人策划一下，搞个梅花山、连城机场、直升飞机旅游事业的一揽子计划。有了计划，自己心里有底，才好找外商来谈。这“金饭碗”、“金筷子”一用，我们连城老家就发起来啦。努力吧，乡亲们，我们老家大有希望啊！

项南这次家乡之行返回北京后，1997年5月24日北京闽西老区建设促进会召开顾问理事联席会议，特地请项南顾问介绍闽西家乡情况。

项南告诉在北京的乡亲们说，我是来向大家汇报的。最近，我应邀多次返乡走一走，看一看。这一段闽西老家的工作有两点是很突出的。第一，是扶贫攻坚工作做得好，在全国起了带头作用，龙岩有一个很好的办法，叫做干部到村，扶贫到户。这两句话实在好。是在学习闽东经验发展起来的。闽西过去有些地方多少年都脱不了贫，原因很多，最根本的是干部问题。但是与资金不到位也有很大关系。

项南说，龙岩的做法比较实在。他们给每个贫困户立一个卡，每户给1000元，帮助每户做脱贫计划，包括短计划、中计划、长计划。钱到了户，叫扶贫到户，干部又到了村，工作就踏实了，具体了，扶贫不再是空喊的口号了。龙岩的做法，1996年9月23日的《人民日报》在头版作了报道，并发了评论。这篇评论是项南在医院里写的。

项南接着说，第二，是基础设施抓得好。龙岩这几年集中力量解决龙岩发展的瓶颈问题。就是交通不便，能源不足，通讯不灵的问题。这些问题不解决，谁上你那里投资啊！有一次我同一位朋友说，龙岩还很穷，但资源丰富，你去看看，看看可以搞什么项目。他从厦门到龙岩，正碰上家乡修路，走了一天加一个晚上，他说颠得他骨头架子都散了，一想到龙岩就怕，不敢去了。经过这几年的努力，龙岩解决了这三大问题。北京的老乡们如果身体允许，可以回去看看，家乡费了很大的劲，路修得非常好。龙岩的能源问题，包括水电、火电，这几年都有很大发展，不仅增加了装机容量，而且也把输变电路搞好了，好几个地方的11万伏千瓦的输变电路都建好了。再是电讯，已经装有65万门程控电话，在龙岩的任何一个农村都能向欧洲、美国、日本等国任何一个单位打通电话。

项南赞叹地说，能源、交通、电讯都是很费钱的，也是很费力气的。龙岩这几年在省委、省政府领导下把这几个问题解决了，很了不起。我国西北、西南地区的贫困问题较难解决，其中一个重要原因是基础设施差，交通不便，能源不足，通讯不灵。

项南说，龙岩的基础设施基本解决了，但还是要再发展，基础设施是干不完的。基础设施基本解决，整个工作就会走上一个新台阶，走一个新阶段。就是说，随着基础设施的解决，就应当马不停蹄地把龙岩的经济总量尽快搞上去。龙岩现在最大的问题是经济总量太小，不说比不上厦门、福州、泉州，比三明、南平也不行。这同龙岩的金字招牌很不相称。龙岩出了这么多政治家，邓子恢、张鼎丞，出了这么多老将军，刘亚楼、杨成武等等，今天在座的就有很多老革命、老将军，牌子是个很响的金字招牌，可惜经济实力不行。今后龙岩无论如何要尽快解决增大经济总量的问题，让几十、几百个现代企业家脱颖而出。提出增大经济总量问题，不仅需要，而且完全可能：龙岩的资源为全省之冠，基础设施又已基本解决，又有光荣的革命传统，把经济工作推向一个新台阶，正合时宜。如何扩大经济总量？

……

项南又再讲了两个具体问题。他说，再讲两个具体问题。龙岩地区在产业规划上，要找一个符合自己发展道路的、有龙岩自己特色的产业，而且形成产业带。这个产业带，不是一家一户搞，是什么呢？目前，龙岩有两件事情可以做，就是发展食用菌和肉食加工，这叫一荤一素。龙岩出了一个能人叫林占熹，这位教授在世界上都有点名气，他搞的食用菌，有香菇、木耳、猴头菌等等几十种，叫绿色食品，对人的健康有很大好处。这种食品在日本、法国非常风行，供应量远远不够。福建的食用菌是全国之冠，在全国是搞得最好的。但也带来一个大问题，就是把福建的阔叶树都砍掉了。食用菌发展了，森林破坏了。现在林占熹发明了用草代替阔叶树，叫菌草技术。发展这种技术的好处是可以帮助贫困农民脱贫，有的当年就脱贫。草哪里都有，把它粉碎、消毒，装到塑料袋里，接上菌种，就可以产出香菇或者木耳。这是千家万户都可以搞的，当年搞当年就可能脱贫。我建议龙岩市很快建立一个绿色食品总公司，用经济的办法领导这一工作，保证农民种了香菇有人收购，有人组织出口。这件事搞好了，就有龙岩自己的特色。最近，中国扶贫基金会开了一个全国推广食用菌座谈会。食用菌有几十种，龙岩应当比其他地方搞得好。要把研究机构、销售机构建立起来。这个产业可以带动千家万户，也就是公司加农户的办法。

项南说，还有一件事要做的，是办一个肉类联合加工厂。这个加工厂规模是100—200万头猪，它的覆盖面应当包括闽粤赣交界地区，就是原来的中央苏区，大概有3000万人口。到目前为止，这一块地方还没有一个这样的工厂。经济发展以后，人民的吃饭习惯和饮食结构都有改变。一般中午不做饭，买一个馒头或面包，把肉制品夹在中间就吃了。早饭和午饭，越简单越好。工厂加工的肉制品味道好，又卫生。100—200万头猪的大企业，可以把江西的瑞金、会昌、石城、雩都，闽西的几个县，广东的大埔、焦岭等地的养殖业带起来。不仅做肉食加工，还有100万张皮可以制革，开皮革厂。意大利用牛皮和猪皮制出来的皮革没有什么区别，而且一张皮当几张用。他们的皮革制成衣服，像绸子一样柔软。所谓肉联厂，实际是个联合企业。就是肉联厂以外还可带出一个皮革厂。还带出皮鞋厂、皮带厂、皮箱厂、皮夹克厂，不知要搞多少厂。100万头猪内脏怎么处理？这是生物制品的重要原料。可以制药，可以搞各种生物制品。100万头猪的猪毛、猪鬃，又要多少个工厂加工，如刷胡子的刷子，衣服刷子，油漆刷子等。这些工厂发展起来以后，它的产值不是几个亿、十几个亿，而是几十个亿。所有这些，对把龙岩的经济总量搞上去是很有意义的。

项南最后说，把龙岩经济总量搞上去，必须采取多种渠道，多种形式，要特别重视种植业和养殖业，搞好山区农业的综合开发。通过发展食用菌和肉类加工，把千家万户带起来，目的只有一个，为了龙岩脱贫致富奔小康，尽快把经济总量搞上去。

项南的讲话，受到北京闽西老促会顾问理事们的热烈欢迎，报以热情的掌声。项南还同大家就具体的问题过细地商议，并整理成建议书，发往龙岩地委、行署领导参考。

尾声　百姓口碑

1. 以清官好官著称八闽的项南，如同巍巍丰碑竖立在百姓心中。

纵观项南一生，是个清官好官，百姓知己。他调任福建，日理万机，也不忘批判和处理腐败，常召开大会小会，言传身教，以身作则，教育身边干部廉洁奉公，为民办好事。在一次大会上，针对腐败问题，他指着自己的大光头幽默谐趣地说："有人要抓我的'小辫子'，其实，你们瞧，我脑袋上的不毛之地，亮得很，怎么会有小辫子抓呢？"

在省委办公厅党员民主生活会上，项南多次发言，引经据典，跟同志们一起学习，讲了不少风骨的故事、修养的典型和清廉的家训。他信口背诵南宋杰出的民族英雄文天祥诗《过零丁洋》："人生自古谁无死，留取丹心照汗青。"他说，这位英雄顽强战斗，不幸被元军所俘，英勇就义。他情绪激昂，语气铿锵热烈，把拳拳的爱国之心表现得淋漓尽致，以坚贞的民族气节，为国尽忠，为民尽孝，用浩然正气，慷慨地唱出宁死不屈、光照华夏的风骨战歌，裂石崩云，震撼神州，肝胆沥沥，感人至深。这首传诵千古的爱国名诗，永远鼓舞着我们为捍卫国土完整、主权独立，为中华民族伟大复兴而努力奋斗。

在省委一次生活会上，项南引诵明代诗人祝允明的《绝句》："因名为利苦奔驰，换得身疼气似丝；到此都寻参与术，名难将息利难医。"项南说，这《绝句》告诫为官者，不要成了追逐名利之徒。因此，每一个共产党员特别是各级干部，要加强修养，践行全心全意为人民服务的宗旨，坚决摒弃个人名利，锻炼坚强党性，把自己锻炼成一个“特殊材料炼成的人”。

在一次学习“警世录”的生活会上，项南讲述元代无名氏写的《潮伯颜太师》：“百千万锭犹嫌少，垛积金银北半边。可怜太师无远智，不将些子到黄泉。”谙熟历史典故的项南告诉党员同志们，元代大官伯颜从太师堕落成大贪，官职被贬，家财尽抄。此诗嘲弄，可谓入木三分，而又令人警醒。“以不贪为宝”，是春秋时子罕自豪之谏。但什么是宝？仁者见仁，智者见智。有人以廉洁自律、秉公办事为宝，成为百姓拥戴的清官好官。有人以贪污腐败、专权贪赃为宝，落个遗臭万年的下场。不义之财还能带到黄泉去享乐吗？早知如此，何必当初呢？项南强调说，这首“绝句”之绝告诫我们，每个党员都要树立正确的世界观和价值观，否则，就会在钱财面前迷路，走进犯罪的泥坑。

在省委一次领导干部大会上，项南在讲话中讲述了马克思《资本论》中唯一提到的中国官员及其家训，给大家生动的深刻的教诲。

项南说，一个人能否在历史上留得住名，往往有很大的偶然性。比如这位王茂荫，历仕清道光、咸丰、同治三朝，曾任户部右侍郎兼管钱堂事务，那是正宗的“省部级”。可是，历朝历代的“省部级”多如牛毛，有几个能在历史上记一笔。王茂荫却是幸运的，他的名字竟然与马克思联系在一起了。马克思在《资本论》中提到过680多人，其中唯一的中国官员就是王茂荫。

博览群书的项南告诉大家，1854年，王茂荫针对清政府发行不兑现的纸币官票、宝钞严重贬值，市场极其混乱的情况，上了一道《再议钞法折》，主张兑现纸币。但这一主张触怒了咸丰，受到严厉申斥，调离户部。马克思从俄国驻北京使馆的调查报告中了解到这件事，在论述货币和商品流通时，引用了这则材料。

项南接着说，距离马克思写《资本论》六七十年后，我国翻译家陈启修先生着手将其翻译成中文。可这位“Wan-mao-in”到底是什么人，却让译者颇伤脑筋。实在弄不清，只能参考日译本，写成姓名译音“万卯寅”。后来还是郭沫若先生通过《东华续录》等资料，查到了王茂荫这位中国清代“省部级”官员，同时又是杰出金融货币理论家的大致情况。

在晚清浑浊的官场中，作为官僚队伍中的一员，王茂荫在廉洁自律方面表现得也很出众。史料记载他："性清淡，寡嗜欲。京宦三十载，恒独处会馆（即歙县会馆，今宣武门外。王茂荫为安徽歙县人——作者注）中。自本简约，粗布粝食，处之宴如。""公余之暇，手一卷自娱，京宦三十年，未尝携眷属。"作为一名封建社会的"省部级"官员，廉洁外世，生活简朴，勤于读书，连妻室也未带在身边，能做到这样真是难能可贵。

项南说，令人敬佩的是王茂荫的家训，也是他的遗言，其中一些内容今天读来依然有警示作用，现摘录几段：

"凡人坏品行损阴骘，都只在财利上，故做人须从取舍上起。"

"看着当下取来虽见为有，不知非灾横祸出而消耗之必且过于所取，须以当下之不取为消将来这横祸，则此心放得下。古云：漏脯充饥，鸩酒止渴，非不暂饱，死亦随之。当时时作此想，则自然不敢妄取。渴不饮偷盗泉水，热不息恶阴木。有志者须极力持守，方可望将来有好日。恐此后汝辈家产薄，家口多，衣食难度，遂至见利而不能思义，故切切言此，务务紧记为要。"

项南翻译为白话文，又作了讲解。他说，这些言语，虽为正义士大夫之老生常谈，但苦口婆心，言之真挚，也是他自己人生的真实写照，亦值得我们在座的干部同志们记取。

项南说，从叮嘱家人的另一件事上，可看出王茂荫对名利的淡漠。在封建社会，"坐一乘轿，娶一房小，刻一部稿"，即除了做官、娶妾，能刊印留下一部书稿，这是士大夫梦寐以求的事。看王茂荫如何说的："我之奏疏。词虽不文，然颇费苦心，于时事利弊实有切中要害处，存以垂示子孙，使知我居谏垣，蒙圣恩超擢非自阿谀求荣中表。他日有人入谏垣者，亦不必以利害之见存于心，能尽此心，自邀天鉴，可以望做好官。惟可传家，不可传世。断断不宜刊刻，切切是嘱。"最后还补上一句："刻书是我所恶，无论何人总要想著书传世，将来必有祖龙再出，一举而焚之。"

项南在讲话中，联系福建省干部队伍中的实际，强调要加强反腐倡廉教育。他说，在"修身、齐家、治国、平天下"的理学氛围中，士大夫把留名青史作为人生最高追求，王茂荫能把人生看得如此豁达通透，实在是罕见。

不过，历史就是如此诡异，就是这样一位不想留名的人，历史偏偏永远牢牢记住了他，流芳万世，直至今日仍成为我们学习的楷模。

这古老的廉政事例，经项南绘声绘色讲解，成了鲜活的教育典型，仿佛“润物细无声”，给在座的领导干部心灵上，产生如同春雨飘洒，亦如春雷般的震撼。

作为省委书记，项南对办公室事务十分关心，特别是对保密工作亦高度重视。他的父亲项与年是闽西当年最早的共产党员，被调入中央特科“红队”从事秘密工作，为党的保密工作作出重大贡献。项南对他的秘书梁茂淦和身边工作人员经常讲述老父的故事，嘱咐小梁做好保密工作，他挂在嘴上的一句口头语就是：“保密慎之又慎。”

项南对身边工作人员，经常进行生动活泼的保密教育。他说，别看当前风平浪静，保密工作面临的形势更加严峻复杂，风险挑战前所未有，必须加强保密意识和保密常识教育，使机关工作人员特别是涉密人员的保密能力与时俱进。他说，根据多年的工作经验，经常开展保密教育，给身边人敲敲警钟，是防范窃密泄密的好法子。他联系当前查处的泄密案件，过失泄密占比很高，相关人员缺乏保密意识和保密常识是主要原因，不仅给党和国家事业造成损失，也影响了自己的成长进步，教训惨痛。因此，遏制窃密泄密案件的频发多发，抓好保密教育工作尤为重要。

项南对身边工作人员的保密教育主要有两招。一是规范化。紧紧围绕提高身边涉密工作人员的保密意识、保密能力，着力抓好保密常识的教育，突出保密工作形势任务、优良传统、责任制度以及基础知识、基本技能，做到应知、应会、应用。二是常态化。保密教育是一项长期任务，不可能一劳永逸。项南很注意发挥保密部门的主导作用，对有关单位和人员的保密教育实行目标管理，坚持把保密教育纳入日常性教育培训内容，常抓不懈，常教常新，进而建立长效机制，形成管用制度。

项南带头搞好保密教育，还身体力行，做好保密工作，严堵窃密泄密案件的发生。他特别重视密件保管，时常提醒小梁及时归档。有一次，他把一份密件阅后交小梁，次日还问：“小梁，我昨日交给你的密件归档了吗？”

小梁说：“你记错了吧，那密件你没交给我呀！”

“我记得交给你了!”项南急了,他与小梁一起翻箱倒柜,找了一遍又一遍,就是找不到那份密件。项南肯定地说:“我的抽屉找不到那份密件,肯定交给你了!”

小梁有苦难言,他清楚地记得项南没把那份密件交给他,如今密件丢失了怎么办?小梁想,项南保管密件是很认真的,他阅后未交还给自己,肯定丢不掉。于是他把项南办公桌抽屉打开,翻动文件夹,一份一份查找,找得满头大汗。深夜时分,终于从办公桌底下的夹缝中找到了这份密件。原来,文件太满,抽屉拉动时,密件挤在夹缝中。小梁这才松了一口气,连忙打电话给项南说:“密件在夹缝中找到了!”

项南很高兴,第二天在办公室会议上,表扬了小梁,并对他的“错怪”表示道歉。他说“保密慎之又慎,首先得从我做起呀!”

项南还以保密工作与当前反腐败斗争联系起来,要严防有人出卖机密,给党和国家带来严重的损失和无可估量的影响。他严肃地说:“要把保密工作列入廉政教育和反腐败斗争,领导干部要带头抓紧、抓实、抓好,抓出成效来!”

2. 项南严于律己,不搞特殊化。基层群众反映:“项书记是最好招待的人!”

项南的廉政勤政不仅说在嘴上,更是落实在行动上。他下乡从不坐小汽车,总是和大家挤在一辆旅行车上。他说,这样多好,不管多少人,大家坐在一起,边走边聊,还可以研究问题,既亲热又节省时间。每到一地,他总是先把有关方面负责人邀请上车,就在车上听取汇报。到达目的地,情况大体掌握了,余下时间就用来实地考察。内情人都知道,项南主政福建,省委有关农业政策的文件,几乎就是在车上边走边议草成的。

项南对自己要求很严,从不搞特殊化。省里给他买了奔驰车,替换他的旧车“尼桑”。项南发脾气了,说:“那部尼桑不是还能开吗,为什么要换新车？”他一声令下，硬是把新配给他用的“奔驰”车给封了。项南下乡最反对小车一长串。他说，这样既妨碍深入调研，又脱离群众。有一次，他发现旅行车前面有一辆小轿车，原来是警车开道，立即对当地领导同志讲：“我们有一辆旅行车挤一挤就可以了，那辆小汽车是多余的，这不多花费国家的汽油吗？这种威风我们可不能摆，前呼后拥，怎么接地气、联系群众呢？”

项南还经常教育自己身边工作人员，要热情接待来访的干部群众，不以衣帽看人，要一视同仁。他告诫自己的司机要文明行车，宁让三分，不抢一秒，千万不要“以车压人”。有一次，项南一行深入基层调研，山区公路狭窄，一辆汽车抢先冲了上来，差一点酿成重大事故。警卫员跳下车，拔出手枪要“整治”一下那位驾驶员。项南上前，劝退警卫员，对那位驾驶员上了一堂交通安全规则课，嘱咐他“心急车速不能急”，礼让三先，做个文明行车的好驾驶员。那位驾驶员深受教育，一再赔礼道歉，而车上的同行对省委书记这种文明作风亦感佩万分。

项南每到一地，先让身边的工作人员给食堂打招呼，交多少伙食费就吃多少饭菜，不能超过标准，不能随意加菜，不能喝酒。要完全做到这点确实比较困难，漳平县委招待所听说项南爱吃牛肉，特地多煮了一碗牛肉汤。菜端上来，项南发现超出标准，不由分说，坚决把牛肉汤退回去。在永定县招待所吃早饭，项南发现有四盘菜，立即退掉一盘卤猪肉。

1983年夏，项南一行漳平县了解发展柑橘生产情况，正赶上西瓜成熟。当地党委认为西瓜是自己生产的，就随手切了两个端到桌上。项南先问西瓜是买的还是自己生产的？回答是自己生产的。项南说，自己生产的就吃两片，但吃的人一律要付款。

项南有一个犟脾气，对生活要求不高，对调查研究却十分认真，不掌握第一手材料决不罢休。

闽西山区是福建老革命根据地，但是生产长期上不去，经济比较落后。项南到了闽西之后，起早摸黑，走村串户，爬山越岭，请老农开座谈会，探索发展山区经济的道路。为广开门路，项南不仅走访了几个茶果场、花卉公司、养猪场及养鸡专业户等，还与有经验的生产能手一块商讨办法。后来，许多县社都制订了加快山区经济发展步伐的规划，受到广大干部、群众的欢迎。

不少地区和市县领导感动地说，项南的模范行动，给广大干部群众留下了很深的印象，人们说：如果我们的干部都能这样严格要求自己，党风和社会风气一定能够根本好转。

项南平易近人，因陋就简。许多群众和干部反映说："项书记是最好招待的人。"他在省城机关吃大食堂，跟普通干部一起用餐；下乡到地方，一拒宴请，二不多吃多占，跟基层干部一起吃饭，自己掏钱照付。

项南调任福建后，一日三餐与机关同志一样吃大食堂。省委大食堂条件差，连多余的凳子都没有。有一天午餐，项南离开椅子去打汤，顺道和人说了几句话。这时，椅子被一位女同志顺手拖走。项南没注意，谈话完毕后，回来直接坐下了，一下子坐了个屁股墩。

项南已经60好几岁了，周围的同志都很紧张，纷纷批评指责那位女同志。那位女同志难受地哭了。

项南站起来，拍拍裤子上的灰尘，对那位女同志说："没关系，下回拿椅子说一声。"接着与大家愉快地边吃边谈，就像没事一样。

省领导原先有"特供"（即生活上的"特殊供应"）。项南调来福建不久，他就主动提议取消"特供"。他的秘书唯恐影响了项南与其他省领导的关系，建议"暂缓"。但项南不听，执意要立即取消这不正常的"特供"。恰好项南的女儿项小米从北京来福州看望父亲。秘书请项小米劝导其父不要急于取消"特供"。但项小米却被其父"劝导"了。项南说，这种"特供"对领导干部是一种"腐蚀剂"，也脱离群众，试想连三餐吃的菜也"特供"，人家会怎么看待我们领导干部？反之，取消"特供"后，领导干部家人直接到市场买菜，不是多了一条联系群众，了解市场和民生的渠道吗？一举两得，何乐不为！在项南的提议下，省领导们以大局为重，一致同意取消"特供"，这一举动在省直机关广大干部中传为佳话，也进一步密切了党群关系，为反腐倡廉活动注入新的活力。

有一年正月十五，福州市委书记袁启彤陪项南去瞻仰福建名人陈绍宽故居。一行人正坐下来缅怀陈将军生平时，故居主人端出十几碗元宵，一碗大概有五六粒，人人有份。

项南马上问袁启彤："这是不是你安排的？"

袁启彤说："我也不知道。"

项南想了一下对秘书说："一个人平均1块钱，十个人10块钱，吃后算账。大家把元宵吃掉，不要浪费。"吃完后，他叫秘书立即付款结账。

项南经常下乡调研，吃住亦很随便，从不讲究什么"高档"和特殊。有一次，他到连城山区检查工作。此事让村干部诚惶诚恐：省委书记来这穷山沟可是破天荒的事！于是准备杀猪设宴请项南。

这事让项南知道了，他把村干部叫来：

"你们要杀猪？"

"没什么菜呀。"

"千万不能杀猪！"

"我们这里没有什么菜，杀头猪做菜的。"

"这里有什么吃什么。简单就行。否则我马上就走！"

村干部感动地说："项南同志，你是到我们村最大的官，也是最好招待的人。好，中午到我家啃番薯，喝粥汤！"

项南对待自己这样严格、简朴，对上级来人他也是一切从俭，从不摆宴招待。有一次中央来了一位领导到特区视察工作，项南陪同走了几个地方，这位领导比较喜欢喝酒，但是一路都没有招待他喝酒。有一天这位领导终于忍不住了，吃晚饭的时候半开玩笑半认真地说："项南同志不请我喝酒，我自己掏钱买。"他真的自己掏钱买了一瓶茅台，拿到桌上来喝。看了这一切，项南就像什么都没发生一样，照吃自己的饭，吃完就走了。倒是项南的秘书觉得很不好意思，陪着领导喝了一会儿酒。项南同志就是这样，从内心深处保持着一个农家子弟简朴、正直的品质，无论是面对下级，还是面对上级，他都始终本色如一。

项南就是回到老家，廉政的本色也一个样：谢绝宴请。1983年春，项南下乡调研，从文地村回到朋口，家乡党委书记罗意珍挽留项南留在朋口乡食堂吃饭，说："项书记出去工作54年了，第一次回家乡，今天中午就在家乡吃个便饭。"项南应道："好，但我们来个约法三章，不准上肉。"罗意珍看这架式，也爽朗地说："行，但你可要吃饱饭。"于是上了一桌素菜，有稀饭、地瓜、青菜、豆腐、笋炒酸菜。席间，项南唱起当年在家乡列宁小学学到的儿歌："好弟弟，好哥哥，大家一起来唱歌。唱的么个歌？唱的分田歌。先前无米煮，今日谷米多。"整个食堂里喜气洋洋。

项南老家有偕"新媳妇"上门的风俗，他照例自掏腰包。那年，项南从福建离任即将晋京前夕，偕其夫人、子媳到连城老家，这是他夫人汪志馨第一次回文地祖屋。按客家规矩，算是新媳妇上门，这次迎接由他弟弟项新崇主持，特地买来一串万乡长炮并准备了4桌酒席。

项南一行刚下车，一眼看见一亲友正欲点燃鞭炮，马上让一旁的保卫干部冲上前去，抢去"点炮者"的烟火，他认为放炮是污染环境，还是不放为好。

摆好酒桌，按当地规矩，项南夫妻坐"上桌"，其他人按辈分坐。上来的都是农家菜，有白斩鸡、炒米果、太平蛋等并配以客家米酒。这天，项南显得特别高兴，破例喝了半碗米酒。开席不久，项南觉得自己吃饱了，站起来准备退席。这时，他弟弟赶紧对他说："这可不行，按这里规矩，你一走大家都得走，因为你坐'上桌'是主宾。"项南笑道："还有这规矩？"又欣然落座和众亲友拉家常。

退席后，项南把弟弟项新崇拉到一旁，问花了多少钱。项新崇说，花得不多，鸡、兔自己养，萝卜、青菜自己种，猪肉才是市场上买的。项南算了钱，掏出200元，说："这样吧，我们二人请客，一人出一半。"项新崇一下愣住了，按说"新媳妇"上门由家里人请客，怎么能让他自己掏钱？可项南执意要给，项新崇推卸再三，盛情难却，只好收下了。

1987年夏，项南回乡，还安排时间上老家风景名胜冠豸山。一到石门湖，他就激动不已地说："我做梦也想着冠豸山，这么美的湖光山色，真是甲天下呀！"

看过前山各景，他又登上最高的五老峰。从五老峰下来时，由于路磨石擦，项南一双旧布鞋的鞋尖拉开一个大口。这可急坏了随行人员，穿破了的鞋怎么下山？项南一口说："不要紧，不要紧，帮我找一根绳子绑上就可以下山了。"这怎么行呢？他年近古稀，山陡石滑，万一摔跤怎么办？警卫劝说他换鞋穿上，才下了山。

项南历来讲究清廉，他调任福建后，在省委常委会议上，经常提醒常委们注意自己的一言一行。

项南刚到任不久，就有干部以权谋私等违法乱纪现象发生。项南当着各位常委的面对纪委的同志提出："省纪委要把眼睛盯着省委常委！你们就挑我们省委常委的毛病，人家就服了，底下的问题就容易解决了。"

福州市公安局有一位科长是某要员之子，利用职权为非作歹，走私贩私、奸淫妇女，把福州闹得乌烟瘴气，市领导不敢碰。老百姓把眼睛盯着省委、盯着项南。

项南指示刑侦部门调查他的罪行。待时机成熟，果断拍板，逮捕了他及其同伙。

《福建日报》公布了破获这一案件。项南亲自就此事为报纸起草了一篇142余字的社论，言简意赅，切中时弊，被称为新闻中最短的社论，并获全国新闻一等奖。

项南知道，打铁先要自身硬。他要求常委们做到的，自己当班长的首先做到，决不含糊。

20世纪80年代初，彩电是稀缺物品，买彩电要票，福日公司出产的彩电尤其难买。

一天，一位喜欢福日彩电的项南的亲戚，直接找到福日彩电厂买了一台。这事让项南知道了，非常生气，严令这位亲戚把开后门买的彩电退回去。

亲戚说："我并不是打着项南的旗号去买的，为什么要退回去？"

项南严肃地说："没打我的名字，你能买到这个？你是没有发话，但是你一去，人家都知道你是谁了，当然就卖给你。"

最后，项南的这位亲戚把彩电退回去了。后经查明，这位"亲戚"是假冒的，有关部门作了严肃处理。

此事在省委机关传为佳话，大家都说："领导做出好样子，我们要好好学习，落实到行动上。"省委常委们回到家中，宣讲了项南的好家风，对家人说："你们在外头要注意，千万不能打我的旗号做不光彩的事！"

项南一身正气，两袖清风，光明磊落，手中握有大权，从不滥用私用，为我们树立了好榜样。配给他的公车，他从不允许自己的子女私用；他交代秘书不许为自己的子女办事；有时候子女私下里让秘书帮个小忙，让他知道了，一定会大发脾气。有一次看电影，电影散场后天下大雨，女儿想搭他的车回来他没有允许，结果女儿冒着大雨回家，回到家里就患了感冒，发起了高烧。

有一年春节，家乡连城的县长赴京看望老书记项南。这位县长当天还得乘飞机回福建，因为聊的时间比较久，县长怕赶不上飞机，于是就提出可不可以派车送他去机场。不料项南却说：

“这样，你快点从这边走出去，那里有个公共汽车站，赶紧去，应该还赶得上！”

这事让县长始料不及，以往每次看望老干部，用车送一送，在宾客之间已成常事。但他理解，这就是项南的做事风格。于是县长匆忙赶到公交站搭乘公交车，险些误机。

项南出门或下乡最不喜欢前呼后拥。

有一次，身为中国扶贫基金会会长的项南到江苏张家港视察，当地政府派了四辆警车，前面两辆开路，后面两辆护卫，一路上警笛长鸣，好不威风。此情此景，令项南很不高兴。他对司机说：“想办法让他们走开！他们是要把老百姓全吓跑吗？”

车到一个农贸市场，项南说：“小杨，我们在那里停一下。”

司机将车停在了拐弯处，等警车呼啸而去后，项南的车才悄然上路，“逃离”了警车的护送。

项南身居要职，从不用公款设宴请客。有客人来，他就在自己家里便饭招待，宾主都感到很亲热。

有一次，闽西老乡、中国作家协会书记处书记张胜友到项南家中做客，恰好机关的一位干部临时有事要找项南。项南出门前交代张胜友：“小张，你中午不要走，在我家吃地瓜饭。”

12点了，项南还没回来。于是张胜友和保姆阿姨打了声招呼，就告辞了。

张胜友走后不久，项南推开家门，发现客人不见踪影，问阿姨：“小张哪里去了？”

“他先回去了。他说不知道您什么时候回来。”阿姨说。

得知张胜友刚走不久，项南赶紧骑上自行车往外追，终于把客人追到了：“小张，你怎么能走呢！”

张胜友看到匆忙赶来的项南，大吃一惊：一个省委书记、部级干部，年过七十，却亲自骑车追他去家里吃地瓜饭！

项南心中总是想着群众，群众总是在他心中。他下乡路遇汽车难走的山道，也要步行或坐手扶拖拉机进山去，实地接触群众，现场就地办公，心里才踏实。

有一次下乡调研，听说永定县在棉花滩规划建一座水电站，但因在坝址的选择上有争议而长期不能敲定。项南要带领专家到永定实地勘察，然而公路距棉花滩坝址还有16里的小道，沿途坑坑洼洼，汽车难行。随行人员和当地干部都劝项南：“算了，别去了。”

项南说：“汽车不行，手扶拖拉机总该可以吧？”

于是，项南第一个爬上手扶拖拉机，随行的人也跟着爬上去。

就这样，项南顾不得安危，头顶烈日，一路颠簸辗转前往拟议中的坝址现场办公。

平日在办公室写文章，批文件，项南心中也想着群众。他最反对文山会海，把干部群众苦死了。他主张，会以短小为佳，文以精简为好。

1986年，项南离任前夕，《福建日报》总编林振夏交代记者阮荣祥等人撰写一篇长篇通讯反映项南在福建改革开放的成果。几天之后，洋洋洒洒七八千字的文章脱稿了。林振夏带上文稿同阮荣祥去拜访项南。

项南看完文章说道：“报纸上的大块文章老百姓不爱看，也不易看懂。如果把大块文章变成一小块一小块，每天登一块那就好了。”

项南的文章，大都写得好、写得短、写得精。他说，大块文章，像倾盆大雨，易让人心生厌倦；小块文章，群众一天看一点，不断得到积累，可以加深对一件事情的认识。如古人所言：“润物细无声。”

在衣着、饮食上，项南反对奢靡，崇尚简朴。除了会见外宾等正式场合，他按规定穿着外，平日开大会作报告或会见海外企业家和专家学者，他总是一身布衣，一双布鞋，给人以强烈的平易近人而又清新亲切的印象。

项南拒收礼品、红包。有几次视察服装厂和瓜果园，主人送高档服装和新鲜瓜果，他如数退回，婉言谢绝。他的书法极佳，有人求字，送来“润笔费”，他也拒收，给人留下光洁照人的形象。

项南对子女和亲人严格要求。在福建和北京工作期间，有家乡领导和亲友看望他，他总是无一例外地让亲人把东西带走，或按实价补给来人。他有6个子女，却无一从政。有人劝说，给有关领导说说，为子女安排一个好位置。项南总是回答：“这由组织上定，让他们自由发展。”

项南就是这样为人处世，一身正气，光明磊落，廉洁奉公。别有用心的人，在他头上根本抓不着一根“小辫子”，在他身上用放大镜也找不到一点“赃”！

3. 项南在党的十五大小组会上发言，发出“反腐败”的最强音。在他辞世的1997年11月10日夜，他还奔波在扶贫工作中……

项南行事总是低调，不事声张，来悄悄，去悄悄，以其辉煌业绩，崇高人品，流芳八闽，成为誉满人间的改革开放元勋。如同冠豸山那样，静静地竖立在天地间。

人们记忆犹新，1981年1月14日清早，项南走马上任，从北京坐火车到达福州。他为了不惊动省里同志，让秘书何椿霖给省委办公厅打电话：“项南同志因为有事，稍晚动身，秘书则按原定日期抵达。”于是，到福州火车站迎接的只有接待处长一人。

早7时半，45次特快列车进站。首先下车的秘书对接待处长说：“项南同志也来了。”这是项南为避免热闹的欢迎场面，临行前略施小计。接待处长感到迎接的规格太寒碜了，想给省委秘书长打电话。项南当场阻止：“不必惊动其他同志，我们现在就走。”接待处长望着这位光头圆脑的长者，肃然起敬……

时间过得很快，1986年6月2日，在福建工作了五年多的项南，乘坐46次列车返京。列车启动前，几位帮项南搬家的省委办公厅工作人员提前将家具、编织袋、装书籍的纸箱等行李堆在站台指定的位置，等列车进站搬上车厢。

这时，一位检车工拿着小榔头慢悠悠地走过来，他若有所思地看着地上堆放的十多个电视机纸箱和其他一大堆待运行李。从表情上看，他显然已经从行李员那里听说了省委原书记项南搬家的事。在转身离开之际，像是自言自语又仿佛是说给旁人听似的甩出一句怪里怪气的话："这就是两袖清风啊……"

这位检车工哪里知道，这十几个电视机纸箱里装的不是彩电，全是项南的宝贝——沉甸甸的书籍。他更不会知道，堂堂的省委书记家里只有一台彩电，而且是自己花钱买的。由于项南和汪志馨平时节俭惯了，家里一些使用多年的旧家具和坛坛罐罐舍不得扔掉，托运的行李自然就多了起来。在场的省委办公厅过英群处长，五年前曾到车站迎接项南，心里最有数。

五年前，我们的省委书记一身布衣地悄悄来；五年后，我们的"冠豸之子"两袖清风地悄悄走。

这就是项南同志的风度，我们尊敬的项公！

项公离休后，情系贫困地区的广大民众，出任中国扶贫基金会会长，奔波在中国最基层、最贫穷的山川峰岳。这位改革开放元勋的脚印，踏遍祖国的山山水水。1997年9月13日，列席中共十五大代表的项南，在老同志集中的第四小组上发言，提出了国家长治久安的十条意见。其中第五条："要继续推动政治体制改革，强调扩大社会主义民主，健全社会主义法制，反腐败……"

项南发言："当前反腐斗争，有两种倾向值得注意，一是不能反下不反上。二是改头换面搞特权。自己不出面，叫儿女亲属炒股票，做房地产生意。他们利用父母的特权，一夜之间可以获取多少千万，多少亿的暴利。"

最后，项南引用杜牧的话："灭六国者，六国也，非秦也；族秦者，秦也，非天下也。"

项南用最后的气力，对反腐败发出字字皆杜鹃啼血绝唱，在会场内外，引发强烈反响。项南亦戏称自己的“发言提纲”是：“我的政治遗嘱。”

项南故事千篇万篇，但最为感人的是最后一篇。他一生廉洁奉公，光明磊落，大公无私，一世都在为人民服务中。临终前一刻，1997年11月10日，项南携夫人汪志馨傍晚赶到北京王府井饭店“移尊就教”，看望由香港飞来首都公干的金融家吕培基，探讨如何把国际市场庞大的游资导向中国大陆投资建设，借助金融手段扶助贫困地区百姓脱贫致富。项南不知道自己生命已进入最后“倒计时”。劳累一天，入夜8时，他与夫人还是风尘仆仆赶到中国大饭店看望由印尼飞抵北京的年轻华商李川羽。李的父亲是项南挚友、印尼著名侨领李尚大，经济实力雄厚，在中国大陆有大手笔投资。项南对李家爱国爱乡、斥资数千万元扶贫、支持家乡发展教育事业表示敬意……

项南坐在沙发上交谈，气氛融洽。但一个多小时后，项南心脏病突发，没来得及留下一句遗言，骤然与世长辞……

项南逝世噩耗传遍海内外，许多人难以置信。待消息得到证实，人们无不感到万分悲痛。川流不息的吊唁者不分昼夜纷至而来，全国政协原副主席、中国佛教协会原会长、九十岁高龄的赵朴初抑制不住悲痛的心情，书写哀辞，以寄托他对项南同志的深切怀念之情。项南的子女们惊诧地发现，有太多太多的吊唁者他们都素未谋面：原来父亲并不清贫，竟然有这众多的朋友，是人世间友情的富翁啊！

金碑，银碑，不如百姓口碑。天南海北，人们都以各种方式纪念、缅怀项公。青山虽无语，历史最有情。在闽西河田山上，项南当年治理水土流失而营造的翠绿丛林中，百姓自发修建“项公亭”，立起汉白玉的项南雕像。冠豸山下，广大乡亲自发兴建“项南纪念馆”。一年四季，不论春夏秋冬，人们来自四面八方，络绎不绝，向遗泽后世、永垂青史的改革开放元勋项公致敬，虔诚地烧上一把怀念的香火。不少人扪心发问，当代官员入土后，享受百姓敬香待遇的能有几位？这的确是天地间最为高尚的荣誉奖项啊！

在深入开展党的群众路线教育实践活动中，一批又一批的党员和干部，不远千里，来到“项公亭”和“纪念馆”学习取经。这正是：项公重于泰山，浩气长存人间……

“大匠宝墨，曾遗依山草堂；丽媛金嗓，高歌绕梁乐章”。且看今日冠豸山，正萦绕着天下百姓怀念我们“冠豸之子”的旺盛敬香！

二〇〇八年金秋草于连城冠豸山

二〇一五年初春改于龙岩龙津河畔

后　记

在海内外众多知名人士、闽粤赣边广大老区群众与客家乡亲的大力支持和激励下，经过多次征求意见修改补充，《项南传》终于完稿了。我们如释重负，着实感到高兴！

1983年清明时节，项南趁下乡闽西调研，返回冠豸山下看望父老乡亲。当时，龙岩地委书记程少康特地安排我们与《福建日报》龙岩记者站站长郭同生，随同采访项南在闽西的调研活动。项南轻车简从，平易近人，联系群众，深入调研，指导工作，展现了非凡的政治智慧，高超的领导才干，超前的战略眼光，开阔的政治视野，卓越的兴闽理念，渊博的历史知识，踏实简朴的工作作风，幽默生动的通俗话语，给我们留下难忘的印象，也结下了厚重的同志情感和乡亲情怀。从那以后十余年来，项南返回闽西，都要找我们聊侃；我们有时赴京，也要去其家中拜访，记录的资料有十几本，积累了丰富的原始素材。日积月累，一股强烈的写作冲动在心中翻滚。

记得20世纪末在项南辞世后，上级有关领导希望我们要把项南传记写出来。在此期间，我们周游列国，采访海外众多国家首脑政要，在交往而谈中，他们多次主动提及项南，对项南的改革气魄、领导艺术和人格魅力给予高度评价，给我们增添新的动力，下决心克服重重困难，一定要让《项南传》早日问世！

日月高照，地球公转；青山无语，历史有情。在项公辞世后，人民对他的深切怀念，耸立在山海之巅，传扬在城镇乡间。在泉州黎明大学校园，拔地而起纪念项公的“项南大楼”；在闽西崇山峻岭，项公治理水土流失的长汀县河田镇绿林丛中，百姓自发兴建“项公亭”，立起汉白玉的项公雕像；在冠豸山间，广大乡亲挑土垒石，修建简朴的“项南纪念馆”，展出这位清官的历史功绩。历史学家和社会学家们饶有兴趣的是，年年月月，春夏秋冬，前来向项公亭、雕像前和纪念馆献花、致敬的人流，络绎不绝，有的还烧上虔诚追思的香火。

常言道，金碑，银碑，不如百姓的口碑。在项公逝世后，民间流传着太多真实的故事，热情讴歌这位人民公仆忠于祖国、忠于人民、忠于党的事业的卓著功勋；生动再现他功高无私、一身正气、两袖清风、殚精竭虑为民深谋远虑的治闽业绩。我们多年忠实记录，勤奋笔耕，决心要让这位“非常之人”的光辉形象，世代流芳，永远铭刻在世人心中。在深入开展党的群众路线教育实践活动中，我们从《项南传》中编录38篇小故事，集结成《项南的故事》，由中共党史出版社出版，在广大读者中引发良好反响，给我们莫大鼓励和鞭策。

2014年12月13日，季节虽是深冬，但项南故乡冠豸山下依然春光长驻。一场别开生面的自觉践行党的群众路线、传承弘扬为民务实清廉之风的“项南与践行党的群众路线研讨会”在闽西连城举行。福建省委原副书记、全国侨联原主席林兆枢，北京闽西革命老区建设促进会会长上官世盘，中国劳动学会会长、原国家劳动和社会保障部副部长华福周，全国政协委员、国家公务员局原副局长杨春光，福建省老区建设促进会常务副会长、省人大常委会原副主任郑义正，福建省老区建设促进会会长、省人大常委会原副主任谢先文，全国党史人物研究会副会长兼秘书长、中央党史研究室一部原主任、研究员黄修荣，项南女儿、解放军文艺出版社编辑部主任、正师级编审项小米，中共龙岩市委书记梁建勇，中共福建省委党史研究室主任、福建省中共党史人物研究会会长逄立左，人民出版社常务副社长任超，龙岩市领导池秋娜、林晓英、严志铭、赵汀生、张菊兰，老同志谢克金、李相生、黄海英、吴光然，连城县领导以及项南亲属、生前好友、同事代表等出席研讨会，深切缅怀、高度评价了项公为民思想、务实作风、开拓精神和清廉品格。

主持人安排我们在会上发言，介绍了《项南传》的写作情况，受到与会领导和专家学者的好评和肯定。不少学者对《项南传》很感兴趣，认为《项南传》是一部改革开放元勋的传奇，一首勤政廉政的感人诗篇，一支客家冠豸之子的赞歌。会后，我们汇总与会者的意见，对书稿又作了再一次的补充和修改。

在写作中，得到项南亲属和海内外众多热心人的积极协助，提供了不少珍贵的资料。特别是福建省委常委、常务副省长张志南助力解决不少难题。项小米补充了生动的事例。88岁高龄的老同志曹振健还从外地捎来珍贵史料。我们参考的书目和文稿有：胡少安：《面向海洋——邓小平在厦门》，上海《文汇报》1986年7月28日；卢运泉、李立维：《山路漫漫》人民出版社1997年版；李锐：《项南，真不忍言别呵！》，今日中国出版社1998年版；周倜、陈可昆等主编：《人民公仆项南》，香港荣誉出版有限公司1998年版；项小米：《英雄无语》，作家出版社1999年版；钟兆云、王盛泽：《项南在福建》，福建人民出版社1999年版；中共厦门市委党史研究室：《改革开放的先行者、特区建设的领路人》，1999年编印；卞毓方：《大匠运斤》，东方出版中心2000年版；张明俊：《泉州八年纪事》，中央文献出版社2002年；胡少安：《敬畏人民——项南传》，香港天地图书公司2004年版；连城县委、县政府：《改革开放先行者》，2008年编印；夏蒙、钟兆云：《项南画传》，人民出版社2014年版；项如海有关项氏家族的资料等。

在《项南传》的撰写中，承蒙项南亲属和各级领导、老区群众以及专家学者的关照和指导，帮助解决具体困难和问题。中国扶贫基金会、中共党史出版社、中共福建省委党史研究室，龙岩学院闽台客家研究院，福建省传记文学学会，福建省、龙岩、宁德、漳州、三明市铁路建设办公室，中共龙岩市委党史研究室，中共连城县委、县政府，连城县项南研究会，连城县项南文化活动中心、中共连城县委党史研究室、朋口镇党委、镇政府，文坊、文地村党支部、村委会，《光明日报》总编辑何东平，原中国作家协会书记处书记张胜友，《人民日报（海外版）》主任编辑连锦添，福建省国际文化经济交流中心理事长王建双、秘书长刘长圣、亓义成，老红军谢毕真，福建省台办原主任梁茂淦，龙岩市原闽粤赣边老同志联谊会常务副会长廖国伟，以及专家学者企业家罗土卿、傅长灿、王信南、张胜、曾海泉、苏浩峰、丘峰、李亮、朱必圣、叶子、王永昌、陈晓声、谢仲青、赖宝锋、张超和、邓平亚、邱仁森、项晖、项如海、项人曾等，多年大力支持和协助，特此表示衷心感谢！

本书图片主要由项南同志亲属、徐小榕杨志栓项南秘书以及中国扶贫基金会、新华社、中新社、福建日报社、福建画报社提供，在此，谨向他们表示诚挚的谢意！

张永和、项建坤

2015年7月1日再校